도서출판 대장간은
쇠를 달구어 연장을 만들듯이
생각을 다듬어 기독교 가치관을
바르게 세우는 곳입니다.

대장간이란 이름에는
사라져가는 복음의 능력을 되살리고,
낡은 것을 새롭게 풀무질하며, 잘못된 것을
바로 세우겠다는 의지가 담겨져 있습니다.

www.daejanggan.org

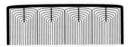

신자들의교회 성서주석은
펼침이 좋고 오래 보관할 수 있도록
전통적인 사철 방식으로 제작했습니다

40년 넘게 나를 지지해준
아내 메리에게잠31:28-29

BELIEVERS CHURCH BIBLE COMMENTARY

Old Testament

Genesis, by Eugene F. Roop, 1987
Exodus, by Waldemar Janzen, 2000
Deuteronomy by Gerald E. Gerbrandt, 2015
Joshua, by Gordon H. Matties, 2012
Judges, by Terry L. Brensinger, 1999
Ruth, Jonah, Esther, by Eugene F. Roop, 2002
1 & 2 Chronicles by August H. Konkel, 2016
Psalms, by James H. Waltner, 2006
Proverbs, by John W. Miller, 2004
Ecclesiastes, by Douglas B. Miller, 2010
Isaiah, by Ivan D. Friesen, 2009
Jeremiah, by Elmer A. Martens, 1986
Lamentations/Song of Songs by Wilma Ann Bailey, Christina Bucher, 2015
Ezekiel, by Millard C. Lind, 1996
Daniel, by Paul M. Lederach, 1994
Hosea, Amos, by Allen R. Guenther, 1998

New Testament

Matthew, by Richard B. Gardner, 1991
Mark, by Timothy J. Geddert, 2001
John, by Willard Swartley, 2013
Acts, by Chalmer E. Faw, 1993
Romans, by John E. Toews, 2004
2 Corinthians, by V. George Shillington, 1998
Galatians by George R Brunk III, 2015
Ephesians, by Thomas R. Yoder Neufeld, 2002
Philippians by Gordon Zerbe, 2016
Colossians, Philemon, by Ernest D. Martin, 1993
1–2 Thessalonians, by Jacob W. Elias, 1995
1–2 Timothy, Titus, by Paul M. Zehr, 2010
1–2 Peter, Jude, by Erland Waltner and J. Daryl Charles, 1999
1, 2, 3 John, by J. E. McDermond, 2011
Revelation, by John R. Yeatts, 2003

회중교회 사역자,

교회학교 교사,

선교단체의 리더,

그룹성경공부 구성원,

학생,

목회자,

연구자.

이 읽기 쉬운 주석 시리즈는

성서의 원래 메시지와 그 의미를
오늘날 더 온전히 이해하려는
모든 이들을 위한 것이다.

Original published in English under the title ;
  Genesis -Believers Church Bible Commentary
  by Roop, Eugene F.
Published by Herald Press, Herrisonburg, VG 22802
Realeased simultaneously in Canada by Herald Press Waterloo, Ont. N2L 6H7.
All rights reserved.

Uesd and translated by the permissions of Herald Press.
Korea Editions Copyright © 2019, Daejanggan Publisher. Nonsan, South Korea

신자들의 교회 성서주석

창세기

지은이	유진 F. 루프
옮긴이	임요한
초판발행	2019년 9월 23일
펴낸이	배용하
책임편집	배용하
등록	제364-2008-000013호
펴낸곳	도서출판 대장간
	www.daejanggan.org
등록한곳	충청남도 논산시 가야곡면 매죽헌로1176번길 8-54
대표전화	전화 : 041-742-1424 전송 : 0303-0959-1424
분류	주석	구약	창세기
ISBN	978-89-7071-493-6 04230
	978-89-7071-386-1 (세트 04230)
CIP제어번호	CIP2019034610

값 25,000원

신자들의 교회 성서주석

창 세 기

유진 F. 루프

임요한 옮김

차례

2부 아브라함과 사라의 이야기

제4부 요셉 이야기

시리즈 서문

신자들의 교회 성서주석시리즈는 기본적인 성서공부를 위한 새로운 도구를 사용할 수 있게 한다. 이 시리즈는 성서의 원래 메시지와 그 의미를 오늘날 더욱 풍부하게 이해하고자 하는 모든 사람들—주일학교 교사들, 성경공부그룹, 학생, 목회자 등—을 위해 발간되었다. 이 시리즈는 하나님께서 여전히 듣고자 하는 모든 이들에게 말씀하시며, 성령께서는 하나님의 뜻을 알고 행하고자 하는 모든 이들을 위해 말씀으로 권위 있는 산 지침을 삼으신다는 신념에 기초하고 있다.

저자들은 가능한 넓은 층의 독자들을 도우려는 열망으로 참여를 결정했다. 성서본문을 선택함에 있어 어떤 제한도 없으므로, 독자들은 가장 익숙한 번역을 계속 사용할 수도 있다. 이 시리즈의 저자들은 비교를 위한 기준으로 NRSV역과 NIV역을 사용한다. 이들은 어떤 본문을 가장 가까이 따르고 있는지, 그리고 자신들만의 번역을 하는 부분이 어디인지를 보여준다. 저자들은 혼자서 연구한 것이 아니라, 정선된 조언가들, 시리즈의 편집자들, 그리고 편집위원회와 협의했다.

각권은 성서를 조명하여 필요한 신학적, 사회학적, 그리고 윤리적 의미들을 제공해주며, 일반적으로 "고르지 않은 땅을 매끄럽게" 해주고 있다. 비평적 이슈들을 피하지 않되, 그것을 학자들 간의 논쟁이 일어나는 전면에 두지도 않았다. 각각의 섹션들은 주를 달아, 이후에 "성서적 맥락에서의 본문"과 "교회생활에서의 본문"이라는 집중된 글들이 따라오게 했다. 이 주석은 해석적 과정에 도움을 주지만 모이는 교회 속에서 분별되는 말씀과 성령의 권위를 넘어서려 하지는 않는다.

신자들의 교회라는 용어는 교회의 역사 속에서 자주 사용되어 왔다. 16세기 이후로, 이용어는 흔히 아나뱁티스트들에게 적용이 되었으며 후에는 메노나이트 및 형제교회를 비롯해 유사한 다른 그룹들에게도 적용되었다. 서술적인 용어로, 신자들의 교회는 메노나

이트와 형제교회 이상의 것을 포함하고 있다. 신자들의 교회는 이제 특수한 신학적 이해들을 나타내고 있는데, 예를 들면 신자의 침례, 마태복음 18:15-20에 나타나는 교회 회원이 되기 위해 필수적인 그리스도의 통치에 헌신하는 것, 모든 관계들 속에서 사랑의 힘을 믿는 것, 그리고 자발적으로 십자가의 길로 그리스도를 따라가고자 하는 의지이다. 저자들은 이런 전통 속에 이 시리즈가 설 수 있도록 선정되었다.

신자들의 교회 사람들은 항상 성서의 단순한 의미에 순종하는 것을 강조한다고 알려져 있다. 이 때문에 그들은 깊이 있는 역사비평적 성서학문의 역사가 길지 않다. 이 시리즈는 고고학과 현재 진행되는 성서연구를 진지하게 취하면서 성서에 충실하고자 한다. 이런 작업의 의미는 다른 많은 좋은 주석들에서 발견될 수 있는 해석들과 저자들의 해석이 질적으로 크게 다르지 않다는 뜻이다. 그러면서도 이 저자들은 그리스도, 교회와 선교, 하나님과 역사, 인간의 본성, 그리스도인의 삶, 다른 교리들에 대한 기본적인 신념을 공유한다. 이런 가정들이 저자의 성서해석을 이루고 있다. 따라서 이 시리즈는, 다른 많은 주석처럼, 하나의 구체적인 역사적 교회의 전통 속에 서 있는 것이다.

이러한 교회의 흐름 속에서 많은 사람은 성경공부에 도움될만한 주석의 필요를 역설해 왔다. 이 필요에 대한 응답이 신자들의 교회성서주석을 소개하는 데 충분한 정당성이 될 것이다. 그럼에도, 성령께서는 어떤 전통에도 묶이지 않으신다. 이 시리즈가 전 세계 그리스도인들 사이의 벽을 허물며 말씀의 완전한 이해를 통한 순종 속에서 새로운 기쁨을 가져다주기를 바라는 바이다.

〈BCBC 편집위원회〉

저자 서문

신자들의 교회 전통에 있는 그룹들은 오랫동안 성서 주석을 쓰기를 주저했다. 이렇게 주저하는 데는 많은 요인들이 있다. 어떤 문제는 주석의 한 목적과 관련된다. 부분적으로 성서 주석은 교회를 위해 성서에 대한 권위 있는 해석을 제공하려는 바람에서 나왔다. Grant, 1984:73-82 교회 지도자들은 평신도와 목회자들이 반드시 정확하게 성서를 해석하기를 원했다.

무엇보다도 메노나이트, 형제 교회, 침례교인들은 종종 자신들이 성서에 대한 "공인된" 이해를 따르지 않았기 때문에 박해받았다는 것을 알게 됐다. 명백히 우리는 우리가 믿는 것을 열정적으로 증언하기를 기대한다. 우리는 성서에 대한 제안된 모든 해석을 받아들이는 것은 아니다. 그럼에도 우리가 주석의 주요 기능이 성서에서의 "합법적으로 규범적인" 것을 제시하려는 것이라고 들을 때에는 편안하지 않게 된다. Kaiser, 1981, 참고

여러 번 교회는 "합법적으로 규범적인" 것처럼 보이는 것을 이단을 규정하는 데 사용했다. 명백히 성서적 이단에 대한 물리적인 고문의 가능성은 우리 시대 북 아메리카에서는 크지 않아 보인다. 그러나 다른 곳에서는 그렇지 않다. 권위 있는 해석에 대한 주장에서 나오는 심리적인 위압이라는 문제는 북 아메리카에서조차도 우리를 계속 괴롭히고 있다.

신자들의 교회 전통은 그리스도인들이 자신들의 시각에서 옳은 것을 하는 것뿐인 성서 연구를 결코 옹호하지 않았다. 이런 단순화된 개인주의는 교회나 학문적 권위가 통제하는 데 대한 유일한 대안이 아니다. 대신에, 우리 전통은 공동체에게 성서를 함께 연구하도록 권장한다. 지도자의 임무는 이런 연구를 증진시키고, 본문에 대한 책임 있는 해석을 양성하는 것이다. 그러므로 신자들의 교회 전통에 있는 주석은 신앙 공동체에서 성서에 대한 정기적이고 신중한 연구를 증진시켜야 한다. 분명히 주석을 쓰는 이는 본문을 해석하는 데 자신이 최선을 다하는 것에서 부끄러워할 필요가 없다. 이것은 주석을 단어와 구절과 역사적 배경에 대한 학문적인 설명으로 전락하게 할 것이다. 하지만 신자들의 교회 전통은 동시에 교회에서 지속되는 논의와 발견을 권장하지 않는 권위에 대한 주장을 허용하지 않을 것이다.

나는 주석 작성에 대한 이런 관점이 신자들의 교회 전통에 대한 유일한 기여라고 주장하지 않는다. 그리고 이것은 우리가 작업에 도입하는 유일하게 독특한 요소도 아니다. 그럼에도, 이 주석은 회중 공동체와 신학교 공동체에서의 창세기 연구에서 나왔으며, 이 주석은 이런 배경에서의 연구를 증진시키고 향상시키도록 의도됐다.

내 이름이 저자로 나오지만, 이 책은 교회에 속하며, 교회는 창세기에 대한 지속적인 연구에 기여했다는 공적에 대한 인정을 받아야만 한다. 명백히 누군가는 이 책의 부적절함과 문제에 대한 책임을 인정해야만 한다. 내 이름이 저자로 나오는 것은 이런 목적에서다.

영어 번역본이 많고 공간의 제약이 있으므로, 히브리어에 대한 한 번역본이 이 주석에서는 일반적인 고리 역할을 할 것이다. 이 고리에 대해 나는 RSV를 사용했다. 번역의 차이가 없는 경우 새번역을 사용하고, 새번역과 다를 경우 별도로 번역하여 추가하겠다—역주 이 본문은 굵은 글씨체로 나올 것이다. 히브리어 본문의 대한 내 자신의 번역뿐만 아니라 다른 번역본에, NASB, NIV은 굵은 글씨체가 아니라 인용부호와 함께 나올 것이다. 이 경우도 번역의 차이가 없는 경우 새번역을 사용하고, 새번역과 다를 경우 별도로 번역하여 추가하겠다—역주

창세기 전체 본문을 포함하지 않으므로, 이 주석은 공개된 성서와 더불어 읽을 필요가 있겠다. 어쨌든 독자에게 성서를 펴도록 하지 않는 신자들의 교회 주석을 가지기는 어려울 것이다.

이 주석에 간접적으로 기여한 자들의 이름은 열거하는 것은 고사하고 기억하기 어려울 정도로 너무 많다. 창세기 24장의 아브라함의 친구들과 마찬가지로, 그들은 단순히 종들이라고 불린다. 일부 사람들은 직접적으로 이 책의 제작과 증진에 기여했다. 내 아내 드보라 루프는 컴퓨터에 원고를 입력했다. 내가 가지지 못한 그 기술 때문에, 내가 믿을 수 없을 정도로 본문을 쉽게 개정할 수 있었다.

아무리 컴퓨터가 도움을 준다고 해도, 오류를 스스로 찾을 수도 없고 교정할 수도 없다. 컴퓨터 상에서의 발견과 수정 상당 부분은 도로시 리체이가 햇으며, 추가적으로 데이비드 라이터가 꼼꼼하게 읽어주었다. 원고는 드와이트 브에리, 월트 브루그만, 키요 모

리, 로버트 네프, 도나 리체이 마틴, 이 시리즈의 구약 편집자인 엘머 마텐스가 읽고 실질적으로 향상시켰다.

나는 또한 베다니 신학대학원의 교수진과 교직원들에게 감사하고 싶은데, 그들은 주석서를 쓸 수 있도록 격려하며 동력이 되었으며 기회를 제공했다. 그리고 물론 나는 내게 창세기를 가르친 학생들을 잊을 수 없다. 이 책은 특히 그들에게 바친다. 이 책은 그들에게 속한다.

유진 F. 루프
베다니 신학대학원
일리노이 주 오우크 브루크

전체 이야기 보기

부분과 전체

우리는 창세기 이야기들, 적어도 대부분의 이야기들을 알고 있다. 우리는 우리 예배에서 이 이야기들을 읽고, 우리 연구에서 이 이야기들을 다룬다. 우리 자녀들에게 이 이야기들을 가르치고, 우리 노래에서 언급한다. 개별 이야기들로서의 이 본문은 신앙 공동체의 삶에서 중요한 자리를 차지해 왔다.

하지만 우리가 전체 책의 더 큰 드라마 가운데서 이 본문들의 역할을 탐구하지 않고서 이것들을 단순히 개별 이야기로만 볼 때에, 이 본문들의 풍요로움을 놓칠 수 있다. 동일한 일이 우리 자신의 삶에서의 사건들에서도 일어난다. 우리는 종종 우리 삶의 단편적인 사건들을 다른 이들에게 말한다. 이 사건들은 그 자체로 스스로 의미를 지니지만, 우리 전체 삶의 여정이라는 맥락에 놓일 때에 동일한 이야기들이 다른 형태와 새로운 의미를 지닐 수 있다. 창세기의 개별 이야기들은 역시 더 큰 이야기의 부분이다. 이 책의 깊이와 풍요로움은, 우리가 이 개별 사건들에 빠져들 뿐만 아니라 전체 이야기에 대한 어떤 관점을 얻을 때에 가장 잘 보일 수 있다. 창세기의 전체 드라마는 개별 순간들에 새로운 형태와 의미와 의미를 부여한다.

개별 본문들을 탐구하기 전에, 전체로서의 창세기의 형태를 간략하게 보도록 하자. 창세기의 교회 연구사에서, 가장 일반적으로 11장과 12장 사이를 구분한다. 창세기 1-11장에서, 내러티브는 모든 인류에 초점을 둔다. 창세기 12장 1절 이후는 이 폭넓은 초점에서 전환하여 독자에게 한 가족, 아브라함과 사라의 가족을 주목하도록 한다. 그럼에도, 우리는 이 지점에서의 분명한 구분을 전제하는 것에 대해 주의해야만 한다. 아브라함과 사라는 이미 11장에 소개됐다. 사실, 이야기의 중심이 되는 사라의 불임은 11장 30절에 먼저 진술된다. 그래서 우리가 일반적으로 창세기 1-11장과 12-50장에 대해 말할 때, 우리가 받은 대로의 본문은 이 지점에서 이야기를 명확하게 나누지는 않는다.

우리가 창세기를 관통할 때, 개별 내러티브들은 자연스럽게 서로 나뉘는 것 같다. [히브리 문학의 장르, 363쪽] 우리가 창세기의 개요를 정하려면, 창세기의 이야기 형태를 고려해야만 할 것이다. 창세기 12-50장에서 이 내러티브들은 특정한 가족의 삶을 중심으로 모인다. 우리는 보통 예를 들어 아브라함이나 야곱과 같이 조상이라는 점에서 가족 이야기를 생각한다. 전통 자체는 하나님을 **너의 조상의 하나님, 곧 아브라함의 하나님, 이삭의 하나님, 야곱의 하나님**이라고 말한다. 출3:6, 15 하지만 창세기 이야기들은 조상들뿐만 아니라 여족장, 누이와 형제들도 나온다. 그러므로 내러티브는 더 친숙한 "족장 이야기"보다는 "가문 이야기"로 불려야 한다. Westermann, 1980:59f.

전체 이야기의 일반적인 흐름은 아래와 같이 자료를 구분한다.

모든 인류 이야기, 원시 이야기 창 1-11장
조상의 가족 이야기, 창 12-50장

　　　아브라함과 사라와 가족, 창 12-25장
　　　이삭과 리브가와 가족, 창 26-27장
　　　야곱과 레아와 라헬과 가족, 창 28-36장
　　　요셉, 창 37-50장

이 구분은 대략적인 구분이며, 더 자세하게 본문을 살펴볼 때에 더 정확한 구분에 대한 단서를 찾게 될 것이다.

창세기를 연구하는 어떤 이는 이야기들의 독립적인 모음집이 우리가 알고 있는 대로의 창세기가 된 역사적 과정을 탐구하면서, 창세기 책의 역사에 연구를 집중한다. 일반적인 설명에서는, 많은 세대를 통해 전달된 옛 서사시가 바빌로니아 포로의 제사장적 공동체가 모은 자료로 나중에 보충되거나 합쳐져서 현재의 창세기 본문을 형성하게 됐다고 한다. 어떤 이는 이 옛 서사시는 하나는 남 왕국 유다에서 보존되고 다른 하나는 우선 북 왕국 에브라임-이스라엘에서 보존된, 두 묶음의 자료에서 작성됐다고 제안하는데, 이는 많은 이런 전통들과 문학 자료들이 창세기의 해석을 발전시키는 중요한 방법을 제공했기 때문이다. [창세기의 역사적 연구, 354쪽]

이것이 계속해서 자료를 배열하고 해석하는 중요한 방법이지만, 일부 성서 연구가들은 창세기에 대한 이런 접근에 불편함을 느낀다. 몇몇은 역사적-분석적 비평적 접근이 해롭다고 주장하면서 이 접근법을 완전히 거부한다. 하지만 다른 학자들은 거부하려 하지 않고, 창세기의 최종 형태에 주목하는 다른 방법으로 역사적 분석을 보충한다. 창세기의 작성의 역사에 민감하지만, 이것이 이 주석서의 주요 초점은 아니다. 창세기의 더 큰 단위들을 보든 개별 이야기들을 보든, 초점은 역사적 분석보다는 우리 앞에 놓여 있는 대로의 창세기 책에 있다.

다음은 ~의 족보다

우리가 가지고 있는 대로의 창세기 본문에서, **다음은 ~의 족보다**라는 구절 "이것은 기사다," NASB, NIV은 책에서의 중요한 구분을 표시한다. 이 구절은 일관되게 새로운 단위의 시작을 알린다. 5:1; 10:1; 37:2, 참고 때로 이 구절은 우리가 전통적으로 읽는 대로의 이야기의 중앙에 오거나,6:9 우리가 자료를 구분하는 것에 익숙한 대로의 새로운 단위의 시작을 표시하지 않는다. 2:4; 11:27 그럼에도 이 공식은 중요한 구분을 지목한다. 우리는 창세기를 탐구해 나갈 때, 이 구절을 주요한 표시어로 주목할 것이다.

전체로서의 창세기를 볼 때, 이야기의 흐름, 작성의 역사, "다음은 ~의 족보다"라는 공식 모두가 기여한다는 사실을 인정하면서, 우리는 다음의 주요 구분을 사용할 것이다.

모든 인류 이야기, 1:1-11:26

> 창조, 1:1-2:3
> 하늘과 땅, 2:3-4:26
> 아담 가족, 5:1-6:8
> 노아 가족, 6:9-9:29
> 노아의 아들들, 10:1-11:9
> 셈의 가족, 11:10-26

이스라엘의 초기 가족들의 이야기, 11:27-50:26

> 데라의 가족: 아브라함, 11:27-25:18
> 이삭의 가족: 야곱과 에서, 25:19-36:43
> 야곱의 가족: 요셉, 37:1-50:26

대부분 이 개요는 "다음은 ~의 족보다"라는 공식을 따른다. 나는 25장을 이 공식이 가리키는 만큼의 구분되는 족보 목록으로 나누지 않았다. 또한 나는 36장이 "족보" 공식을 한 번이 아니라 두 번 사용하지만,[1, 9절] 36장을 35장에서 분리하지 않았다. 게다가 창세기 37:1은 우리가 보통 하는 대로 요셉 이야기에 대한 도입으로 여길 수 있겠다. 또는 이 것은 25장 18절과 35장 29절과 마찬가지로 이전 단위에 대한 마무리하는 진술로 여길 수 도 있다. 이전의 개요에서 이삭과 리브가는 주요 등장인물로 나온다. 그러나 본문은 이삭 과 리브가의 가족 이야기에 대해서는 거의 보존하지 않는다. 우리가 가진 자료는 아브라 함과 야곱의 이야기에 합쳐졌다.

우리의 삶이 더 큰 드라마의 일부가 되듯이, 이 아홉의 구분 각각은 큰 "족보의 이야기" 의 한 부분으로 나온다. [족보 읽기, 349쪽] 이 "가족 이야기"를 고려할 때, 우리는 개별 이 야기들을 탐구할 뿐만 아니라 창조, 재앙과 재창조, 약속과 성취, 불모와 축복과 같은 주 요 신학 주제를 찾을 것이다. 이것은 가족 이야기를 들려주는 것의 일부다.

창세기 이야기들이 단순히 고립된 이야기로 다뤄질 수 없듯이, 창세기 책은 전체 성서 의 부분에 속한다. "기원"genesis라는 단어가 알려주듯이, 이것은 시작일 뿐이다. 시작은 과거인 것처럼 무시될 수 없다. 시작은 사라지지 않는다. 즉 시작은 모든 이어지는 순간 들이 대두하는 근거를 형성한다. 실제로 창세기는 "이 세대들"에서의 신앙 공동체와 인류 를 형성되는 모습을 묘사하려고 의도됐다. 모든 후속 세대들은 "후손들"로서 이 세대들 과 묶였다. 이슬람과 유대교와 기독교가 보여주는 대로, 명백히 후속 세대들은 많은 다양 한 방법으로 조상들의 유산을 물려받을 수 있다. 하지만 후속 세대들은 공적인 고백으로 이 세대들의 후손으로 남는다. 이런 결속의 고백적 형태는 **너의 조상의 하나님, 곧 아브 라함의 하나님, 이삭의 하나님, 야곱의 하나님**출3:6이라는 고대 신조와 같은 공식에서 표 현된다. 우리는 이 세대들의 후손들로서 시작을 볼 것이다.

1부

모든 인류 이야기

창조

사전 검토

이 구성단위의 놀라울 정도의 대칭은 독자를 즉각적으로 놀라게 한다.

전체 구성단위는 다음과 같은 구성의 정기적인 양상을 따른다.

> 말씀: "하나님이 말씀하시기를"
>
> 결과: "그대로 되었다."
>
> 평가: "하나님 보시기에 좋았다."
>
> 조치: "하나님이 나누시니"
>
> 이름: "하나님이 ~라 하시니"
>
> 시간: "저녁이 되고 아침이 되니"

6일의 차례를 통해 이 흐름은 변화를 주며 반복된다.

이 구조는 확고하거나 불변하지는 않지만, 안정되고 질서 잡힌 요소로 나온다. 어떤 날도 개요나 내용에서 정확하게 일치하지는 않는다. 조치는 항상 동일한 것은 아니다. 나누시니, 1:4, 7; 만드시고, 7, 16, 25절; 창조하시고, 21, 27절 때로 정기적인 요소들 가운데 하나가 생략되고 그 다음 차례에서 다시 나오기도 한다. 예, 6절은 "결과"가 없고, 8절은 "평가"가 없다 어떤 요소들은 그리스어 본문에는 나오지만 일반적인 히브리어 본문에는 나오지 않는다. 이런 차이점은 다양한 영어 번역본에서 나타날 것이다. 때로 특징적인 요소가 "날"의 섹션 가운데 하나에서 나올 것이다. 예를 들어, 하늘의 **두 빛**의 기능에 대한 광범위한 진술은14-18절 **셋째 날**에 나오며, 그 다음에 우리는 기능에 대한 다른 어떤 정교한 묘사도 찾을 수 없고 여섯째 날이 되어서야 인류의 기능에 대해 볼 수 있다. 명백히 이 구성단위는 확고하게 질서 잡히지 않았지만, 일관된 순서와 신중한 대칭을 명백히 발견할 수 있다.

비슷하게 반복되고 대칭을 이루는 자료의 배열은 우리가 익숙한 다른 장르나 종류의 문학에도 나온다. 아동 문학은 종종 반복되는 문체를 사용한다.McEvenue, 1971:10ff 어른들은 때로 『작은 빨간 암탉』Little Red Hen의 이야기에 나오는 반복이 단조롭다고 여기지만 이 대칭 때문에 아이들은 자료를 단계적으로 흡수할 수 있다. 우리는 동일한 반복의 문체를 일부 노래, 특히 민요에서 만난다. 이야기의 흐름이 여러 절을 지나며 발전되어 갈 때, 한 구절의 반복으로 말미암아 노래 부르는 사람들은 진행해 갈 수 있다.

족보 목록은 구성의 확고한 양식을 보여주는 성서 장르의 한 사례를 제공한다. 창세기 1장이 족보의 엄격한 양식을 지니지는 않지만, 제시하는 방식은 내러티브보다는 "목록"의 형태로 되어 있다.Westermann, 1984:81ff 순서는 이 구성단위의 가장 명백한 특징에 속한다.

마지막으로 이 장은 예배의식에 비유됐다.Brueggemann, 1982:29ff 예배의식은 자료를 신중하게 배열한다는 어감을 함축하지만, 또한 목록뿐만 아니라 반복과 노래를 따라 진행해 감을 강조한다. 창세기 1장을 예배의식이라고 부르는 것은, 이 말씀들이 시편의 찬양과 송영에서 발견되는 언어를 반영한다는 사실을 우리에게 상기시킨다.

이 모든 비교는 우리가 이 구성단위의 어떤 측면을 보는 데 도움이 된다. 구약에서 어떤 구성단위도 정확하게 창세기 1장 1절-2장 3절과 같지 않으며, 우리가 아는 한 이스라엘 이웃의 문학에서도 비슷한 것을 찾을 수 없다. 이스라엘 이웃도 창조에 대한 자료의 모음집을 지녔다. 우리는 이 단락을 고대 근동 문학과 비교하여 많은 것을 배울 수 있다. 하지만 우리는 혼돈에서 사역으로 나아가고 다시 안식으로 나아가는 대칭적인 리듬의 형태로 되어 있는, 창조주 하나님에 대한 이런 "찬양"와 같이 구성된 다른 어떤 내러티브나 시도 발견하지 못했다.

우리가 이런 창조의 목록/예배의식을 만날 때, 본문의 균형과 대칭으로 말미암아 우리는 질서와 안정을 느끼게 된다. 찬양의 언어는 주목하게 하는 힘을 지닌다. 신앙 공동체가 위험하고 혼란스러운 세상을 경험할 때, 이렇게 찬가로 된 찬양과 질서 잡힌 구조의 조합은 신앙 공동체에 깊은 호소력을 지닌다. 그러므로 바빌로니아의 포로 시기 창조에 대한 이런 제시는 이스라엘이 하나님을 경험하는 데 토대를 이루며, 공동체에 하나님의 미래로 향한 길을 제공한다.

명백히 이 본문의 메시지는 질서 잡힌 구조와 시편과 같은 언어로만 축소될 수는 없다. 하지만 우리는 내용에 너무 초점을 두는 나머지 창조에 대한 이런 제시의 힘을 놓친다. 우리는 상황이 좋을 때는 이 본문의 예술을 경험하지 못할 수도 있다. 우리는 삶에 질서가 있음을 알고 이것을 당연하게 여긴다. 하지만 우리 개인의 삶이나 공동체의 삶이 무너지고 있을 때 문제는 다르다. 그렇다면 이 본문을 읽는 것은 다른 영향을 낳게 된다. 이 영향은 드라마로서의 자료라는 면에서가 아니라, 우리 희망의 토대가 되는 창조의 드라마로 미치게 된다. [창조와 진화, 355쪽]

개요

도입: 창조와 혼돈, 1:1-2

창조 목록, 1:3-31

      1:3-5   첫째 날: 빛

      1:6-8   둘째 날: 창공

      1:9-13 셋째 날: 뭍, 식물

      1:14-19 넷째 날: 두 빛

      1:20-23 다섯째 날: 물과 공중 짐승

      1:24-31 여섯째 날: 땅의 짐승, 인류

마무리: 일곱째 날-안식, 2:1-3

주석적 해설

도입: 창조와 혼돈 1:1-2

이 구성단위는 창조하는 하나님과 혼돈이라는 창세기 1-11장 전반에서 중심이 되는 관심으로 시작한다. 우리는 보통 이 두 절을 두 개의 완전한 문장으로 번역한다. RSV, NASB, NIV 히브리어 단어들은 이런 익숙한 번역도 허용하고, 하나님이 창조하기 시작할 때…와 같이 RSV의 각주에 있는 것과 비슷한 번역도 허용한다. 히브리어 구문론도 역사적 조사도 명백하게 한 번역이 다른 번역보다 낫다고 결정할 수 없다.

우리는 번역할 때 명확성을 선호하겠지만, 두 가능성이 있다는 사실로 말미암아 우리는 자유롭게 본문의 중심이 되는 확언, 즉 하나님이 살기에 적합한 세상을 창조했다는 사실에 초점을 둘 수도 있다. 우리는 때로 창세기 1장 1절을 연구할 때, "제1원인"에 대한 철학적 이슈라는 곁길로 샐 수도 있다. 만약 모든 것에 대한 "원인"이 있어야만 한다면, 하나님에 대한 "제1원인"이 있는가? 하지만 이 번역은 이런 논쟁에 본문을 사용할 정도로 정확하지는 않다. 창세기 1장 1-2절은 철학적 사변보다는 창조하는 하나님이 우리에게 살기에 적합한 세상을 제공한다는, 신학적 고백에 대한 관심을 보인다.

땅이 달라질 수 있다. 살 수 없는 세계에 대한 시적인 묘사를 주목하라.

공허한 불모지인 땅
큰 깊음의 표면에 덮은 어둠
물의 표면 위를 움직이는 강력한 바람. 창1:2, 저자의 번역

우리는 보통 1장 2절을 과거 시제로 번역하지만, 여기 히브리어 시는 명확한 동사 시제가 없다. 예언자들은 세상이 다시 살 수 없게 될 것이라고 말하려고 동일한 생동하는 문장을 사용했다. 렘4:23-26

하나님은 살 수 없는 세상에 대한 이런 시적인 묘사에서도 빠지지 않는다. 시의 셋째 행에 있는 구절을 "강력한 바람"이라고 번역한 것은, 살 수 없는 세상에 대한 느낌을 강화한다. 하지만 더 흔히 이 히브리어 구절은 "하나님의 영은 물 위에 움직이고 계셨다"라고 번역된다. 이런 두 가지 다른 번역의 방향은 살 수 없는 세상, 즉 공허하고 암울하며, 어둡고 바람이 강력한 세상에 대한 인간의 경험을 반영한다. 하지만 하나님은 이 세상을 포기하지 않는다. 이 어둠과 바람 가운데 우리는 하나님의 권능을 발견할 수 있다.

하나님의 권능은 살기에 적합한 세상을 창조한다. 실제로 구약에서 창조하다 히브리어 바라bara' 라는 단어는 하나님만을 주어로 허용한다. 하나님은 너무 어둡거나 너무 축축하거나 너무 메마른 데서 살기에 적합한 세상을 만들어내면서, 결코 창조하기를 멈추지 않는다.

가련하고 빈궁한 사람들이 물을 찾지 못하여
갈증으로 그들의 혀가 탈 때에,
나 주가 그들의 기도에 응답하겠고,
나 이스라엘의 하나님이 그들을 버리지 않겠다.
내가 메마른 산에서 강물이 터져 나오게 하며, …

사람들이 이것을 보고,

주님께서 이 일을 몸소 하셨다는 것을 알게 될 것이다.

이스라엘의 거룩하신 하나님께서 이것을 **창조하셨다**는 것을 깨닫게 될 것이다. 사
41:17-20

창세기는 이런 확언으로 시작한다. 예수의 내러티브가 다른 무엇을 말할지라도, 하나님의 권능이 계속 살기에 적합한 세상을 창조한다는 사실을 확언한다.

"주님께서 나를 보내셔서,

포로 된 사람들에게 해방을 선포하고,

눈먼 사람들에게 눈 뜸을 선포하고,

억눌린 사람들을 풀어 주고,

주님의 은혜의 해를 선포하게 하셨다." 눅4:19

창조 목록 1:3-31

'하나님이 말씀하시기를' 이라는 표현에서처럼, 하나님은 말씀을 통해 세상을 창조한다. 성서 전통에서의 말씀은 독백이 아니라, 두 사람 사이의 유대관계다. 창조 사역을 묘사하는 데 **말씀**을 사용하는 것은 하나님과 창조 사이의 분리를 강조하지 않는다. 그리고 하나님의 말씀을 사용하는 것은 다른 고대 근동의 이야기에서처럼 마술적인 힘을 극적으로 보여주는 것으로 여겨지지도 않는다. 오히려 구약의 예언 전통과 요한복음의 서언요1:1ff이 인정하듯이, **말씀**은 하나님과 세상 사이의 유대를 확립하고 표현한다. 하나님이 만들거나 분리하거나 놓거나 형성함으로써 "행동할" 때보다창2장 하나님이 말씀하자, 살기에 적합한 세상이 존재하게 될 때, 하나님은 더 멀리 있지도 덜 관여하지도 않는다.

이 본문은 하나님이 존재하게 한 세상 및 하나님과의 관계를 묘사하는 데 많은 다양한 단어들, 즉 말씀하기, 만들기, 구분하기, 축복하기, 창조하기 등의 단어를 사용한다. 이 모든 단어는 창조주와 피조물의 유대관계를 표현한다.

1:3-5 첫째 날: 빛

하나님은 권능으로 말하지만 독재자의 권능으로 말하는 것은 아니다. 특정 히브리어 단어 형태에서 너무 많은 결론을 이끌어내지 않도록 신중해야 한다. 그렇다고 해도 동사의 형태는 우리에게 약간의 해석의 실마리를 제공한다. 문법적으로 이 섹션 전반에 나오

는 동사 형태는 명령형이 아니라 저씨브다. jussive **있어라**Be가 아니라 **있을지어다**Let there be, 새번역, "생겨라"-역주가 된다. 저씨브는 영어에서 정확한 대응용법이 없다. 히브리어로 저씨브 동사 형태는 가장 강력한 선언거의 명령에서 매우 부드러운 선언거의 소망까지 폭넓은 범위의 선언을 묘사한다. 엄격하든 부드럽든 저씨브는 항상 자발적인 요소를 전달한다. 영어 번역본들은 **있을지어다**Let there be라는 구절로 이 자발적인 요소를 담아내려 한다. 아마도 하나님이 빛을 허락했고 빛이 발생했다고 말하는 것이 저씨브의 어감을 신중히 다룰 것이다. 하지만 하나님의 명령으로 표현하면 저씨브의 부드러움을 제거하게 된다. 창조는 독재자의 요구가 아니라 하나님의 지시로 일어난다.

하나님의 말씀/조치는 밤과 낮의 주기를 확립했다. 우리는 "자연법"이라는 용어로 이 주기를 묘사한다. 고대 이스라엘은 이에 대해 듣지 못했다. 하나님의 말씀과 조치는 계속 왜 낮이 밤에 이어지는가 하는 이유가 된다.

밤이 끊임없이 이어지는 세계는 살기에 적합한 세상이 되지 않을 것이다. 우리는 이것을 엄격하게 자연의 용어로 묘사한다. 즉 해가 없이 우리가 알고 있는 삶은 불가능할 것이다. 하지만 자연 과학은 끝이 없는 어둠에 대한 우리의 두려움을 없애지는 못한다. 대부분 어른들에게는 드러나지 않지만 이런 두려움은 아이들에게서 계속 들려진다. 이 본문은 이런 근심에 대해 자연법에 대한 진술이 아니라 창조하는 하나님에 대한 확언으로 반응한다. 어둠은 최종 결정권이 없을 것이다. 밤은 끝나고 낮이 항상 올 것이다.

1:6-8 둘째 날: 창공

두 번째 분리는 물을 제어하게 된다. 큰 돔 형태인 창공 "광활한 공간"expanse NASB, NIV 이 물을 각자의 위치에 자리 잡도록 유지한다. 땅 위의 물은 제어되면 비를 내리고 비옥하게 한다. 이 동일한 물이 풀려나면 홍수가 된다. 7:11 살기에 적합한 세상은 어둠이 제한되고 물이 제어될 필요가 있다.

성서에서 물에 대한 제어는 하나님의 손에 있다. 왕상17-18장; 막4:35-41 하나님은 자동화된 물의 체계를 설치하는 것이 아니라, 의로운 사람에게나 불의한 사람에게나 비를 내리는 창조주와 피조물 사이의 유대관계에서 조치를 취했다. 마5:45 신앙 공동체가 아는 대로, 하나님은 물의 분배를 제어할 때의 인류보다 더 공정하게 물을 분배한다.

하나님은 땅의 물을 할당된 장소에 분리함으로써, 위험 요소들인 어둠과 물을 제어했다. 최근 창조에 대한 관심이 물질이 존재하게 된 첫 순간에 초점을 두지만, 우리 성서 조상들은 다른 질문에 대해 궁금해 했다. 땅은 위험한 장소인가? 이 본문은 위험 요소들이 하나님이 제어했고 제어하고 있다고 단언한다. 우리는 하나님의 세상을 신뢰할 수 있다. [창조와 진화, 355쪽]

1:9-13 셋째 날: 뭍, 식물

땅은 하나님의 말씀에 반응하여 식물을 낸다. 이 확언은 고대 팔레스타인의 불안정한 농경 사회에서 중대한 이슈를 다뤘다. 즉 농부가 곡물의 씨앗을 심었을 때 곡물이 자라겠는가라는 이슈다. 두 가지 문제가 이 질문에 숨겨져 있다. 첫째는 우리가 잘 아는 것으로 수확 실패라는 문제다. 하지만 둘째 문제는 식물의 번식에 대한 우리의 기술적인 지식에 수반되는 항목에서의 미로에 거의 길을 잃었다. 즉 우리가 곡물의 씨앗을 심을 때, 우리는 다른 채소가 아닌 곡물을 얻을 것인가 하는 문제다. 우리는 곡물의 씨앗이 콩이 아니라 곡물을 생산하도록 분명히 하려면 특별한 무언가를 해야만 하는가? 창세기 1:1-13은 하나님이 베푸는 살기에 적합한 세상을 향한 지속되는 선물이 되는, 계절별 수확의 신뢰할 만한 규칙성과 번식 과정의 놀라움을 선언한다.

1:14-19 넷째 날: 두 빛

우리는 6일의 섹션 각각의 흐름에서 이 구성단위의 대칭을 목격했다. 우리는 첫째 날에서 셋째 날까지와 넷째 날에서 여섯째 날까지를 비교하면 이 대칭을 다시 볼 수 있다. 첫째 날에서 셋째 날까지는 빛과 창공과 뭍과 식물이라는 네 개의 창조적인 단어셋째 날에 두 단어로 빛에서 식물까지 진행했다. 넷째 날에서 여섯째 날까지는 "큰 빛"에서 인류까지 비슷하게 진행했다. 다시 여섯째 날에는 두 단어가 있으면서 뭍과 공중의 짐승, 뭍의 짐승, 인류라는 네 개의 창조적인 단어들이 있다.

첫째 날	빛	두 큰 빛	*넷째 날*
둘째 날	창공으로	물의 짐승과	*다섯째 날*
		제어되는 물	공중 짐승
셋째 날	뭍	땅의 짐승	*여섯째 날*
		식물	인류식물을 먹는

본문의 구조조차도 하나님의 세상에서의 일치와 대칭, 조화와 균형을 단언한다.

넷째 날의 내용을 보면, 창공에 있는 빛은 구체적인 기능을 지니는데, 낮과 어둠을 분리하고 계정과 특별한 시기를 만들고 땅에 빛을 준다는 기능을 지닌다. 별들은 빛나지만 중요한 역할을 하지 않는다. 빛들의 기능에 대해 오해를 피하도록 상당히 신중을 기했다. 이 빛들은 인류의 운명을 제어하거나 드러낼 수 있는 신적인 존재들이 아니다. 이 두 큰 빛은 이 본문에 이름이 없는데, 아마도 이 이름들이 이스라엘의 이웃 나라들 가운데서는 신적인 존재를 지칭하기 때문일 것이다. 두 빛의 이름을 거론하지 않는 것은, 하늘의 빛들에 독립적인 인격과 권능을 부여할 수도 있는 오해를 피하는 데 도움이 된다.

그러나 한 단어는 골칫거리인 것으로 드러났다. 이 두 빛은 낮과 밤을 다스리게^{히브리어} 마샬marshal 했다고 한다. 베스터만Westermann, 1966:183과 카수토Cassuto, 1964:45-46는 이 구절이 찬양의 시편에 나온다는 사실을 상기시킨다. 시136:7-9 찬양의 용어로서 **다스리다**라는 단어는 "하늘 빛"을 볼 때 경험할 수 있는 웅장함과 경외의 감정을 불러일으킨다. 하지만 이 동일한 단어가 해와 달이 소유한 힘을 구체적으로 묘사하는 것으로 해석된다면 문제가 발생한다. 그렇다면 해와 달은 땅의 생명을 제어하는 고귀한 존재로 이해될 수도 있다. 이 단락의 취지는 정확하게 반대 반향으로 진행된다.

1:20-23 다섯째 날: 물과 공중 짐승

하지만 다른 형태의 생명인 **생물**이^{히브리어,} '네페쉬 하야' nephesh ḥayyah 하나님의 세상에 번창한다. 이 내러티브에서 생물은 짐승의 세상과 식물의 세상을 구분한다. 모든 짐승은 생물이지만, 1:20, 24, 30 식물은 아니다. 하나님의 형상이라는 용어는 인간의 생명과 짐승의 생명을 구분한다. 26-27절 우리는 '네페쉬 하야' 를nephesh ḥayyah 정확하게 정의하고 싶을 수도 있다. 하지만 본문은 짐승이 식물과 다르다는 일반적인 관찰을 약간 넘어서서 제공할 뿐이다. Wolff, 1974:21ff; Pedersen:99-180 우리는 **생물**이 여기서도 물과 공중에 속한다는 것을 기억하기만 하면 된다.

짐승들에게는 **복이 베풀어졌다.** '바라크' barak [창세기에서의 복, 352쪽] 축복은 생명의 힘, 곧 번성과 활력, 건강과 성공으로 구성한다. Westermann, 1978:15-29 짐승과 관련하여 축복은 생명을 낳은 힘을 가져다준다. 짐승은 땅을 채울 번식력을 가졌다. 인류에게의 축복은 번성하게 한다. 1:28 하지만 이외에도 축복은 하나님의 선한 창조에 대한 관리자/청지기로서 행하도록 인류에게 권한을 부여한다. 축복은 일곱째 날과 관련하여 세 번째로 나온다. 그날에는 모든 생물을 새롭게 하고 활기를 띠게 할 힘이 주어졌다. 출23:12; 31:17

고대 이스라엘이 바빌로니아 포로에서^{주전 597/586-538년} 경험했던 것과 마찬가지로 우리는 종종 세상이 생명의 어떤 힘도 지니지 못한 채 축복받지 못한 것을 경험한다. 때로 우리는 세상이 죽음과 불모의 힘만을 소유하면서 저주받은 것을 보게 된다. 창세기 1장에서 축복이 우리 세계에 소외되지도 않고 우리의 드라마에 가끔 들어오는 것도 아니라는 사실을 안다. 식탁에서 하는 우리 기도에는 창세기 1장이 무엇에 관해 말하는지가 반영된다. 축복은 매일 존재한다. 즉 아이가 태어나고, 음식과 쉼이 새로운 활력을 불어넣으며, 감동은 미소를 짓게 한다. 하나님의 축복은 단순히 어제나 내일이 아니라 오늘을 힘 있게 한다.

1:24-31 여섯째 날: 땅의 짐승, 인류

셋째 날의 물과 상응하여, 여섯째 날에 땅은 땅의 짐승을 내도록 소환된다. 다음의 세 가지 범주는 이 내러티브에서 모든 땅의 짐승들을 상징하고 체계화한다. (1) 집짐승소, (2) 들짐승, (3) 기어 다니는 것. 명백히 이것은 분류의 요소를 일부 나타내지만, 이 표현들은 시적이기도 하다. 이 표현들은 추상적인 범주만이 아니라, 짐승의 모습을 떠올리게 한다. 분류에서 최고의 가능한 기술적인 정확성을 기하고자, 우리는 직업이나 최소한 취미가 동물학인 자를 제외하고는 이해할 수 없는 동물학 용어를 사용한다. 정한 짐승과 부정한 짐승의 목록은예, 레11장 고대 이스라엘이 복잡한 분류 체계로 작업할 수 있다는 사실을 보여준다. 하지만 그런 복잡함이 여기에는 없다. 집짐승과 들짐승과 기어 다니는 것은 체계 전문가만큼이나 예술가에 의한 정리임을 보여준다.

여섯째 날은 인류의 창조에 주요 초점을 둔다. 구별되는 "순간"은 6일의 패턴의 절정을 나타낸다. 게다가 이 단락은 전체 구성단위의 대부분의 논의, 특히 **하나님이 말씀하시기를 우리가 …하자**라는 구절과 **하나님의 형상**에 대한 원인을 제공했다. [하나님의 형상, 357쪽]

과거 기독교 해석가들은 종종 여기서 하나님의 말씀에서의 복수가 삼위일체를 가리킨다고 해석했다.John Wesley:7 현대 학자들은 구약 본문이 신약 관점을 포함하는 것처럼 읽는 것에 대해 더 신중을 기한다.

둘째 해석은 **우리가 …하자**를 수사적 장치로 이해한다. 위엄의 복수나 왕의 복수가 한 가지 가능한 수사적 해석이 된다. 그러나 우리는 이 특정한 수사적 장치가 성서 히브리어에 사용됐다는 증거를 갖고 있지 않다.

셋째 해석은 **우리가 …하자**라는 말씀이 천사들과 같은 다른 신적인 존재를 가리킨다고 제안한다. 이 해석도 오랜 역사를 지니고 있다.Jacob:9, 참고 **우리가 …하자**라는 구절은 하나님의 왕궁의 우두머리로서의 하나님에 대한 구약의 많은 묘사들과 관련이 있다. 예, 왕상 22장; 사6장; 욥1장; 시82편 P. Miller:9ff

보우터는 이 구절을 지나치게 강조하거나 확대 해석해서는 안 된다고 경고한다. Vawter, 1977:54 칼 바르트는 이 구절이 최소한 "의도와 결정이 내부적으로 만장일치"한다는 것을 가리키기를 원한다고 주장한다. Karl Barth, 1958:182 다시 말해서 하나님이 인류를 창조한 일은 이 경우 "만장일치"가 무엇을 의미하든지 간에 명백하고 의도적이며 만장 일치하는 결정으로 일어났다. 인류는 단순히 역사의 우연이 될 수는 없다. 의미와 목적과 의도가 하나님의 세상에서의 인류의 존재를 특징짓는다.

이 본문에서, **하나님의 형상**은 최소한 부분적으로 28절과 관련된다. [하나님의 형상, 357쪽] 하나님은 인류에게 세상을 책임지도록 했다. **정복하여라, 다스려라**와 같은 고귀하고 권위 있는 단어들이 이 책임을 묘사한다. 시편기자도 다음과 같이 반영한다.

> 주님께서 그들에게 손수 지으신 만물을 다스리게 하시고,
>
> 모든 것을 그들이 제어하도록 두셨습니다. 시8:6, 저자의 번역

언어는 완고하다. 인류는 세상에서 약하고 무력한 역할을 하지 않는다. 왜냐하면 하나님이 우리에게 창조세계에 대한 통제권을 맡겼기 때문이다. Bonhoeffer:39 우리는 여기에 결정하도록 자리 잡고 있다. 이 결정은 지상에서의 삶에 영향을 미친다.

다스리게 한다는 것은 무엇을 의미하는가? 26절 본문은 우리가 하나님의 형상으로 창조된 자들로서 창조세계를 관리해야 한다는 것을 말할 뿐이다. 그렇다면 하나님은 어떻게 관리하고 다스리고 제어하는가? 이스라엘의 왕은 하나님이 다스리듯이 다스리는 자라고 묘사하는 시편 기자는 시72편 공의, 정의, 긍휼, 평화와 같은 단어를 사용한다. 신약은 예수가 왕의 전통과 연결됨을 확언하고 기념함으로써, 나사렛에서 온 이는 우리가 하나님의 형상으로 어떻게 다스려야 하는지를 잘 보여준다고 주장한다.

이 섹션은 평화로운 언급으로 마무리한다. 식물은 인류와 짐승에게 무한한 음식을 제공한다. 29절 이 본문의 광경은 우리가 이사야 11장 6-9절에서 발견한 세상에 대한 광경과 동일하다. Vawter, 1977:60f. 우리는 하나님이 창조하는 세상에서 어떤 다툼도 볼 수 없으며 생물들 가운데 어떤 대립도 볼 수 없다. 평화스러운 왕국에 대한 이런 묘사에서 생물은 다른 생물을 죽이지도 먹지도 않는다. 다른 본문은 식물과 짐승과 사람들 사이의 관계를 다르게 묘사한다. 예, 창9장 그럼에도 이 본문은 하나님이 폭력이 없는 세상을 창조하고 있다는 사실을 단순하게 확언한다. 그러므로 마무리하는 평가의 진술은 축복의 역할도 한다. **하나님이 손수 만드신 모든 것을 보시니, 보시기에 참 좋았다.** 31절

마무리: 일곱째 날-안식, 2:1-3

이 단락은 하나님이 일곱째 날에 안식했다는 확언으로 마무리한다. 하나님은 일곱째 날을 축복하고 일곱째 날이 다른 여섯 날과 다르다고 구분했다.[창세기에서의 복, 352쪽] 안식일 전통은 많은 논의를 불러일으켰다. 안식일은 창조의 "질서"에서 확고하게 정해졌는가? 그렇다면 우리는 어떻게 안식을 지켜야 하는가? 예수가 안식일을 등한시 한 것은 어떤가? 안식일은 한 주간의 일곱째 날보다는 첫째 날을 지키는 그리스도인들에게 어떤 중요성을 지니는가?

이런 질문들은 쉽게 구약과 신약의 광범위한 안식일 논쟁에 이를 수 있다. 여기서 우리는 창세 1장 1절-2장 3절의 전체 단락에서 2장 2-3절의 자리와 관련된 해석의 두 가지 방향을 지적하겠다.

창조 드라마가 끊임없는 활동으로 계속 이어지는 것은 아니다. 창조는 안식을 향해 나아간다. 이 "안식"은 지친 자의 안식을 포함하겠지만 이런 안식이 아니다. 출5:5; 마11:28 창조의 안식은 만족하는 이, 세상을 보고서 **보시기에 참 좋았다**라고 말씀하는 이의 안식을 묘사한다. 칼 바르트는 안식하는 하나님에 대해 말하는 것이 사랑하는 하나님에 대해 말하는 것이라고 우리에게 상기시킨다.1958:215 피조물에 대해 절대로 멈추지 않고 만족하지도 않고 시간을 찾지도 않는다는 것이 사랑하는 하나님의 특징이 되지 않는다.

7일의 주간에서 일하는 시간이 돌아올 것이다. 하지만 안식일은 즐기고, 있는 것을 사랑하는 순간이며, 완성될 필요가 있다는 측면에서가 아니라 완성된 것을 즐긴다는 측면에서 세상을 보는 순간이다.

완성될 필요가 있는 것에 집중하지 않고서 우리 주변 세계를 보는 게 얼마나 어려운지를 우리가 깨달을 때, 우리는 우리에게 안식일이 얼마나 중요한지를 인정하게 된다. 성과에 우리가 너무 몰두하게 되는 이유 가운데 일부는 우리가 잘못된 것만을 보기 때문이다. 즉 우리는 잔디를 잘라야 하고, 사람들이 더 신실해야 하며, 거의 모든 사람들이 몸무게를 줄여야 한다는 것을 본다. 끝없이 계속 무엇을 하고 개선하고 수정한다. 하지만 이것은 창조의 목적이 아니다. 안식일에 우리는 하나님이 세상에 준 대로 세상을 받아들이고, **보시기에 참 좋았다**라는 말씀을 경험한다.

성서적 맥락에서의 본문

우리가 시작한 곳으로 돌아가자. 앞에서 우리는 이 단락이 확연한 대칭으로 묶여 있다는 것을 목격했다. 우리는 어떤 면에서는 족보와 비슷한 한 목록을 떠올리게 하는 이 단락에서의 질서정연함을 발견했다. 우리는 다음 단락에서 이어질 내러티브에서 매우 다른 문체를 만날 것이다. 2:4ff. 클라우스 베스터만은 창세기 1-11장 전체가 기본적으로 내러티브와 목록이라는 두 가지 문학 장르로 구성된다는 사실을 주목했다. Claus Westermann, 1972:7 내러티브는 인간의 가족에서의 불순종과 재앙을 포함한다. 내러티브는 가족 사이의 불화를 묘사한다. 즉 남자와 여자의 불화, 형제간의 경쟁, 자녀들과 부모들의 불화, 어떤 집단과 다른 집단의 소외 등을 묘사한다.

"목록"은 다르다. 목록은 재앙의 내러티브 내에서 또는 내러티브 주변과 엮어 인간의 불순종으로 끊어질 수 없는 하나님의 축복의 규칙성과 진행을 보여준다. 이 축복은 그 자체로 진행되는 한, 질서에 축소될 수 없고, 삶을 가능하게 만드는 창조하는 하나님의 함께함을 묘사한다. 우리는 우리 실존의 일부로서 재앙과 불일치뿐만 아니라 규칙과 번성을 경험한다. 낮은 밤을 잇고, 한 세대는 다음 세대로 이어지며, 씨앗들은 예상되는 식물을 산출하고 짐승은 자신의 새끼를 낳는다. 창세기 1-11장의 내러티브는 우리가 경험하는 대로 삶의 어둔 측면을 알고 있다. 하지만 목록은 또 다른 현실, 즉 하나님의 창조가 신뢰할만하게 규칙적임을 선언하는데, 이는 역사적인 재앙들에도 불구하고 계속된다.

창세기 1장 1절-2장 3절은 위에서도 지적했듯이, 내러티브보다는 목록의 특징을 지닌다. [히브리 내러티브의 특성, 359쪽] 하지만 이 기사는 시편 104편과 비슷한 송영의 찬양 용어를 사용한다는 점에서 많은 목록 장르 그 이상의 성격을 지닌다. [히브리 문학의 장르, 363쪽] 이렇게 송영의 용어와 연결되기 때문에, 창조를 과거시제로만 말하기를 주저할 수밖에 없다. 우리는 7일의 구조로 제시된 창조된 "질서"에 대한 완성이라는 한 측면을 경험한다. Steck, 1980:89-113 하나님은 살기에 적합한 세상에 대한 계획과 틀을 제공했다. 하지만 창조주는 계속 축복한다. 신학적으로 우리는 창조와 지속되는 축복에서의 하나님의 행위를 "창조주"와 "섭리자" sustainer라는 명칭으로 구분할 수 있다. 성서의 창조 전통은 둘 사이의 명확한 구분을 알지 못한다. 어떤 본문은 동사 "창조하다"를 과거 시제로 강조할 수도 있는 반면, 다른 본문은 현재와 심지어 미래를 강조할 수도 있다.

바빌로니아 포로라는 재앙을 명확히 언급하는 이사야 40-55장은, 이 공동체를 위한 하나님의 개입을 선언하려고 송영의 동일한 창조 용어를 사용한다. 예를 들어, 사40:17-20, 참고 골로새서는 초기 기독교 공동체가 예수 그리스도 안에서의 하나님의 행위를 이해하도록 돕고자 창조 용어를 다시 도입한다. 골1:15-17 우리는 창조주 하나님을, 우리에게 살기에 적합한 세상을 준 이로 뿐만 아니라, 각각 자기 종류에 따라 식물과 짐승과 인간에게 번식하도록 하면서 계속되는 세대에게 매일 새로운 시대에 번성과 번영과 공동체나 군락을 허락하는 이로 경험한다.

교회 생활에서의 본문

신앙 공동체는 정기적으로 우리가 사는 세상의 항구성을 의존한다는 사실을 기린다. 우리는 저녁 식사 때 시간을 가지기도 한다. 감사를 위한 특별한 날을 챙기기도 한다. 그렇더라도 우리 문화에서 삶의 중심이 시골에서 도시로 옮겨감에 따라, 우리는 창조하고 축복하는 하나님에게 의존한다는 의식을 잃을 수도 있다. 우리는 우리 삶의 기반이 되는 세상의 규칙과 대칭을 잊을 수도 있다. 인위적인 풀과 빛과 열기를 통해 이런 현실이 재조정되더라도, 이런 항구성이 우리가 사는 방식을 지탱한다. 하나님은 우리에게 예측가능하고 신뢰할 만한 세상을 허락했고, 지금도 허락하고 있다.

때로 하나님의 창조된 세계에 대한 예측 가능성을 의식한다는 것을 일깨우는 것이 특별히 중요해진다. 개인들이나 한 공동체로서의 우리 역사적 삶이 붕괴됐을 때, 창조의 의지할 만한 규칙으로 말미암아 우리는 희망의 방안이 될 하나님의 임재를 경험하게 할 것이다. 다른 모든 것은 변하고 해체되더라도, 해는 다음 날도 비추고 달은 다음 밤에도 나타난다.

우리는 하나님의 창조의 항구성을, 닫히고 자동적인 질서로 축소하려는 유혹을 받을 수도 있다. 사실 일반 사람들은 종종 세상을 많은 과학자들보다 더 기계적인 방식으로 세상에 대해 생각하는 것 같다. 물리학자와 생물학자도 자연 세계를 탐구할 때 신기함을 기대한다. 하나님의 대칭적이고 규칙적인 세상에 대한 우리 현재 경험을 사용하여, 우리는 때로 미래를 규칙적으로 무슨 일이 일어나든 그것에 제한하면서, 새로운 가능성을 무시한다. 창세기 1장과 성서의 창조 전통은 우리에게 심지어 하나님의 창조의 질서를 기리면서도 하나님의 질서와 심지어 실재로 새로운 질서, 곧 새로운 창조에 열려 있기를 기대한다.

세상의 창조는 하나님에게 속한다. 세상을 살기에 적합하게 만드는 삶의 규칙은 여전히 하나님만큼이나 신뢰할 만하다. 우리는 밤 뒤에 낮을 기대하고, 한 세대 후에 다음 세대를 기대할 수 있다. 하지만 하나님은 이 규칙도 넘어선다. 우리는 이 질서에 대해 어떤 경험도 감히 절대화해서는 안 된다. 십자가와 부활은 우리가 잊었다고 해도 이를 분명히 한다.

세상의 창조는 하나님에게 속한다. 그리고 세상을 살기에 적합하게 하는 삶의 규칙성은 우리에게 하나님이 신뢰할 만하다는 사실을 상기시킨다. 우리는 밤 뒤에 낮을 기대하고, 한 세대 후에 다른 세대를 기대할 수 있다. 게다가 창조되고 있는 세상은 하나님에게 속한다. 우리는 세상에서 일부에게뿐만 아니라 하나님의 형상으로 만들어진 모두에게 하나님의 축복, 곧 번성과 번영과 공동체를 이룸이 실제로 새롭게 표현되기를 기대할 수 있다. [창세기에서의 복, 352쪽; 하나님의 형상, 357쪽; 창조와 진화, 355쪽]

하늘과 땅 이야기

사전 검토

창세기 2장 4절-4장 26절은 이전 단락과는 매우 다르다. 우리는 창세기 1장 1절-2장 3절이 **저녁이 되고 아침이 되니**…와 같은 공식을 반복하면서 매우 질서 정연하게 진행됐다는 것을 목격했다. 우리는 이 단락에서는 이런 문체를 거의 발견하지 못한다. 오히려 내러티브는 줄거리를 따라 진행하는데, 이는 기억하고 다시 들려주기에 쉽게 만든다.

실제로, 이 단락에서 우리는 특징적인 히브리 내러티브를 발견한다. [히브리 내러티브의 특성, 359쪽] 각 이야기는 몇 등장인물만 나오고, 종종 초점은 이 등장인둘 사이의 대화에 있다. Alter:1981 히브리 내러티브에서 매우 자주 대화는 동시에 셋 이상의 사람들 사이에 진행되지 않고, 두 사람 사이에서만 진행된다. 그러므로 창세기 3장에서 심지어 다른 등장인물들이 있는 것 같은데도 하나님은 한 번에 한 사람과 대화한다. 발언에 주목하면 종종 내러티브 본문을 해석하는 데 필요한 해답을 얻을 수 있다.

창세기 2장 4절-4장 26절은 최소한 두 개의 주요 하위 단락을 포함한다. 1) 2장 4절-3장 24절의 남자와 여자 이야기와 2) 4장 1-16절의 두 형제 이야기가 있다. 4장 1-16절의 내용은 두 형제 이야기를 2장 4절-3장 24절의 낙원 이야기와 연결시킨다. 두 주요 등장인물이 동일할 뿐만 아니라, 내러티브가 동일한 방식으로 진행된다. 즉 사람의 창조와 범죄와 징벌이다. 내러티브의 흐름에서 이와 같이 유사한 점은 우리에게 두 "이야기"를 너무 대조적으로 분리하지 않도록 경고한다. 하지만 이 단락은 4:16에서 끝나지도 않는다. 우리는 족보와4:17-26 그 족보에 앞선 내러티브를 연결하는 한 공식, 곧 **아담/가인/아담이 자기 아내를 알았다**새번역, "자기 아내와 동침하였다"—역주라는 표현을 4:1, 17, 25에서 발견한다. 그러므로 우리는 개별 부분인 2장 3절-3장 24절, 4장 1-16절, 4장 17-26절뿐만 아니라 2장 4절-4장 26절의 전체 단락에 주목해야만 한다.

우리는 3장을 "타락"으로 알고 있다. 이 제목은 이야기를 상시시키는 데 도움을 주지만, 문제도 일으킨다. "타락"이라는 단어는 본문에 나오지 않는다. 교회의 전통에서 신학적 해석으로 우리에게 왔다. 내러티브 자체는 불순종과 그 불순종에 따른 징벌에 대해 말한다. 이렇게 창세기 3장은 두 형제 이야기,4:1-16 하나님의 아들들과 사람의 딸들 이야기,6:1-4 바벨탑,11:1-9 그리고 아마도 가나안의 저주와9:20-27 비슷하다.

교회는 낙원 이야기를 죄와 악의 기원에 대한 중대한 이야기로 생각하는 경향이 있었다. 구약도 신약 대부분도 창세기 3장을 이런 식으로 말하지 않는다. 바울이 창세기 3장을 모든 인간 문제의 근원으로 주목한 데 책임이 있다고 가장 자주 간주된다.예, 롬5:12 그러나 바울은 어떻게 정확하게 삶이 이렇게 됐는지를 규정하기보다는 복음, 곧 문제가 있는 삶에서의 구원을 선포하는 데 관심을 가졌다.Brueggemann, 1982:43 창세기 1-11장은 관여한 바로 그 사람들을 훨씬 넘어서는 결과를 낳은 범죄에 대한 이야기의 묶음, 곧 수고와 분리와 불모와 심지어 죽음을 전하고 있다. 복음서도 구약도 삶이 언제 항구적으로 뒤틀렸는지에 대한 유일한 이야기로 창세기 3장을 언급하지 않는다.유1:6, 참고

창세기 2장 4절-3장 24절과 4장 1-16절에서 우리는 범죄와 그 범죄의 결과에 대한 이런 두 이야기를 발견한다. 어느 정도까지 이 이야기들은 여자와 남자의 범죄와 라멕의 복수에서부터 점차 증가하는 문제를 제시한다. 삶에서의 악은 이 단락 전반에서 쌓이고 있다. 동시에 내러티브는 형제의 살인이 동산에서의 행위에서 자동적으로 이어진다고 여기지 않는다. 범죄는 불가피한 것이 아니라 사람들이 계속 범죄를 일삼고 있을 뿐이다.

개요

우리가 이 단락의 윤곽을 제시하듯이, 우리는 위에서 언급한 몇 가지 어려움을 기억할 필요가 있다. 우리는 가인과 아벨 이야기를 다음 족보에 포함시키겠지만, 그 이야기와 낙원 이야기 사이의 연관성으로 말미암아 우리는 우리 개요에서 이 이야기들을 나란히 두게

된다.

도입 공식, 2:4a

|---|---|
2:4b-3:24	낙원 이야기
4:1-16	두 형제 이야기
4:17-26	족보들

낙원 이야기

2:4b-3:24

사전 검토

이 단락을 "이야기"라고 부르는 것은 몇 가지 의문을 일으킨다. [히브리 문학의 장르, 363쪽] 우리는 "이야기"라는 단어를 여기서 의도한 것과는 매우 다른 방식으로 사용할 수도 있다. 어떤 사람은 "이야기"tale를 한 사람이 종종 아이에게 말하는 이야기story를 가리키는 데 사용할 수도 있는데, 이에 대해 다른 사람들인 사실이 아니라고 인식할 수 있다. 또는 우리는 참된 이야기를 말하지만 적대감을 일으킬 수 있는 방식으로 말하는 자인 "고자쟁이"tattletale에 대해 말할 수도 있다. 이런 어떤 정의도 여기에 들어맞지 않는다. 그럼에도 우리는 "이야기"tale라는 단어를 대중적으로 사용한 데서 한 요소를 빌릴 수 있다. 이야기는 원래 구전 이야기였다.Coats, 1983:7 이스라엘에서 이야기꾼은 이야기를 공동체에서 공동체로 계속 전달했다. 이 전달은 예배나 가정이나 마을 광장의 모임에서 일어났을 수 있다.

아마도 이것은 우선 기록되기 보다는 말로 전해졌으므로, 이야기tale는 상대적으로 단순한 이야기다. 이것은 단순히 몇 주요 등장인물과 복잡하지 않은 플롯을 포함한다. 이야기는 이야기의 한 문제에서 그 문제의 해결로 빠르게 진행된다. 물론 이야기에서의 문제와 그 문제의 해결이 독자를 예상치 못하는 방향으로 이끌고 가기는 하지만, 창세기 2-3장은 이런 특징을 지닌다. 이 이야기는 나쁜 상황에서 좋은 상황으로 진행하기보다는 좋은 상황에서 나쁜 상황으로 진행한다. 제공된 낙원에서 상실된 낙원으로의 흐름은 교회에서 매우 중요한 신학적 주제였다. 하지만 이야기는 상실된 낙원으로 끝날 수 없다. 『실낙원』Paradise Lost과 『복낙원』Paradise regained에서 존 밀턴John Milton의 시는 로마서 5장 15절의 바울과 더불어 성서 나머지도 알고 있는 것, 즉 상실된 낙원이 하나님의 이야기의 끝을 묘사하는 것은 아니라는 것을 명백히 한다.

개요

주석적 해설

인류의 창조, 2:4b-25

2:4b-7 생명체

내러티브는 인류의 창조로 이어지는 긴 종속절RSV로 시작한다. [아담, 345쪽] 이 묘사하는 절에서 땅은 불모의 상태다. 땅을 비옥하게 할 비가 오지 않고, 경작을 돌 볼 누구도 없다. 오직 쇄도하는 물RSV 각주이나 "시내"NIV만이 땅 위에 밀려오고 있다.

마지막으로 이 긴 문장의 초점은 하나님이 인간을 지었다 '야차르' *yaṣar*는 것이다. 7절 여기서 사용된 형상은 하나님이 토기장이 또는 최소한 예술작품을 만드는 예술가로 일한다고 묘사한다. 예술가 하나님은 신중하게 모델을 공들여 만들고 생명의 숨을 그 인물에 불어넣는다. 보라 한 사람 아담' *adam*이라는 생명체가 있다. 자신들의 손으로 물건을 만든 아이들과 어른들은 하나님과 이 몇 단어로 표현된 사람 사이의 관계 일부를 이해할 수 있다. "짓는 것"은 예술가와 작품 사이의 유대관계를 형성한다. 창조주와 피조물, 곧 유대관계가 부드러운 짓는 과정에서 일어난다. 창조주의 부드러운 손길은 고귀한 창조를 낳았다. 다른 곳에서 이 용어는 왕을 세우는 것을 묘사한다. 왕상16:2

인간은 창조주뿐만 아니라 땅과 관련 있다. 하나님은 사람 '아담' *adam*을 이상한 물질에서가 아니라 땅에서 또는 더 정확하게는 땅의 "흙" '아파르' *'apar*에서 만들었다. 7절 인간은 불가피하게 땅의 피조물이다. Trible:77

여호와는 짐승도 땅에서 만든다. 2:19 확실히 내러티브는 하나님이 짐승에 생명의 숨을 불어넣는다고 말하지 않는다. 그러나 우리는 이 사실에서 너무 많은 것을 추론하는 것에 대해 신중할 필요가 있는데, 다른 본문은 짐승과 인간이 **동일한 숨**을 소유하는 것에 대해 말하기 때문이다. 전3:19

땅의 피조물은 '네페쉬' *nephesh* 존재, 곧 "생명체"가 됐다. '네페쉬'를 "영"으로 KJV에서 번역하여, 교회는 사람이 분리할 수 있는 부분인 몸과 영으로 구성된다고 생각하게 됐다. 이로 말미암아 **실제** 사람은 임시 은신처로 몸을 지닌 영혼으로 존재한다고 묘사하게 됐다. 우리는 이제 '네페쉬'가 우리가 한때 이해했던 대로 "영"을 의미하지는 않는다는 사실을 깨달았다. 창세기 2장 7절은 살아 있는 전체 사람을 가리키는 데 '네페쉬'를 사용한다. 실제로 성서는 이 사람을 한 통일체로 이해한다. 물론 마음과 뼈와 피라는 부분들은 존재한다. 때로 생명의 본질은 가장 자주 이 부분들 가운데 하나인 "피"와 밀접하게 연결된다. 9:4 그럼에도 인격은 분리할 수 있는 한 부분에 거하지 않는다. 하나님은 생명의 숨으로 불어넣은 한 사람을 만들고, 보라 온전한 한 사람, 네페쉬 존재가 있다고 했다.

2:8-25 생존을 위한 준비

동산, 2:8-15. 내러티브는 인간에게 살 수 있는 놀라운 환경, 즉 "낙원 동산"을 제공하는 하나님에 대해 말한다. 본문은 동산을 지리적으로 알려주지 않고 **에덴**에 있다고 말할 뿐이다. **동쪽에**라는 방향은 **에덴**의 장소로서 메소포타미아 강 골짜기 쪽을 가리킬 수도 있는데, 이는 고대 독자들에게는 생각이 떠오를 수도 있다. 하지만 우리는 알지 못한다. 이사야 51:3은 에덴 전통을 다시 언급하며, 미래에 에덴과 같은 동산을 하나님이 제공할 것을 기대한다.

우리는 동산과 마찬가지로 네 강도 지리적으로 어디에 자리 잡는지 알 수 없다. 10-14절 명백히 우리는 메소포타미아의 **티그리스 강**과 **유프라테스 강**은 확인할 수 있다. 하지만 우리는 비손과 기혼으로 어떤 물줄기를 의미하는지는 알지 못한다. 아마도 위치보다 더 중요한 것은 "물을 대는" 강의 목적일 것이다.[10절] 강은 동산과 그 너머 땅을 비옥하게 한다.

이야기의 흐름은 특히 생명나무와 선악을 알게 하는 나무라는 동산에 자라는 두 특별한 나무를 특히 주목하도록 한다.[16-17절] 불행히도 나무에 대해 알려고 하나 내러티브가 우리에게 제공하는 자료로는 한계가 있다. 잠언의 생명나무는 생명을 연장하는 나무가 아니라 생명을 향상시키는 나무를 가리킨다.[잠3:18; 11:30; 13:12; 15:4] 그러나 이 이야기가 **생명나무**를 사용하는 방식은 고대 근동의 어떤 서사시가 사용하는 방식과 비슷하다. 예를 들어, 길가메시 서사시에서, 주인공은 자신의 생명을 연장할 식물을 찾는다.[Pritchard, 1969:72ff.] 창세기 2장의 생명나무가 그 식물이다. 하나님은 인간을 불멸로 창조하지 않고, 이어서 인간들은 죽을 운명의 유한한 존재가 됐다. 오히려 하나님은 사람이 먹고 살 수 있는 생명의 나무가 제공된 동산에 그 사람을 두었다.[2:16]

우리는 심지어 **선과 악을 알게 하는 나무**에 대해서도 잘 알지 못한다. 이런 나무는 성서 다른 곳에서는 나오지 않는다. "선과 악의 지식"이라는 용어는 "모든 것"을 의미하는 포괄적인 지식을 묘사하는 데 사용될 수 있다.[von Rad, 1973:81] 한편 이 구절은 더 구체적인 종류의 지식을 가리킬 수 있다. "선과 알을 알다/말하다/분별하다"라는 용어는 종종 법적인 소송에 나온다.[W. M. Clark, 1969:266-298] 공직자, 종종 왕은 선과 악의 구분을 "알고" 자신과 다른 사람들의 미래를 정하는 결정을 하도록 요구된다.[삼하14:17] 어쨌든 여기서 사용되는 대로 **선과 악**은 우리가 듣곤 하는 도덕적 어감을 지니지 않는다. 그리고 이것은 주로 사람의 양심과도 관련이 없다. 선과 악을 알게 하는 나무는 무한한 지식 또는 사람이나 집단이 미래를 통제할 수 있도록 하는 무한한 지식을 제공했을 수도 있다.

창세기 2장 15절은 8절을 반복하고 확장한다. 함께 두 절은 하나님을 동산을 제공하는 이로 묘사하는 괄호를 형성한다. 인간은 동산을 "경작하고 지켜"[새번역, "맡아서 돌보게"-역주] 책임지도록 둔다. 이 단어들은 농부와 목동의 세계를 반영한다. **지키다**[샤마르shamar]라는 단어는 동산을 돌보는 농부뿐만 아니라, 가축을 돌보는 목동을 가리킨다.[삼상17:20] 창세기 1장 28절에서처럼 2장 15절에서 인간에게 책임이 맡겨졌다.

실제 의도는 단어들이 들리는 만큼 다르지 않을 수 있지만, 다른 두 본문에 사용된 단어, 즉 "경작하고 지키다"와 "지배하고 다스리다"는 다른 느낌을 가진다.[Coats, Interpretation, 1975:227-239] 하나님은 인간을 창조하고, 농경 생활이라는 가벼운 용어로 말하든 고귀한 세상의 권력 용어로 말하든, 그들에게 땅이 열매를 낼 수 있도록 할 책임을 지웠다.

자유, 2:16-17. 동산 이외에 하나님은 인간에게 자유를 허락했다. 창세기 2장 16절은 이 단락의 첫 말씀을 구성하며, 인간에게 동산에서의 자유를 선언한다. 히브리어는 선언의 핵심을 구절의 마지막에 둔다. 즉 "동산의 나무에서 먹어라!" 제공자 하나님이 자유를 허락한다.

자유는 잘 알려진 경계를 요구한다. 어떤 자유도 제한이 없이 존재하지는 않는다. 우리가 한 가지를 할 수만 있다면, 예를 들어 모든 나무의 열매를 먹을 수 있다면, 그것은 자유가 아닐 것이다. 자유는 실제 선택, 즉 중요한 선택을 포함해야만 한다. 하나님이 동산에서 나무를 남겨두지 않는다면, 어떤 불순종도 없을 뿐만 아니라, 선택할 자유도 없다. 그러므로 자유를 제공하는 데는 사람이 먹을 수 없는 한 나무, 곧 **선과 악을 알게 하는 나무**도 포함한다. 이 제한은 욥기 28장의 시에서 표현한 대로, 모든 지식에 대한 열쇠인 보편적인 지식이 하나님에게 속한다는 사실을 암시할 수도 있다.

> 그렇다면 지혜는 어디에서 오며,
> 슬기가 있는 곳은 어디인가? …
> 하나님은, 지혜가 있는 곳에 이르는 길을 아신다.
> 그분만이 지혜가 있는 곳을 아신다. 욥28:20-23

또는 자유에 대한 이 경계는 시편기자가 다음과 같이 선언하듯이, 마지막으로 내 삶과 다른 이들의 삶에 대한 통제는 오직 하나님의 손에 속한다는 사실을 상기시키는 것일 수 있다.

> 땅과 그 안에 가득 찬 것이
> 모두 다 주님의 것,
> 온 누리와
> 그 안에 살고 있는 모든 것도 주님의 것이다. 시24:1

제공하는 동일한 하나님이 그 제공에 대한 제한을 규정한다. 하나님의 말씀은 이런 제한에 대한 이유를 제시하지 않는다. 오직 나중에 먼저 뱀의 말3:5과 그 다음에 하나님의 말씀3:22에서 우리는 이 제한의 이유를 배운다. 어떤 "지식"은 하나님에게 속하며, 그것을 소유한다는 것은 세상에서의 하나님의 역할을 이용하려는 것이다. 이 말씀에서 하나님은 인류에게 제공된 제한에 억지로 머물라고 하지 않고, 단순히 결과를 진술함으로써 설득하려고 시도한다. 명백히 그 사람은 최종적으로 설득 당하지는 않았다.

공동체, 2:18-25. 비옥한 환경과 자유 이외에도, 하나님은 인류를 위한 공동체를 허락한다. 이 섹션은 **남자가 혼자 있는 것이 좋지 않으니**라고 하나님의 두 번째 말씀으로 시작한다.18절 창세기 1장에서 우리는 **하나님 보시기에 좋았다**라는 반복되는 후렴구를 들었으므로, 이 말씀의 **좋지 않으니**라는 표현은 두드러진다. 동산과 자유를 허락한 후, 여전히 한 문제, 즉 외로움이라는 문제가 해결돼야만 한다. [아담, 345쪽; 창세기 1-3장에서의 남자와 여자, 351쪽]

하나님은 짐승을 만든다. 아마도 짐승은 인간의 외로움이라는 문제를 해결할 것이다. 짐승은 반응을 위해 아담에게 데려온다. 그 사람은 짐승에게 이름을 지어주고, 따라서 짐승들에게 세상에서의 자리를 부여한다. 이 피조물들은 인간과 마찬가지로 흙으로 만들어졌지만, 짐승은 인간의 공동체에 대한 욕구를 충족시킬 수 없다. 19-20절

이야기는 연속되는 동사들을 사용하면서, 이 지점에서 진행을 늦춘다. 깊이 잠들게 하셨다…뽑고…매우셨다…만드시고…데리고 오셨다.22-22절 어조는 개인적이고 신비롭다. 이 신비에서 놀라움이 대두하는데, 여자가 남자와 나란히 있다는 점이다. 시와 언약 용어와 성적인 형상을 통해, 본문은 공동체의 기쁨을 표현한다. 이것은 마침내 내 **뼈** 가운데 **뼈**다….23절, 새번역, "이 사람! 뼈도 나의 뼈"-역주 인간 공동체가 만들어졌다. 2:25

이 놀라움과 더불어 드라마의 이 섹션은 끝난다. 하나님은 인간을 만들었고, 인간의 생명을 위해, 곧 음식과 자유와 이제 가족을 제공했다. 이 내러티브가 공동체에서 다시 들려질 때, 내러티브의 역사가 무엇이든지 간에, 받은 본문의 이야기는 불모의 풍광에서 생명으로 가득한 비옥한 동산으로 진행하고 이 모두는 하나님의 작품의 선물이라는 것을 보여주면서, 신중하게 짜인 흐름으로 되어 있다.

불순종과 그 불순종의 결과, 3:1-24

이 섹션에서 우리는 히브리 내러티브에 전형적인 특징이 되는 신중한 균형을 다시 본다. 예를 들어, 우리가 이 드라마의 등장인물들에서 만나는 순서를 보라. 첫 장면에서3:1-6 먼저 뱀에 소개되고, 그 다음에 여자에게 소개되며 마지막으로 간략하게 남자에게 소개된다. 당연히 뱀이 다음으로 심문받을 것이라고 우리는 기대할 것이다. 그러나 여자에게서 시사되지만 뱀은 심문받지 않는다. 내러티브는 즉각 결과에 대한 선언으로 진행한다.

이 선언3:14-19은 첫 장면의 순서, 곧 남자와 여자와 뱀이라는 순서를 다시 이어간다.

우리가 창세기 3장에 대해 신중할 필요가 있는 이유는, 우리는 종종 창세기 3장이 말하는 것에 대해 너무 확신하기 때문이다. 아마도 우리는 본문이 말하지 않는 몇 가지 것들을 열거함으로써 시작할 수 있다.

1. "타락"이라는 단어가 여기서나 이 장의 어떤 곳에서도 사용되지 않는다. 3장 9-13절의 대화를 통해 "죄"와 "타락"과 같은 매우 신학적인 용어보다는 "불순종"과 같은 용어가 더욱 적합하다는 것을 알 수 있다.

2. 우리는 뱀에 대해서 거의 듣지 못했다. 히브리 내러티브는 폭넓은 묘사를 사용하지 않는다. 독자는 본문이 말하는 것 이상을 듣지 않도록, 우리가 발견한 대로의 묘사에 주목해야만 한다. 뱀에 대해 사용된 유일한 단어는 아룸 'arum이다. 이 단어는 종종 잠언에 나온다. 잠언 14장 18절은 다음과 같이 이 단어의 용법을 보여준다.

> 어수룩한 사람은 어수룩함을 유산으로 삼지만,
>
> **슬기로운 사람** '아룸' *arum*은 지식을 면류관으로 삼는다

이 단어는 부정적으로 사용될 수도 있지만, 욥5:12 잠언 전반에서는 아룸이 어리석거나 단순한 것의 반대를 의미한다. 창세기 3장 1절의 뱀은 다른 짐승들과 마찬가지 피조물이며, 약간 영악할 뿐이다. Sarna:26

3. 내러티브는 우리에게 왜 뱀snake과 남자 사이가 아니라, 큰 뱀serpent과 여자 사이에 대면이 일어났는지를 말하지 않는다. 전통에 따르면, 뱀은 여자가 약하기 때문에 여자에게 접근했다고 하는데, 아마도 여자가 두 번째로 만들어졌거나딤후2:13-14 여자가 악하기 때문일 것이다. 집회서25:21-24 내러티브는 이에 대해 어떤 것도 언급하지 않는다. 그리고 내러티브는 여자가 상황에서의 위험에 기민하기 때문에 뱀과 대면하려고 나아갔다고 언급하지도 않는다. 물론 이 설명은 여자의 연약함을 비난하는 설명만큼이나 여전히 설득력이 있다 히브리 내러티브는 보통 한 번에 "무대에" 두 등장인물만 나온다. Vawter, 1977:79 여기서 여자와 뱀은 이렇게 나오는 두 등장인물이다. 우리는 더 이상에 대해서는 아무 것도 듣지 못한다. 우리는 남자와 여자가 함께 자유로우며 책임을 져야 한다고 여겨야 할 것 같다.

3:1-6 불순종

창세기 3장 1-6절은 불순종이 어떻게 발생했는지에 대한 짧지만 강력한 내러티브를 제공한다. 여자와 뱀은 하나님을 "제공하는 자"와 "억제하는 자"로서 논의한다. 뱀은 하나님이 오로지 억제하는 자로서만 행동하는지를 묻는다. 여자는 "아니다"라고 대답한다. 하나님은 무엇보다 제공하는 자로 행동한다. 하지만 우리는 여자도 만지지도 말라고 하셨다라고 하여 하나님의 억제하는 행위를 과장한다는 사실을 볼 수 있다.3절 명백히 누구에게도 하나님이 대부분의 무엇보다 제공하기를 원한다는 사실이 설득되지 않는다. 그래서 대화는 억제하는 이유로 넘어간다. 뱀은 제안하기를, 하나님의 억제는 죽을 수 있는 위험이 아니라, 사람들이 세상의 모든 신비를 풀 지식이나 인간의 운명을 통제할 지식을 풀 지식을 소유하면서, 하나님과 같이 될 위협 때문이라고 한다.

뱀과 여자와 남자는 2장의 내용을 완전히 바꾼다. 이제 오로지 억제한 하나님에게 초점이 모아진다. 창조의 드라마에 대한 왜곡은 불순종으로 가는 문을 열어준다. 즉 **여자가 그 열매를 따서 먹고, 함께 있는 남편에게도 주니, 그도 그것을 먹었다.**6절

3:7-24 불순종의 결과

변화된 자각, 3:7-8. 내러티브의 이 순간은 독자를 이전 이야기로 끌고 간다. 여자와 남자는 벌거벗었고 부끄러워하지 않았다.2:25 하나님은 짐승과 심지어 여자를 남자에게 데려오면서 동산에서 대화할 수 있었다.2:18-22 하나님과 여자와 남자 사이의 서로의 교제는 편안했고 부끄러움이 없었다. 갑자기 모든 것이 변한다. 남자와 여자는 자신들이 노출된 것을 알고 덮는다. 그들은 하나님의 목소리를 듣고 숨는다. 편안함과 친밀함은 덮는 것과 숨기는 것으로 대체된다. 깨어짐은 동산에서의 삶에 즉각적인 영향을 미친다.

다시 우리는 신중하게 본문을 읽기 전에 우리 상상력이 너무 깊이 들어가지 않도록 신중해야만 한다. 내러티브는 남자와 여자가 수치와 죄책감에 사로잡혔다고 묘사하지 않는다. 대신에, 우리는 단순히 **보았고, 만들었으며, 들었고 숨었다**. 내러티브의 흐름은 이 행동들이 불순종의 결과로 왔다는 사실을 분명히 한다. 히브리 내러티브에서 전형적이듯이, 우리는 여자와 남자와 무엇을 느끼고 있는지에 대해서는 알지 못한다. 대신에, 우리는 행동이나 발언을 찾을 수 있다. 즉 생각과 감정은 독자의 상상력에 맡겨진다. [히브리 내러티브의 특성, 359쪽]

심판, 3:9-19. 내러티브는 재판으로 옮겨간다. **네가 어디에 있느냐?**라는 시작하는

질문은 충분히 어떤 의도가 없는 것처럼 들린다. 하지만 가인에게 **너의 아우 아벨이 어디에 있느냐?**4:9라고 시작하는 질문과 마찬가지로, 이것은 고발의 역할을 한다. 처음에는 남자가 하나님을 두려워할 뿐이라고 인정한다. 남자와 여자는 나무에 대한 직접적인 질문에 대답하여, 글쎄요, 어느 정도요라는 식으로 고백한다. 남자는 여자와 아마도 하나님에게 누명을 씌우는 고발로 고백한다. 여자는 하나님과는 덜 직접적으로 연루되었다고 시사하면서, 뱀을 주목하게 한다. 뱀에게는 설명하도록 묻지 않는다. 우리는 왜 그런지 알 수 없다. 히브리 내러티브는 이야기에서 모든 미진한 부분을 항상 서로 연결시키는 것은 아니다.

심판의 선언3:14-19은 먼저 뱀을 향한다. 언어유희가 이 선언에서 시작된다.Trible:124 뱀은 아룸, 'arum "영리한, 현명한" 새번역, "간교하였다"-역주으로 소개됐다. 이제 뱀은 아루르, 'arur "저주를 받는다." 뱀을 규정하는 특성은 긍정적인최소한 모호한 것이었다. 이제 뱀과 모든 짐승을 구분하는 것은 명백히 부정적인 것이다. 뱀은 저주받아 살아가는 유일한 짐승이다.

둘째 문제는 저주의 결과가 아니라 이 재앙의 일부로 오면서 뱀에게 영향을 미친다. 적대감이 뱀의 후손과 여자의 후손 사이에 격렬해질 것이다. 이레니우스Irenaeus, 130-200년는 3장 15절이 그리스도와 사탄 사이의 적대감을 가리킨다고 제안했다. 다른 이들은 마리아와 사탄 사이의 적대감을 제안했다. Vawter, 1977:83, 참고 로마 가톨릭과 일부 개신교계에서는 전통적이지만, 이 메시아적인 해석은 본문의 언어를 고려할 때 문제가 없는 것은 아니다. 이런 식으로 사용된다면, 자손이라는 단어는 개인마리아 또는 예수보다는 "후손들" 집합명사을 일관되게 가리킨다. Westermann, 1984:260 교부 중세 해석가의 풍유적 해석은 제쳐두고 문자 그대로의 이해를 지지하는 게 최선일 것 같다.

심판의 선언은 다음으로 여자에게 향한다. 16절 여자에 대한 결과는 직접적으로 저주와 관련되지는 않지만, "심각한 고통과 끔직한 모순이 여자의 삶에 들어온다." von Rad, 1973:93 오늘날 우리가 여자가 된다는 것이 무엇을 의미하는지 어떤 식으로 정의하든지 간에, 우리는 이 어머니 됨이 고대 이스라엘에서 이 본문을 들은 자들에게는 정의에서 기본이었다. 그들은 큰 고통과 위험이 어머니 됨의 일부였다는 사실을 목격했다. 이것은 어떻게 이해해야 하는가? 하나님이 상호관계와 동반자의 관계로 의도한 것이 대신에 지배로 특징지어졌다. [창세기 1-3장에서의 남자와 여자, 351쪽] 남자를 향한 여자의 충동은 남아 있지만, 동반자 관계가 아니라 남자의 지배가 따라 온다.

하나님은 남자에게 가장 긴 발언을 한다. 17-19절 이전 발언과 마찬가지로, 이 세 번째 발언은 시의 형태로 나온다. 남자를 저주를 받지 않고 저주, 곧 땅에 내려진 저주를 다뤄야만 한다. 본문은 어머니 됨이 여자에게 기본적인 것처럼, 남자와 땅의 관계는 남자가 된다는 것이 무엇을 의미하는지에 대해 핵심이라고 이해한다. 마찬가지로 땅에 대한 남자의 경험은 하나님이 의도한 것과는 크게 다른 것으로 드러난다. 곡식과 포도는 가시덤불과 엉겅퀴가 침투했다. 땅의 흙, 곧 인간의 생명이 만들어진 물질은 죽음의 기미를 지니게 됐다.

이름과 옷, 3:20-21. 불순종은 모든 삶의 분열과 뒤틀림을 낳았다. 여자의 이름 짓기는 뒤틀림을 반영한다. 이 언어는 독자에게 창세기 2장 20절을 떠올리게 하는데, 거기서는 사람이 짐승들에게 이름을 지음으로써 명령하고 관리했다.

남자는 이미 그녀를 남자 '이쉬' *ish*와 상응하는 여자 '잇샤' *ishshah*라고 불렀다. 여자의 새 이름 하와는 이런 상응관계를 표현하지 않는다. 그렇다 해도 내러티브는 여자의 새 이름이 생명을 이야기한다고 이해한다. 뒤틀림과 재앙 가운데 히브리 이름은 종종 죽음을 말한다. 삼상4:21; 룻1:20 하지만 여기서 묘사된 인간 실존의 분열된 삶에서 여자는 생명이 있는 모든 것 '하이' *hay*의 어머니인 '하와' *hawwa*로 불린다.

불순종의 결과에 대한 다음 진술에서3:21 하나님은 다시 제공하는 자로 행동한다. 이 행동은 남자와 여자가 자신의 옷을 만든 것을 다시 하는 것이지만, 내러티브상으로 이 절은 중대하다. 불순종의 재앙 후에, 하나님은 여전히 인간에게 제공한다.

추방, 3:22-24. 3장 22절의 발언은 약간의 어려움이 있다. 하나님은 남자와 여자가 "우리 가운데 하나처럼" 됐다고 진술하면서, 한 무리에 말한다. 이 지시는 창세기 1장 26절에서와 동일한 것 같다. 여호와는 예를 들어 천사와 같이 다른 신적인 존재들의 무리 가운데 앉아 있다. 하나님의 발언은 이 무리에게 한 발언이다.

동산에서의 추방은 불순종의 결과들 가운데 마지막에 해당한다. 죄가 보편적이 됐으므로, 새로운 경계, 곧 건널 수 없는 경계가 주어졌다. 통제가 자유를 대체했다. 강제가 설득을 대체했다. 생명나무를 억제하려는 하나님의 조치는 어길 수 없다. 지연됐다고 해도 죽음이 올 것이다. Coats, 1975 폰라트는 생명나무를 억제하는 데서 은혜의 요소를 지적한다. 1973:97 인류는 생명나무의 열매를 먹어 무한히 사는 것을 선택할 수 없다. 뒤틀리고 분열된 세상에서 끝이 없는 삶은 견딜 수 없을 것이다. 인류를 동산에서 추방할 때, 우리는 억제하지만 또한 견딜만한 삶을 제공하는 하나님을 경험한다.

성서적 맥락에서의 본문

이 본문에 대한 기독교 해석은 제2에스드라서 7장 118절에 반영된 후대 유대교 해석에 의해 깊이 각인됐다. "오 아담이여, 너는 무슨 일을 했는가? 너 홀로 죄를 지었지만, 타락은 네 혼자의 것이 아니라 네게서 나오는 우리들의 것이기도 했다."Anchor Bible 번역 이 진술에서 우리는 창세기 2-3장이 모든 세대의 삶을 결정하는 한 사건으로 해석된다는 것을 발견한다. 바울의 정확한 의미는 논란의 여지가 있지만, Käsemann:139ff 바울은 이 전통적인 유대 해석을 따르는 것 같다. 롬5:12-21 바울이 정말로 창세기 2-3장을 죄가 세상에 들어온 결정적인 순간으로 해석한다고 해도, 바울의 관심은 기본적으로 독자에게 우리 문제의 기원에 대해 알리는 것이 아니었다. 바울은 삶이 어떻게 죄에 지배당하게 됐는지에 상관없이 그리스도 안에서 죄 대신 은혜가 지배한다는 사실을 선언하기를 원했다.

구약은 동산 이야기를 모든 인간의 운명을 결정한 단일 사건으로 이해하지 않는다. 이 이야기에 대한 다른 어떤 명백한 언급도 히브리 성서에서나 이 문제에 대해 복음서에서도 존재하지 않는다. 창세기 1-11장에는 불순종과 반역과 죄에 대한 하나가 아니라 여러 개의 내러티브가 있다. Westermann, 1980 이 모든 이야기는 함께 우리가 발견하는 대로의 세상을 묘사한다. 즉 고통과 고난, 분리와 오해, 지배와 파괴가 가득한 세상이다. 구약은 바울과 마찬가지로 하나님이 이런 세상을 원하지 않는다는 사실을 알고 있다. 오히려 하나님은 세상의 모든 사람들이 복을 받기를 원한다. 12:1-3

주석적 해설에 언급된 대로, 창세기 3장 15절은 그리스도 그리고/또는 마리아에 대한 예언으로 해석돼 왔다. 교부와 중세와 일부 현대 해석가들은 **여자의 자손**이 너의뱀의 자손 곧 한 개인 사탄의 머리를 상하게 한 한 개인그리스도을 가리킨다고 여겼다. 16세기 종교개혁가 가운데 메노 시몬스Menno Simons, 503, 734, 892쪽는 이 이 입장을 취했으나 칼빈Calvin은 그렇지 않았다. 자손에 대한 집합적인 의미는 메시아적으로 해석할 가능성을 낮게 만든다. 창세기 1-11장의 내러티브들은 인간의 불순종으로 뒤틀리고 거의 파괴된 세상을 묘사한다. 복음은 그리스도를 통해 하나님이 세상을 하나님에게 화목하게 했다고 선언하며, 고전5:16-21 새로운 세상 곧 하나님의 의도를 완벽하게 반영한 세상이 온다. 계21:1-6 이런 식으로 내러티브는 풍유적으로 한 구절을 통해서가 아니라 예수 그리스도를 통한 구원이라는 하나님의 드라마에서 전체로서 복음과 연결된다.

교회 생활에서의 본문

이 내러티브는 우리가 이런 이야기에서 발견하고 싶은 모든 세부 내용을 우리에게 말하는 것은 아니다. 하지만 창세기 2-3장은 연대기가 아니라 하나의 묘사다. 이런 의미에서 창세기 2-3장은 청중에게 밖에서 분석하거나 추측하지 않고 들어와서 이해하도록 초대한다. 내러티브는 동산의 위치나 남자가 열매에 대해 논의하는 중에 왜 옆에 앉았는지를 우리에게 말하지 않는다. 우리는 뱀이 왜 여자에게 왔거나 남자와 여자가 어떤 종류의 열매를 먹었는지에 대해 듣지 못한다. 많은 부분을 말하지 않은 채로 두므로, 우리는 이야기에 들어가도록 상상력을 허용할 수 있다. 우연치 않게 동산 이야기는 시인들과 예술가들이 삶과 그 삶의 문제에 대해 말했던 통로였다.

우리는 우리가 다시 말하는 것이 유일한 것이라고 요구하지 않도록 신중을 기하면서, 이야기가 다시 들려질 때에 계속해서 들어야만 한다. 이 이야기는 죄의 정확한 위치가 개인의 마음에서 찾으려 한다고, 한 형제는 주장할 것이다. 한 자매는 그 사람과 세상 사이의 상호 작용에서 대두하거나 한 사람과 다른 사람 사이의 대화에서 대두하는 왜곡에 대해 말하는 데 이 내러티브를 사용할 것이다. 또한 다른 사람은 창세기 2-3장을 한 사례로 사용하면서, 우리 밖의 악, 곧 우리에게 몰래 들어온 악에 대해 말할 것이다. 내러티브는 이런 해석과 다른 해석을 위한 여지를 열어둔다. 내러티브의 개방성으로 말미암아 우리는 악의 문제를 단순히 한 원인에 축소하려는 위험을 피하는 데 도움을 받을 수 있다. 문제의 중심은 우리에게 있다. 곧 교만과 근심과 주도하려는 것이 문제다. 하지만 문제는 우리 사이에서도 대두한다. 곧 대화는 책임을 받아들일 뿐만 아니라 비난하면서 의견의 일치뿐만 아니라 갈등을 일으킨다. 어떤 이는 악마적 인물이라는 면에서 악의 이런 외적 측면에 대해 말하고, 다른 이들은 그렇지 않다. 하지만 우리 모두는 악이 악한 마음이나 뒤틀린 논쟁으로 축소될 수 없다는 사실을 깨닫는다. 통치자들과 권세자들도 우리에게 맞서 온다.

창세기 2-3장으로 말미암아 우리는 신중하게 악의 **존재**에 대해 말할 수 있지만, 악의 기원에 대한 논의에 빠지지 않아야 한다. 내러티브에 묘사된 상황은 삶에서의 매우 평범한 긴장이다. 우리 모두는 경계 안에서 살며, 동시에 우리는 이 경계를 넘을 힘을 소유하고 있다. 이 드라마가 오래 전의 동산에 대한 이야기로 우리에게 오지만, 우리는 "경계"가 야기한 긴장을 매우 잘 알고 있다. 우리는 한계 내에서 자유를 행사하라는 하나님의 부름을 듣는다. 우리는 이런 한계를 범하는 경험을 기억한다. 우리가 정기적으로 우리 자유를 오용하려고 나선다는 것이 아니다. 이런 결정은 매우 신비한 방식으로 일어난다. 함께 우리는 우리의 힘과 자유를 이렇게 오용한 결과, 즉 가시덤불과 엉겅퀴, 고통과 압제라는 결과와 더불어 산다. 이 내러티브는 행복한 언급으로 끝나지 않고, 저주를 축복으로 바꾸고 심판을 은혜로 바꿀 하나님의 행위를 기리고자 미래를 실제로 열어 둔다.

두 형제 이야기

창세기 4:1-16

사전 검토

이 섹션에서 우리는 범죄와 징벌에 대한 연속된 내러티브 가운데 두 번째인 두 형제 이야기를 접한다. 이야기tale로서 이것은 문학 장르의 특성을 공유한다. 창세기 2:4b-3:24에 대한 사전검토를 보라 우리는 세 인물이 관여하고 그 가운데 두 인물만 한 번에 "무대"에 오르는 복잡하지 않는 플롯을 발견한다. 이야기는 청중의 참여에 많은 부분을 남겨 두면서, 우리에게 묘사하는 자료를 거의 제공하지 않는다.[히브리 내러티브의 특성, 359쪽]

두 형제 이야기는 동산 이야기와 나란히 있다. 본문은 우리에게 두 형제들 사이의 갈등이 동산에서의 불순종의 결과라고 말하지 않는다. 그러므로 우리는 이 살인이 동산에서 일어난 일의 불가피한 결과라고 너무 쉽게 단정 짓지 않도록 신중해야만 한다. 이 단락은 단순히 두 이야기를 나란히 둘 뿐이다. 한 이야기는 자신들의 삶에 놓인 한계를 범하는 남자와 여자와 관련된다. 둘째 이야기는 예배에 관하여 갈등하게 된 그들의 아들인 두 형제와 관련된다. 남자/여자와 형제 관계는 히브리 전통에서 공동체의 토대를 나타낸다. 이런 관계에 강타한 분열은 공동체의 바로 중심에 영향을 미친다.

이것은 두 형제의 이야기이므로, 형제뿐만 아니라 자매들의 관계를 묘사한다.Brueggemann, 1982:54 명백히 이 본문이 우리에게 전달되는 통로가 되는 사회는 여자보다 남자를 선호하도록 구성된 사회다. 그렇다 하더라도 창세기 1장 16절과 2장 23-24절이 우리에게 보여주듯이, 신앙의 비전과 자극은 상호 관계의 사회 세계를 향해 나아간다. 하나님은 구체적인 사회 구조, 즉 한 집단을 다른 집단에 대해 선호하는 구조로 비전이 삼켜지지 않도록 할 것이다.

개요

족보에 의한 도입, 4:1-2

주석적 해설

족보에 의한 도입 4:1-2

이 절들은 형제 이야기에 대한 무대를 마련한다. 이 절들은 4장 16절과 더불어 내러티브의 경계를 형성한다. 하와의 발언은 번역하고 이해하기에 어렵다. **주님의 도우심으로, 내가… 얻었다**라는 히브리어 단어들은 여러 가지 방식으로 이해될 수 있다. 카나qanah라는 단어는 "얻다/획득하다"나 "창조하다/생산하다"NIV라는 단어로 번역될 수 있다. 전치사 에트ʼet는 보통 "동반"이라는 의미에서 "~와 함께"를 의미한다. 많은 학자들은 이 의미가 창세기 4장 1절에 적절하지 않다고 느낀다. 그러므로 "~의 도움으로"라는 흔한 번역이 나오게 된다. 이 발언은 하와가 하나님의 다산의 선물로 이 남자 아이를 갖게 됐다고 말하는 것으로 이해할 수 있다. 하지만 하와는 하나님과 마찬가지로창2장 인간을 낳았다는 사실을 기뻐할 수도 있다.

이 도입에서 우리는 가인과 아벨에 대해 두 가지만 알 수 있다. 즉 그들은 형제이고, 다른 직업을 가졌다는 점이다. 이것은 청중들에게 갈등의 가능성을 알린다. 형제는 다른 곳에서뿐만 아니라 창세기의 내러티브에서 자주 다툰다. 야곱과 에서, 요셉과 그의 형제들, 모세와 아론, 다윗의 아들들이 그렇다. 그러나 창세기 4장에서 직업의 긴장은 형제의 경쟁관계 문제를 배가시킨다. 가인은 농부이고, 아벨은 목동이다. 아마도 이 이야기를 다시 들려주는 초기에, 직업의 긴장이 더 두드러진 역할을 했을 것이다. 우리가 가지고 있는 대로의 본문에서, 형제의 경쟁관계가 강조되고, 농부와 목동 사이의 긴장은 대부분 두 형제 사이의 갈등에 깊이를 더하는 역할을 한다.

범죄와 그 범죄의 결과 4:3-16

4:3-8 범죄

예배는 갈등이 불거지는 상황을 제공한다. 가인과 아벨은 자신들의 각각의 세계에서 제물을 가져온다. 하나님은 아벨의 제물에는 긍정적으로 반응하지만, 가인의 제물에는 그렇지 않다. 내러티브는 하나님이 왜 이런 선택을 했는지에 대해 말하지 않는다. 우리는 하나님의 선택에 대한 많은 가능성 있는 이유를 제안할 수 있다. 예를 들어, 아마도 아벨은 더 좋은 제물, 즉 양 떼 가운데 처음 태어난 것이자 최선의 것을 가져왔을 것이다. 아니면 아마도 내러티브는 농부들에 대해 편협한 목동 가문을 통해 전해졌을 것이다. 다른 이들은 가인이 나쁜 태도를 가졌다는 사실을 하나님이 이미 알았다고 제안한다.5절 또는 아마도 하나님은 단순히 짐승 제물의 향을 선호했을 것이다.창8:20-21 우리에게는 이 정보가 주어지지 않았다. 우리는 하나님이 결정한다는 사실만 안다. 가인은 저주받았다는 것이다.

주님은 경고의 발언으로 개입한다.6-7절 발언의 구체적인 내용은 번역본들을 비교함으로써 볼 수 있듯이, 명확하지 않다. 하지만 발언의 방향은 분명하다. 하나님은 아벨의 제물을 선택함으로써, 위기를 야기했다. 가인의 미래는 그가 어떻게 하나님의 선택에 반응하는가에 달려 있다. 위험은 한 짐승이나 악마가 문 앞에 기다리고 있다고 보여주는 것으로 묘사된다. 대부분의 번역본들은 가인이 위험을 "제어"할 책임이 있다고 주장하지만, 브루그만은 히브리어 동사에서의 모호함, 곧 영어로 옮기기 힘든 모호함에 주목한다.1982:59 4장 7절의 결론은 너는 그 **죄를 잘 다스려야 한다**, "너는 그 죄를 다스릴 자가 될 수 있다"NAB, 또는 "너는 그 죄를 다스리게 될 것이다"라고 번역될 수 있다. 가인의 미래는 열려 있다. 즉 책임과 위험뿐만 아니라 약속과 희망이 있을 수 있다. 본문은 가인의 운명이 자신의 성품이나 가인 앞에 온 자들의 죄 때문에 이미 정해졌다고 여기지 않는다.

한 문장이 살인을 보고한다.4:8 히브리어 본문은 가인이 아벨에게 무엇을 말하는지도 청중에게 말하지 않고 단순히 **가인이 아우 아벨에게 말하였다**라고 한다. 살인을 묘사하는 이런 방식은 심지어 희생자를 비인격화하면서, 범죄에서 독자에게 거리를 두게 만든다. 한편, 고대 그리스어 본문은 **우리, 들로 나가자**RSV, NIV, 새번역라는 가인의 발언을 우리에게 실제로 말한다. 이것은 이 순간의 드라마를 다른 방식으로 확립한다. 가인은 자기 형제에게 말하고 그 다음에 공격한다.

이 살인은 형제와 자매 사이의 관계를 허물면서, 공동체의 중심에 파고든다. 창세기 4장은 낙원 이야기창2-3장와 나란히 있는데, 낙원 이야기에서는 불순종이 남자와 여자의 관계를 뒤틀리게 함으로써 공동체를 무너뜨린다. 두 이야기가 함께 혼란에 빠지는 공동체를 묘사한다.

4:9-16 결과

창세기 3장 9절에서처럼 하나님은 "너의 아우 아벨이 어디에 있느냐?"라는 질문을 던지면서 내러티브에 들어온다. 가인은 창세기 3장 10절의 남자와 상당히 비슷하게 변명으로 대답하는데, **제가 아우를 지키는 사람입니까?**라는 가인의 대답은 더 자극적이다. 우리는 때로 가인의 질문이 일반적인 가족의 책임을 인정하지 않으려는 거절이라고 이해했다. 우리는 이 전제에 신중할 필요가 있다. 목동은 양을 지킨다. 사실 이런 식으로 사용된 "지키다"는 보통 가축30:31이나 돈과 물품출22:7 같은 것들을 지키는 것을 가리킨다. 사람을 "지키는 자"는 다른 이를 가두어 두는 자를 가리킨다. 왕상20:39 사무엘상 28:2의 경호대장이 "지키는 자"로 지명되지만, 사람들은 보통은 사람을 지키지 않는다. 하나님이 사람을 지킨다. 시121:3-8; 민6:24

이런 의미에서 누구도 그의 "아우를 지키는 사람"이 아니다. 그래서 가인은 책임을 회피하려고 시도한다. Rieman, 1970:482-491 가인은 동산에서 남자와 여자가 행동한 것과 마찬가지로, 심지어 아벨이 없는 데 대한 책임을 다른 누군가에게 넘기려 할 수도 있다. 하나님이 사람들을 "지키는" 데 책임이 있으므로, 가인의 질문은 하나님이 유능한 지키는 이로서 행하지 않았다는 것을 의미할지도 모른다.

남자와 여자가 자신들의 행동에 대해 책임이 있다고 선언했던 하나님은, 가인이 자신의 행동에 책임이 있다고 선언한다. 10-12절 가인은 자신이 인류가 취해진 땅에서 소외된 것을 발견하게 될 것이다. 가인의 삶은 일도, 목적도, 의미도 없을 것이다. 가인은 약속을 향해 헤매는 게 아니라 그저 헤맬 뿐이다. 그럼에도 살인자는 동일한 범죄에 희생되지 않을 것이다. 4:15 하나님은 가인의 보호를 허락하고, 가인을 지키는 이로 행동한다. 제사장적 축도의 말씀으로, 하나님은 가인을 축복하지는 않지만 가인을 지킬 것이다. 민6:24

성서적 맥락에서의 본문

후대 전통에서 가인은 악인의 전형으로 사용되며, 아벨은 선인의 전형으로 사용된다. 이 관점은 신약의 후대 문헌히11:4; 요일3:12; 유1:11뿐만 아니라, 주전 1세기 유대 문헌에 반영된다. 솔로몬의 지혜서10:3-4 구약 자체는 가인을 더 이상 언급하지 않는다.

우리는 신앙 공동체가 가인을 악의 한 사례로 사용하는 경향을 이해할 수 있다. 특히 박해의 시기나 악이 과도하게 신실한 공동체에 위험해 보일 때, 이런 상황이 대두할 것이다. 하지만 이런 해석의 위험도 분명하다. 창세기 4장의 이야기는 가인을 악의 화신으로 말하지 않는다. 가인을 악의 화신으로 삼고, 어떤 다른 사람들을 "가인과 같다"고 하는 경향으로 말미암아 그리스도인들이 스스로에 대해서는 선하다고 판단하면서도 어떤 개인이나 집단을 악으로 규정하기에 이르렀다. 최소한 이것은 자기 의로 사용되기도 한다. 훨씬 파괴적인 일은, 이런 판단이 하나님의 이름으로 "악한 것들"을 파멸시키는 것을 정당화하는 데 사용됐다는 것이다.

이 이야기에서 가인을 이해하는 대로 이해하는 게 훨씬 좋을 것 같다. 하나님이 아벨의 제물을 선택한 것은 가인과 그의 형제 사이의 관계에서 긴장을 일으킨다. 가인이 이런 긴장에 대해 반응한 것으로 말미암아 가인은 하나님과 그의 형제에게서 멀어진다. 가인은 이 분노를 실행하여 극적으로 두 관계를 훼손하기에 이른다. 가인은 이런 행동의 결과를 감수하는데, 이 결과는 좋지는 않지만 법과 풍습이 규정한 것보다는 덜 심각했다. 가인은 살인자라고 해도 하나님의 자비와 보호 아래 있다.

교회 생활에서의 본문

형제와 자매 사이에 대두하는 긴장은 사실 어느 한 사람의 잘못은 아닐 것이다. 재능이 있는 자와 재능이 덜 한 자, 축복 받은 자와 덜 받은 자가 어떤 공동체든지 나온다. 종종 한 아이는 다른 아이보다 사랑을 받고, 한 집단이 다음 집단보다 더 주목을 받는다. 이런 특별대우 같은 대우는 부당한 편애의 결과일 수 있지만, 종종 단순히 다른 사람보다 두드러지게 하는 특수한 재능이나 기술 때문일 수도 있다. 신약의 두 형제 비유가 보여주듯이, 눅15:11-32 특정 상황이 종종 한 사람을 다른 사람보다 더 인정받게 한다. 이런 선호는 우연이든 의도적이든 위험한 긴장을 야기한다. 덜 인정받는 사람이 다른 이를 파멸시켜 이 긴장을 해결하려고 할 가능성이 "문에 도사리고 앉았다."

창세기 2-3장에서 넘을 수도 있는 경계가 긴장을 야기했고, 창세기 4장에서 설명할 수 없는 선호함이 위기를 촉발시켰다. 두 사례에서 긴장은 생명을 향상시키는 방식이 아니라, 생명을 파괴하는 방식으로 해결됐다. 두 형제 이야기는 우리가 물려받은 세상이 생명을 파괴하는 방식으로 이런 긴장들을 해결한 이전 세대들에 의해 크게 황폐하게 됐다. 의미 없는 방랑 및 형제자매뿐만 아니라 하나님에게서의 소외는 우리에게 주어진 세상의 일부로 존재한다. 하지만 두 형제 이야기는 그리스도를 통해 우리를 화해의 사역으로 요청할 이야기의 끝이 아니다. 고후5:16-21

족보들

창세기 4:17-26

사전 검토

이 섹션은 "하늘과 땅의 이야기"의 결론을 형성한다. 이것은 창세기 2장 4절에서 시작하고, 순종과 범죄의 두 내러티브에 초점을 맞춘다. 세상은 사회 구조의 가장 깊은 곳에서 분열되고 뒤틀렸다. 하나님은 이렇게 뒤틀린 세상을 포기하지 않고, 심판의 순간뿐만 아니라 "옷"을 선물하고 보호를 보장하는 순간에도 여전히 활발하게 관여한다. 이 족보가 수반되는 결론은 세상에 너무나 뚜렷하게 보이는 분열과 뒤틀림 그리고 부인될 수 없는 창조성과 신실함을 반영한다.

아담이 자기 아내를 알았다는 진술창4:1-2; 새번역, "아담이 자기 아내와 동침하니"-역주은 두 형제 이야기를, 이 족보를 수반한 결론과 연결시킨다. 또한 가인이 자기 아내를 알았다는 구절의 반복17절; 새번역, "가인이 자기 아내와 동침하니"-역주과 아담이 자기 아내를 알았다25절는 구절의 반복은 4장 17-26절을 두 족보 목록으로 나눈다.

개요

가인 족속, 4:17-24
       4:17-22 족보
       4:23-24, 복수의 노래

셋 족속, 4:25-26
       4:25-26a 족보
       4:26b 예배에 대한 진술

주석적 해설

가인 족속 4:17-24

4:17-22 가인 족속의 족보

다양한 번역본을 대충 보면 우리가 이 절들에 대해 너무 많은 것을 말하는 데서 어려움이 있음이 드러난다. 우리는 한 부모와 한 자녀와 한 증손 등으로 이뤄진 엄격한 직선적 족보로 구성된 가인을 잇는 다섯 세대의 목록을 볼 수 있다. 이후에는 족보가 라멕의 네 자녀를 열거하면서, 갈라지거나 분할된다.

4장 18절에서 족보는 갈라져서 네 자녀뿐만 아니라 다른 종류의 정보도 포함한다. 라멕에게는 두 아내와, 세 아들과 한 딸이 있다. 세 아들은 목동과 음악과 대장장이라는 다른 직업을 대표한다. 이스라엘 내에서와 이스라엘 주변의 후대 특정 집단의 직업과 연결될 수도 있거나 그렇지 않을 수도 있지만, 족보의 한 기능과 일관되게 이 목록은 무역과 예술을 함께 묶는다. [족보 읽기, 349쪽] 4장 17절에서 성읍의 존재도 족보에 통합된다. 우리는 다양한 직업을 가진 세상을 물려받는다. 이 족보는 인간 문화가 다양하다는 것을 표현하지만, 또한 우리에게 모든 집단이 함께 속한다는 사실을 상기시킨다.

4:23-24 복수의 노래

오래된 시가 족보의 이 섹션을 마무리한다. 노래 부르는 이는 자기 아내에게 자신의 힘과 기량을 자랑한다. 이 족보의 맥락에서 시는 통제되지 않는 폭력의 세상을 소개한다. 이것은 라멕의 아들들에 묘사된 문화의 전파와는 모호한 관계에 있다. 19-22절 본문은 폭력과 문화가 서로 의존하는 방식으로 함께 묶지 않는다. 때로 우리는 인간 공동체에서 강력하게 하는 동일한 활력이 또한 파괴하는 데 사용될 수 있다는 점을 잘 알고 있다. 뒤틀린 세상에 산다는 것은 우리가 둘 다를 본다는 것을 의미한다. 인간 문화의 족보와 남성의 자랑스럽게 여기는 폭력적인 시를 나란히 둠으로써, 독자는 삶의 드라마와 위험을 모두 경험한다.

셋 족속 4:25-26

4:25-26a 셋 족속의 족보

이 족보 시리즈를 표시하는 공식인 아담이 자기 아내를 알았다새번역, "아담이 다시 자기 아내와 동침하였다"-역주라는 표현이 이 새로운 섹션을 시작한다. 셋의 족보 혈통은 아벨의 혈통을 대신할 것이다. 이 본문은 홍수 사건으로 나아가는 "선한" 혈통셋과 "악한" 혈통가인에 대한 실마리를 제공하지만, 창세기 5장의 긴 족보는 이 양상을 깨뜨린다. 인간 공동체는 이렇게 명백히 나뉠 수 없다. 4장 25-26a절은 있는 그대로 인간 이야기에서의 중요한 요인으로서 형제 관계를 다시 주장한다. 가인은 다시 형제가 생긴다. 우리가 형제와 자매를 고려할 수밖에 없는 상황만이 대두한다.

4:26b 예배에 대한 진술

영어 번역본의 비교에서도 보여주듯이, 이 구절은 번역하기가 어렵다. 이 구절은 모호할 수 있지만, 삶에 대한 여기 족보의 묘사에서 예배를 한 요인으로 확립한다. [족보 읽기, 349쪽] 음악과 일과 통제되지 않는 폭력으로 특징짓는 세상에서, 사람들은 여호와의 이름을 부른다. 출애굽기 3장 15절과 6장 2절이 이스라엘에서의 주님에 대한 예배를 모세에까지 추적하지만, 창세기 4장 26절은 여호와를 하나님으로 고백하는 것이 모세 이전까지 거슬러 올라간다고 인정한다.

성서적 맥락에서의 본문

이 족보에 발견된 이름들은 창세기 5장에 다른 순서로 다시 나오고 어떤 경우는 철자가 약간 변경되어 나온다. 4장 17-26절은 갈라진 족보에 대한 이름을 사용하는 반면, 5장은 모든 이름을 직선이나 단일 혈통의 족보에 둔다. 역대상 1장 1-4절과 누가복음 3장 36-38절에서 다시 거론하며 사용하는 것은 이 단일 혈통의 순서다. 4장 17-26절의 갈라진 족보는 다른 성서 본문에는 나오지 않는다. 실제로 라멕이라는 인물만 성서 밖 자료에 다시 나오고, 거기서 노아에 영광을 돌리는 것과 연결된다.

마태복음 18장 21-22절에서의 예수의 말씀은 라멕의 노래의 결론을 완전히 뒤집는다. 예수의 공동체는 무한한 폭력이 아니라, 무한한 용서가 특징이 될 것이다. 라멕은 NASB가 정확하게 창세기 4장 23절을 번역한 대로, 자신을 친다고 해서 어린 사람들을 죽인다. 예수는 자신을 처형한 자들에게조차도 하나님의 용서를 구한다. 그리스도를 통해 하나님은 라멕의 폭력의 공동체를 대체할 공동체를 만든다.

교회 생활에서의 본문

우리는 우리가 물려받은 세상이 음악과 폭력, 예배와 복수를 포함한다는 사실을 잘 인식하고 있다. 우리는 이것들이 어떻게 파괴적으로 함께 섞일 수 있는지를 안다. 즉 음악은 폭력을 가하는 충동을 부추길 수 있으며, 예배는 복수를 기념할 수 있다. 인간의 경험의 부정적인 역할이 위험하게 거의 역사를 결정하는 것 같다. 라멕의 자랑은 유일하게 들려온 노래지만, 이 음악이 너무 크다. 그럼에도 구약과 신약은 힘과 기량이 최종적으로 인간의 운명을 결정하지 않을 것이라고 선언한다. 연합과 번성이 훨씬 강하다고 판명날 것이다. **아담이 다시 자기 아내와 동침하였다. 마침내, 그의 아내가 아들을 낳고 아이의 이름을 셋이라고 하였다.**4:25

셋의 혈통을 선한 가문으로 이해하고, 가인의 혈통을 악한 가문으로 이해하고 싶은 유혹이 있을 수도 있다. 그렇다면 우리는 악기, 성읍, 폭력을 모두 함께 묶고 이것들이 모두 나쁘다고 할 수도 있다. 다행히도 본문은 교역의 발전, 대장장이와 가축 농부를 족보의 일부에 포함시키는데, 이는 우리가 "세속적"이라고 그리 경시하지 않는 삶의 측면들이다. 노아 이야기에서 우리가 보겠지만, 악과 폭력은 인간의 족보의 어떤 일부에로 분리될 수 없다. 악은 가문의 한 일부로 분리될 수 있다면, 이 집단의 파멸로 악과 폭력의 문제가 제거될 것이다.

인간의 경험에 따르면, 악의 문제에 대한 "분리하고 파멸"시키는 접근이 지나치게 단순화한 것이며 나약한 판단이며 실패할 수밖에 없다는 사실이 드러난다. 히틀러는 "유대인들"을 나치 독일 문제의 중심이라고 여겼는데, 이는 놀라운 비극을 낳았다. 하지만 우리 역시 어떤 지도자를 "악하다"거나 다른 나라를 "악한 제국"이라고 여기고 싶은 유혹을 받는다. 나사렛에서 온 이를 따르는 자들은 악을 다루는 것에 대해 다른 패러다임에서 사는데, 이는 곧 어떤 가문도 죄와 폭력과 악이 없지 않다고 이해하는 패러다임이다.

창세기 5:1-6:8

아담 가족의 목록

사전 검토

5장 1-32절의 족보는 이 단락의 대부분을 차지한다. 이 족보는 아담에서 노아까지의 세대를 열거한다. 족보가 너무 뚜렷해서 우리는 6장 1절에서 다시 시작하는 내러티브와는 독립적으로 족보를 다루기로 한다. 하지만 우리가 핵심 열쇠로 사용한 공식인 "이것은 세대들이다" 히브리어, 엘레 톨레도트 'elleh toledot는 자료를 다르게 나눈다. 우리는 자료를 나누는 한 방법은 옳고 나머지 모두는 옳지 않다고 주장할 수 없다. 우리가 다른 문학적 "열쇠"를 따를 때, 자료에서 구성의 다른 패턴이 대두한다. 우리는 일관되게 본문을 주목하여, 자료를 묶는 다양한 방법을 탐구할 수 있으며, 이 과정에서 본문과 본문의 메시지에 대한 새로운 양상을 찾는다.

우리가 "세대들" 공식을 따른다면, 이 단락은 하나님의 아들들과 사람의 딸들에 대한 짧은 내러티브6:1-4가 이어지는 긴 족보를 포함한다. 이 단락은 독자에게 홍수 사건6:5-8을 예비케 하는 문단으로 마무리한다. 그러나 창세기 5장은 이미 대홍수 내러티브를 예상했다. 족보는 노아를 주목하도록 하려고 29절에서 반복되는 패턴을 깨뜨린다. 5장 29절과 6장 8절은 이어지는 대홍수 드라마의 핵심 인물로 노아를 우리 앞에 제시한다.

개요

족보, 5:1-32

      5:1-2 도입

      5:3-32 열 명의 일원의 목록

범죄와 결과의 내러티브, 6:1-4

하나님의 평가, 6:5-8

      6:5-6 상황

      6:7 심판의 발언

      6:8 노아에 관하여

주석적 해설

족보 5:1-32

이 본문은 직선적 족보의 명백한 사례를 제공한다. Wilson, 1977 이 족보는 열한 번째 세대, 즉 노아의 아들들에 와서야 갈린다. [족보 읽기, 349쪽] 반복적으로 목록은 우리에게 다음을 제공함으로써 인물을 소개한다.

1. 이름
2. 아들의 출생 시기의 나이
3. 아들의 출생 후의 추가 햇수
4. 다른 자녀들에 대한 진술
5. 전체 수명

열 세대들이 아담에서 노아까지 열거된다.

사람의 수명에 대한 연대는 다른 고대 문헌들에서 다양하다. 사마리아 공동체에서 보존한 오경은 우리 번역본들이 기초한 히브리 성서와는 다른 수명을 가지고 있다. 초기 기독교 공동체에서 사용한 그리스어 성서는 다른 구성원들을 포함한다. 숫자들에 대한 전통의 유동적인 성격은 숫자 패턴이나 연대 구도를 발견하려 하는 데 너무 많은 시간을 쓰지 않도록 우리에게 경고한다. 여기 나오는 수명은 우리에게는 매우 믿을 수 없어 보이지만, 고대 근동의 홍수 이전 인물들에 대한 다른 목록에 주어진 것들보다는 더 작다. 이 고대 근동의 목록은 때로 열 명의 인물을 포함하는데, 수만 년까지 뻗는 수명을 지닌다.

여러 면에서 이 족보 목록은 창세기 1장의 창조 드라마를 다시 거론한다. 자료의 반복되는 성격은 창조의 제시에서 보이는 안정 및 대칭과 다시 연결시킨다. 실제로 이 족보의 엄격함은 중요하다. 독자는 창조의 토대를 이루는 안정에 새롭게 기반을 두게 된다. 우리는 창세기 1장의 기반을 따르면서, 무질서의 분출로 인도됐다. 하지만 이 무질서는 생육하고 번성하여 땅에 충만하게 하는 창세기 1장 28절의 축복을 파괴하지 않았다. 창세기 5장은 이 축복에서 대두한다. Westermann, 1966:488 하나님의 축복은 한 세대에서 다음 세대로 이어지는 "지루한" 질서에서 다시 분명히 한다. [족보 읽기, 349쪽]

이 섹션과 창세기 1장을 연결하는 것은 구조만이 아니다. 창세기 5장은 하나님의 형상, 남자와 여자, 축복이라는 창세기 1장의 언어로 시작한다. 모든 인류가 하나님의 형상으로 되듯이,1:26 아담은 자신의 형상으로 된 이의 아버지가 됐다.5:3 2장 4절-4장 32절 뒤에 나오는 5장의 자리는 이 창조 언어를 다시 소개하는 것에 추가적으로 파급효과를 미친다. 불순종이 "하나님의 형상"을 파괴할 수 없다. 하나님이 인류에게 번성하여 충만하라는 축복은 저주의 땅에 묻히지 않는다.

족보의 구조에서의 단절은 목록에 있는 두 이름, 에녹과 노아를 주목하게 한다. 노아는 다음 단락에서 주요 인물이 되지만, 에녹은 성서 가운데 5장 21-24절에서만그리고 대상1장의족보 목록 발견된 신비로운 인물로 남는다. 이 몇 안 되는 구절에서 에녹에 대한 대규모의 이야기가 나온다. 전통은 이 특이한 사람이 하늘로 데려가져 우주의 위대한 신비에 접근하게 됐다고 발전시킨다. 5장 21-24절의 본문은 에녹이 특이했다고 말한다. **하나님과 동행하다**라는 구절의 반복은 다른 곳에서는 노아6:9와 미가 6장 8절"겸손히 네 하나님과 함께 행하는 것이 아니냐"에서만 나오지만, 다른 전치사와 함께 나온다. 어떤 본문은 도덕적인 정직유1:14-15이나 믿음히11:5-6의 방향에서 이 구절을 사용한다. 히브리 맥락은 "하나님과 동행"한다는 구절이 믿음이나 순종과 같이 관계에서 구체적인 어떤 요소에 대한 것이라기보다는 하나님과 에녹 사이의 관계의 특성에 대해 더 일반적으로 말한다고 제안할 것이다. Delitzsch, 1899:217

노아는 이 단락에서 우리가 기억하기를 원하는 인물이다. 29절에서의 노아 이름에 대한 설명은 독자를 창세기 3장의 동산에서의 불순종으로 다시 거슬러 소환하고, 홍수 사건의 결론으로 나아가게 한다.8:21-22 인간의 족보를 이어가게 한 하나님의 축복으로 말미암아 한 사람이 나오는데, 그를 통해 하나님은 동산에서의 불순종,3:1-6 형제 살인,4:8 복수의 노래4:23-24가 야기한 세상에서부터 다른 세상으로 향하도록 만들 것이다. 29절은 노아라는 이름을 히브리어 단어 니함niḥam, "위로"와 연결시킨다. 하나님의 축복은 모든 생명에 번성을 가져올 것인데, 하나님은 노아를 통해 일이 무의미한 노고가 된 사람들에게 위로를 가져다 줄 것이다.

범죄와 결과의 내러티브 6:1-4

창세기 6장 1-4절은 하나님의 아들들과 사람의 딸들에 대한 당혹스러운 내러티브를 우리에게 제시한다. **하나님의 아들들**이라는 구절은 하나님이 복수의 청중들에게 한 다른 곳의 발언에서 본 신적인 존재들을 가리킨다.1:26; 3:22; 11:7; 시82편, 참고 **사람의 딸들**이라는 구절은 인간 여자를 가리킨다. 이 호칭들에게는 좋거나 나쁘다는 전제가 없다. 이 두 집단은 긴장을 형성하는데, 이 긴장에서 내러티브가 나오게 된다. 호칭은 긴장을 일으킬 수 있는 신적인 존재와 인간 및 남성과 여성이라는 두 가지 대조를 제시한다.

행동은 **보고 삼았다**라는 두 동사로 구성된다. 신적인 존재들은 여자들이 아름다웠다는 것을 **보았고**, 그들이 선택하는 누구든 아내로 **삼았다.**

베스터만은 남자가 여자에게 끌린다는 이런 긴장에서 작용하는 다른 내러티브인 이집트에서의 아브라함과 사라12:10ff. 및 예루살렘에서의 다윗과 밧세바삼상11장를 우리에게 상기시킨다. 이 이야기들에서 "보기"와 "삼기"라는 행동 후에 하나님이 개입한다. 이 내러티브도 하나님의 개입이 이어진다. 3절 Westermann, 1966:495-497

창세기 6장 1-4절와 다른 내러티브 사이의 유사점은 과도하게 유추해서는 안 된다. 하지만 우리는 창세기 6장 1-4절는 창세기 3장 및 창세기 4장과 비슷한 패턴을 따른다고 제안할 수 있다. 이 이야기들에서처럼 다시 우리는 파괴적인 방식으로 해결되는 삶에서의 일반적인 긴장을 발견한다. 동산 이야기는 자유와 경계라는 일반적인 긴장에 대해 말했다.창3장 가인과 아벨 이야기에서 긴장은 형제들과 다른 직업을 가진 자들 사이에서 대두했다.4:1-6 이런 긴장을 파괴적으로 해결하는 것은 재앙을 가져왔다. 창세기 6장 1-4절의 내러티브에서, 위험은 인간과 신적인 존재 사이의 구분이 분열과 관련된다. 남자들이 여자의 아름다움을 보고 아내로 삼는다는 사실은 그 자체로는 문제를 야기하지 않는다. 신적인 존재와 인간이 섞이는 것이 문제를 야기한다. 여기에 재앙의 씨앗이 있다

6장 1-4절의 많은 부분들은 미제로 남아 있다.Childs, 1962a장 50-59 하나님의 개입은 인류를 향한다. **하나님의 아들들**은 심판받지 않는다. 게다가 6장 4절은 논리적으로 3절에서 이어지지 않는다. 아마도 창세기 6장 4은 비슷한 이야기가 땅에서의 **거인족**의 존재를 설명하려고 전해진 시기에서 왔을 것이다. 거인족에 대한 설명은 받은 본문에서 6장 1-4절의 기능에 그리 중심적이지 않은 것 같다.

거인족의 존재를 설명하려고 하는 대신에, 이야기는 이제 인간의 반역과 하나님의 개입에 대한 세 번째 이야기를 형성하면서, 아담과 하와 및 가인과 아벨 내러티브와 연결된다. 자유와 한계창3장 및 형제의 경쟁관계창4장의 문제와 마찬가지로, 신적인 존재와 인간 사이의 경계로 야기된 긴장은 더욱 창조를 뒤틀리게 하는 방식으로 해결됐다.2절 이 경계를 흐리게 하는 것은 통제할 수 없을 정도로 엄청난 인구를 야기할까봐 위협이 됐다. 어떤 이는 수명을 신중히 고려했을 것이며, 어떤 이는 그렇지 않았을 것이다.

문제는 신적인 존재들이 야기했는데도, 하나님의 개입은3절 한 쪽으로만 심판하여 인간에게 쏠린 것 같다. 그러나 우리는 동산에서의 추방에는 은혜의 요소가 있다는 사실을 기억한다. 인류는 "뒤틀린" 세상에서 영원히 살도록 허용되지 않을 것이다. 창3:22-24에 대한 해설, 참고 우리는 하나님이 가인의 행동의 결과로 완전히 멸망하지 않도록 보호한 사실을 떠올린다.4:15 여기서도 우리는 수명의 제한에서 은혜의 요소를 발견한다. 어떤 거인족도 땅을 영원히 위협을 가하거나 압제할 수 없다. 높고 강력한 자들이 낮고 무력한 자들을 끝없이 통제할 수 없다. 수명은 단순히 일부가 아니라 우리 모두를 제한한다.

하나님의 평가 6:5-8

3장과 4장과 6장에서의 분열의 내러티브 후에 창세기 1장과 2장에서 묘사된 창조 비전은 엉망이 됐다. 이 재앙을 묘사하는 데 여기서 사용된 언어는 가장 깊은 파토스의 느낌을 지닌다. 악함이 인간의 반응의 다름 아닌 마음에 침투했다.5절 히브리어로, "마음"은 인간의 의도와 행동의 중심이다. 이 재앙은 물론 개인의 마음에 영향을 미치지만 단순히 개인은 아니다. 문제는 공동체의 의식적인 삶의 중심으로 향하면서, 어떤 개인도 넘어서 영향을 미친다. "충동," "생각," "행동," "항상," "매일"에서처럼 언어가 더 포괄적일 수는 없다. 인간 공동체가 경계, 경쟁관계, 제한과 같이 삶의 긴장과 문제를 접할 때마다, 이 문제와 긴장들은 창조 비전과는 반대되는 방식으로 해결된다. 관여한 사람이 아내와 남편, 형제나 자매, 심지어 신적인 존재와 인간인가에 상관없이 이야기는 동일하게 끝난다.

6절에서의 하나님에 대한 묘사는 창조를 위반한 데 분노한 하나님이 아니라, 눈물을 흘리는 하나님을 우리에게 보여준다. Brueggemann, 1982:77 슬퍼했다RSV, NASB; 새번역, "후회하시며"-역주로 번역된 히브리어 단어는 창세가 3장 16절에서 출생할 때의 여자의 고통을 묘사하는 데 사용된 히브리어 단어NIV, 참고와 동일하다. 하나님도 뒤틀리고 분열된 세상의 고통을 감수한다. 이 고통의 분노로 말미암아 하나님은 인류가 만들어지지 않았기를 희망하게 된다. 우리는 하나님이 슬픔의 언어를 사용한다고 거의 말하지 않는다. 성서는 종종 하나님의 슬픔에 대해 언급한다. 이것이 창조를 위반한 데 대한 반응이든,5-8절 사울을 왕으로 기름 부은 것을 둘러싼 희망의 붕괴든, 삼상15:11 예루살렘이 평화에 이르게 하는 일들을 알지 못함을 깨닫는 것이든, 눅19:41 본문들은 신적인 분노를 묘사한다. 성서 공동체는 멀리 있지 않고 깊이 관여하는 이로서의 하나님, 분석가가 아니라 참여자로서의 하나님을 알고 있다.

창세기 6장 6-7절에서 하나님은 심판의 말씀을 전한다. 이 말씀은 동산에서의 추방이나 하나님과 땅에게서의 소외를 선언하지도 않고, 기대수명의 제한도 선언하지 않고, 땅 위의 생명의 끝을 선언한다. 여기서의 심판은 전멸을 의미한다. 하나님이 심판하러 올 때, 인간이 생존할 수 있는가?Coats, 1983:75 창세기 5장 1절-6장 8절은 이 질문을 답하지 않고, 이 단락은 희망, 곧 노아에 대한 언급으로 끝난다.

노아는 그를 통해 미래가 발생할 그런 사람이다. 그러나 창세기 5장 29절과 6장 8절은 어떤 희망도 노아라는 인물이 아니라 하나님의 은혜에 기반을 둔다고 선언한다.

성서적 맥락에서의 본문

창세기 5장에서의 에녹에 대한 짧은 언급은 성서 밖의 많은 문헌들에서 이 인물에 대한 광범위한 추측을 낳았다. 신약은 에녹에 대한 이야기 일부를 안다는 것을 보여준다. 히 11:5; 유1:14 하지만 신약은 에녹 이름을 둘러싼 추측을 적극적으로 따르는 것은 아니다. 6장 1-4절의 하나님의 아들들에 대한 이야기도 많은 추측을 낳았다. 성서 밖의 문헌들은 악:에녹서14:1ff.; Damascus Doc. 2:17-21과 "타락한" 신적인 존재들에녹서6:4-5의 기원을 이 짧은 내러티브에까지 추적한다. 신약이 이런 추측을 언급하지만, 아마도 고전11:10에서의 바울 다시 말하지만 신약 저자들은 이 이야기들을 거의 사용하지 않는다.

마태와 누가는 예수를 직선적 족보에 올린다. 사실 누가는 예수를 창세기 5장의 족보에 통합한다. 눅3:36-38 이것은 예수와 그의 히브리 뿌리 사이의 연속성을 강조하지만, 그 이상을 성취한다. [족보 읽기, 349쪽] 족보는 예수를 통한 하나님의 구원의 극적인 예술과 창조에 기반을 둔 하나님의 축복의 끊임없는 사역을 통합시킨다. Westermann, 1966:490 우리는 족보를 무시함으로써, 구원과 축복의 이런 통합을 소홀히 할 수 있다. 창세기 5장과 누가복음 3장은 하나님의 드라마가 매일 정기적인 하나님의 임재라는 맥락에서 발생한다고 우리에게 상기시킨다. 직선적 족보는 독자에게 시작하나님과 끝노아 또는 예수을 주목하도록 하기를 원하는 동시에, 이 드라마는 한 세대가 다른 세대에 이어지면서 계속된다.

교회 생활에서의 본문

우리 삶은 창세기 3-4장에 이어지는 창세기 5장에 달려 있다. 끊이지 않고 연속되는 세대들에서 표현된 하나님의 축복은 삶을 분열시키고 뒤틀리게 하는 인간의 행동에도 파괴되지 않았다. 모든 세대가 물려받은 세계는 인간의 불순종과 범죄가 낳은 결과를 보여준다. 하지만 여전히 한 세대는 다음 세대를 이어가며, 하나님의 축복은 우리 가운데 계속된다.

어떤 이는 핵무기 재앙으로 위험에 처한 세상에 아이를 낳는 게 신중한지에 대해 의구심을 품을 것이다. 창세기 5장은 또 다른 세대의 출생이 모든 다른 징표는 사라지더라도 하나님의 임재의 징표 역할을 한다고 제안할 것이다. 순간의 위기에도 한 세대가 다른 세대에 이어지므로 구원의 드라마는 항상 계속됐다. 물론 우리는 핵무기의 대참사로 모든 족보를 끝낼 수도 있지만, 그러는 동안에 계속되는 족보의 반복적인 성격은 희망이 단순히 하나님이 현행 세대와 더불어 성취할 수 있다는 데만 있지 않다는 지식에 기반을 둔다.

교회는 종종 구약에서 "분노하는 하나님"에 대한 묘사를 도용했다. 우리는 우리 자신의 분노를 정당화하거나 신약에서 취한 "사랑의 하나님"과 대조시키는 방식으로, 하나님에 대한 이 묘사를 사용했다. 하나님의 분노는 명백히 성서에 있다. 이 분노는 종종 신적인 심판에서 표현된다. 하지만 분노가 하나님의 심판의 전체 이야기를 말하는 것은 아니다. 우리 본문에서 심판은 분노만큼이나 하나님의 슬픔에서 나온다. 고통이 가득한 슬픔이 하나님의 방향을 바꾼다. 하나님은 인류를 만든 것에 대해 후회하고 모든 생명을 멸망시키기로 결정한다. 하나님이 결정을 바꿀 수 있다는 사실은 다른 본문에서는 인간의 희망에 대한 근거를 제공하지만, 예, 욘3:9-10 이 본문에서는 이 사실이 가장 중대한 위험을 제기한다.

우리는 홍수 이야기에서 하나님이 최종적으로 모든 창조세계를 멸망시키지는 않았다는 사실을 알지만, 이로 말미암아 창조의 비전이 망치게 되므로 흘린 하나님의 눈물을 우리가 보지 못해서는 안 된다. 하나님의 형상을 담은 바로 그 사람들이 항상 매일 그 하나님과 맞섰다.

노아 가족 이야기

사전 검토

"이것은 세대들이다"라는 공식을 이어, 이 단락6:9-9:29은 노아의 그의 가족의 이야기/세대들을 들려준다. 지금까지 조사한 각 단락들은 내러티브이든창2-3장 목록이든창5장 하나의 확장된 섹션을 포함했다. 더 작은 섹션이 그 다음으로 단락에 포함됐다. 창세기 6장 9절-9장 29절은 이 양상을 따른다. 홍수 이야기가 이 단락 대부분을 차지한다. 하지만 이 외에도 이 단락은 노아 가족에 대한 짧은 일화를 포함한다. 족보를 수반한 세 개의 설명은 시작6:9-10 끝, 9:28-29 홍수 이야기와 일화 자료 사이의 구분9:18-19을 표시하면서, 이 단락에서 나누는 역할을 한다.

홍수 이야기는 창세기의 이 단락에서 지배적이며, 엄밀한 의미에서 전체 이야기의 중간에 위치한다. 창1:1-11:26 홍수 이야기의 역할이 너무나 강렬하여 홍수 이야기의 마지막인 9장 1-17절이 전체 드라마의 마무리인 것 같다. 우리는 종종 바벨탑 이야기는 독립된 내러티브로 보고 간단히 다루면서11:1-9 여기서부터 아브라함 이야기의 시작으로 건너뛴다. 대홍수 기사의 절정의 성격을 인정하지만, 우리는 이 단락이 9장 17절로 끝나지 않는다는 점과 따라서 노아 가족의 특이한 일화를 간과한다는 점을 기억하기를 원한다.

많은 고대 사람들의 문학은 땅을 덮는 홍수 이야기를 포함한다. 이야기들이 전해져올 때, 문화와 종교와 사회 구성에서의 차이점들이 이야기를 형성했다. 실제로 창세기 6-9장의 이야기는 많은 세대에 걸쳐 들려지고 다시 들려졌으며, 기록되고 다시 기록됐다는 증거를 보여준다. 받은 본문의 이야기가 그 안에 신앙 공동체에 중심이 되는 이야기에 대한 다시 들려주는 다른 내용을 포함시킨다고 해도, 명백히 우리는 놀라지 않아야 한다. 여전히 우리는 6장 19-20절을 읽을 때 하나님이 모든 종류의 짐승 둘을 배에 실으라고 명령하는지 궁금하다. 반면에 7장 2-3절에서 하나님의 말씀은 정한 짐승 일곱 쌍과 부정한 짐승 한 쌍을 배에 실으라고 지시하기 때문이다.

어떤 이는 하나님이 먼저 한 말씀을 지시하고 다른 말씀을 추가했다고 제안하면서, 이 두 말씀을 조화시키기를 원한다. 세부 내용에서 논리적 일관성을 바라기 때문에, 우리는 히브리 내러티브의 특성을 놓칠 수 있다. 이 내러티브에 중심이 되는 것은 정확하게 얼마나 많은 쌍의 짐승이 방주에 실렸는가의 문제나 홍수가 얼마나 오랫동안 지속됐는가의 문제가 아니다. 이 내러티브에 훨씬 중요한 것은 "하나님이 심판하러 올 때, 어느 누가 생존할 수 있는가?"라는 질문에 답하는 것이다. 이 이야기는 그때조차도 사람과 짐승, 일부 생명은 하나님의 은혜로 생존할 수 있다고 선언하기를 원한다.

내러티브 자체는 홍수처럼 밀려들어오고 밀려나간다. 내러티브의 파도가 창세기 8장 1a절의 꼭대기까지 밀려온다. 즉 하나님은 노아 및 노아와 함께 방주에 오른 모든 들짐승과 집짐승을 기억했다는 것이다. 우리는 이 지점까지 도달하면서, 땅에서의 상황,6:11-12 홍수에 대한 준비,6:13-7:9 비의 내림에7:10-24 대한 묘사를 발견할 수 있다. 이 중심에서 밀려나오면서, 물의 후퇴함,8:1-14 방주에서의 출발,8:15-18 홍수 이후 세계에 대한 하나님의 약속8:20-9:17이 나온다. 자세히 읽으면 내러티브의 어감과 복잡함이 드러나지만, 이로 말미암아 우리는 내러티브의 흐름에 가려지지 않아야 하는데, 이 내러티브의 흐름은 해안가에 천둥과 같이 치고는 조용히 떠나는 파도의 느낌을 지닌다.

내러티브는 정확하게 상응하는 부분으로 된 탄탄한 개요로 축소될 수는 없지만, 8장 1a절을 중심으로 움직이는 대칭의 여지는 분명히 있다. 더 자세한 개요에 따르면 우리가 가진 대로의 내러티브가 어떤 부분들을 강조하려고 반복을 사용한다는 것이 드러난다. 예를 들어, 홍수를 위한 "준비"와 홍수 후의 "서약과 약속" 각각은 한 말씀이 다른 말씀에 바로 이어지면서 하나님의 두 말씀을 포함한다. 하나님이 홍수를 일으켰고 그 후의 세계를 재건설했다.

개요

주석적 해설

족보를 수반한 서론적인 설명 6:9-10

창세기 6장 9절은 노아가 다른 사람들과 달랐으므로 하나님이 그를 선택했다고 선언한다. 노아를 묘사하는 단어들이 서로 쌓이는데, 이는 번역을 어렵게 만든다. 다음과 같이 우리는 노아에 대한 묘사를, 그 사람에 대한 그림을 그리는 시적인 세 행으로 이해할 수 있다.

노아는 그 당대에 의롭고

흠이 없는 사람이었다.

노아는 하나님과 동행하는 사람이었다. 6:9

본문은 세 가지 다른 표현을 사용하여, 노아에 대한 묘사를 심화시킨다. 세 행 모두는 각각의 정확한 의미를 위해 잘라내어 분석되기보다는 함께 들려지기를 원한다.

우리는 **의롭고** '차디크' ṣaddiq와 **흠이 없는** '타밈' tamim을 도덕적인 용어로 이해하려는 경향이 있다. 사람의 행동이 구체적인 도덕이나 윤리의 기준에 부합한다면 그 사람은 의롭다고 판단된다. 예를 들어, 사람이 진실되다면, 그는 흠이 없다. 우리는 "진실된"으로 그 사람의 말이 관찰할 수 있는 정보에 부합하다는 것을 의미한다. 그러나 히브리 전통은 한 사람이 의롭고 흠이 없는지를 결정하는 데 일반적으로 추상적인 도덕적 · 윤리적 규칙에 의지하지는 않는다. 대신에, 이 히브리어 단어들은 공동체 내에서의 관계의 성격을 묘사한다. 의로운 사람은 공동체 내에서의 관계를 향상시키도록 행하며, 따라서 공동체 내에 있는 사람들의 삶을 높이는 자다. 의롭지 못한 사람은 관계를 깨뜨리고 공동체를 파괴하는 자다.

여기서 사용된, 두 용어 **의롭고**와 **흠이 없는**은 히브리 사람들의 삶에서 두 가지 다른 맥락에서 온다. "의로운"은 가족과 더 폭넓은 사회 맥락에서의 책임을 요구한다. "흠이 없는"은 예배나 제의적 삶을 가리킨다. 이 두 단어가 상당히 구분되어 기능을 했던 히브리어 역사의 시기가 있었을지 모르지만, 이 본문에서는 해당하지 않는 것 같다. 오히려 이 본문은 두 단어를 서로를 풍요롭게 하는 동의어로 사용한다. 노아는 그의 삶이 하나님 및 형제자매와 책임 있게 같이 한 자라고 선언된다. 막12:29-31, 참고

홍수 내러티브 6:11-9:17

6:11-7:24 대홍수와 파괴

재앙의 이유, 6:11-12. 대재앙의 홍수 이야기는 고대 근동의 종교 문헌에서는 친숙한 이야기다. 이 이야기들 가운데 어느 것도 정확하게 서로 닮지는 않았지만, 고대 바빌로니아의 길가메시 서사시는 성서 홍수 이야기와 상당히 비슷한 부분이 많다. 두 기사는 동일한 기본적인 줄거리를 공유한다. 두 기사에서 하나님이나 신들은 생명을 파멸시키고자 홍수를 선택하지만 한 가족을 구하기로 결정한다. 하나님이나 신들은 배 건축과 짐승을 싣는 것을 지시한다. 새가 홍수의 끝을 확인하는 데 사용되며, 배는 산꼭대기에 정착한다. 이야기의 시작과 끝에서 주요 차이점이 나온다. 길가메시 서사시는 주요 인물인 우트나피쉬팀에게 불멸을 허락하는 것으로 마무리하는 반면에 창세기 9장은 하나님과 모든 인류와의 언약적 유대관계를 보고한다. 길가메시 서사시와 비교에서 우리는 홍수의 이유와 결과에 특히 주목하지 않을 수 없다.

6장 11-12절에 사용된 거친 언어는 재앙에 대한 이유를 극적으로 보이게 한다. 폭력과 부패는 인류의 생활공간을 파괴했다. 구약에서 "폭력" '하마스' ḥamas이라는 단어는 신체적 상해와 제도적 남용과 심지어 유혹을 포함해서 한 사람이나 집단이 다른 사람이나 집단에 가하는 다양한 위반을 묘사하는 데 사용된다. 49:5; 신19:16; 잠16:29 **썩었고** '샤하트' šaḥat라고 번역된 단어도 폭넓은 의미를 지닌다. 하지만 6장 11-12절에서의 세 번에 이어 6장 13절 내가 **멸하겠다**에서의 이 단어의 용법은 이 단어가 전멸이라는 일반적인 의미를 묘사한다는 것을 시사한다. Westermann, 1966:359 땅은 이미 하나님이 보기에 멸망했다. 모든 육체는 땅의 생명을 멸망시켰다. 그래서 하나님은 모든 육체가 야기했던 멸망을 수행하기로 결정한다. 13절

준비, 6:13-7:9. 하나님의 두 말씀이 이 단락에 지배적이다. 6:13-21; 7:1-4 각 말씀 뒤에 우리는 노아의 순종에 대한 진술을 발견한다. 노아는 하나님이 그에게 명령한 모든 것을 했다. 6:22; 7:5 이 섹션의 마지막 절들은 노아가 주님의 지침을 이행하는 것을 상세히 밝힌다. 홍수를 준비할 때의 하나님의 긴 말씀은 내러티브상에서 노아를 열외에 둔다. 내러티브는 하나님이 생명의 생존을 보장하려는 특별한 조치를 취했다는 사실을 우리가 깨닫기를 원하는 것 같다. 심지어 땅과 **모든 육체**의 **파멸된** 상태에도, 하나님은 신중하게 선한 것이든 악한 것이든 인간과 짐승의 생존을 지시한다.

내러티브는 방주에 실은 짐승의 숫자와 종류에 대해 정확한 정보를 제공하지 않는다. 창세기 6장 20절은 **모두 두 마리씩**에 대해 말하는 반면, 창세기 7장 2절은 **모든 정결한 짐승은…일곱 쌍씩, 그리고 부정한 짐승은…두 쌍씩**에 대해 말한다. 홍수에 대비하는 이런 불필요한 지침은 모든 생명이 홍수에 멸망하는 것은 아닐 것이라는 하나님의 다짐을 강조하는 역할을 한다. 이 동일한 다짐은 하나님과 홍수 이후의 세상과의 관계에 대한 보증이 된다. 홍수 내러티브의 핵심 질문이 "하나님이 심판으로 올 때에 생명이 생존할 수 있는가?"가 되는 한, 대답은 명백히 "그렇다"가 된다. 하나님은 반드시 그렇게 되도록 조치할 것이다.

비의 내림, 7:10-24. 창세기 7장 11절과 7장 12절은 비가 내리는 두 장면을 나란히 둔다. 우리가 이 이야기를 아이들에게 다시 들려줄 때, 우리는 보통 비가 40일 밤낮으로 지속된다고 묘사한다. 12절 11절은 훨씬 심각한 대재앙의 용어로 홍수를 묘사한다. 하늘의 돔창공은 위의 물을 분리하여 그 자리에 유지한다. 1:6 갑작스럽게 돔의 창문은 위의 물

과 아래 땅 사이의 구분을 파괴하면서 활짝 열린다. 아래에 갇혔던 물도 1:9-10 쏟아낸다. 모든 것이 하나님이 말씀하고 조치를 취하기 전의 물의 혼돈으로 돌아갔다. 1:2

창세기 7장 21-23절은 심판의 성취를 확언한다. 재앙은 마친 것 같다. 생명의 숨이 있었던 모든 것은 노아와 그와 함께 한 자들을 제외하고 죽었다. 심지어 노아에게도 미래는 명확하지 않는 것 같다. 하나님의 폭력에 대한 치명적인 분노와 "파멸/부패"만이 홍수에서 뚜렷하다. 6:11-12, 참고

8:1-9:17 구원과 재창조

물의 후퇴함, 8:1-14. 홍수 이야기는 8:1a, "하나님은 노아와 모든 짐승을…그와 함께 기억하셨다" 새번역, "하나님이, 노아와 방주에 함께 있는 모든 들짐승과 집짐승을 돌아보실 생각을 하시고"-역주에서 전환된다. 하나님의 기억은 대상을 향해 나아가는 것과 관계가 있다. Childs, 1962:35 기억한다는 것 '자카르' zakar은 단순히 "상기한다는 것" 이상의 행위가 있다. 물론 하나님의 기억함은 심판을 야기할 수 있다. 그래서 시편 기자는 하나님이 과거 이 죄를 **기억하지 않기**를 요청한다. 시25:7; 79:8 하지만 재앙이 진행되는 한창 때에, 영혼의 가장 깊은 열망은 하나님이 기억했으면 하는 것이다. 삼상1:11 기억하는 이가 구원을 베푼다. 하나님은 노아뿐만 아니라 노아 및 그와 함께 한 모든 짐승을 정말로 기억한다. 우리의 사람 중심의 관점에서, 우리는 종종 하나님이 사람들을 기억할 뿐이라고 여긴다. 본문에 따르면, 홍수는 "생명의 숨"이 있는 모든 것에 영향을 미쳤다. 기억한다는 것은 다름없이 포괄적이다. 재창조하는 하나님은 단순히 인간의 생명만이 아니라 모든 생명을 고취하려고 행동한다.

흔한 관습이었듯이, 뱃사람은 마른 땅이 가까이 있는지를 알아보려고 새들 곧 까마귀7절와 비둘기8-12절를 놓아주었다. 내러티브는 여기서 비둘기에 주목한다. 처음 비둘기를 보낸 데서는 홍수가 여전히 땅을 덮었다는 정보를 알 수 있었다. 9절 두 번째 보냈을 때에는 평화의 비둘기로 돌아왔다. 11절 즉 평화가 분노를 대체했다. 세 번째 보냈을 때, 비둘기는 새 생명을 찾으러 떠났다. 12절 새해에는 땅이 말랐고, 새 생명이 시작할 수 있었다. 13절

방주에서의 떠남, 8:15-19. 홍수에 대한 준비와 마찬가지로, 방주에서의 출발에서도 하나님은 말씀하시고 노아는 순종한다. 노아는 **나가거라**와 **데리고 나가거라**라고 지시받는다. 하나님의 말씀은 땅의 재창조를 완료한다. 이야기는 이제 하나님에 의한 창조에

서 인류에 의해 시작되고 하나님에 의한 비창조uncreation와 하나님에 의한 재창조로 진행했다. 기사 전반에서 반복된 핵심 단어Leitwort인 땅은 다시 이야기의 마지막에 나온다. [히브리 내러티브의 특성, 359쪽] 하나님은 땅을 창조하셨다. 1:1 폭력과 파멸이 땅을 채웠으며, 6:11 물이 땅 위에 가득했고, 7:18-19 생육하는 생명이 새롭게 땅 위에서 시작된다. 8:17 반복되는 단어인 땅은 내러티브를 함께 묶는 역할을 하는데, 이는 이야기를 온전하게 유지하는 일종의 접착제다.

헌신과 언약, 8:20-9:17. 노아는 8장 20절에서만 홍수 내러티브의 마무리하는 섹션에서 능동적인 인물로 나온다. 노아는 구원에 반응하여 예배하고, 하나님은 말씀한다. 하나님은 노아에게가 아니라 그의 마음 속에 말씀한다. 21절 **마음 속으로는** 독백을 소개하는 구절이다. 하나님은 누구에게도 말씀하지 않는다. 하지만 하나님은 인류의 반응에 상관없이 미래에 대한 약속을 선언한다. 대재앙의 심판이 인류를 바꾸지 못할 수 있지만, 홍수는 하나님을 바꾸었다. Brueggemann, 1982:81 인류의 생각과 행동이 심판 이전이었던 그대로 유지되더라도, 6:5 하나님은 인류 '아담' adam와 땅 '아다마' adamah 사이의 소외가 제거됐음을 선언한다. 21절 이것은 가시덤불과 엉겅퀴와 관련 있지만, 히브리어 언어유희가 암시하듯이, 동산의 잡초 이상이 의도된다. 하나님은 인류를 형성하게 한 것, 인류를 머물게 한 것, 인류의 토대가 된 것에서 인류가 소외됨에 참여하지 않을 것이다. 우리의 기반이 되는 것에서의 소외가 일어날 수도 있지만 하나님의 심판 행위로는 일어나지 않을 것이다.

하나님의 둘째 선언은 대재앙과 관련 있다. 인류가 생존하지 못한다면 그것은 하나님이 심판자, 파괴자로 오기 때문이 아닐 것이다. Coats, 1983:83 하나님의 약속은 결코 다시 파기되지 않을 것이다. **이번에 한 것 같이**라는 표현이 예를 들어 누군가가 제안하듯이 Luther, 1958:160, 벧후3:7을 따라 불과 같은 다른 원인에 의한 또 다른 신적인 재앙의 가능성을 열어 두는 것은 아니다. 이 표현들은 단순히 하나님의 **다시는 않겠다**를 강화한다.

이 말씀은 시로 마무리한다. NIV, NASB 시는 하나님의 다시는 않겠다를 강조한다. 인류는 자연의 불변성을 신뢰할 수 있다. 22절 자연은 하나님의 분노와 슬픔에 대한 반응으로 땅 위의 생명을 거의 제거할 정도로 결코 다시 분출하지 않을 것이다. 하나님은 우리 모습 그대로 인류에 인내하기로 결심한다. 롬3:25b

두 번째 하나님의 말씀은 노아에게 향한다. 9:1-7 이 말씀은 창세기 1장 28절에서 발견되는 생육하고 **번성하여**…라는 축복으로 둘러싸인다. 1절과 7절 말씀 자체에서 하나님의 축복은 다시 한 번 인류에게 세상을 관리하고 제어하는 책임을 확대한다. 그러나 축복은 사람과 짐승의 상호 교류가 한때 그려졌던 만큼 호의적이지 않았다. 두려움과 무서움9:2-3이 사람과 짐승 사이의 평화로운 관계로 의도됐던 것을 대체할 것이다. 창1:29-30

인간의 통제는 제약을 받지 않는다. 생명의 존엄성이 기본적인 제한을 나타내며, 이 제한을 넘어 인류는 생명을 지배하는 일에 과도해서는 안 된다. 본문은 피를 포함하는 고기를 먹는 것과 사람의 피를 흘리는 것에 대한 금지로 이 제한을 규정한다. 5절은 인간의 생명을 취하는 일을 무조건적으로 하나님에게만 맡긴다. 사람과 짐승은 그것을 취하지 않아야 한다.

창세기 9장 6절은 다른 방향으로 나아가는 것 같다. 흔히 이 시적인 구조는 사형의 권리를 법적 제도에 허락하는 것으로 이해된다. 이 해석은 출애굽기 21장과 신명기 17-19장에 반영된 고대 이스라엘의 법적 관습과 일치할 것이다. 그러나 심지어 신명기는 피의자가 즉각적인 보복에서 보호받도록 도피성을 설치하고신19장 유죄가 확증되려면 두세 사람의 증인을 요구하면서,신18:15 사형에 대한 강력한 제약을 상세히 설명한다. 명백히 히브리 관습은 축소됐을 수는 있지만 사형을 허용했다.

창세기 9장 6절은 해석의 역사에도 불구하고, 사형을 승인하지도 장려하지도 않는다. Coats, 1983:78 코우츠는 9장 6절의 시가 9장 5절에서의 삶과 죽음에 대한 결정은 하나님에게만 속한다는 강력한 주장을 약화시키는 것이 아니라, 반복하는 역설을 통해 작용한다고 제안한다. 6절은 폭력의 영역을 정한다. 즉 B라는 사람이 A라는 사람의 피를 흘려서, C라는 사람은 B라는 사람의 피를 취한다. 하지만 C라는 사람은 피를 흘린 데 대해 유죄가 된다. 그래서 5절에서 요구하는 대로 생명과 죽음이 하나님의 손에 있지 않다면 폭력은 끊임없는 고리를 계속된다. 6a절"사람은 하나님의 형상대로 지음을 받았으니"은 생명을 주고 취하는 것이 하나님에게만 속했는지에 대한 더 깊은 이유를 제공한다.

창세기 9장 6절을 이해하려고 어떤 것을 선택하더라도, 주요 취지는 생명을 빼앗는 행위를 합법화하는 성서적 근거를 제공하지 않는다. 근본적으로 9장 4-6절은 생명에 대한 통제는 하나님의 세상을 인간이 지배하는 일에서의 예외라는 사실을 가능한 한 강력한 방식으로 단언하기를 원한다. 명령9:4과 선언9:5과 시9:6로 본문은 인간의 생명을 빼앗는 행위에 대해 반대의 목소리를 높인다.

무지개와 언약은 하나님의 세 번째 말씀에 나온다.9:8-17 하나님의 **다시는 않겠다** 9:11는 것이 언약에 새겨지고 표징으로 보증된다. 언약은 구약에서 폭넓은 단어다. 언약은 많은 종류의 관계를 포함하고, 다양한 종류의 기대를 전달한다. [언약, 346쪽] 그러므로 언약을 일반적인 개념으로 다루는 것보다는 각 본문에 나오는 언약에 대해 말하는 게 더 사려 깊을 것이다. 이 본문의 언약은 하나님의 무조건적인 약속을 의미한다. 다시는 않겠다, '로 오드' lo 'od; 11, 15절 모든, '콜' kol; 9장 10-12, 15-17절 모든/영원한 '올람' 'olam; 9장 12, 16절는 무조건적인 단어들은 이 말씀의 방향을 결정한다.

하나님은 무조건적으로 세상과 세상의 거주자들에게 약속한다. 우리는 "하지만…라면"을 언약에 포함하는 경향이 있다. 이 언약은 어떤 조건도 포함하지 않는다. 어떤 이는 인류가 하나님의 통치권을 인정하지 않으면 언약이 깨어질 것이라고 제안하면서, 9장 4-6절의 이전 말씀으로 갈 수도 있다. 확실히 삶의 성스러움은 책임이 요구된다. 하지만 이 책임은 언약의 조건으로 작용하지 않는다. 이 언약에서 하나님은 모든 미래 세대와 무조건적으로 관계를 유지하기로 약속한다.

하나님의 언약에 대한 약속은 구름 속의 무지개라는 징표로 보증된다. 우리는 이 징표가 버려지고 당겨지지 않은 전사의 활을 상징하는 것으로 이해됐는지, 아니면 이 징표는 단순히 비의 끝을 나타낼 뿐인지를 확신할 수 없다. 어떤 배경이든지 구름 사이의 무지개 또는 활는 무엇보다 하나님이 기억하도록 하는 역할을 한다. 무지개가 구름 가운데 나타날 때, 하나님은 영원한 언약을 기억할 것이다.9:15-16 홍수를 호전시킨 하나님의 기억함은 8:1 미래도 보증한다. 하나님은 만전을 기할 것이다. 이 언약은 영원하며 모두를 위한 것이다.

족보를 수반한 설명, 9:18-19.

이 족보를 수반한 설명은 홍수 이야기의 닫는 괄호 역할을 한다. 이 설명은 시작할 때의 족보를 수반하는 설명을 완성한다.6:9-11 홍수 이야기의 닫는 괄호 역할을 하면서, 노아와 그의 아들들에 대한 내러티브의9:20-27 여는 괄호 역할도 한다. 그럼에도 마무리하는 구절인 , 이들에게서 인류가 나와서는 이 설명이문학적 기능 이상을 한다는 것을 보여준다. 족보의 재개는 번성의 회복을 알린다. 하나님의 축복은 다시 한 번 땅을 충만하게 한다.

성서적 맥락에서의 본문

창세기 9장 4-5절에 기초를 둔 소위 노아 법전은 유대 윤리와 기독교 윤리에서 중요한 역할을 했다. 유대 유산에서 이것은 고기가 음식으로 준비되는 방식에 영향을 미쳤다. 이것은 모든 인류에게 기대되는 최소한의 윤리를 대변했다. 유대 전통이 이 본문의 해석을 확대하면서, 노아에게 주어진 모든 인류에 대한 금지 사항의 숫자가 일곱, 곧 불의, 신성 모독의 금지, 우상숭배, 살인, 근친상간, 강도, 짐승을 피와 함께 먹는 것이라고 언급됐다.B Jacob:64 사도행전 15장 1-35절에 반영된 대로, 초대 교회는 이 "법전"을 논의하여, 많은 특정 유대 법이 이방인 그리스도인들에게 요구되지 않지만 노아 법전은 의무로 남았다고 예루살렘 공의회에서 결정했다. 당시 법전은 네 가지, 곧 우상숭배, 성적 부도덕, 피와 함께 음식을 먹기, 부적절하게 도살된 음식을 금지했다.

성서는 홍수 이야기를 좀처럼 직접적으로 언급하지 않지만, 위험한 물에서의 구원이라는 빈번한 주제는 이 이야기를 반영한다. 요나의 내러티브와 바다를 잔잔케 한 예수의 이야기가막4:35-41 즉각적으로 떠오른다. 하지만 이외에도 출애굽 후 홍해를 건너는 사건출 14장과 기독교의 세례는 하나님의 위험한 물을 통과한 구원이라는 주제를 반영한다.벧전 3:18-22 루터는 베드로전서의 구절을 해설하면서, 이 구절들을 "홍수 이야기의 가장 아름다운 풍유"라고 불렀다.Luther's Commentary:170 그러나 루터는 풍유 사용을 주저했으므로, 홍수-세례의 연관성을 더 역설하는 데 대해 주저했다. 루터의 이에 대한 조언은 현명해 보인다.

교회 생활에서의 본문

하나님은 세상이 우리가 발견한 대로이기를 의도하지 않았다. 생명의 파멸과 뒤틀림은 하나님이 심판으로 오는 것을 촉발시킨다. 조금이라도 이 심판에 살아남을 것인가? 우리는 하나님이 어떻게 생존을 위태롭게 할 수 있는지 궁금해 할지도 모른다. 하나님의 사랑이 멸망의 분노보다 크지 않겠는가? 내러티브는 인간이 세상을 파괴하는 데 대한 하나님의 고통과 분노를 모면하고자 하나님의 사랑에 대한 이해를 독자들이 사용하는 것을 허용하지 않는다. 홍수 이야기의 저자는 스스로를 맹렬히 파괴하는 세상의 고통과 슬픔이 창조주를 너무나 깊이 상처를 입혀서 하나님이 심판하러 올 수 있으며, 심지어 땅 위의 생명을 파괴하러 올 수 있다는 사실을 알고 있다.

내러티브는 처음부터 하나님이 거의 파괴하겠지만, 완전히는 파괴하지 않을 것이라는 점을 알린다. 하나님은 생명이 하나님의 심판을 견딜 수 있도록 세밀하게 준비한다. 그럼에도 심판 가운데 갑작스럽게 우리는 하나님의 자신의 준비조차도 충분할 것인지 확신하지 못할 것이다. 그 순간에 하나님은 기억한다. 8:1; 새번역, "돌아보실 생각을 하시고"-역주 하나님의 기억함 때문에, 인류와 짐승은 산다. 이야기는 노아가 하나님과의 관계에서 특별히 온전한 덕분이라고 여긴다.⁶:⁹ 그럼에도 결국에 시편 기자도 알고 있듯이, 생존은 하나님의 기억함에 달려 있다.

> 주님, 언제까지 나를 잊으시렵니까?
> 영원히 잊으시렵니까?
> 언제까지 나를 외면하시렵니까?시13:1

> 주님, 일어나십시오. 하나님,
> 손을 들어 악인을 벌하여 주십시오.
> 고난받는 사람을 잊지 말아 주십시오. 시10:12

마찬가지로 한나의 서원은 생명을 주며 기억하는 하나님에 대한 번뇌에 찬 갈망을 표현한다.

> 만군의 주님, 주님께서 주님의 종의 이 비천한 모습을 참으로 불쌍히 보시고, 저를
> 기억하셔서, 주님의 종을 잊지 않으시고, 이 종에게 아들을 하나 허락하여 주시면,
> 저는 그 아이의 한평생을 주님께 바치고…삼상1:11

하나님의 기억함은 죽음을 생명으로 바꾼다.눅23:42 홍수 내러티브에서 하나님의 기억함은 생존을 넘어 언약, 곧 결코 다시는 모든 생명의 멸망에 참여하지 않겠다는 하나님의 무조건적인 약속으로 이르게 된다. 핵 재앙의 위기 가운데, 우리는 이야기에서 하나님이 생명의 멸망을 막을 것이라고 약속하는지 궁금하다. 언약은 이 질문에 답하지 않는다. 언약은 하나님의 인내가 결코 다하지 않을 것이라고 선언할 뿐이다. 하나님은 징벌과 같은 재앙을 내리지 않을 것이다. 하나님은 여전히 인류에게 파괴할 자유를 허락한다. 인간의 마음의 충동을 장악한 악에 대해 하나님이 깊이 슬퍼하는 가운데서도 이 자유는 철회되지 않았다.8:21

홍수 이야기는 우리 가운데 취해진 조치가 파멸이 아니라 항상 창조를 향해 나아가기만 할 것이라는 점을 우리에게 확신시켜준다. 분명히 우리는 하나님의 언약의 징표를 다시 한 번 보려고 창문을 향해 흥분하여 달려간다. 우리는 과학적 사실을 아는 자로서는,

무지개가 공기 중의 빗방울에 의해 굴절되고 반사된 태양광선의 특별한 패턴이라는 사실을 안다. 우리는 믿음의 자녀로서는, 하나님이 평범한 것을 특별하게 삼을 수 있다는 점을 안다. 빛을 굴절시키고 반사시키는 평범한 물방울이나 평범한 빵과 포도주가 하나님의 영원한 사랑과 무조건적인 다시는 않겠다는 상징이 된다.

노아와 그의 아들들에 대한 일화

창세기 9:20-27

사전 검토

우리 대부분은 9장 8-17절의 언약에서 읽기를 멈춘다. 그러나 우리가 주해 목적으로 9장 17-26절 섹션을 구분하지만, 이 단락이 9장 8-17절에서 끝나지 않는다. 대신에 위의 개요에서 보여주었듯이, 원서 ??쪽 이 단락은 계속해서 함이 노아를 위반하는 흥미로운 일화를 계속 이야기한다. 이 사건은 명확히 하기보다는 우리에게 더 의구심을 가지게 한다.

이전 개요에서 보여주었듯이, 원서 ??쪽 이 일화는 족보의 요소가 수반된 두 설명으로 둘러싸인다. 9:18-19, 28-29 창세기 9장 18-19절은 **방주에서 나온** 노아의 아들은…18a절에서처럼 홍수 사건을 언급하는 과도기적 설명의 역할을 하며, 함은 가나안의 **조상이 되었다** 18b절에서처럼 다음 내러티브에서의 가나안의 역할을 기대하게 한다. 족보를 수반한 마무리 해설은28-29절 5장 32절에서 마치지 못한 노아에 대한 설명을 완료하면서, 5장의 긴 족보의 형식을 반복한다.

이 내러티브의 장르를 규정하면 즉각적으로 우리는 이 본문을 해석할 수 있게 된다. 역사적으로 말하자면, 내러티브는 팔레스타인에서의 종교와 경제와 정치 지배를 위한 이스라엘 사람들과 가나안 사람들의 다툼과 깊게 관련 있다. 그러므로 이 내러티브는 정치적 갈등의 기원에 대한 이야기, 곧 민족학적인 내러티브로 분류될 수도 있다. 하지만 이 내러티브의 문학적인 위치는 홍수 사건의 마무리, 곧 노아 가족의 구원으로 이 내러티브를 자리 잡게 한다. 이와 같이 이 내러티브는 아담과 하와, 가인과 아벨처럼 창세기 1-11장의 다른 가족 이야기와 관련된 가족 이야기의 역할을 한다. 우리는 이스라엘의 내부 정치적 갈등에서의 이 일화의 역할을 인정하지만, 이 일화가 홍수 이야기의 결론으로서 하는 역할에 더 주목하기를 원한다.

개요

족보를 수반한 설명, 9:18-19

노아와 그의 아들들에 대한 일화, 9:20-27

      9:20-21 상황에 대한 묘사

      9:22 함의 잘못

      9:23-27 반응

            셈과 야벳의 반응, 9:23

            노아의 반응 9:24-27

족보를 수반한 마무리 설명, 9:28-29

주석적 해설

노아와 그의 아들들에 대한 일화 9:20-27

9:20-21 상황에 대한 묘사

창세기 9장 20절은 다른 번역본들의 비교에서도 보여주듯이, 번역하기가 어렵다. **노아가 처음으로 밭을 가는 사람이었다**라는 RSV 번역은 "노아, 곧 밭의 사람은 포도원을 심으려고 착수했다"라는 NIV의 번역보다 문법적으로 가능성이 낮다.

이 본문은 노아의 직업인 포도 재배자[20절]와 그의 신체적 상태인 취하여[21절]를 묘사함으로써 일화의 무대를 마련한다. 내러티브는 노아를 비난하지도 심지어 질책하지도 않고, 이 상태로 말미암아 그는 약하고 취약하게 됐다고 진술한다.[21절] 성서 전통은 알콜의 위험을 인식하고서, 알콜의 오용에 대해 경고하지만, 이 문화에서 흔한 음료로 인정한다. 그럼에도 자기 포도원의 산물을 마심으로 말미암아 노아는 매우 취약한 상태에 놓이게 됐다.

9:22 함의 잘못

본문은 정확하게 함이 어떻게 자기 아버지에게 잘못했는지에 대해 우리에게 말하지 않는다. "벌거벗음을 드러냈다"는 것은 때로 성관계를 의미한다. 자기 아버지의 벌거벗음을 드러낸다는 것은 한 사람과 자기 아버지의 아내 사이의 성관계를 가리킬 수 있다. 레 18:6ff. 이 구절이 다른 성서 본문에서는 이런 식으로 사용되지 않지만, 어떤 이는 동성애가 함의 잘못이었다고 제안했다. 사실 우리에게 전해오는 대로의 본문은 우리에게 무슨 일이 일어났는지 말하지 않는다. 이런 "침묵"은 히브리 내러티브의 흔한 특징이다.[히브리 내러티브의 특성, 359쪽] 우리가 들은 것은 함이 **보았고 말했다**는 것뿐이다. 아마도 "보는 것"과 "말하는 것"에 노아의 성생활이 포함됐을 것이다. 정확한 행동이 무엇이었든지 간에, 아들은 부모의 취약함을 보고 그것을 오용했다. 이 오용은 부모와 아이 사이의 관계를 위반했다.

9:23-27 셈과 야벳과 노아의 반응

내러티브는 이제 매우 천천히 진행된다. 다른 두 아들은 조심스러운 배려를 강조하면서, 아버지의 연약함을 덮어준다. 그렇게 할 때 두 아들은 더 이상 더럽히지 않도록 노아를 보호한다. 22절 가까이에 있는 23절의 느낌에 주목하라. 22절에서 **보았고 말했다**라는 행동은 갑작스러웠다. 23절에서 형제들은 담요를 가져와 어깨에 올리고, 그 상황을 더 이상 악화시키지 않으려고 주의하면서 아버지를 덮는다. 특히 잘못이 개인의 성생활과 관련될 때, 우리는 침해된 사람을 돕는 어려움과 미묘함을 이해할 수 있다.

노아는 깨어나서 말한다.24-27절 본문은 노아가 누가 자신에게 잘못을 저질렀는지를 어떻게 알아냈는지 말하지 않는다. 그럼에도 가족은 이제 이 잘못의 결과를 다뤄야만 한다. 이 결과는 현 세대인 함에게 만큼이나 그 이상으로 다음 세대인 가나안에게 영향을 미친다. 두 말씀은 저주와 축복을 선언한다.25절과 26-27절 두 말씀은 가나안의 노예됨을 강조한다. 이것은 가나안에 사는 다양한 민족들 사이의 갈등에서 정치적 진술로 사용됐던 것 같다. 셈은 이스라엘 민족을 대변하고, 야벳은 다양하게 블레셋 사람들이나 아마도 에브라임 사람들과 동일시됐다. 하지만 적극적인 역사적 확인이 없으므로 우리는 인간 가족의 역사로서의 창세기 1-11장 내에서의 이 이야기의 기능을 강조하는 것은 신중을 기해야 한다. 창세기 3장과 4장 1-16절의 가족 내러티브와 마찬가지로, 여기서의 잘못은 뒤틀린 인간관계를 낳았다. 즉 한 형제는 다른 형제의 노예가 된다. 노예됨은 지배와 족속으로 살게 되는 남자와 여자의 관계3:16 및 한 형제가 다른 형제를 살해한 사건4:8 만큼이나 하나님의 창조의 비전을 뒤틀리게 한다.

성서적 맥락과 교회 생활에서의 본문

칼빈이 교황을 비난한 것이든Calvin's Commentaries:307-308 미국인들이 노예제를 정당화한 것이든 이 본문은 사회적·정치적 목적을 충족시키는 데 사용됐다. 고대 이스라엘은 자신들의 적인 가나안 사람들과의 갈등에서 이 본문을 사용했을지도 모른다. 이 본문과 다른 본문이 정치적 압제와 사회적 지배를 비준하는 데 사용될 수 있다는 위험은 남아 있다. 애석하게도 우리는 때로 우리 조상만큼이나 현명하지 않다는 것이 드러난다. 예를 들어, 함의 잘못을 이런저런 사회문제와 연관시키려는 자들은 이 본문을 다른 이들을 압제하는 것을 뒷받침하는 데 사용하는 경향이 있다.

루터는 이 이야기에서 위안을 받은 이유는, 이 이야기가 가장 위대한 자도 때로 넘어진다는 사실을 보여주기 때문이다. *Luther's Commentary*:172 우리는 더 이상 이 이야기가 포도원 때문에 노아에게 약점이 있는 것처럼 읽지는 않지만, 루터가 옳았다. 부분적으로 하나님 및 서로의 관계에서 특별한 온전함 때문에 홍수에서 살아난 가족이 방주에서 나오자마자 실수한다. 홍수에서 구원받은 가족이 분열을 일으켰던 자들의 모든 문제를 가지고 있다. 악한 사람들을 멸망시킨다고 해서 어려움이 제거되는 것은 아니다. 그러나 우리는 문제가 되는 사람들을 제거할 수 있다면 행복한 가족을 이룰 수 있다고 계속 기대한다.

연약함은 각 가족의 상황에 언제나 대두한다. 우리는 보통 어디에서 다른 연약함이 노출될 수 있는지를 안다. 이 연약함을 침해하여 극적으로 관계가 분열된다. 침해한 자도 침해당한 자도 희생당했다. 이런 침해는 악이나 무관심이나 아마도 심지어 무지에서 발생할 수 있다. 이 본문은 함을 악한 아들이라고 부르지 않는다. 함은 **보았고 말했을** 뿐이지만, 그 결과는 엄청나다. 즉 **가장 천한 종이 되어서, 저의 형제들을 섬길 것이다.**9:25 때로 악한 의도가 이런 침해 배후에 있지만 때로 그렇지 않기도 하다. 하지만 무지가 침해의 이유가 된다고 하더라도, 무지가 영혼에 대한 범죄의 결과를 좀처럼 제거하지 않는다. 우리는 몰랐으며, 보고 말했을 뿐이지만, 결과적으로 모든 것이 변했다. 신앙 공동체에서의 목회적 임무와 신앙 공동체에 의한 임무는 매우 미묘하다. 즉 그분은 "상한 마음"을 싸매러 우리를 보냈다. 사61:1 우리가 이전에 노예로 취급했던 자들을 형제와 자매로 받아들이는 신앙공동체의 구속의 임무 역시 매우 어렵다. 몬1:16

노아의 아들들 목록

사전 검토

우리가 창세기 전반에서 "세대들" 공식을 따른다면, 다음 단락은 10장 1절, 다음은 노아의 아들들의 족보이다에서 바벨탑 이야기를 11:9 지나 진행된다. 흔히 바벨탑은 앞선 족보와 독립적으로 취급된다. 명백히 이 이야기는 뚜렷하게 두드러진다. 하지만 "바벨탑 이야기"는 우리가 가진 대로의 본문에서 홀로 있지는 않고, 창세기 10장의 민족들의 목록과 관련된다. Barth:313

목록 자체는 10장 1절의 "세대들" 공식과 10장 32절의 이 공식의 변형된 것으로 둘러싸인다. 이 "양끝" 내부에서 우리는 야벳, 2-5절 함, 6-20절 셈21-31절 족보를 발견할 수 있다. 대칭 역시 각 섹션의 시작하는 공식과 마무리 공식에 존재하지만, 공식들은 정확하게 서로 동일하지는 않다. 표의 각 섹션 내부에서, 우리는 창세기 5장에서 발견된 것보다 훨씬 다양함을 발견할 수 있다. [족보 읽기, 349쪽]

바벨탑 이야기 자체는 내러티브 괄호 안에 포함된다. 11:1과 11:9 이야기는 이름 없는 민족들의 행동과 발언으로 시작한다. 2, 4절 이와 균형을 이루어, 하나님은 행동과 발언으로 응답한다. 5-8절 우리는 창세기 1-11장의 이전 여러 내러티브에서 지적한 범죄에서 결과로의 동일한 내러티브 흐름도 목격할 수 있다. 창3장; 4:1-16; 6:1-4; 9:20-27, 참고

개요

주석적 해설

노아의 아들들의 족보, 10:2-31

10:2-5 야벳

창세기 10장에 족보 형태가 있지만, 우리가 발견한 것은 북쪽으로는 흑해에서 남쪽으로는 나일 강 상류까지 뻗어 있고 서쪽의 그리스에서 동쪽의 페르시아까지 뻗어 있는, 민족 곧 정치적 집단의 목록이다. 어떤 집단은 나라이고, 어떤 집단은 도시국가다. 우리는 다른 자료에서 일부는 알지만, 다른 일부는 알지 못한다.

창세기 5장에서 우리는 직선적 족보, 곧 다른 자녀의 족보를 잇지 않고 부모에서 한 자녀로 진행된 족보를 보았다. 그러나 창세기 10장에서 갈라지는 자손을 포함하는 족보가 나온다. 여기에는 노아의 한 아들이 아니라 세 아들이 나온다. 하지만 목록은 각 "가문"의 모든 일족을 다루는 것은 아니다. 예를 들어, 창세기 10장 3-4절은 2절에서 발견되는 야벳의 모든 일족이 아니라 오직 고멜과 야완만 이어진다. [족보 읽기, 349쪽]

야벳 목록의 몇몇 이름은 알려진 집단으로 확인될 수 있다. 확인된 집단은 흑해 지역의 고멜과 그리스/키프로스 지역의 야완과 페르시아 지역의 마대를 포함한다. 이들은 고대 히브리인들에게 알려진 세상의 먼 곳인 북동쪽과 북서쪽을 포함해서 이스라엘의 북쪽에 위치했다.

10:6-20 함

함의 후손들의 위치를 우리는 정확하게 결정할 수는 없지만, 아프리카의 북동쪽을 포함해서 팔레스타인의 남쪽 한 지역을 시사한다. 그룹들은 여기서 종족이나 민족, 심지어 정확한 영토 명칭으로 규정되지도 않는다. 예를 들어, 구스는 아마도 이집트의 남쪽에 위치한 민족이었을 가능성이 높다. 하지만 구스의 아들들의 이름은 이집트의 먼 동쪽을 가리킨다.

목록은 지리적으로나 문화적으로 정확하게 구분하지 않고서 다양한 그룹들을 함께 모은다. 이 족보 목록은 민족들을 하나님이 확립한 정치적인 집단 거주지의 모음이 아니라, 특별히 선호하지 않고서 전 세계에 퍼져 있는 하나님의 축복의 가족으로 생각한다. 이런 다양한 민족들을 하나님이 확립한 정체적인 독립체가 아니라 하나님의 축복의 표현으로 이해함으로써, 우리는 마치 하나님이 한 그룹에게 한 특별한 땅을 주고 다른 모든 그룹들은 옆으로 밀려나야만 하는 것처럼 분명한 운명을 배타주의적으로 표현한 것으로서 정치적인 지도를 확립할 수는 없다.

목록이 형식을 변경하는데, 10장 8절에서는 우선 구스의 아들들 가운데 하나인 니므롯에 주목하고 그 다음으로 구스의 형제들 가운데 하나인 가나안에 주목한다. 본문은 구스 사람 니므롯을 남쪽 사람이 아니라 메소포타미아 몇 제국들을 건설한 자로 지정한다. 구스를 아프리카 민족이 아니라 북동쪽 그룹인 카시트 사람들과 동일시하는 것은 이 지리적으로 갑작스러운 변경을 설명할 수도 있다.

가나안과 더불어, 15-20절 "족보"는 여부스 족속 및 아모리 족속과 같은 팔레스타인 전역에 퍼져 있는 민족의 이름들 및 시돈 마을과 같은 친숙한 성서 이름을 사용한다. 이스라엘이 메소포타미아 민족들과 가나안 족속과 자주 충돌했다고 해도, 이 족보는 선입견 없이 그들이 있음을 인정한다. [족보 읽기, 349쪽]

10:21-31 셈

이 목록 역시 확인할 수 있는 이름과 확인할 수 없는 이름을 포함한다. 아람, 앗수르, 엘람은 이스라엘의 형성과 역사에 등장한 민족들이었다. 아람은 시리아의 북서 셈족 도시국가들을 가리키는 포괄적인 용어이며, 앗수르와 엘람은 메소포타미아 하곡의 동쪽에 위치한 그룹이다. 신명기 26장에 발견되는 이스라엘 역사에 대한 신조와 같은 시문은 조상을 아람까지 추적한다. **내 조상은 떠돌아다니면서 사는 아람 사람으로서** 신26:5

목록은 10장 21절에서 규칙에서 벗어나 에벨을 언급하고 10장 14절에서 셀라의 아들로 그리고 다시 10장 25절에서 아버지로 에벨이라는 이름을 반복함으로써 에벨이라는 이름을 강조한다. 에벨은 여기서 히브리인들의 조상으로 지목된다. 목록의 이 부분에서 이 이름이 아무리 두드러진다고 해도, 특이한 특성이 에벨에게 덧붙여지지는 않는다. 그는 단순히 셈 족보의 한 지류에서 넷째 세대다. 전통은 이스라엘의 특별함을 매우 바람직하거나 강력한 민족을 야기하는 유전자까지 추적하지 않는다. Vawter, 1977:151 이스라엘은 때로 선택됨과 "약속의" 땅이라고 국수주의적으로 이해했다. 하지만 이 족보는 히브리인들에게 자신들이 세상에서 하나님의 축복을 가장 잘 표현하거나 유일하게 표현하는 방식으로 모든 민족들과 구분하지 말라고 경고한다. [족보 읽기, 349쪽]

모든 민족들이 **사방으로 퍼져 나갔다**10:18는 것은 "바벨탑 이야기" 11:1-9에서 문제가 되는데, 여기서는 **생육하고 번성하여 땅에 충만하라**창1:18; 9:1는 하나님의 축복을 적극적으로 표현한 것 같다.

바벨탑 이야기, 11:1-9

11:1 도입

이 절은 내러티브를 이끌어 가는 **세상**과 **언어**라는 몇몇 핵심 단어들을 우리에게 소개한다. **온 세상**이나 **온 땅**콜 하아레츠kol ha'areṣ은 이야기에서 세 번 나오는데, 그 가운데 세 번은 내러티브의 "양 끝"에 나온다.1, 9절 **언어**라는 단어도 다섯 번 사용되고, 1절과 9절에 나온다. 이 단어들은 명백히 이 단락의 전체 의미를 전달하지는 않지만 그 의미에 대한 신호 역할을 한다. 그러므로 이 내러티브는 모든 사람, 즉 **세상**을 의도한다. 게다가 건축물보다는 언어를 더 주목한다. 이로 말미암아 1절과 9절을 연결시킬 수 있게 되는데, 1절은 "하나의" 언어/"공통" 발언을 강조한다. 9절은 혼란스러운 언어로 백성들이 흩어지는 것을 묘사한다. 따라서 이야기는 일치에서 불일치로 나아간다.

11:2-4 사람들의 행동

서로에게 하는 사람들의 두 발언은 그들의 의도된 행동을 드러낸다.3, 4절 두 발언은 **오라**야하브yahav라는 명령형으로 시작하고, 벽돌을 **빚다**와 **세우다**와 이름을 **날리다**라고 제안되는 행동이 이어진다. 우리는 이 이야기를 바벨탑 이야기로 알지만, 이것은 도시를 세우고 탑으로 이름을 날리는 것에 관한 이야기다. 11장 1절과 9절의 핵심 단어들에서 단서를 잡아, 실제 제안된 행동이 벽돌을 굽고 건물을 세우기 아니라, 11장 4절에서 진술된 행동들에 대한 이유에 가장 주목해야 한다. 사람들은 **온 땅에 흩어지는** 것을 두려워한다. 10장은 우리에게 흩어져 온 땅을 채우는 것은 하나님의 축복의 표현이라고 이미 말했다. 10:5, 18, 20, 31 하지만 바벨탑 이야기에서 하나님의 축복은 두려워할 것으로 경험된다. 사람들은 일치를 확립하려 하는데, 이는 명백히 흩어지는 하나님의 축복에 반하는 것이다.

우리는 종종 이야기를 읽을 때, 벽돌과 건물에 대부분 주목한다. 우리는 탑을 언덕 위에 있는 바빌로니아 사원, 곧 지구라트로 묘사할 수 있다. 이야기에는 바빌로니아적인 요소가 많다. 즉, 건축 재료로서의 벽돌_{팔레스타인에서는 돌을 사용한다}, 신들의 거주지에 도달할 것으로 기대되는 탑, 버려진 도시 바벨의 이름으로서의 바빌론에 대한 언어유희가 있다. 하지만 사람들과 탑은 이름이 밝혀지지 않았다. 이야기에는 반反 도시적이며 반 바빌로니아적인 색채가 있을 수 있지만, 우리가 받은 대로의 이야기는 도시나 심지어 바빌론의 건설에 반대하는 논쟁이 중심을 이루지 않는다. 도시와 탑은 그 자체로 목적이 아니라, 사람들이 "흩어지는 것을 방지"하는 수단이다. 온 땅은 인간의 노력으로 일치를 이루려고 애쓰지만 이는 하나님의 축복의 의도에 반대된다.

11:5-8 하나님의 반응

이 섹션은 역시 발언에 초점을 두는데, 이번에는 하나님의 발언이다. 6-7절 발언은 **사람들이 같은 말을 쓰는 한 백성**으로서라고6절 이미 일치가 이뤄졌다고 진술하며 시작한다. 사람들은 자신들의 일치를 흩어지는 것에 대한 방지책으로 스스로 안전을 확보하는 데 사용하자고 제안한다. Brueggemann, 1982:98이하 그래서 하나님은 사람들의 자, ~하자라는 발언에 반응하여, 신적인 회의에 **자, 우리가 내려가서**…라고 말한다. 7절 그리고 하나님의 조치는 동산에서 추방하는 것과 비슷하다. 3:22-24 하나님은 더 깊은 문제를 방지하려고 조치를 취한다. Coats, 1983:95 그들의 일치를 확보하려 할 때, 사람들은 그것을 잃었다.

11:9 마무리

온 땅은 사람들로 가득하다. 하지만 이 흩어짐에서 어떤 일치도 경험되지 않고 혼란만 있을 뿐이다. 버려진 도시 바벨이라는 이름은_{바벨babel} 이 혼란을_{발렐balel} 나타낸다. 실제로 "혼란"은 이야기에서 사용된 유일한 고유명사다. 사람들은 이름이 없이 처음에 그랬던 그대였다. 하지만 일치로 시작했던 것이 혼란으로 끝난다.

10장의 족보는 사람들이 다른 언어로 가지고 널리 퍼졌다고 선언했다. 바벨탑 이야기는 사람들이 한 언어로 말하면서 함께 한 것으로 시작한다. 10장과 11장을 연대기적인 순서로 되도록 하려는 노력은 잘못된 방향인 것 같다. 자료의 역사를 어떻게 설명하든지 간에, 우리가 받은 대로의 본문은 다양한 언어를 말하는 구분되는 사람들의 존재에 대한 연대기를 세우려고 하지 않는다. 오히려 하나님의 축복의 표현이었던 "흩어짐"과 "언어"는 대신에 심각한 문제가 된다. 우리는 더 이상 서로를 들을 수 없고 이해할 수 없다.8절

성서적 맥락에서의 본문

기독교 주석 전통은 자주 바벨탑 내러티브를 오순절의 교회의 경험과 연결시켰다.행2장 마틴 루터는 다음과 같이 주장한다.

> 이 흩어짐을 고려할 때, 우리는 이것을 큰 축복으로 간주해야만 한다. 오순절에 성령은 다양한 언어의 많은 나라에서 온 사람들을 그리스도가 머리 되는 한 몸으로 연합시켰다.*Luther's Commentary*, 194

오순절에 언어의 다양성으로 말미암아 듣고 이해하는 것이 방해되지는 않는다.

마태복음 마지막에서 모든 민족에게 "가라"라는 명령은 흩어짐의 경험을 바꾼다. 다시 한 번 흩어짐은 하나님의 축복의 표현이 된다. 사실 마태복음 28장 19절에서의 흩어지라는 명령은 축복으로 표현된다. 새롭게 흩어지는 자들은 징벌이 아니라 축복에서 간다.

이스라엘의 역사에서 이따금씩만 흩어짐이 하나님의 축복에서 작용하는 것으로 간주됐다. 매우 자주 흩어짐은 문제나 심지어 징벌로 이해됐다. 특히 바빌론으로의 추방에서 축복에 대한 기대는 "모아짐"의 시기를 향했으며, 흩어짐은 문제였다.

> 내가 너와 함께 있으니 두려워하지 말아라.
> 내가 동쪽에서 너의 자손을 오게 하며,
> 서쪽에서 너희를 모으겠다.
> 북쪽에다가 이르기를 '그들을 놓아 보내어라' 하고,
> 남쪽에다가도 '그들을 붙들어 두지 말아라.
> 나의 아들들을 먼 곳에서부터 오게 하고,
> 나의 딸들을 땅 끝에서부터 오게 하여라.사43:5-6

강제로 "흩어짐"을 경험한 자들에게만 모아짐은 희망의 비전을 제시한다. 하지만 하나

님의 축복으로 보내진 자들에게는 흩어짐은 축복의 성취다.

교회 생활에서의 본문

바벨탑 이야기는 우리에게 일치에 대해 말한다. 깊은 평화는 형제와 자매들이 동일한 언어로 말하고 동일한 역사를 공유하며 동일하게 신앙을 이해하면서, 하나가 되는 공동체에 온다. 하나님의 선물로서의 공동체가 이런 평화를 가져온다. 하지만 이 평화는 확고히 될 수도 보호될 수도 없다. 선물로서의 하나됨은 달성하기가 어렵다. 하나됨은 통제될 수도 다뤄질 수도 없다. 하지만 우리 벽돌을 만들고 공동체를 세우며 이름을 날리자고 하면서, 정확하게 이 소중한 하나됨이 일치를 다루고 확고히 하며, 심지어 알리기 위한 추진력을 만든다. 토대에서 선물이외에 일치를 확립하며 이로써 흩어짐에 맞서 일치를 확고히 하려는 시도는 실패할 수밖에 없다. 흩어짐은 막을 수 없다. 교회는 축복이든 파멸의 원인이든 흩어짐을 경험할 것이다.

우리는 언어가 일치에 얼마나 중요한지를 안다. 언어는 민족을 만들 수도 있고 혼란에 빠뜨릴 수도 있다. 언어는 공동체를 세울 수도 있고 줄어들게 할 수도 있다. 한 민족에 대해 이야기하려면 이 하나됨에 대해 말하는 일련의 공통된 상징들이 필요하다. 그러나 브루그만은 언어가 말하는 것 이상에 관여한다는 점을 상기시킨다. Bruegeemann, 1982:102-104 언어는 들음과 귀 기울임도 포함한다. 이 이야기의 마지막에서 중요한 점은 사람들이 서로를 듣거나 이해할 수 없다는 것이다. 사도행전 2장은 말하는 언어에 상관없이 서로 들을 수 있는 가능성을 회복한다. **그런데 우리 모두가 저마다 태어난 지방의 말로 듣고 있으니, 어찌 된 일이오?**행2:8 몸의 일치는 들음에 달려 있다. 대부분의 북 아메리카 그리스도인들이 하는 것처럼, 한 언어만을 말하는 것은 심각하게 우리의 들음을 제한하고, 아마도 우리 오순절의 범위를 제한할 것이다. 우리 모두는 말하는 언어에 상관없이 어떤 단어들을 듣는 데 어려움을 겪는다. 압제당하는 자의 부르짖음은 듣기가 매우 어렵다. 때로 하나님만이 이 언어를 듣는다. 출2:23-25

셈의 가족

사전 검토

창세기 11장 10-26절은 창세기 5장과 매우 비슷한 구조로 되어 있는 직선적 족보다. 창세기 5장과 마찬가지로, 우리는 여기서 아홉이나 열 세대가 마지막에 세 아들, 곧 아브람과 나홀과 하란을 포함하기까지 뻗어가는 것을 발견한다. 10장에 사용된, 가지를 뻗거나 분할되는 족보 형태는 노아의 세 아들들을 포함하는 반면에, 11장은 셈이라는 홍수 이후의 한 혈통만을 따른다. 그러므로 우리는 초점이 점차 좁혀지는 것을 보게 된다. 즉, 창세기 10장은 보편적인 온 땅에 관여했고, 창세기 11장은 특정한 한 가족을 선택한다. 다음 단락은 초점을 이 세 아들 가운데 하나인 아브라함으로 더욱 좁힌다. 11:27이하[족보 읽기, 349쪽]

개요

도입, 11:10a

셈의 족보, 11:10b-26

11:10b-11 셈

11:12-13 아르박삿

11:14-15 셀라

11:16-17 에벨

11:18-19 벨렉

11:20-21 르우

11:22-23 스룩

11:24-25 나홀

11:26 데라

주석적 해설

셈의 족보 11:10-26

창세기 10장의 이름들과 마찬가지로, 이 단락에서의 어떤 이름들은 우리가 고대 근동의 장소들로 인식한다. 스룩과 나홀과 데라는 북 메소포타미아의 마을이거나 지역이다. 우리에게 가장 잘 알려진 이 지역의 도시는 하란이다. 문제는 이 단락에서 하란이 지명과 인명으로 둘 다 사용된다는 점에서 대두된다. 하란의 인명 하란 *haran*, 26절과 지명 하란 *haran*, 31절은 히브리어 철자가 다르다. 우리는 이것을 두 다른 명칭으로 취급해야 할지 아니면 철자가 조금 다른 동일한 명칭으로 취급해야 할지 모른다. 지명과 인명이 상응하는 현상이 창세기 10장과 11장의 목록에서 자주 일어난다. 그러나 우리는 이런 상응하는 현상이 하란에서도 해당하는지 확신할 수 없다.

셈의 족보는 우리에게 셈 족속으로 알려진 고대 근동의 광범위한 그룹을 포함한다. 셈족은 티그리스 강과 유프라테스 강 메소포타미아 하곡에서 북서쪽으로 시리아와 남쪽으로 가나안에서 이집트까지 포괄하는 지역에서 지배적인 그룹이었다. 이 족속은 인종 면에서 주변 족속과 다르지 않았다. 사실 셈족 그룹들은 다른 주변 그룹들과는 다른 만큼이나 그들 사이에서 민족학적으로 다양했던 것 같다. 하지만 그들은 공통 언어 "어족"을 공유한 사람들이었다. 그들이 동일한 어족으로 공유했다고 말하는 것은, 그들이 동일한 언어를 사용했다는 것이 아니라, 이 언어 하위 집단들이 어휘를 포함해서 많은 공통된 특징을 공유했다고 말하는 것이다. 예를 들어, 우리는 서부 유럽의 두 언어 어족, 즉 로망스어와 라틴어, 이탈리아어, 프랑스어, 스페인어 게르만어를 독일어, 네덜란드어, 영어, 스칸디나비아어 가장 잘 알고 있다. 동부 유럽의 상당 부분은 슬라브 어족에 속한다. 성서 히브리어와 아람어는 다니

엘서와 에스라의 일부 두 셈어다. 오늘날 가장 널리 퍼진 셈어는 아랍어다. 이스라엘의 고대 족속 시대에 아카드어가 지배적인 셈어였다.

이 단락은 셈족 세계에서 이스라엘의 기원을 묘사하는 데 직선적 족보를 사용한다. 이렇게 제시하는 효과는 우리가 셈족의 가문에 집중하도록 하는 것이다. 다음 단락은 이 셈족 가문의 한 구성원인 아브라함의 이야기를 이어간다. [족보 읽기, 349쪽]

성서적 맥락에서의 본문

이 내러티브는 보편적인 것에서 특정한 것으로 우리의 시선을 빠르게 바꾼다. 창세기 1-11장의 이야기들은 종종 가문 이야기의 형태를 띠기는 하지만, 모든 민족에 대한 것이다. 하지만 이 직선적 족보로 초점은 한 가문에게로 좁혀졌다. 직선적 족보는 한 가문에게만 주목하지만, 또한 한 가문을 많은 가문에 자리 잡게 한다. 한 가문은 고립된 한 단위가 아니라 가문들의 더 큰 세계에 속한다. 이 한 셈족의 가문에 일어난 일이 다른 가문에 영향을 미칠 것이며, 그 반대로도 될 것이다.

예수의 직선적 족보는 마1장; 눅3장 동일한 두 방향으로 나아간다. 예수는 족보가 없지 않았다. 누가복음은 명백히 예수를 창세기 11장과 10장과 5장의 목록에 뿌리를 둔 온 인류에 연결시킨다. 예수의 독특함을 이해하려는 시도에서, 교회는 때로 예수를 모든 가문에서 구분하였다. 이렇게 예수를 그의 족보의 뿌리와 구분하려는 초대 교회의 가장 극단적인 사례는 영지주의 기독교 공동체에서 나왔다. Koester, 1982, I:388 영지주의는 예수를 신적인 구속자로 너무 강조해서 인간 역사에서의 예수의 뿌리와 그 연관성을 상실했다. 복음서 저자들은 이런 실수를 피했다. 명백히 예수 주변 사람들의 행동들이 예수에게 영향을 미쳤고, 심지어 예수의 죽음의 방식도 규정했다. 다른 한편, 예수는 온 인류를 짊어지고 가므로, 예수에게 일어난 일은 모든 인류에게 영향을 미쳤다. 고전 15:22

교회 생활에서의 본문

셈의 족보는 온 인류의 이야기에서 이스라엘 초기 가문의 이야기로의 창세기에서의 전환을 소개한다. 우리가 창세기 1장에서 시작한 단락으로 되돌아 볼 때, 두 가지 다른 문학 장르, 즉 내러티브와 목록을 발견했다.

너무 단순화하는 위험이 있지만, 우리는 내러티브를 분열과 왜곡의 이야기로 묘사할 수 있다. 긴장이나 한계에 직면하는 인류의 가문은 문제에 대해 어떻게 반응해야 할지 결정해야만 한다. 예를 들어, 허용 가운데서의 금지, 창2장 다른 사람 대신에 한 사람에 대한 설명할 수 없는 선택, 창4장 성적인 매력, 창6장 가문 내에서의 취약성, 창9장 일치를 보존하고 보호함창11장 등의 문제가 있다. 인류는 흔히 하나님의 창조를 왜곡하고 파괴하는 방식으로 이런 문제들을 흔히 만나고 해결한다. 대부분의 내러티브에서 하나님은 정의를 보존하고 참을 수 있는 한계 내에서 분열의 결과를 지키려고 개입했다. 홍수 내러티브에서 하나님은 무제한적으로 보이는 방식으로 파멸을 일으킴으로써 반응했다. 하지만 하나님은 결코 다시는 이 길을 택하지 않겠다고 약속하면서, 이 파멸에도 제한을 둔다. 인간 가문에서의 분열은 하나님이 그럴 것이라고 알고 있는 대로 진행됐다.

창세기 1-11장에서 둘째 종류의 문학은 목록으로, 대부분 족보이지만 우리는 심지어 창세기 1장도 이야기보다는 목록이라는 사실을 보았다. 목록은 이야기들의 드라마 가운데 하나님의 축복이 있음을 증언하면서, 삶을 함께 묶었다. 어떤 번민이나 진노도 하나님의 축복을 파괴할 수 없다. 즉 모든 겨울 뒤에는 봄이 오고, 씨앗은 땅 깊은 곳에서 싹을 틔우며, 죽음과 나란히 임신도 발생한다. 이런 보존하는 축복은 하나님이 보고 "좋았다"라고 말씀한 창조의 비전을 수행한다.

이제 한 가문이 주목을 받는다. 이 가문은 내러티브와 족보의 세계를 물려받았다. 이 세계는 위반과 압제와 살인의 세계지만 그뿐만이 아니다. 이 세계는 또한 자녀들과 꽃과 무지개의 세계다.

2부

아브라함과 사라의 이야기

아브라함과 사라의 이야기

사전 검토

우리 대부분은 아브라함과 사라의 이야기를 단일 내러티브보다는 연속된 사건들로 연구했다. 이 이야기에서 우리는 갈등의 이야기, 화해의 사건, 충실함의 시기, 의심의 순간을 발견한다. 아마도 가장 잘 알려진 "사건"은 이삭의 희생제물 직전의 사건,^{창22장} 늙고 임신할 수 없는 사라의 웃음,^{창18장} 소돔 사람들의 집단적 행동일^{창19장} 것이다. 우리 가운데 몇몇만이 롯이 인질로 잡혀 가게 된 전쟁이나^{창14장} 브엘세바라 불리게 된 물의 권리에 대한 충돌을^{창21장} 기억할 것이다. 거의 누구도 요셉이나 요나, 룻의 이약에서 기대하는 것과 마찬가지로 아브라함과 사라의 이야기를 단일 이야기로 말할 수 없을 것이다. 이 내러티브의 에피소드들로 이뤄진 성격이 이스라엘의 이야기와 다른 문화의 문학의 특성이 된다.^{Coats, 1983:5} [히브리 내러티브의 특성, 359]

그럼에도 문학의 에피소드들로 이뤄진 성격은 아브라함의 이야기와 같은 가문 이야기가 완전히 일관성과 흐름이 없다는 것을 의미하지는 않는다. 가문 이야기의 흐름은 종종 출생과 결혼과 자녀와 죽음이라는 한 가문의 일반적인 삶의 주기를 따른다. 우리는 아브라함의 이야기에서도 삶의 주기의 흐름 몇몇을 찾을 수 있다. 이야기는 아브라함의 아버지 데라의 족보로 시작하고, 아브라함이 사라와 결혼한 것에 대한 짧은 설명을 포함한다. 11:27-29 이야기는 사라와 아브라함의 죽음으로 마무리한다. 23:25 그러나 이 이야기는 그 흐름을 안내하는 신학적인 관점도 포함한다. 우리는 첫 섹션의11:27-12:9 중심에 위치한 축복에 대한 약속을 발견하는데, 이는 너무 두드러져서 거의 놓치기 어렵다. 아브라함 이야기에서 축복에 대한 약속은 땅과 후손과 같은 매우 오래된 약속으로 표현된다. 하지만 조상 이야기에 특징적인 것은 아브라함 가문을 통해 모든 지구상의 가문들이 축복을 받게 될 것이라는 약속이다.

이야기가 진행되어 감에 따라, 창세기 15장 후에 땅에 대한 약속은 배경으로 숨겨지고, 후손에 대한 약속이 지배적이 된다. 많은 후손들에 대한 약속은 이야기 전반에서 나타나지만, 25:1-6 통제하는 긴장은 한 아들, 곧 하나님의 약속을 다음 세대에 전달할 아들의 출생과 관련된다. 이 아들은 하나님의 결정에 따라 사라에게 태어나야 하는데, 사라는 불행하게도 "자녀 출생의" 기간 내내 불임이었다. 11:30; 18:12 나이든 사라가 출생하지 못할 가능성과 사라의 불임을 다루는 가문의 노력으로 야기된 복잡한 사건들에도 불구하고, 약속은 유지된다. 최종적으로 약속 받은 아들이 태어나는데, 창21장 그의 생명의 질병이나 사건이나 전쟁이 아니라 하나님에 의해 위기에 처한다. 이런 위험에서 예상치 못한 구원은 이야기에서의 주요 갈등을 해소한다. 내러티브의 마지막 섹션은 사라와 아브라함의 삶을 마무리하고, 다음 세대를 준비한다. 이야기의 마지막에 해설자는 축복에 대한 약속에로 돌아와 다음과 같이 말한다. **아브라함은 이제 나이가 많은 노인이 되었다. 주님께서는, 아브라함이 하는 일마다 복을 주셨다.** 21:1

정의상 가문의 이야기는 한 가문의 삶에 주목한다. 아브라함이 가문 이야기에서 중심적인 역할을 한다. 그러나 때로 사라가 배경에서나 전경에서 중심인물이다. 예를 들어, 창세기 12장 10절-13장 1절에서 사라는 배경에 있으나, 아브라함과 바로가 드라마에서 여동생인지 아내인지 사라의 역할에 대해 충돌할 때 모든 행동은 사라의 존재에 달려 있다. 반면에 창세기 16장에서 사라는 하갈을 통해 상속자를 얻으려는 노력에서 주요 인물로 기능한다. 이야기가 거의 끝나는 장면에 등장하고 한 줄로만 나오고22:7 거의 항구적으로 제거되지만, 이 가문 이야기에서 다른 주요 인물은 이삭이다. 그럼에도 이삭의 존재에 대한 약속은 결코 수면 아래로 가라앉지는 않는다.

우리가 가족의 구성원들을 만날 때, 그들이 진짜 사람들로 소개된다는 것을 발견할 것이다. 그들은 신앙의 영웅들이며, 그런 영웅들로서 우리는 대부분이 존경하는 덕목인 충실함과 순종과 신뢰와 정직을 사용하여 그들을 이상화하는 경향이 있다. 확실히 가족 구성원들은 어떤 순간에는 이런 덕목을 드러낸다. 하지만 히브리 내러티브는 어쨌든 오랫

동안은 하나님의 사람들을 이상화하지는 않는다. 이야기들은 하나님이 명백히 아는 것, 즉 때로는 그들의 신뢰와 인내와 통찰력과 충실함으로 우리를 놀라게 하지만 어느 순간에는 넘어지고 나약해지며 무능하게 행동하고 불손종하는 사람들의 의해 신앙이 수행됐음을 보여준다. 전체 아브라함 이야기에서 이삭만이 정도에서 벗어나지 않는데, 이는 아마도 이삭에게 거의 기회를 제공하지 않기 때문일 것이다. 다른 한편, 소돔에 사는 사람들의 악한 무리를 제외하고는 모든 사람에 대해 이야기는 공감과 때로 존경을 불러일으킨다. 이야기는 흠 없는 영웅을 희망하는 우리들을 실망시킬 것이다. 하지만 우리가 다른 세대의 하나님의 사람들에 대해 아는 한, 우리는 이 이야기에 나오는 사람들을 이해하고, 아마도 심지어 우리가 최소한으로 기대하는 곳에서 우리 자신을 인식하게 될 것이다.

아브라함 이야기에 대한 연구를 시작하는 곳은 단순히 잘 알려진 에피소드들이 아니라, 우리가 받은 대로의 전체 이야기가 될 것이다. 이야기를 신학적인 교리나 윤리적인 덕목을 위한 자료로가 아니라 한 가문의 이야기로 읽어라. 당신 자신을 웃고 울며, 번민하고 축하하도록 하면서 사람들에게 주목하라. 어떤 에피소드들에서 당신은 그들을 자랑스럽게 여길 것이고, 다른 에피소드들에서는 부끄럽게 여길 것이다. 어른의 "합리적인 신학"으로 말미암아 많은 그리스도인들은 성서 이야기를 읽을 능력을 상실했다. 우리는 윤리적 덕목이나 신학적 명제에 대한 사례로 귀를 기울이려는 경향이 있다. 이런 신앙에 대한 "어른식의" 접근으로 말미암아 우리는 우리 생각을 정리하고 우리 삶을 관리하는 데 도움을 얻지만, 새로운 것을 막으면서 우리를 마비시킨다. 예수가 대단히도 문제가 된다고 여긴 것은 바로 합리적인 신앙의 마비의 특성이다. Brueggemann, 1978 우리는 우리가 어른들이라는 사실을 무시할 수 없지만, 아마도 우리가 이 내러티브를 한 가문의 이야기로 귀 기울인다면, 우리가 아이들로서 지녔던 이야기에 대한 감정 일부를 회복할 수 있을 것이다. 막10:13-16

이 도입으로, 우리는 다음의 개요를 따라 이야기를 살펴볼 것이다.

개요

도입: 하나님의 약속, 11:27-12:9
약속 후의 에피소드들, 12:10-14:24
약속에 대한 대화, 15:1-21
상속자에 대한 이야기, 16:1-21:34

시험 이야기, 22:1-19
마무리: 유언의 활동과 죽음, 22:20-25:18

하나님의 약속

사전 검토

창세기 11장 27절-12장 9절은 세계 가문의 포괄적인 이야기에서 한 가문의 이야기로 빠르게 진행한다. "~의 족보는 이러하다"11:27라는 공식을 따르면서 데라의 족보가 나온다.11:27b-32 이 족보는 이전 단락과 연결시키는데, 즉, 27절은 26절에서 주어진 연대를 반복한다. 하지만 족보는 다음 이야기에서 중심 역할을 할 아브라함과 사라와 롯이라는 세 인물들을 소개하려고 넘어간다. [족보 읽기, 349쪽]

이 족보는 이어지는 내용, 즉 아브라함에게 하는 하나님의 발언에12:1-3 대해 독자들을 준비하게 하지는 않는다. 그러나 우리가 아래에서 보겠지만, 예상치 못했으나 중요한 요소들이 족보와 발언을 함께 묶는다. 이 단락의 마무리하는 섹션에서 아브라함은 이동하여 가나안에 감으로써 하나님의 발언에 대해 반응한다.12:4-9

잠깐만 보더라도 하나님의 발언이 이 단락의 중심을 차지한다는 것을 알 수 있다. 족보와 아브라함의 여정에 대한 보고는 이 발언에 대해 틀을 제공하는데, 가문 이야기에 대해 발언의 중요성은 이 단락을 멀리 넘어 확장된다.Wolff, 1966:131-158

성서 본문에서 두 주요 인물의 이름은 19장까지는 아브람과 사래로 나온다. 창세기 17장의 언약과 더불어 철자는 우리가 가장 익숙한 철자로 바뀐다. 우리가 "아브라함"과 "사라"에 익숙하므로, 주석은 전반적으로 이 철자를 사용할 것이다. 다른 철자는 동일한 이름에 대한 변형이다. 그러므로 창세기 17장에서의 변경은 우리가 나중에 야곱에서 이스라엘의 이름 변경을 발견하는 동일한 방식으로 이름 변경을 나타내지는 않는다.

개요

도입 공식, 11:27

데라의 족보, 11:27b-32

여호와의 발언, 12:1-3

    12:1   지시

    12:2-3 약속

아브라함의 반응: 여정, 12:4-9

주석적 해설

데라의 족보 11:27-32

족보는 데라에 대한 정보로 시작하고 마무리한다. [족보 읽기, 349쪽] 데라는 세 아들을 낳았고,^{27b절} 225세에 죽었다.^{32절} 이 두 시기 사이에 초점은 세 아들과 데라의 여정에 있다. 하란은 자녀들을 낳았지만 그 후에 **아버지보다 먼저** 일찍 죽었다.^{27-28절} 아브라함과 나홀은 결혼했다. 아브라함은 사라와 결혼했고, 나홀은 그의 질녀이자 하란의 한 딸인 밀가와 결혼했다.^{29-30절} 더 추가적인 설명이 없이 족보는 데라가 자기 가족을 떠나 이동했다고 보고한다.^{31절}

아브라함의 전체 이야기라는 큰 단락이라는 면에서 두 요소가 이 족보에서 두드러진다. 두 요소는 이런 목록 가운데 예상치 못한 정보다. 우리가 접하는 첫 번째 놀라움의 요소는 사라와 관련이 있다. **사래는 임신을 하지 못하여서, 자식이 없었다.**^{30절} 사라의 불임은 아브라함 이야기를 가장 긴장된 순간인 희생제물 직전의 이삭까지^{창22장} 끌고 가는 해결되지 않는 문제가 된다. 사라가 불임이라는 진술에 어떤 설명도 추가되지 않는다. 이 언급이 갑작스럽게 나오고 반복되는 것은 비극을 부각시키는 기능을 한다. [히브리 내러티브의 특성, 359쪽] 아브라함과 사라가 미래를 가지고자 한다면 새로운 무언가가 일어나야 할 것이다. 즉, 축복과 치유와 또 다른 아내다.

족보에서 둘째로 중요한 요소는 사라가 불임이라는 진술 바로 뒤에 나온다. 데라는 여정을 시작한다. 그는 가문에서 아브라함 이야기에 등장하는 아브라함과 사라와 롯이라는 몇 사람들만 데리고 나온다. 데라는 가나안을 향해 출발하지만 가나안에 도달하지는 못한다. 가족은 하란보다 더 멀리 가지 못한다. 우리는 데라가 왜 이동했거나 그가 왜 자신의 여정을 마치지 못했는지 듣지 못했다. 우리는 데라의 여정이 목표에 못 미쳐서 멈추었다는 사실만 안다. 거기서 데라는 죽었다.

하란은 데라의 아들인 하란과 연관된 도시일 수도 아닐 수도 있다. 우리말로는 두 이름이 동일하다. 히브리어로는 두 다른 "ㅎ" 글자로 시작하는데, 하나는 인명에 대해 부드러운 "ㅎ"이고 도시명에 대해서는 강한 "ㅎ"이 사용된다.

족보는 우리에게 어떤 미래도 제시하지 않고, 오직 불임의 아내, 마치지 못한 여정, 아버지의 죽음을 제시할 뿐이다.

여호와의 발언 12:1-3

하나님의 발언은 어떤 것도 전에는 존재하지 않았던 미래를 약속한다. 하나님은 지시를 시작으로 아브라함에게 계속 이동하도록 명령한다. 데라의 죽음으로 끝난 이동은 하나님의 명령으로 다시 시작한다.

이 발언은 전통적으로 "아브라함의 소명"이라고 붙여졌다. 이 명칭은 우리가 이 본문을 다른 소명 내러티브와에, 출3장과 삿6장 연결할 때 어려움에 직면한다. 한 대리인이나 하나님의 종의 소명과 위임에 대한 일반적인 내러티브는 이 본문과는 다르다. 이 발언은 아브라함과 다른 사람을 위해 미래를 약속한다. 하나님은 이 미래를 향해 움직이도록 지시, 곧 "부른다."

발언은 지시와1절 약속으로2-3절 구성된다. 하나님은 아브라함에게 이동하라고 지시한다. 발언 자체는 목적지를 거론하지 않지만, 이 단락의 맥락에서 하나님의 지시는 아브라함에게 데라가 시작한 여정을 마치라고 한다.11:31과 12:5-7 하나님이 그들에게 보여준 땅은12:7 아브라함의 아버지가 향해 갔던 땅, 가나안 땅이다.

매우 명백하게 복이 하나님의 약속에서 핵심 단어로 나온다. 이 짧은 발언에서 복을 다섯 번 반복하므로 우리는 이 단어에 주목할 필요가 있다.

다양한 번역들이 보여주듯이, 불행하게도 번역의 어려움은 이 발언에서 복이 여러 번 나오는 것의 쟁점을 흐리게 한다. 그럼에도 이렇게 많은 것은 말할 수 있다. 하나님은 아브라함과 그 뒤에 오는 자들에게 힘을 향상시키면서 생명을 약속한다. 복은 생명에게 힘을 가져오고, 생명을 향상시키며 증가시킨다. F. Horst:194 구체적으로 이 발언에서 복의 약속으로 말미암아 우리는 아브라함과 사라의 삶의 이야기에서 잘 알려지고 존중받으며,2절 고향이라고 부르게 될 곳을1절 가지는 큰 민족이 낳게 될 것이라는 것을 기대하게 된다.

복에 대한 약속은 아브라함과 그의 가족에서 고갈되지 않는다. 대신에 이 가족은 땅의 모든 민족들에 대한 복의 근원이 될 것이다. 본문은 이것이 어떻게 일어날지 설명하지 않는다. 아마도 아브라함의 가족은 다른 이들을 위한 복의 대리인이나 복 받는 길의 모델이 될 것이다. 그렇다고 해도 하나님은 고향이 없고 불임한 아브라함과 사라뿐만 아니라 저주를 받지는 않더라도 복이 없이 살아가는 모든 사람들을 위해서 새로운 미래를 시작한다. Zimmerli, 1978:172. [창세기에서의 복, 352쪽]

12장 3절의 초반은 여전히 해석하기가 어렵다. 이 구절은 "너를 축복하는 사람에게는 내가 복을 베풀고"라고 복에 대해 말할 때 복수를 사용하고, "너를 저주하는 사람에게는 내가 저주를 내릴 것이다"라고 저주에 대해 말할 때는 단수를 사용한다. 아마도 복수의 복을 사용하고 단수의 저주를 사용하는 것은 발언의 나머지가 하나님의 복은 인류의 미래를 결정할 것이라고 선언하는 것이라는 점을 시사할 뿐인 것 같다. von Rad, 1973:161

아브라함의 반응: 여정 12:4-9

전통적인 해석은 종종 아브라함이 땅과 가족과 고향을 떠나 큰 대가를 치르며 여정을 떠났다고 제안한다. 본문은 우리에게 이것을 명백하게 말하지 않는다. 이야기는 출발에 대한 길고 느린 해설과 더불어 아브라함이 주저했다는 것을 암시할 수도 있지만 반드시 그렇지는 않다. 하란이 아니라 가나안이 데라가 원래 가려했던 목적지였다. 게다가 해설은 오직 아브라함의 아버지의 죽음과 사라의 불임에 대해 이야기할 뿐이다. 이 요인들 가운데 어떤 것도 둘을 하란에 묶어두지 않을 것이다. 아마도 예상할 수 있듯이, 아브라함과 사라는 롯과 함께 더 좋은 미래, 전망이 있는 한 복을 향해 발걸음을 내딛었을 것이다.

4-9절은 우리에게 너무 빨리 읽어 지나칠 수 있는 요소들을 제공한다. 가족은 떠나고 도착하는데, 이는 약속과 그 성취다.4-5절 그러나 가나안에 도착했다고 해서 여정이 끝나는 것은 아니다. 그들의 여정은 그 땅에서도 계속된다.6, 8-9절 그리고 그들이 도착한다고 해서 하나님의 약속이 끝나는 것은 아니다. 심지어 땅에 대한 약속도 여전히 다른 미래를 향해 있다.7절

해설자는 가나안 사람들과 지역 성소에 대한 언급으로, 가족의 미래에 있을 다른 가능성과 문제를 알리고 있다. 다른 성소들 가운데서도 세겜과 베델은 예배와 언약의 중심이

되지만, 창28장; 수24장 또한 범죄와 배반의 중심지도 된다. 삿9장; 왕상12-13장; 암7장 가나안 사람들과의 제휴로 말미암아 아브라함의 무리는 가문에서 민족으로 나아갈 수 있게 됐지만, 동시에 그들의 신앙을 파괴할 정도로 위협받을 것이다.

창세기 12장 4-9절은 위험과 더불어 성취와 더 깊은 약속, 기념에 대해 말한다. 롯과 함께 사라와 아브라함은 하나님의 미래에 대한 약속에 반응하는데, 아직 불임만 있을 뿐이다. 그들은 도착하지만 복의 많은 부분들이 여전히 성취되지 않다. 미래는 이 곳에서 일어날 것이지만 아직은 아니며, 문제가 없지도 않다.

성서적 맥락에서의 본문

히브리서 저자는 아브라함의 여정의 "마치지 않은" 차원을 상기시킨다. 히11:8-12 아브라함과 사라는 살아서 그들의 순례의 완성을 보지 못했을 것이다. 스데반의 설교는 이 가족이 그 땅에서도 나그네로 남아 있었다는 사실을 강조하면서, 동일한 전통과 연결시킨다. 행7:2-5 아브라함과 사라를 복을 향해가는 거류민으로 이해하고, 적대적인 땅에 사는 나그네로 이해하는 것은 초기의 그리스도인들에게 강력하게 호소했다. 그들은 그리스도에게서 하나님의 새로운 세상의 복을 경험했을지라도, 이 그리스도인들은 복이 그들의 현재에 주어지는 것이 아니라 더 먼 미래의 약속이라고 종종 알았다. 사라와 아브라함의 마치지 않은 여정은 계속되어 신앙 공동체에게 강력한 은유를 제공했다. 이런 관점을 통해 그리스도인들은 현재를 넘어 하나님의 약속의 온전한 실현을 향해 나아가면서, 자신들의 경험에서 성취의 요소들을 기념할 수 있었다. Martyrs Mirror:528, 참고 모두가 자신들의 세대에 실현되기를 바라는 자들에게, 마치지 않은 여정은 그들에게 우리가 미래가 약속한 모든 것을 현재에 요구할 수 없다는 점을 상기시킨다.

바울은 초대 교회에게 아브라함의 약속이 그의 가족만을 위한 것이 아니었다는 점을 상기시킨다. 갈3:8 하나님의 복에 대한 약속은 땅의 온 가족들에게 확장된다. 약속이 한 세대에서 끝나지 않듯이, 복은 한 무리에게 확장되는 것은 아니다. 전체 인류의 가문의 이야기에서창1-11장 한 가문에게로창12-50장 초점을 옮겨가는 것은 하나님의 관심의 범위를 좁히지 않았다. 하나님의 복은 온 세상을 위한 생명을 강력하게 하고 향상시키고자 한다. 이스라엘은 이 복을 자신의 독점적인 유산으로 주장하려 할 때 문제에 부딪히게 될 것이다.

교회 생활에서의 본문

지리적으로 이 단락은 메소포타미아에서 가나안으로 이동한다. 신학적으로 하나님의 지시의 방향은 사라와 아브라함을 불임에서 다산으로 이끈다. 우리는 아브라함과 사라가 약속을 향해 나아갈 것이라고 여기면서 그들 측에 어떤 독특한 신앙도 전제할 필요는 없다. 모두가 불임에서 복으로 나아가기를 바란다. 게다가 칼빈이 주장한 대로, 하나님의 발언은 아브라함이 그의 아버지가 시작한 것을 마치도록 허락한다.1948:350 이것은 아브라함과 사라에게 초인적인 신앙을 지녔다고 할 때 그들에게서 우리를 거리를 두게 하는 역할을 할 지도 모른다. 이야기는 아브라함과 사라가 다른 누구에게 기대되는 것보다 훨씬 더 신실하다고 여기며 시작하지 않는다. 대신에 내러티브는 불임에서 복으로 나아가는 데 필요한 신뢰, 어떤 미래도 없는 것보다는 가능한 미래를 선택하는 데 필요한 신앙, 다른 선택권보다 하나님의 약속을 따르는 데 요구되는 용기를 가진 한 가족으로 묘사한다. 우리는 아브라함과 사라의 신뢰, 신앙, 용기와 같은 것을 발견하는 비범한 사람들을 찾을 필요가 없다. 이런 신앙은 우리 회중과 가족과 아마도 우리 안에 있을 것이다.

약속 후의 에피소드들

사전 검토

이 단락은 약속 후의 아브라함과 사라의 삶을 묘사하는 세 내러티브로 구성된다. 창세기 13-14장은 이전에 소개된 이야기의11:31 ; 12:4 맥락으로 다시 돌아가면서 아브라함과 롯에 관여하고, 소돔 이야기로창19장 완성된다. 그러나 이 단락의 첫 이야기는12:10-13:1 아브라함과 롯이 아니라 사라와 아브라함이 등장한다. 아브라함과 롯의 자료와 마찬가지로, 이 이야기도 조상 이야기들의 다른 부분과 연결된다. 창세기 세 내러티브 가운데 하나에서 여족장 아내가 그들이 외국 땅에 머물 때 그녀 남편으로 말미암아 위험에 처하게 된다. 20:1-18; 26:1-16 아브라함과 롯의 자료와 위험에 처한 여족장 아내의 이야기는 아브라함 이야기의 일부를 형성하려고 합쳐지기 오래 전에 세대를 이어 전달되고 마을에서 마을로 전달됐을 수 있다.

창세기 12장 10절-13장 1절은 아브라함이 이집트로 **내려갔다**와 **이집트를 떠나서** 12:10; 13:1라는 두 상응하는 여정에 대한 진술로 둘러싸인다. 여정의 흐름이라는 면에서 아브라함과 사라는 롯과 함께 창세기 13장 1절에서 정확하게 그들이 12장 9절에 있었던 곳인 남부 가나안의 네겝 지역에 오게 됐다. 이야기 자체는 위험에서 추방으로 진행된다. 약속받은 큰 민족의 어머니는 이집트 왕궁에 빼앗겼다. 아브라함은 12장 10-16절에서 부자가 되고 하나님은 사라를 위험에서 구하지만 아브라함의 행동으로 말미암아 그들 모두가 추방됐다. 12:17-20

창세기 13장 2-18절은 비슷하게 아브라함 가족의 이동으로 둘러싸인다. 창세기 13장 2-4절에서는 아브라함이 베델로 가고 13장 18절에서는 그가 다시 남쪽 헤브론으로 돌아온다. 이 틀에 두 곳에서 조상의 성소들에 대한 언급이 포함된다. 이 내러티브도 위험으로 시작한다. 아브라함과 롯의 가축들은 아브라함과 롯의 목자들 사이에 갈등이 깊어질 정도로 많아졌다. 13:5-7 아브라함과 롯은 그들 사이에 땅을 나누어 갈등을 해결한다. 13:8-17

마지막 이야기는 부적절하게 나온다. 명백히 아브라함-롯의 실마리가 진행되는 이야기와의 연관성을 제공하지만, 이야기 자체는 아브라함에 대해 놀라운 모습을 보여준다. 이 단락은 군사적 침략의 기록으로 구성되고, 14:1-16 승리자들이 전리품을 배분하는 것이 이어진다. 14:17-24 Coats, 1983:118-121 우리는 이 이야기에서도 위험에서 그 위험의 해결로 진행하는 것을 발견한다. 하지만 위험은 약속을 받은 자인 아브라함을 간접적으로만 위협한다. 롯이 침략한 군대에게 사로잡힌 자다.

이 세 에피소드는 가장 직접적으로 도입 단락에서 하나님이 선언한 땅에 대한 약속을 다룬다. 12:1,7 이 에피소드들에서 땅이라는 선물이 기근과 가족의 충돌과 국제적인 갈등으로 차례로 위협을 당한다. 그럼에도 선물은 꽤 안전하게 유지된다. 13:14-17 아들의 출생에 대한 아브라함 이야기에서 주요 문제는 땅에 대한 약속을 주목하지 못하게 되는 것이다. 아브라함은 아들에 대한 약속을, 창세기 15장에서 하나님과 대면하며 중심 무대로 다시 가져올 것이다.

개요

위험에 처한 여족장 아내의 이야기, 12:10-13:1

12:10	도입
12:11-16	위험
12:17-20	결과: 추방
13:1	마무리

가족 내의 갈등 이야기, 13:2-18

13:24	도입

주석적 해설

위험에 처한 여족장 아내의 이야기 12:10-13:1

보통은 물의 부족으로 야기되는 기근이 여러 성서 이야기에서 문제를 일으킨다. 예를 들어, 요셉, 창41:54; 룻1:1 고고학은 물이 수세기에 걸쳐 팔레스타인에서 많은 마을의 거주를 결정하는 핵심 요인이었다는 것을 보여준다. 풍부한 물이 있는 지역에 사는 자들은 물이 세계 많은 지역에서 얼마나 귀했고 여전히 귀한지를 상상을 할 수 있을 뿐이다. 어떤 성서 본문에서는 가뭄과 기근은 하나님의 조치, 아마도 심판으로 이해된다. 왕상17:1; 렘14장 하지만 어떤 본문은 가뭄의 이유를 제시하지 않는다. 단순히 "그 땅에 기근이 있었다고"라고 진술할 뿐이다. 이런 모든 이야기에서 기근은 위험, 혼란, 종종 죽음을 야기한다.

12:11-16 위험

이 이야기에 대한 많은 논의의 초점은 아브라함의 도덕성이었다. 어떤 이는 창세기 20장에서 사라는 실제로 아브라함의 이복누이였다는 진술을 취해 이 정보를 아브라함의 행동을 용서하는 정보를 사용하면서, 그의 명예를 구하고 싶어 한다. 그러나 이 내러티브는 아브라함이 사라에게 그들 사이의 실제적인 관계를 거짓 설명하기를 원한다는 사실을 당연하게 여긴다. 루터는 하나님이 아브라함에게 이 행동을 하도록 영감을 주었다고 제안한다. Luther's Commentary, I:226 만약 그렇다면 내러티브는 우리에게 말하지 않는다. 여전히 다른 이들은 아브라함의 통찰력으로 말미암아 히브리인들의 귀를 즐겁게 했고 이야기는 진리를 말한다는 후대 기준으로 판단되어서는 안 된다고 넌지시 암시한다. 다시 말하자면 내러티브는 명백하게 이 제안을 확증하지는 않는다.

아브라함의 행동에 대한 유일한 평가는 바로에게서 온다. 12:18-19 어떤 다른 평가도 없음으로 말미암아 독자는 아브라함이 느꼈던 위협을 느끼고, 이 위험 가운데 아브라함이 취한 조치에 대해 결정하면서 드라마에 참여하도록 유도한다. 아브라함이 약속의 땅에 왔으나 기근에 직면했을 뿐이다. 사라와 아브라함은 기근에 쫓겨 또 다른 생명을 위협하는 상황에 놓인다.

아브라함은 기근에 쫓기고 위험에 직면하여, 전체 이야기에서 처음으로 말한다. 사람의 아름다움이 아브라함의 생명에 위협이 된다. 6:1-2와 삼하11장, 참고 사라는 살고 자신은 죽을 것이라고 아브라함은 두려워한다. 따라서 아브라함은 사라에게 이집트의 손에 넘기도록 하여 자신을 그녀 때문에 살게 해 달라고 요구한다. 아브라함은 **내가 당신 덕분에 대접을 잘 받고** "당신 덕분에 이 목숨도 부지할 수 있을 거요"라고 반복한다. 아브라함은 사라를 자신의 생명에 대한 위협으로 두려워하면서, 그녀에게 그녀 자신을 희생하고서 아브라함의 안녕을 위하는 자가 되어 달라고 요구한다.

내러티브는 우리에게 사라의 반응이나 심지어 그의 행동도 알려주지 않는다. 사실 사라는 이 내러티브의 이 지점에서 자기 이름도 상실한다. 그녀는 **여인**이 된다. 14-15절 우리는 이집트 사람들의 행동과 아브라함에게 미친 그 결과에 대한 보고만을 받을 뿐이다. 아브라함은 살고 부자가 된다는 복이 발생한다. 하지만 약속 받은 후손의 어머니는 이집트의 왕가의 구성원으로 살게 된다.

12:17-20 결과: 추방

위기의 해결은 하나님의 조치에 대한 해설로 시작한다. 하나님의 조치로 여인은 **사래**라는 자기 이름과 **아브람의 아내**라는 자신의 관계를 회복한다. 재앙은 다시 사라 때문에 이집트 왕가에 닥쳤다. 그녀는 드라마 전반에서 무대 뒤의 인물로 남아 있지만 모든 일이 사라 때문에 일어난다.

아브라함은 이야기의 첫 발언에서 자신의 어떤 잘못 때문에 위협받고 있는 것은 아니라고 말하고 있다. 12:11-13 둘째 발언에서 18-19절 바로는 어떤 잘못을 하지 않았는데도 위험에 처했다고 한다. 우리는 바로가 자신의 집의 재앙이 사라와 어떻게 연결시키거나 사라가 아브라함의 누이가 아니라는 사실을 알아냈는지에 대해 듣지 못했다. 우리는 바로가 놀란 것만 들을 뿐이다. **어찌하여**가 세 번이나 반복된다. 18-19절 질문은 응답이 제시되지 않는다. 발언은 바로의 추방 명령으로 마무리한다.

이 이야기는 계속 매혹시키고 당혹스럽게 한다. 지속되는 위험의 실마리는 아브라함에게 먼저 닥치고, 그 다음에는 다른 이들에게도 얽혀 들게 한다. 사라는 명백히 이 위험을 받아들이기로 한다. 바로에게는 선택의 여지가 없다. 삶의 어두운 측면인 기근은 도피자라는 아브라함의 두려운 측면을 이끌어 내고, 심지어 직접적으로 잘못 하지 않은 자에게 질병을 내리는 하나님의 설명할 수 없는 측면을 이끌어낸다. 약속 후의 이 첫 에피소드는 안전, 쉼, 기쁨이 아니라, 위험, 속임, 질병을 이야기한다. 하지만 예상치 못하게도 이 재앙 가운데 아브라함은 부자가 되는데 명백히 아브라함의 모범적인 행동 때문은 아니다.

"약속 후의" 이 첫 이야기는 아브라함이나 바로가 아니라, 심지어 자기 이름을 잃고 가족 내에서의 자기 자리도 잃으면서 배경에 남아 있는 사라를 중심으로 진행된다. 약속 후의 삶은 자신들이 약속이라고 이해한다고 생각하는 자들과 하나님의 복을 포기하는 자들에게 모두 당혹스러워 보일 것이다. [가족 이야기에서의 약속, 343쪽]

가족 내의 갈등 이야기 13:2-18

첫 이야기에서와 마찬가지로, 12:10-13:1 여기서도 이야기의 서론과 마무리는 아브라함의 여정에 대해 언급한다. 이 서론에서 북쪽으로 베델로 이동한다. 13:3 마무리에서 아브라함은 남쪽 헤브론으로 이동한다. 13:18 베델과 헤브론은 예루살렘을 세우기 전에 북 이스라엘과 남 유다에게 중요한 종교적·정치적 중심지다. 심지어 후에도 이 두 도시는 거의 남쪽과 삼하5:1; 15:7-10 북쪽에 왕상12:29; 암7:13 대한 "수도" 역할을 했다. 그러므로 이 에피소드의 여정이라는 틀은 아브라함을 두 중요한 성소와 연결시킨다.

13:5-7 갈등

이 서론은 아브라함을 부로 복을 받은 자로 제시한다. 롯도 번성했다. 하지만 번성은 갈등을 야기하는데, 목초지를 위한 땅을 놓고 싸우는 갈등이다. 갈등은 아브라함과 롯에 직접 관련되지는 않고 그들 각각의 가축을 돌보는 자들에 관련된다.

6절의 후반부는 부적절한 것 같다. 이 구절은 직접적으로 내러티브와 관계가 없다. 그럼에도 12장 6절의 비슷한 언급과 마찬가지로, 그 때에 그 땅에는, 가나안 사람들과 브리스 사람들도 살고 있었다라는 구절은 독자에게 이야기는 한 가족에게만 관심을 가지지만 그들은 많은 가족들이 있는 상황에서 산다는 사실을 상기시킨다. 우리는 다른 이들이 어떻게 이 에피소드와 관련되는지 듣지 못하고, 그들은 있을 뿐이다. 이 "다른 이들"은 가족의 미래에서 한 요인이 된다.

13:8-13 결과: 분리

아브라함의 발언은13:8-9 친척 사이의 갈등의 중단을 요구하고, 다음과 같은 해결책을 제안한다. 아브라함과 롯은 각각 자신들의 가축을 먹이기 위한 특정 영토를 차지하면서 분리해야 한다. 아브라함은 롯에게 먼저 선택할 권리를 허락한다. 우리는 롯의 말을 듣지 못하고 그의 행동에 대한 진술만이 있다. 롯은 가장 좋은 땅, 곧 물이 잘 드는 요단 온 들판을 선택한다. 이 선택으로 말미암아 아브라함은 바위가 많은 구릉지로 떠난다. [직업: 가축 돌보는 자, 350쪽] 명백히 "바라볼 수 있는 온 땅"에 대한 소유권을 차지하는 과정은 단순히 친척 사이의 비공식적인 협정이 아니다. 이런 과정은 통상적인 법의 효력을 지녔다. Daube, 1947:24-39

겉으로 보기에는 아브라함이 여기서 다른 이에게 먼저 선택하게 하고 평화에 관심을 가지는 자로서의 한 모델로 행동한다. 최소한 13장 2-12절의 내러티브는 이를 시사한다. 하지만 이 내러티브의 더 큰 맥락에서 아브라함의 제안은 좋아 보이지 않는다. 아브라함은 목자들 사이의 갈등을 해결하지만, 큰 대가를 치른다. 롯은 그가 원하는 땅을 선택할 수 있지만 이 선택은 항구적으로 자신을 복을 나르는 자와 분리시킨다. Coats, 1983:117 창세기 13장 13절은 다음 두 내러티브가 묘사하는 것을 미리 보여준다. 분리로 말미암아 롯은 다른 무리 곧 소돔 사람들에 합류하게 된다. 이런 연합은 문제만을 야기할 뿐이다. 아브라함이 갈등을 해결하는 수단으로 분리를 제안하여 롯이 희생당하게 한다. 아브라함의 사람들의 역사의 과정에서 이 결정은 해결보다는 더 많은 갈등을 야기할 것이다. 신2:9-19; 23:3-4

아브라함은 약속의 땅을 주겠다고 제안한다. 내러티브는 우리가 이것을 관대한 의사표시로 평가해야 할지 아니면 가족 갈등에 대한 문제가 되는 해결책으로 평가해야 할지 우리에게 말하지 않는다. 약속 받은 땅은 아마도 대부분 바위이고 물이 거의 없는 것 같아 보이기 때문일지라도 잃지 않는다.

13:14-17 하나님의 약속의 반복

내러티브는 땅과 후손에 대한 약속을 반복하는 하나님의 발언으로 마무리한다. [가족 이야기에서의 약속, 343쪽] 이 약속을 반복하는 것은 내러티브의 약속과 성취 사이의 기간을 주목하게 한다. 아브라함의 부와 같은 어떤 약속은 성취됐다. 하지만 많은 것이 성취되지 않았다. 아브라함이 거의 포기한 땅은 가나안 사람들 및 브리스 사람들과 공유됐다. 걷고 보는 의식은 법적인 허가와 더불어 땅에 대한 약속을 강화할 수 있지만, 이것이 아브라함에게 고향을 아직 제공하지는 않는다. 가장 괴로운 것은 아브라함과 사라에게 자녀가 없다는 것이다.

아브라함은 아무리 지연될지라도 여전히 약속을 간직한다. 약속과 그 약속을 가져 오는 자 아브라함을 연결시키는 것은 복을 가져온다. 그러므로 이 이야기는 아브라함이 현명하게 심지어 관대하게 자기 조카에게 행동했다고 결정해야 할지라도 슬픈 언급으로 끝난다. 아브라함과의 분리로 말미암아 롯에게는 복이 남지 않는다.

그 땅에서의 전쟁 기록 14:1-24

14:1-16 전투에 대한 보고

이 내러티브는 다른 아브라함 자료와는 너무 많이 달라서 많은 학자들이 이것이 실제 아브라함 자료인지를 의문을 제기하고 대부분은 이야기에서의 이 단락의 기능에 대해 궁금해 한다. 신빙성에 대한 질문은 기본적으로 이 논의의 범위를 넘어선다. 대조되는 결론에 대해 Vawter, 1977:185-203과 Thompson, 1974:187-195를 보라 우리는 아브라함 이야기에서 이 단락의 기능에 대한 질문에 집중할 것이다.

내러티브는 이름들이 메소포타미아 하곡과 연결된 연합의 침략으로 시작한다. 침략하는 군대는 사해를 지나 네겝 사막으로 가는 요단 강 동쪽의 무역로를 경유해서 들어온 것 같다. 아브라함 이야기와 관련하여 관심을 받는 것은 롯이 관련되기 때문이다. 롯이 전쟁에서 사로잡히고 승리한 군대에 의해 끌려간다. 그 다음에 내러티브는 직접적으로 아브라함에게로 향하는데, 그는 롯이 사로잡혔다는 사실에 대해 도망친 자에게서 듣는다. 아브라함은 318명의 사람들을 데리고, 월등한 침략 군대를 공격한다. 그들의 "게릴라 전술"은 반대세력을 패주시켰고 전쟁의 전리품을 가지고 돌아온다.

소규모 게릴라 작전이라고 해도 아브라함이 군대를 이끈다는 개념은 이야기의 다른 곳에서 묘사되는 평화로운 거류민으로서의 모습과는 대조를 이룬다. 우리는 이 전투 보고를 전형적이지 않고 달갑지 않다고 무시하고 싶은 유혹을 받는다. 하지만 롯과 아브라함의 분리에 대한 이전 내러티브와 관련하여, 우리는 최소한 이야기에서의 이 단락의 위치에 대해 물을 수 있다. 복을 가져오는 자와의 분리로 말미암아 롯은 힘을 잃는다. 아브라함의 개입은 일시적으로 이 상황을 바꾼다. Coats, 1983:121 바로가 우연히 보여주었듯이, 12:10-20; 또한 민22-24장, 참고 어떤 외국 왕도 하나님의 복에 맞서 힘을 행사할 수 없다.

14:17-24 전리품 처분

이 본문은 아브라함이 전리품을 처리하는 일과 관련하여 두 왕과 대면하는 사건을 이야기한다. 소돔의 이름 모를 두 왕과의 만남은17, 21-24절 살렘 왕 멜기세덱과의 만남을 18-20절 둘러싼다. 내러티브의 위치는 멜기세덱과의 만남을 중심이 되는 사건으로 지적하는 것 같다. 멜기세덱과 살렘은 모두 이 내러티브를 직접 언급하는 두 본문을시110:4; 히 5-7장 제외하고 이 본문 밖에서는 우리에게 알려지지 않았다. 성서 전통에서는 멜기세덱이 예루살렘의 왕으로 이해된 것 같다. 이 "왕-제사장"은 "천지의 주재"와 "가장 높으신 하나님"이라는 가나안 종교 전통에서 온 특징적인 공식을 사용하여 아브라함에게 축복을 선언한다. 소돔 왕과의 만날 때, 아브라함의 발언은 동일한 두 구절을 사용하지만 그 구절들을 여호와에게 돌린다.22절

이 두 만남에 대한 내러티브에서 한 가지 주목할 역동적인 것은 하나님과 가나안 사람들의 종교 전통 사이의 상호 작용이다. 한편으로, 아브라함의 발언은22-24절 여호와가 다른 신들에 대해 우월하다고 주장한다. 시82편 엘이 아니라 여호와가 "가장 높으신 하나님," "천지의 주재"다. 하지만 다른 한편으로, 이 두 가나안의 성례적 공식을 사용한 것은 토착민들의 전통과 이 "새로운" 가문의 종교를 결합시킨다. 아브라함 가문의 종교는 소돔 왕의 사례처럼22-24절 어떤 순간에는 타협하지 않으면서도, 단순히 "배타적"이나 "분리주의적"이라는 단어로 묘사될 수 없다. 아브라함은 가나안 제사장에게서 제의의 빵과 복을 받고서 이 제사장에게 "십일조"를 준다.Westermann, 1985:203-204 이 교환이 독자의 마음에 예루살렘에서의 후대 이스라엘 제사장의 역할을 떠올리도록 의도했든 그렇지 않든, 이 맥락에서 제사장은 가나안의 제사장이다. 협력 관계, 심지어 언약은 가나안 사람 멜기세덱과 히브리 사람 아브라함 사이의 관계를 특징짓는다.

협력 관계가 아니라 거리감이 아브라함과 소돔 왕 사이의 관계를 특징짓는다.21-24절 소돔 왕은 매우 관대한 제안을 한다. 사람들은 돌려주고 전쟁에서 얻은 모든 물건은 가지라는 것이다.21절 아브라함은 이전 내러티브에서 언급되지 않은 맹세에 호소하면서 자신이 어떤 것도 가지기를 거부한다. 아마도 13장 13절에서 소개된 소문난 소돔의 성격에서 아브라함의 반응이 설명될 것이다. 내러티브는 아브라함이 왜 살렘 왕은 받아들이고 소돔 왕과는 무관할 것이라고 하는지는 설명하지 않는다. 두 장면은 나란히 나온다. 아브라함은 한 가나안 왕과는 언약을 맺고, 다른 왕에게서는 어떤 것도 받지 않을 것이다.

성서적 맥락에서의 본문

이 본문에 대한 교회의 해석은 아마도 세 이야기의 다른 측면보다 멜기세덱이라는 인물에 초점을 두었을 것이다. 성서 다른 곳에서는 오직 시편 110편 4절과 히브리서 7-8장이 멜기세덱을 언급한다. 시편 110편에서 시편 기자는 멜기세덱도 두 직위를 가졌듯이, 장차 올 왕이 제사장도 될 것이라고 선언한다. 히브리서 저자는 멜기세덱이 신비롭게 아브라함의 이야기에 슬며시 등장했다가 사라진다는 사실에 근거하여 그리스도의 경이로움에 대해 말한다. 히브리서는 멜기세덱이 아론과 레위 혈통에 있는 모든 제사장들보다 우월하다고 묘사한다. 이로써 그리스도는 멜기세덱 제사장직의 성취로서 훨씬 고양된다.^히 ^{7:1-28} 그리스도가 멜기세덱에 대한 해설이 아니라, 모든 왕과 제사장의 기대를 성취한다고 단언하는 것이 이 신약 저자의 관심이다.

히브리서 저자만이 멜기세덱 전통을 사용한 것은 아니다. 사본의 조각들인 사해 근처에서 발견된 쿰란 문서들이^{주전 1세기 또는 2세기} 멜기세덱을 다루는 것으로 드러난다.[11] Q-Melch 이 사본에서 멜기세덱은 "마지막 날에" 왕과 제사장의 역할을 하는 천상의 인물로 묘사된다. 우리는 이 신비로운 인물에 대한 전통이 우리 문서들이 보여주는 것보다 훨씬 멀리 퍼졌다고 의심할 수 있다. 우리는 멜기세덱에 대한 전통이 심지어 창세기 14장 18절의 빵과 포도주를 성찬의 성체와 연결시키면서, 신약 교회 이후에 발전했다는 사실을 안다. 3세기에 키프리아누스는 멜기세덱 자료를 더 심도 깊게 사용하도록 권고했지만 루터는 약 13세기 후에 이런 고찰을 반대했다. 우리는 멜기세덱에 대해 너무나 거의 모르기 때문에, 루터는 적절하게 우리에게 실수 하지 않도록 주의하라고 경고한다.

교회 생활에서의 본문

이 이야기에서 아브라함에게 약속 후의 삶은 조금도 과장하지 않고 말해서 놀라운 것으로 드러난다. 내러티브상으로 이 세 이야기들은 아들/후손의 출생이라는 중심 되는 약속의 성취를 지연시킨다. 우리가 보겠지만, 15장은 이 문제를 다루면서 시작한다. 확실히 이 세 이야기에는 성취의 요소가 있다. 즉 아브라함은 일부 속임에 의해 부자가 되고, 사라와 아브라함은 가나안 땅에서 공간을 발견한다. 아브라함은 실제로 땅을 소유하지는 않았더라도, 하나님에게서 법적인 소유권으로 확보되는 땅에 대한 약속을 받았다.^{13:14-17} 그럼에도 이야기의 방향은 성취가 아니라 지연을 표현한다. 사라와 아브라함은 풍요 대신에 기근, 침략하는 군대와 다투는 목자들에 직면한다. 평화로운 고향 대신에 사라는 일시적인 추방을 겪고, 아브라함은 가족의 갈등을 다루고 그 다음에 자기 조카를 구하러 전투에 참여하지 않을 수 없다. 창세기 12장 1-3절의 약속과의 관계를 함께 고려할 때, 이 내러티브들은 기껏해야 약속 이후의 삶에 대한 유동적인 모습을 보여준다.

마찬가지로 아브라함은 하나님의 약속을 유동적으로 붙드는 자로 묘사된다. 한편으로, 아브라함은 자기 조카를 다룰 때 관대하고 관심이 많고, 창13:2-13 비 히브리인 이웃들을 다룰 때에는 열려 있지만 경계하는 것 같다. 창14:17-24 하지만 다른 한편으로, 아브라함은 사라를 포함해서 다른 사람을 희생하고서 자신을 보호한다. 아브라함은 가족의 분열을 합법화하여 갈등을 해결하는데, 이는 사람들의 집단들 사이에 공식화된 적대감을 지지하는 행위다. 이 이야기의 흐름에서 우리는 아브라함과 사라도 하나님도 완전히 약속 후의 삶에 만족하며 안식하지 못했다는 것을 추측할 수 있다.

우리 대부분은 사라와 아브라함 둘 다를 경험하고, 그들이 매우 비슷한 것으로 드러난 약속 후의 삶도 경험한다. 우리는 우리 조상들처럼 행동한다. 즉 관대하고 열려 있지만 열렬하게 자신을 보호하려 한다. 우리도 삶이 성취와 지연, 성공과 실망이 섞인 것을 발견한다. 지금까지 이야기에서는 하나님이 아브라함을 포기하지 않았고 아브라함도 하나님의 약속을 포기하지 않았다는 것은 주목할 만하다.

약속에 대한 대화

사전 검토

아브라함과 하나님 사이의 이 대화는 이전 세 에피소드에서 조용하게 표현했던 문제, 곧 약속의 성취에서의 지연 문제를 명백히 한다. 아브라함은 "주 나의 하나님, 주님께서는 저에게 무엇을 주시렵니까?"와15:2 "주 나의 하나님, 제가 어떻게 알 수 있습니까?"라고15:8 약속을 붙드는 가족의 고통을 하나님에게 직접 표현한다.

15장은 앞서는 내러티브 에피소드들 및 이후의 약속받은 아들의 출생에 이르는 긴 내러티브와는 구별되게 홀로 있다. 이런 일들이 일어난 뒤에라는 창세기 15장 1절을 시작하는 구절이 비슷하게 희생 제물로 바치기 직전의 이삭에 대한 이야기의 시작을 표시한다.22:1, 20 하지만 도입 구절 이상으로 창세기 15장과 주변 내러티브를 구분한다. 이 단락은 어떤 이야기의 흐름도 없다. 창세기 15장은 연속된 발언들로 구성된다. 이 장의 두 섹션에서 발언은 하나님과 아브라함 사이의 대화를 이룬다.15:1-6, 7-11 12-12절에서 깊은 잠에 든15:12-16 아브라함이 신비스러운 의례를 경험하는 동안15:17-21 여호와만이 말한다.

이 발언들은 자체로 구별되면서, 성서 세계에서 매우 전통적인 언어를 사용한다. 15장 1절에서 우리는 선지자가 왕에게 말하는 방식에 대해 듣고, 15장 7절에서 우리는 예배 가운데 말하는 제사장의 언어를 듣는다. 15장 9-11절에서 발견되는 일반적인 의례는 맹세의 흔한 언어를 사용한다. 마지막으로 15장 18절은 언약의 맥락에서 약속의 이제 익숙한 언어를 사용한다. 이 다른 요소들은 항상 함께 서로 잘 어울려 부드럽게 이어지는 것은 아니다. 오히려 창세기 15장은 변화와 전환으로 일종의 덜컹거림이 있다. 그럼에도 우리에게 있는 대로, 이 단락은 두 주요 섹션으로 나뉠 수 있다. 첫 섹션은 아들, 곧 후손의 약속을 중심으로 하고, 둘째 섹션은 땅의 약속을 중심으로 한다.

개요

후손의 약속에 대한 대화, 15:1-6

15:1	약속-하나님
15:2-3	불평-아브라함
15:4-5	확신-하나님
15:6	마무리

땅의 약속에 대한 대화, 15:7-21

15:7	약속-하나님
15:8	불평-아브라함
15:9-17	확신의 의례
	지침-하나님, 15:9
	의례의 시작, 15:10-11
	약속의 발언-하나님, 15:12-16
	의례의 마침, 15:17
15:18-21	약속의 발언-하나님의 마무리

주석적 해설

약속에 대한 대화 15:1-21

후손의 약속에 대한 대화 15:1-6

하나님은 왕이 전투에 나가기 전에 선지자가 왕에게 말하는 것과 비슷한 언어로 아브라함에게 먼저 말한다. Van Seters. 1975:254 두려워하지 말아라라는 확신의 말씀은 질병이나 고통으로 위협당하는 자에게 좋은 소식을 전하는 제사장이나 선지자가의 입에서 보통 발견된다. 출14:13; 사41:13; 눅2:10 약속의 말씀은 이 확신의 말씀을 동반하면서, 보상이라는 일반적인 용어로 언급한다. 하나님이 방패로 스스로 소개하는 것에서처럼, 보상은 이 발언에 있는 군사적 분위기를 반영한다.

15장 1절의 하나님의 발언의 맥락은 엄밀한 의미에서 전투가 아니다. 더 일반적으로 하나님은 능력의 언어를 사용하면서 아브라함에게 다가온다. 아브라함은 자신으로서는 약속을 이룰 하나님의 능력을 보지 못했다. 주님께서는 저에게 무엇을 주시렵니까? 저에게는 자식이 아직 없습니다. 아브라함의 현재 상황은 하나님의 능력에 대해 입증하지 못한다. 15장 2절의 후반부는 번역에 어려움이 있다. 15장 2절과 3절의 병행법은 우리가 RSV, NASB 등에서 발견하는 일반적으로 일치된 번역을 제공했다.

15:2	15:3
저에게는 자식이 아직 없습니다.	주님께서 저에게 자식을 주지 않으셨으니,
저의 재산을 상속받을 자식이라고는	이제, 저의 집에 있는 이 종이
다마스쿠스 녀석 엘리에셀뿐입니다	저의 상속자가 될 것입니다

번역은 명확하지 않더라도 의미는 상당히 명확하다. 아브라함은 자신에게 자녀가 없기 때문에 또 다른 사람 아마도 자기 집의 집사가 모든 것을 상속받을 것이라고 불평한다.

이 대화에서 사용된 언어를 자세히 살펴보면, 이 대화에서 하나님과 아브라함 사이의 긴장을 경험하는 데 도움이 될 것이다. 하나님은 군사적인 능력의 용어를 사용하여 먼저 말한다.1절 아브라함은 유산에 대한 법적인 관례에서 오는 언어로 대답한다.2절 그 다음에 하나님은 아브라함에게 창조를 가리킨다. **하늘을 쳐다보아라. 네가 셀 수 있거든, 저 별들을 세어 보아라.**5절 언어는 약속을 반복하면서 한 번 더 전환된다. "너의 몸에서 태어날 아들이 너의 상속자가 될 것이다."4절 이 짧은 대화에서 언어는 군사적 언어, 법적 언어, 창조, 약속으로 네 번이나 변했다.

대화는 해설자가 두 진술로 마무리하는데, 하나는 아브라함에 관한 진술과 다른 하나는 하나님에 관한 진술이다. 아브라함에 대해서는, 해설자는 단순히 "아브람이 주님을 신뢰하니"6a절새번역, "믿으니"-역주라고 말한다. "신뢰하니"는 **믿는다**라는 단어보다 히브리어 단어의아만' aman 적극적인 성격을 더 잘 포착할 수 있다. 우리에게 "믿는다"라는 단어는 종종 수동적인 긍정을 내포한다. 본문은 아브라함이 왜 여호와를 신뢰했는지에 대한 어떤 이유도 제시하지 않는다. 이것은 신비와 기적으로 남음이 틀림없다. Brueggemann, 1982:145

마찬가지로 하나님에 대한 진술은 짧다. 하나님은 그것을 아브라함에 의로 "여기셨다."6b절 우리는 "의는 사람 위에 있는 이상적이며 절대적인 기준이 아니라 관계의 용어다"라는 폰라트의 말을 잊어서는 안 된다. von Rad, 1973:185 증명이나 행위가 아니라 신뢰가 하나님과 아브라함 사이의 관계에 토대를 이룬다. 하나님은 이것으로 충분히 좋다고 선언한다. 이 받아들임의 선언에서 우리는 예배에서 이스라엘 제사장들이 한 받아들임의 진술, 곧 올바른 행동에 근거한 선언을 떠올리게 된다. "누가 주님의 산에 오를 수 있으며, … 깨끗한 손과 해맑은 마음을 가진 사람이다." 시24:3-4 창세기 15장 6절에서 우리는 행위에 대한 어떤 제사장적인 조사를 발견하지 못하고 오직 하나님이 아브라함의 신뢰가 충분하다고 선언하는 해설자의 진술만 발견할 수 있다.

땅의 약속에 대한 대화, 15:7-21

두 번째 대화가 첫 번째 대화와 마찬가지로 나는 주다라는 하나님의 자기 소개로 시작한다. 비슷한 성례적 언어가 십계명을 소개한다. "나는 너희를 이집트 땅 종살이하던 집에서 이끌어 낸 주 너희의 하나님이다." 출20:2 15장 7절에서 도입은 구체적인 약속, 곧 땅의 약속이 이어진다. 아브라함은 2절과 3절에서 불평으로 반응했듯이 15장 8절에서도 그대로 이 선언에 반응한다. 주 나의 하나님, … 제가 어떻게 알 수 있습니까?'

하나님은 이번에는 아브라함에게 별을 보도록 하는 게 아니라 의식을 준비하도록 하는 지시로 다시 반응한다. 15:9 묘사된 의식은 예레미야 34장 18절에 언급된 것과 비슷한 것 같다. 고대 근동의 비슷한 의식은 맹세가 동물의 두 조각 사이에서 보증되고 따라서 당사자들이 협약에 묶인다는 것을 가리킨다. 쪼개진 동물은 그들이 맹세를 어긴다면 당하게 될 결과를 보여줄 수도 있다. 아브라함은 지시를 따라 맹세의 의식을 준비한다. 솔개는 훨씬 신비스러운 요소를 나타낸다. 11절 솔개는 하나님의 서약과 약속에 숨어 있는 악한 징조나 아마도 단순한 불길한 전조의 요소를 나타낼 수도 있다. Vawter, 1977:210-211 [언약, 346쪽]

15장 12절에서 아브라함은 완전히 수동적이 된다. 2:21, 참고 이 단락 나머지에서 하나님만이 말하고 행동한다. 15장 13-16절에 나오는 하나님의 약속에 대한 발언은 직접적으로 땅 약속이 지연되는 것을 다룬다. 땅의 약속은 긴 역사를 가지게 될 것이다. 아브라함 가족은 지연을 감수하는 것을 배워야만 한다. 하지만 아브라함의 삶은 단순히 지연으로만 구성되지는 않을 것이다. 아브라함은 길고 온전한 삶을 사는 것과 조상들과 평화롭게 장례되는 것을 기대할 수 있다.Kaiser and Lohse:50-51 이 이야기가 진행되는 동안 아브라함은 땅 약속이 지연되는 것에 대해 다시 불평하지 않는다.

15장 17절에서 불은 하나님의 행동을 상징한다. 하나님만이 의식을 거행한다. 하나님만이 이 맹세의 의무를 진다. 하나님은 아브라함에게서 어떤 동등한 의식 행위나 맹세를 요구하지 않고 약속에 얽매이기로 선택한다. 서약의 일방적인 성격은 마지막 약속의 발언으로 이어지는데 이번에는 언약으로 주어진다.18-21절 아브라함이 자는 동안 하나님은 아브라함과 사라의 가족이 언젠가 고향을 가지고 하나님의 맹세로 이 약속이 보증할 것이라는 약속을 언약에서 정한다. 언약의 성취는 아브라함이 죽은 오랜 후에 가능하겠지만 아브라함도 이 약속에 집중하게 될 것이다. [가족 이야기에서의 약속, 343쪽]

성서적 맥락에서의 본문

창세기 15장 6절은 루터가 창세기에 대한 주석을 쓴 이유를 제공했다. 루터의 이 구절에 대한 설명은 "신앙만이 의롭게 하고 구원한다"라는 종교개혁 관점을 요약한다.Luther's Commentary, 264 창세기 본문에 대한 바울의 해석롬 4장은 종교개혁의 아나뱁티스트 측에게도 중요했다. 그러나 메노 시몬스Menno Simons는 루터보다는 순종을 밀접하게 신앙과 연결시키는 데 더 관심이 있었다.Complete Works, 121ff. 그러나 신앙이 순종에서 나오지 않는다고 여긴다면 우리는 이 본문에 대한 루터의 이해를 잘못 읽게 될 것이다.Luther's Commentary, 268 루터는 우리가 방향을 혼동하기를 원치 않았을 뿐이다. 제자도를 강조하는 아나뱁티스트 공동체 가운데 루터는 창세기 15장에 대해 신중하게 들을 가치가 있다. 15장 6절에서도 다른 어느 곳에서도 이 본문은 아브라함의 책임에 대해 말하지 않는다. 대신에 본문은 하나님의 미래가 무엇을 요구할지는 모르지만 그럼에도 그것을 받아들이는 신뢰에 대해 말한다. 하나님은 이 받아들임을 관계를 위한 충분히 견고한 토대라고 간주한다.

칼빈도 창세기 15장 6절에 초점을 두었지만, 이 구절의 또 다른 관점인 하나님이 아브라함을 받아들임을 둘러싸는 기적을 강조했다.Calvin's Commentary, 404ff 칼빈에게 이 본문은 하나님의 은혜로움을 입증한다. 칼빈은 아브라함을 받아들이는 데서 표현되고, 아브라함에게 하나님의 미래를 신뢰하는 데 필요한 신앙을 제공하는 데서 표현된 하나님의 은혜를 고양하는 것에 관심을 두었다. 이 단락 전체는 명백히 약속의 미래의 토대를 아브라함의 순종에도 두지 않고, 심지어 아브라함의 신앙에도 두지 않는다. 오히려 아브라함의 신앙과 그의 미래는 하나님의 은혜에 있다. 불임 가운데 아브라함은 약속을 한 자에 의지할 수 있게 된다. 이 역시 "하나님에게서 오는 기적으로 설명돼야만 한다." Brueggemann, 1982:144-145

교회 생활에서의 본문

창세기 15장에서 아브라함은 약속이 지연되는 데 대해 불평한다. 그럼에도 해설자는 아브라함이 신뢰하고, 하나님은 이에 근거하여 아브라함을 받아들인다는 것을 우리에게 확신시킨다. 구약에서 불평과 신뢰는 서로 배타적인 것으로 서로 대치시킬 수 없다. 시편의 애가가 보여주듯이, 시22편, 참고 확실히 불평과 신뢰는 서로 다투지만 서로를 배제하지 않는다.

우리는 종종 우리에게 향한 불평이 반드시 우리가 신뢰받지 않거나 받아들여지지 않는다고 여기면서, 불평과 거부를 동일시한다. 이로 말미암아 다시 우리는 실제로 시편과 욥기, 특히 예수에 의해 막14:34-36; 15:34 하나님에게 하는 불평을 이해하지 못하게 된다. 하지만 불평은 상황이 약속한 대로 돌아가지 않을 때 화낼 정도로 신중하게 약속한 자를 받아들인다고는 것을 의미한다.

하나님도 불평을 신중하게 받아들인다. 불평은 거부와 불신앙을 의미하지 않지만, 관계가 위험에 처했다는 것을 분명히 가리킨다. 아브라함에게 약속이 지연된다는 것은 위기를 촉진시켰다. 아브라함은 약속한 분을 신중하게 받아들였지만, 결과는 실망스럽다. 하나님은 아브라함의 불평에 즉각적으로 충족시키거나 약속을 갑작스럽게 성취하지 않고, 약속을 결국에는 성취하겠다고 일방적이면서도 무조건적으로 속박되면서 반응했다. 의식의 맹세와 언약을 통해 하나님은 복의 약속에 대한 서약을 재확인했다. 하나님의 발언은 지연된 사실을 무시하지 않고 지연을 통해서도 변경할 수 없이 성취하지 않을 수 없다는 의도를 선언한다.

하나님의 약속에서의 지연은 누군가에게는 성가신 일이겠지만 다른 이에게는 삶과 죽음의 문제다. 몇몇 사람들에게는 재산이나 친구들이 있다는 것은 고향이 없는 것과 불임이라는 고통에 대한 완충물이 된다. 다른 이들은 주 나의 하나님, **주님께서는 저에게 무엇을 주시렵니까?**라는15:2 부르짖음을 제외하고 이런 완충물이 없다. 하나님은 계속해서 보아라, **내가 세상 끝 날까지 항상 너희와 함께 있을 것이다**라고 반응했다. 마28:20

상속자에 대한 이야기

사전 검토

창세기 16장 1절-21장 34절에서 아브라함의 이야기는 상속자에 대한 긴 이야기를 포함한다. 창세기 15장에서 상속자와 땅의 약속에 대해 하나님과 아브라함 사이의 만남을 이야기한다. 하나님은 여전히 땅의 약속에 대해 무조건적으로 지키겠다고 서약하지만, 잠자고 있는 아브라함에게 하는 하나님의 발언에서15:13-16 이 약속의 성취는 먼 미래를 내다본다. 족장의 약속을 반복하는 데서 언급되지만,예, 17:8 땅에 대한 약속은 본질적으로 이 이야기의 나머지에서 사라진다. 이야기는 대신에 상속자에 대한 약속으로 전환된다. 이 약속의 미래는 어떻게 되는가?

이 긴 이야기는 이스마엘의 출생과창16장 이삭으로창21장 마무리한다. 두 소년은 사라와 그녀의 종 하갈 사이의 갈등 중간에 태어난다. 이야기는 **아브람의 아내 사래는 아이를 낳지 못하였다. 그에게는 하갈이라고 하는 이집트 사람 여종이 있었다**라고 16장 1절에서 **사라가 임신하였고, 하나님이 아브라함에게 약속하신 바로 그 때가 되니, 사라와 늙은 아브라함 사이에서 아들이 태어났다**라고 21장 2절까지 진행된다. 하지만 두 여자 사이의 갈등은 가족의 미래를 더욱 위협하는 문제를 일으킨다.

이것은 갈등하는 두 여자의 이야기일 뿐만이 아니다. 그들의 갈등은 부분적으로 하나님의 약속의 성취에서의 설명할 수 없는 지연에서 온다. 약속의 지연은 내러티브가 따르는 긴 에두르는 경로뿐만 아니라, 해설자와16:16; 17:1, 24; 21:5 아브라함과 사라 자신들이 17:17; 18:12 언급하는 부부의 나이에 대한 빈번한 언급으로 두드러진다. 상속자의 출생 이야기는 독립된 사건이 아니라 가족 갈등과 부모의 걱정과 광범위한 공동체 문제들 가운데 나온다. 창19장

이 이야기의 중심에 위치한 창세기 17장 1절-18장 15절은 이삭의 출생 예고를 먼저 아브라함에게 전하고17:15-19 그 다음에 간접적으로 최소한 사라에게 전한다.18:10-14 이 섹션은 이야기의 복잡한 실마리와 관련된 다른 요소들도 포함하지만, 주요 이야기 흐름이라는 면에서 이 장들은 약속 받은 아들의 출생에 대한 이중적으로 알린다.

소돔 이야기가 전하는 "곁가지의" 내러티브는18:16-19:38 지연을 더욱 강조한다. 출생이 알려지자마자 약속 받은 상속자의 어머니는 드라마에서 완전히 사라진다. 사라는 항상 있었던 출산력의 문제와 더불어 창세기 20장 1-18절에서 다시 등장한다. 이번에는 하나님의 개입을 제외하고는 약속 받은 아들은 그랄 왕 아비멜렉의 가정에서 태어났을 수도 있다.

상속자 이야기는 복잡한 상황에 태어난 자녀이지만 그럼에도 약속 받은 상속자인 이삭의 출생으로 마무리한다. 창21장 그러나 이 단락은 완전히 끝난 것은 아니다. **그 무렵에**라는 구절로21:22 한 에피소드가 추가된다. 이 도입 구절은 창세기 22장에서 **이런 일이 있은 지 얼마 뒤에**라고 시작하는 구절에서의 분리의 의미와는 대조적으로, 이 에피소드를 창세기 16-21장과 연결시키는 데 기여한다. 이 마무리하는 에피소드는 이삭의 출생과21:1-21 모리아에서의 만남창22장 사이에 최소한 적은 내러티브 "간격"을 두는 역할을 한다.

다음의 전체 단락에 대한 간략한 개요는 더 자세한 개요로 각 섹션의 시작에서 보충될 것이다.

개요

이스마엘의 출생예고와 출생, 16:1-16

16:1	도입
16:2-6	상속자에 관한 가족의 갈등
16:7-14	출생예고
16:15-16	이스마엘의 출생

주석적 해설

이스마엘의 출생예고와 출생 16:1-16

"상속자에 대한 이야기"의 도입은 매우 짧지만 즉각적으로 긴장감을 조성한다.¹절 이 도입의 해설은 사라에 대해 세 가지를 이야기한다. 첫 두 가지는 우리가 이미 알고 있다. 사라에게 남편은 있지만 자녀가 없다. 마지막 항목을 새로운데, 사라는 이집트 하인 하갈을 데리고 있다. 이 세 요소들은 결국에 약속 받은 상속자를 제공할 뿐만 아니라 항구적으로 아브라함 가족을 분리한다.

16:2-6 상속자에 관한 가족의 갈등

사라는 자녀가 없는 문제를 먼저 주도하며 다룬다. 발언에서 사라는 자신의 불임을 자신에게 개인적으로 취한 하나님의 조치로 해석한다.²ª절 약속 받은 상속자의 어머니는 하나님의 약속이라는 점에서 자신의 불임을 경험한 것은 아니며, 아브라함도 그녀의 제안에 반응한 것은 아니다. 사라에게 불임은 뼈저린 개인적인 문제가 됐다. 우리는 사라가 아브라함에게 하는 지시에서 괴로움과 번민을 들을 수 있다.

우리는 상속자에 대한 이 전체 이야기를 통해 발견하겠지만, 아브라함은 사라의 불임을 다룰 때 수동적이 된다. 사라의 지침에 대한 반응에서 그는 단순히 순응한다. 우리는 아브라함이 수동적인 이유를 듣지 못한다. 아브라함은 다른 문제를 다루면서, 이야기의 다른 순간에는 결정적으로 행동한다. 즉, 세 낯선 이들의 방문과창18장 소돔 문제,창19장 자신의 안전에 대한 위협에서는창20장 그렇다. 하지만 불임과 관련한 가족의 갈등에서 아브라함은 문제를 설명하거나 그것을 해결하려고 주도하지 않는다. 그는 모두 사라에게 맡긴다.

사라가 자신의 불임을 다루는 계획은 명백히 고대 근동의 법적 관례를 따르는데, 이는 우리가 주전 2천년기의 다른 고대 문서보관서의 문헌들뿐만 아니라 바빌로니아의 함무라비 법전에서 배울 수 있다. 하라가 종의 지위로 돌아가야 한다는 심지어 사라의 요구는 법적 절차를 따른다.

그러나 우리 내러티브는 법적 관례보다는 사라의 분노와 괴로움을 더 강조한다. 사라의 두 발언은2, 5절 거의 선택권이 사라진 여인을 시사한다. 불임의 여자는 출산을 위해 조치를 취하지만 경멸만이 돌아온다. 사라는 두 번째 발언에서5절 하갈뿐만 아니라 아브라함을 고발한다. 아브라함의 반응은 직접적으로 사라의 불평을 다루지 않고 간접적으로 사라의 하갈에 대한 통제권을 승인하는 것 같다.

갈등은 26장 6절에서 절정에 이른다. 사라가 하갈을 다루는 것에 대한 반응으로, 하갈은 도망친다. 해설자는 직접적으로 사라나 하갈, 아브라함을 칭찬하지도 비난하지도 않으면서 이에 대해 어떤 평가도 내리지 않는다. 내러티브는 모든 등장인물을 희생자이자 공격자로 묘사한다. 하갈과 아브라함에게 불임으로 희생당한 사라는 그들 모두를 희생당하는 자가 되게 한다. 종인 하갈도 압제당하는 자에서 압제하는 자로 바뀌고, 그 다음에 다시 압제당하는 자가 된다. 아브라함은 수동적인 자기만족으로 상황을 악화시켰을 수도 있지만, 그도 불임의 희생자였다. 드라마는 분노한 아내, 달아나는 자, 임신한 여종, 당황하는? 남편으로 마무리한다.

16:7-14 출생예고

우리가 "주님의 천사"라는 구절을 읽을 때, 종종 사람 같이 생긴 날개 달린 거룩한 존재를 상상한다. 천사에 대한 이런 묘사는 수많은 성서와 성서 밖의 전통에서 온 결합으로 발전했다. Westermann, 1979 성서 본문 자체는 종종 보통 사람과 구분되지 않은, "하나님의 사자"라고 단순히 말한다. 특징적으로 천사들은 주님에게서 메시지를 전달하다. 그러므로 이 본문에서처럼 천사의 출현은 하나님과의 만남으로 이해될 수 있다.13절 천사의 출현은 하나님이 인간에게 다가오는 한 방법으로 구성할 뿐이지만, 성서 본문에서는 종종 여자나 남자에게 다가올 출생을 알리는 하나님의 의사소통 수단으로 나온다. 이런 알림은 종종 불임의 여자나 부분에게 전달된다.눅1:11-20 이 경우 사자-천사는 불임이 아니라 출산이 문제가 된 여자인 하갈에게 온다.

샘에서 시작하는 대화는 하갈을 사라에게서 도망친 자로 설정한다.16:8-12 그 다음에 사자가 전한 돌아오라는 지침과9절 후손에 대한 약속과10절 출생, 이름, 운명에 대한 알림

11-12절에 대한 세 발언이 이어진다. 이스마엘의 운명에 대한 진술은 이스마엘을 다른 가족 구성원들과 끊임없이 갈등하는 활동적인 사람으로 특징짓는다. 그리고 실제로 이 이야기가 마무리할 때, 25:18 아브라함의 두 아들은 서로 떨어져 산다. Neff, 1972:51-60

조상들에 대한 약속의 친숙한 언어에서 천사가 하갈에게 한 발언은 하나님이 아브라함과 사라 외의 다른 사람들에 대한 서약을 단언한다. Brueggemann, 1982:153 하갈과 이스마엘은 약속을 받은 자가 아닐 수도 있지만 그들도 하나님의 관심의 범위에서 미래가 있다. 우리가 "선택받은" 공동체에 대한 좁은 초점을 기대할 수도 있는 내러티브의 이 지점에서, 대신에 선택받은 자들이 때로 배제되고 심지어 압제한 자들을 하나님이 돌보는 것을 발견한다.

16:15-16 이스마엘의 출생

창세기 16장 15절은 무미건조한 방식으로 이스마엘의 출생을 지적하는데, 이는 이전 내러티브의 긴장과는 대조된다. 이 연대기 문체는 엄밀한 의미에서의 내러티브를 마무리하지만, 사라와 하갈 사이의 갈등을 해결하지 않은 채 남겨둔다. 독자는 아브라함이 상속자를 가졌는지 그렇지 않은지 확실히는 알지 못한다.

이삭의 출생 예고

창세기 17:1-18:15

사전 검토

이삭의 출생과 이름과 운명에 대한 예고는 이야기에서 두 번 나온다. 처음 예고는 하나님이 아브라함과 만나는 맥락에서 나온다.[17:1-27] 이 만남은 마치 대화인 것처럼 구성되지만, 사실 아브라함은 한 번만 말한다. 두 번째 예고는 알려지지 않은 세 명의 방문객이 아브라함과 사라를 방문하는 맥락에서 나온다.[18:1-15] 사라는 직접적으로 자신에게 전달되지 않았더라도 이 출생예고를 듣고 반응한다.

개요

아브라함에게 알림, 17:1-27

17:1-2	첫 하나님의 발언
17:3a	아브라함의 반응
17:3b-16	주요 하나님의 발언들

언약에 대해, 17:3b-8

할례에 대해, 17:9-14

아들 약속에 대해, 17:15-16

17:17-18	아브라함의 반응
17:19-21	마무리하는 하나님의 발언
17:22-27	마무리

아브라함과 사라에게 알림, 18:1-15

18:1-2a	방문객들의 출현
18:2b-8	환대
18:9-15	출생예고

주석적 해설

아브라함에게 알림, 17:1-27

17:1-3a 첫 하나님의 발언과 아브라함의 반응

명백히 창세기 17장 1절-18장 15절을 이삭의 출생예고라고 부르는 것은 상속자의 문제가 중심 이슈가 된 지점에서, 아브라함 이야기의 흐름에서 그 역할에 대해 말하는 것이다. 실제로 이 첫 발언과 반응에서¹⁻³ᵃ절 후손들이 많아질 것이라는 약속은 나중의 이 만남에서 나오게 될 아들에 대한 알림을 예비한다.

다른 요소들은 이 첫 발언에 나온다. 우리는 이어지는 하나님의 발언에서 더 자세하게 이 다른 요소들을 접할 것이다. 발언은 "나는 엘 샤다이다"새번역, "나는 전능한 하나님이다"-역주라는 자기소개의 말씀으로 시작한다. 대부분의 영어 번역본은 그리스어 번역과 랍비적 용법으로 돌아가는 일반적인 관습을 따르고, 하나님을 가리키는 이 고대 명칭을 "전능한 하나님"God Almighty으로 번역한다. 이스라엘 주변의 일부 종교 공동체의 본문들은 이것이 일반적인 신의 명칭이었다는 사실을 시사한다. 아마도 산/평원의 하나님이겠지만 엘 샤다이라는 구절의 고대 의미가 무엇이든지 간에, 우리 본문은 원래의 의미가 중요하다고 여기지 않는다. 이제 이 구절은 창세기의 가족 이야기에 있는 한 전통의 흐름에서 사용한 하나님에 대한 특징적인 한 명칭으로 기능한다.

하나님은 자기소개 후에, 아브라함에게 **나에게 순종하며, 흠 없이 살아라**라고 지침을 내린다. 이 구절은 아브라함에게 요구하는 "행동"보다는 하나님과의 관계에서 아브라함의 자리에 대한 알림으로 기능하는 것 같다. 어떤 해석가들은 이 구절이 어떤 행위를 요구한다고 여겼다. 이 두 명령은 실제로 행동을 기대하지만 이 행동의 특성은 구체적인 윤리적이거나 도덕적인 훈계라는 면에서 정의될 수 없다. 히브리어로 **흠 없이**라는타민tamin 단어는 관계의 온전함을 가리킨다. von Rad, 1972:198 이 단락에서17:1-27 하나님과의 관계적 결속을 확고히 하는 인간의 행동은 하나님의 공동체에 참여한다는 징표인 할례다. 그러므로 하나님의 백성에 속하려는 결정은그리고 끊어지지 않으려는, 17:14 이 단락이 **나에게 순종하며, 흠 없이** 살고자 아브라함에게 할 것을 기대하는 대부분의 결정이다.

도입의 발언은 언약의 약속도 알린다. 창세기 17장 2절은 명백히 이 언약을 선물로 선언한다. "나는 나와 네 사이의 내 언약을 줄 것이다.히브리어, 나탄natan" 새번역, "나와 너 사이에 내가 몸소 언약을 세워서"-역주 번역이 이상하기는 하지만 문자 그대로의 이 번역은 "나는 나와 네 사이에 언약을 세우겠다"와 같은 번역보다는 언약이 지니는 "선물"의 특성을 더 잘 묘사한다. [언약, 346쪽]

하나님의 임재와 발언에 반응하여, 아브라함은 **얼굴을 땅에 엎드린다**.3a절 이런 존경의
일반적인 행위는 구약에서 하나님이나 하나님의 사자 앞이나 수5:13-15 심지어 왕 앞에서
삼상25:23 두려움과 경외감을 표현하는 기능을 한다.

17:3b-8 언약에 대한 하나님의 발언

15장에서와 마찬가지로 여기서 후손과 땅에 대한 약속은 언약에 맥락에 놓인다. "첫 발
언"에서처럼 17:1-2 언약은 협약이 아니라 선물로 온다. 언약은 두 당사자가 규정된 관계
에 동의하는 의식이 수반되는 것이 아니라 하나님이 아브라함뿐만 아니라 그의 후손들을
위한 언약을 아브라함에게 알린다.

아브라함의 후손들과의 영원한 언약이라는 이 선물은 바빌론에서의 추방 시기에 주전
586-538년 이스라엘에게는 중대한 긍정이 됐다. 사람들이 토대를 둔 대부분의 다른 점들
은 예루살렘의 멸망과 다윗 혈통의 왕의 제거와 그 땅에서의 추방으로 상실됐다. 그 순간
에 공동체는 땅이 없는 아브라함과의 하나님의 "영원한" 언약으로 되돌아갔다. 그들이
미래를 향해 도달할 수 있는 이런 전통에서, 하나님을 신뢰함이 있었을 것이다. 이스라엘
은 미래를 위한 새로운 가능성을 여는 데 과거가 한 역할을 거듭 깨달았다. 물론 이 조상
의 이야기들은 미래를 닫는 방식으로 재해석될 수도 있다. 하지만 종종 아브라함의 이야
기는 이스라엘에게 새로운 가능성에 대해 말했다.

언약에 대한 이 발언에서 4-8절 다른 이름이나 더 좋은 그의 이름의 더 긴 철자는 아브라
함에게 새로운 시대가 온다는 것을 나타냈다. 이름의 기원이라는 면에서 아브람에서 아
브라함으로의 변경은 완전히 다른 이름보다는 다른 방언을 반영하는 것 같다. 동일한 유
형의 이름 변경이 17장 15절에서 사라에게도 일어난다. 내러티브는 이름의 어원을 넘어
이름 변경에 중요성을 부여한다. 이름 변경에 대한 설명과 더불어 철자에서 이런 사소한
변경으로, 발언은 명백하게 후손의 약속을 강화한다. 후손에 대한 약속이 4b절과 5b절 이름
변경을 알리는 것을 5a절 둘러싸고 있다는 것을 주목하라. 하나님의 약속이 말씀과 언약으
로 확증되게 된 아브라함은 이제 후손의 약속을 "여러 민족의 아버지"라는 자신의 이름에
보유한다.

이 발언은 땅에 대한 약속도 포함하지만,15:8 초점은 후손에 대한 약속과 아브라함의
가문과 영원히 함께 하겠다는 하나님의 서약에 있다. 바울은 로마에 있는 그리스도인들
에게 쓰면서, 그들에게 이 영원한 약속과 롬 4:16-17 이 언약이 미래를 위해 제공할 희망을
상기시킨다.

17:9-14 할례에 대한 하나님의 발언

두 번째 하나님의 발언은 지시의 형태를 띤다. 아브라함은 공동체에 있는 모든 남자가 할례에 참여하도록 지시받는다. 할례는 의식으로서 인간 역사에서 우리가 따를 수 있는 것보다 이전으로 거슬러 올라간다. 할례는 다양한 사람들 가운데 정화 의례로, 결혼 의례, 가끔 유아 입문 의례로 기능하며, 물론 위생적이며 의학적 관습으로 기능한다. 고대 근동에서 할례는 가나안 거주민을 포함해서 여러 북서 셈족들 가운데 일반적이었던 것 같지만 예를 들어 블레셋 사람들과 같이 모든 가나안 사람들 가운데 행해지지는 않았다.

이 발언에서, 할례는 언약의 징표로 이해된다. 언약 공동체는 포함의 이런 행위를 통해 형성된다. 할례는 개인을 "경건한" 사람으로 만드는 것이 아니라, 하나님이 영원한 언약을 세운 공동체에 통합시키는 것이다. 할례를 거부하거나 하지 않게 되면 공동체에 참여하지 못하게 되고 언약은 깨진다. 14절 폰라트는 "자기 백성에게서 끊어진다"는 것은 사형이 아니라 언약 공동체에서 배제되는 것이라고 지적한다. 1972:201

종교적 의례로서의 할례에 반대하는 논쟁에서, 기독교 공동체는 할례에 대한 이런 이해와 기독교 침례 사이의 연관성에 대해 모르는 척 했다. 확실히 유아 침례와 신자들의 교회 전통에서 성인 침례도 포함의 의식으로 기능한다. 침례의 약속에서 우리는 동시에 예수를 주님으로 인정하고 그리스도의 몸에 참여함을 받아들인다. 이 둘은 서로 분리되는 것은 아니다. 대부분의 그리스도인들은 초대 그리스도인들이 할례에서 발견한 동일한 위험이 침례에서도 일어날 수 있다는 것을 깨닫는다. 의식 행위는 더 이상 하나님의 언약을 실행하지 않는 공동체로의 입문식이 될 수 있다. 의식이 언약 공동체와 관련되지 않고 하나님과 개인 사이의 관계에 대한 상징으로 이해될 때, 침례는 할례와 달리 문제가 될 수도 있다.

17:15-16 아들 약속에 대한 하나님의 발언

아들이 아브라함과 사라에게 태어날 것이라는 알림은 하나님의 연속된 발언 가운데 이 마지막에 나온다. 발언은 17장 5절에서 아브라함의 이름 변경과 상응하는 사라에 대한 이름 변경으로 시작한다. 다시 변경은 다른 방언과 관련된 철자의 변화를 나타내는 것 같다. 하지만 이 발언에서 새로운 철자, "사라"는 축복에 대한 분명한 상징을 제시한다. 사라는 어머니가 될 것이다. **너에게 아들을 낳아 주게 하겠다.** 16절 아브라함과 마찬가지로 17:5 사라는 하나님의 약속을 **여러 민족의 어머니**라는 자기 이름만큼이나 밀접하게 품는다.

이 알림은 이 "상속자에 대한 이야기"의 주요 실마리로 다시 돌아간다. 하지만 전체 이야기라는 면에서 사라가 아들을 낳을 것이라는 아브라함에게 전하는 알림은 이스마엘이라는 주요 문제를 야기한다.

17:17-18 아브라함의 반응

아브라함은 출생예고 발언에 기쁨과 축하가 아니라 놀라움으로 반응한다. 즉, 이것은 아브라함의 삶에 문제다. 내러티브는 먼저 아브라함의 "개인적인" 반응을 17절 보고하고, 그 다음에 이 만남에서의 하나님에게 하는 아브라함의 유일한 발언을 18절 보고한다. 아브라함은 얼굴을 땅에 대는데, 이는 17장 3절에서 접했던 경의와 존경의 표현이다. 하지만 이번에는 "엎드림"은 아들을 알림에 대한 개인적인 반응을 감추는 역할을 한다. 아브라함은 사라의 나이와 자기 나이에 아들을 낳을 것이라는 것에 대해 자신에게 웃는다. 하지만 하나님에게 아브라함은 더 실제적인 문제인 이스마엘에 대해 말한다. 아브라함의 이런 반응은 우리가 우리 자신에게 한 반응과 공적으로 완전히 다른 반응을 한 것을 떠올리게 한다.

17:19-21 마무리하는 하나님의 발언

출생예고를 마칠 때, 나올 아들의 출생과 이름과 운명의 알림이라는 모든 전통적인 요소들이 나온다. 하지만 이스마엘의 존재는 이 출생예고를 복잡하게 만들었다. 이미 태어나 이름이 붙여진 아들의 운명이 주어진다.20절 이스마엘에게 축복과 풍요와 성공이 약속된다. 그러나 언약은 이스마엘이 아니라 이삭과 그의 후손에게 영원히 허락된다.19, 21절 이삭을 통한 아브라함의 혈통은 언약을 미래에 이어갈 것이다. 이스마엘과 이삭이 미래로 나아갈 때, 그들 사이의 차이점은 일반적으로 사람들에게 오는 하나님의 복에서는 드러나지 않을 것이다. 즉, 하나님은 모두에게 복을 허락할 것이다. 하지만 하나님의 약속에 대한 이야기의 흐름은 이삭을 통해 추적될 것이며, 이는 아브라함이나 이삭이 행한 것 때문이 아니라 하나님의 결정에 의해서다. 하나님의 약속을 이어가도록 선택받은 공동체에게 이것이 자부심을 위한 토대로 보도록 할 유혹은 존재한다. 하지만 다른 무리가 아니라 한 무리가 약속을 이어가야 하는지에 대한 이야기를 전통이 말할 때마다, 이런 선택을 한 이유는 하나님의 섭리의 신비로 남아 있다. 신7:6-7 [언약, 346쪽]

이삭 출생에 대한 모든 이야기들은 이삭의 이름을 "웃음"과 연결시킨다. 17:17; 18:12; 21:6 아마도 이삭이라는 이름이 한 번은 하나님의 웃음이나 출생 때에 축하의 웃음을 가리컸을 수도 있지만 이런 언급은 대부분 이 이야기에서는 없어졌다. Westermann, 1985:269 대신에 웃음은 아브라함과 사라에게 속하는데, 이는 꿈과 현실 사이에 경계에서 발견되는 웃음이다. 이 경계에 가까울 때, 거의 항상 누군가가 웃는다. 즉 이는 꿈이 현실이 될 가능성에 대한 웃음이며, 약속과 꿈이 현실이 될 때의 웃음이다. 아들에 대한 약속과 출생 사이의 경계를, 아브라함과 사라는 불편하며 웃을 만하다고 여겼다.

17:22-27 마무리

하나님과 아브라함의 만남의 결론에서는 아브라함이 이전에 받았던 지시를 수행하고 있다. 하지만 아브라함이 지시를 시행하는 것은 이스마엘을 언약에 포함하는 결과를 낳았다. 역사적으로 성서 전통에서 이스마엘 족속들로 알려진 셈족은 할례를 행했을지도 모르지만 아브라함의 조치로 말미암아 이 이야기의 흐름에 문제가 야기된다. 하나님의 발언은 19-21절 두 아들에 대해 두 가지 다른 운명을 설정한다. 가정의 모든 남성에게 할례를 행하라는 지시에 일치하지만, 17:10-13 이스마엘을 언약 공동체에 통합시키는 아브라함의 조치는 운명의 문제를 혼란스럽게 한다. 이 할례는 이스라엘의 미래에 대한 하나님의 결정보다는 이스마엘의 미래에 대한 아브라함의 요청을 수행한다. 본문은 설명하지 않고 이런 부적절함을 제시한다.

아브라함과 사라에게 알림 18:1-15

18:1-2a 방문객들의 출현

장면은 갑작스럽게 둘째 출현으로 옮겨간다. 그러나 17장에서의 만남과는 다르게, 이 장면은 연속된 발언으로 구성되지 않고, 우리는 대신에 이야기의 요소들을 발견한다. 이 이야기는 주요 인물들의 소개가 아니라, **주님께서 그에게 나타나셨다** 새번역, "주님께서 아브라함에게 나타나셨다"-역주 라는 구절로 시작한다. 이야기의 흐름에서 그에게는 17장 12절의 **주님께서 아브라함에게 나타나셔서** 새번역, "주님께서 그에게 나타나셔서"-역주 라는 구절과 상응하여, 아브라함을 가리킨다. 그러므로 18장 1절은 이 내러티브를 창세기 17장과 나란히 아브라함과 하나님의 두 번째 만남으로 확립한다.

이야기 자체는 아브라함이 자기 앞에 서 있는 세 사람을 보고 발견하는 것으로 시작한다. 해설자는 이것이 하나님의 출현이라고 말했지만 아브라함은 단순히 세 낯선 사람들을 보고 있을 뿐이다.

18:2b-8 환대

이 섹션에서 우리는 씻고 먹는 데 손님들이 필요한 것을 제공하는 아브라함의 자신의 행동을 포함해서 환대를 매우 정교하게 묘사하는 것을 볼 수 있다. 우리는 내러티브의 흐름에서 아브라함이 동료가 없이 주인으로 행동하는 것을 볼 수 있다. 주인은 "빵 한 조각"을 새번역, "잡수실 것"-역주 제공하고 그 다음에 진수성찬을 준비하도록 지시한다. 히브리어 동사들은 아브라함이 사라와 한 종의 도움으로 함께 이 식사를 준비하려고 열심히 뛰어다니고,6-7절 손님들이 먹을 때에는 조용히 옆에 서 있는 것을8절 묘사한다.

18:9-15 출생예고

이런 반문의 맥락에서 자녀의 출생에 대한 알림은 고대 세계의 다른 이야기에서도 나오며, 또한 열왕기하 4장에서 수넴 여인에게 엘리사가 방문한 이야기에서도 나온다. 하지만 여기서의 방문이라는 주제는 이삭의 출생예고뿐만 아니라 이어지는 소돔 내러티브와의 관계에서 중요한 역할을 한다. 사실 이런 많은 방문 이야기에서 방문객들은 부부에게 출생이 허락될지를 시험하려고 주인의 환대 표현을 사용하지만, 아브라함 이야기의 흐름에서 이것은 결코 문제가 아니다. 아들에 대한 알림은 이미 한 번 전달됐고17:15-19 여기서 알림은 두 번째 반복된다. 청중은 문 뒤에서 엿듣고 있는 사라를 포함한다.

자녀에 대한 이 두 번째 알림에서 알림 자체보다는 사라가 출생예고에 대해 어떻게 반응했는가에 초점이 맞춰져 있다. 해설자는 독자에게 부부의 나이를 상기시키고, 사라는 이미 폐경기를 지났다고 진술한다. 사라는 속으로 웃으면서 아마도 냉소적인 의도에서 이 상기내용을 반복하는 것 같다. 사라는 이 출생예고가 자신이 다시 **즐거운 일**을 경험해야 함을 의미하는지 궁금하다.12절 NASB에 가장 잘 반영된 히브리어 어순에 따르면, 사라는 자신의 나이가 아니라 아브라함의 나이를 강조한다. 아마도 사라가 문제를 이해할 때, 자신의 폐경기뿐만 아니라, 아브라함의 불임이나 불능도 문제에 포함했을 것이다. 어쨌든 사라는 아브라함과 동일하게17:17 웃음으로 출생예고에 반응한다.

갑작스럽게 내러티브는 18장 1절에서 알렸듯이, 세 손님들의 방문이 아니라 주님의 출현으로 전환된다. 하나님은 **어찌하여 사라가 웃으면서와 나 주가 할 수 없는 일이 있느냐?**라는 두 질문으로 사라의 웃음에 반응한다. 하나님의 발언은 출생에 대한 알림을 반복하며 마무리한다.

나 주가 할 수 없는 일이 있느냐?라는14절 질문은 "상속자에 대한 이야기"에 대해 핵심 질문을 구성한다. 질문은 "아브라함의 가족"에서 누군가라고 추상적으로 답하기는 쉽다. 물론 주님에게는 어떤 것도 어려운 것이 없다. 하지만 이론상으로 대답하기에 쉬운 것은 불임에 대한 인간의 구체적인 경험에서는 다른 문제가 된다. 그리고 실제로 사라도 아브라함도 질문에 답하지 못한다. 질문이 직접적으로 아브라함에게 향하지만, 아브라함은 어떤 응답도 하지 않는다. 사라는 자신이 웃었다는 것을 부인하며 질문을 회피한다. 내러티브는 아브라함과 사라 및 지금까지의 이야기의 사건들이 답하지 않은 질문으로 끝난다.

하나님의 **아니다. 너는 웃었다**라는 발언은 창세기 17장 1절에서 시작된 이삭의 출생과 이름과 운명에 대해 알리는 것으로 마무리한다. 하나님은 의심의 웃음을 웃은 사람들과 함께 그리고 그들을 통해 일한다. 전통은 어떤 것도 주님에게 어려운 것은 없다고 선언한다. 렘32:17; 막10:27; 눅1:37 하지만 여호와가 모든 것을 하는 것이 아니라, 하나님의 약속이 실패하지 않을 것이라고 선언한다. Brueggemann, 1982:161 그럼에도 약속을 기다리는 자에게는 심지어 의심의 공적인 부인/웃음과 더불어 개인적인 의심/웃음이 더 흔한 것 같다. 웃고 웃었다는 것을 부인하는 자들은 심지어 약속을 신중하게 받아들이면서도 길어지는 기다림에 대한 괴로움을 아는 자들이다.

소돔과 롯 이야기

창세기 18:16-19:38

사전 검토

소돔과 고모라 이야기는 이삭의 출생예고와 이 이야기 사이의 전환으로 기능하는 한 메모로 시작한다. 18:15 방문객들은 아브라함이 바래다주어 소돔으로 출발했다. 이스마엘의 출생 예고에 이어 창세기 16장에서 우리는 이스마엘의 출생에 대한 보고를 발견했다는 것을 기억하라. 임신과 출생에 대한 보고는 출생예고 직후에 종종 이어지는데, 이는 수넴 여인과 왕상4장 마리아의 눅1-2장 내러티브에서도 드러난다. 하지만 이 이야기에서는 이런 일이 일어나지 않는다. 대신에 장면은 사라와 아브라함을 아직 더 길게 기다리도록 남겨두면서, 아들에 대한 알림에서 멀어진다.

줄거리는 14장 후에 제쳐두었던 이전 내러티브의 실마리로 돌아간다. 소돔과 롯에 대한 이 이야기는 세 가지 섹션으로 되어 있다. 첫 섹션은 하나님의 독백과 아브라함이 소돔을 위한 중재로 구성된다. 18:16-33 둘째 섹션은 소돔의 멸망에 대한 이야기와 관련된다. 19:1-29 그 다음에 이 단락은 롯과 그의 딸에 대한 한 에피소드로 마무리하는데, 이는 이야기에서 롯의 마지막 출현이다. 19:30-38

개요

이야기에 대한 서언, 18:16-33

18:16	여정 메모
18:17-21	하나님의 독백
18:22	여정 메모
18:23-32	아브라함의 중재
18:33	마무리 메모

파멸의 이야기, 19:1-29

19:1-22	방문

주석적 해설

이야기에 대한 서언 18:16-33

18:17-21 하나님의 독백

이 두 발언에서 17-19절과 20-21절 하나님은 아브라함 및 소돔에서의 터무니없는 상황을 함께 묶는다. 연관성은 두 지점에서 명백해진다. 소돔에서의 삶과 아브라함이 장려하는 방식이 서로 직접적인 반대 상황에 있다. 소돔에서의 삶은 압제의 부르짖음, 차아카를 ṣaʿaqah 낳았다. 18:20-21; 출2:23에서의 동일한 단어, 참고 아브라함의 책임은 19절 의와 정의를 새 번역, 옳고 바른 일-역주, 체다카 ṣedaqah와 미쉬파트 mišpat 행하도록 장려하는 것이었다.

의와 정의는 계획적으로 주님의 길을 묘사한다. 19절 압제의 부르짖음은 명백히 의와 정의의 부재를 증거한다. 이 모든 단어들은 공동체의 상호작용의 성격에 관여한다. 사5:7에서의 이 동일한 단어들에 대한 시적 유희, 참고 **의**는 창세기 38장 26절이 분명히 하듯이, 덕목의 목록을 가리키지 않는다. 그리고 **정의**도 이 단어의 쌍에서 법 가운데 한 법전으로 축소될 수 없다. 오히려 의/정의는 모든 공동체의 구성원들을 위한 삶을 장려하는 공동체에서의 삶의 방식을 묘사하는데, 이 삶은 사회질서를 장려하는 삶이다. 압제당하는 자의 부르짖음은 죽음을 야기하는 사회질서에서 나온다.

하나님은 아브라함의 선택됨을 통해 아브라함의 가족뿐만 아니라 모든 가족을 위해 삶을 장려하려고 조치를 취한다. 하나님의 독백은 "그로 말미암아 복을 받게 될 것이다"와 같이 이 이야기의 친숙한 약속 언어를 통해 아브라함의 삶을 장려하는 역할에 대해 말한다. 하지만 지적했듯이, 하나님의 발언은 동일한 것을 표현하는 데 다른 언어, 곧 "의와 정의"라는 암5:24; 시5:7 예언적 전통과 관련된 언어와 시편기자에게 친숙한 단어인 "여호와의 길"을 시25:8-10; 86:11 사용한다. 이 독백에 따라, 하나님은 임무가 삶을 장려하는 것인 자에게서 죽음의 부르짖음의 문제를 숨기지 않기로 결정한다.

18:22 여정 메모

내러티브에서 대부분의 이런 전환의 문장은 거의 설명하지 않고 진행할 수 있지만, 이것은 흥미로운 문제를 숨긴다. 우리 번역 대부분은 히브리어 본문의 "수정된" 버전을 사용하므로, "아브라함은 여호와 앞에 여전히 서 있었다"NIV라고 읽는다. 서기관들은 자신들이 "여호와는 아브라함 앞에 여전히 서 있다."라는 원래의 읽기에서 본문을 변경했다고 지적한다. 원래의 읽기는 아브라함이 "책임을 지고 있는" 자였다는 것을 의미할 수도 있다. 이전 읽기는 충분하게 하나님의 주권을 "보호"하지 못하는 것 같다.

하나님은 주권의 문제를 돌볼 수 있으며, 우리의 보호를 필요로 하지 않는다. 원래의 본문은 하나님에 대해 다른 어떤 것을 안다. 성서 전통에서 여호와는 근본적으로 관계적이다. 본문이 언약, 부모, 자녀 또는 심지어 신랑과 신부라는 면에서의 관계에 대해 말하든지 간에, 하나님과 사람들의 관계는 여전히 주요한 것으로 남아 있다. 사람들과 하나님 사이의 경계, 즉 하나님의 주권은 정말로 에덴 동산 및 바벨 탑과 같은 이야기에서 이슈가 된다. 창3장과 11장 아브라함이 사용한 정중한 형태의 표현에서, 아브라함은 하나님의 주권을 인정한다. 그럼에도 이 본문의 원래의 읽기에서 여호와는 하나님의 주권을 위태롭게 하지 않고 실제 대화로 아브라함 앞에 서 있다. **그 말씀은 육신이 되어 우리 가운데 사셨다.** 요1:14

18:23-32 아브라함의 중재

이 대화를 더 잘 이해하려면, 고대 세계가 정의 문제로 운용되는 다른 방식에 대한 것을 기억할 필요가 있다. 우리는 정의에 대해 개인의 책임을 당연하게 여긴다. 즉, 나는 내 행위에 대해서만 그 결과의 대가를 치른다. 그러나 이 구조는 개인 행위의 어떤 영역에서만 작용한다. 더 많은 영역에서는 행위와 결과에 대한 개별 일대일의 비율은 작용하지 않을 것이다. 대부분의 행동들은 한 사람 이상과 관련되며 모두가 동일하게 잘못하지 않았더라도 그 결과는 다른 이들에게 닥친다. 몇몇은 환경을 보호하고 핵전쟁을 막으려고 열심히 노력하더라도, 우리 모두는 환경 파괴나 핵의 재앙에 대한 결과에 대가를 치를 것이다. 고대 이스라엘에서 행위와 결과의 이런 통합적인 이해는 정의를 보는 방법으로 중요했다. 그러므로 소돔에 악한 소수가 거주했다 해도 그들이 전체 도시의 미래를 위태롭게 했다고 할 수 있다. 아간의 이야기, 수7장, 참고 의로운 소수가 사회 정의에 대한 이런 통상적인 접근에서 회피할 수 있다고 상상할 수 있다. 이는 사실 창세기 19장에서 일어난다; Brueggemann, 1982:171 하지만 결과는 여기서 불확실한데, 보통 한 사람의 죄는 전체 공동체에 미치기 때문이다.

아브라함은 하나님에게 공정해야 한다는 하나님의 책임을 상기시킴으로써 소돔의 운명에 대한 논의를 열어둔다. 23절 의인이 악인과 함께 멸망할 때 체제는 공정함이 없다. 이로 말미암아 우리는 아브라함이 두 가지 면의 접근을 주장할 것이라고 기대한다. 즉, 하나는 악인을 위한 운명이고, 하나는 의인을 위한 운명이다. 하지만 아브라함은 그렇게 하지 않는다. 아브라함은 삶을 장려하도록 선택받은 자로 행동하면서, 대신에 통상적인 체계는 뒤집혀야 한다고 제안한다. 아브라함은 한-운명 체계를 제안하고, 대담하게 질문 형태로 자기 앞에서 서 있는 자에게 모든 사람의 미래는 공동체 가운데 있는 악인들이 아니라 의인들이 결정해야 한다고 제안한다. 모두의 미래를 위협하는 타락한 많은 이들보다는 건전한 소수가 모두를 위해 미래를 보존할 수 있는가? 그리고 하나님은 동의한다!

협상의 나머지는 전체 공동체를 보존하려면 얼마나 많은 건전한 사람들이 있어야 하는가 하는 것이지만, 대화에서 가장 중요한 것은 작용하는 원리다. 우리는 오직 두 가지 면의 접근이 공정하다고 주장할 수 있다. 하지만 아브라함의 중재는 모두를 위한 삶을 장려하려 하는데, 하나님에 따르면 아브라함이 특히 이를 하도록 선택받았다. 창18:15

파멸의 이야기 19:1-29

19:1-2 방문객의 도착

중앙의 내러티브는 롯이 두 낯선 사람들을 보았을 때 성문에 앉아있는 것으로 시작한다. 즉각 롯은 아브라함이 이전에 했던 동일한 방식으로18:2 그들에게 인사했다. 롯은 자신의 시작하는 발언에서, 아브라함이 했던 것과 마찬가지로 두 방문객들에게 환대를 제안한다. 하지만 이전 이야기에서처럼,18:1-5 받아들이는 대신에 이 방문객들은 롯의 제안을 거부한다. 그들은 대신에 성읍의 광장에서 밤을 보낼 것이라고 제안한다. 방문객들이 거부하는 것은 놀라움으로 다가온다. 환대 이야기는 보통 이런 식으로 흘러가지 않는다. 문제는 누구도 환대를 제안하지 않는다는 데서 때로 이따금씩 대두하지만삿19:15, 나그네가 거부하고 광장에서 자는 것은 아니다.

이 첫 대화는 롯에게 문제가 있을 것이라고 독자에게 알린다. 그리고 정말로 전체 이야기를 통해 롯은 해야 할 일을 하지 못한다. 롯은 자기 손님을 보호하려고 노력하지만, 결국 그들에게서 보호를 받게 된다. 19:10 롯은 자기 가족에게 떠나라고 설득하지만 그들은 롯이 농담을 하고 있다고 생각한다. 19:14 결국 롯은 자기 손님을 구하려고 노력하고서, 제때 산에 도착할 수 없어 더 가까운 작은 마을로 도망하도록 허락해 달라고 요구한다. 19:19-20 나중에 롯은 이 마을에 머물기가 두려워 결국 산에 간다. 19:30 이 모두에서 롯은 어리석고 우스꽝스럽게 나온다. Coats, 1983:144

그러나 내러티브에서는 롯을 호의적으로 묘사한다. 롯은 적절한 주인이 되려고 노력한다. 롯의 손님들은 거부하고서 롯이 대답에 대해 받아들이지 않을 때에야 롯의 환대를 받아들이는 자들이다. 19:3 롯은 매우 정중한 언어로 **내 형제들아**19:8새번역, "여보게들"-역주라고 부르면서 문에 있는 군중들이 다르기를 원한다. 롯은 자기 가족이 손님들을 보호하라고 제안하지만, 19:8 그도 자기 가족을 구원하기를 원한다. 19:14 내러티브의 흐름은 독자들에게 롯을 주목하도록 한다. 롯은 대부분 적절하게 행동하지만, 그의 일은 어떤 결실도 맺지 못한다. 롯은 자신은 노력했다고 생각하지만, 아브라함처럼 다른 이들에게 "복이 될" 수 없다. 12:3

19:3-11 환대

롯은 방문객들이 거절하는 것을 설득하고 그들을 위해 식사를 준비한다. 하지만 잠자리에 들기 전에 성읍 사람들이 롯의 집을 둘러싼다. 해설자는 **모든 남자가 몰려와서**라고 하면서 누구도 오해하지 않았다는 사실을 분명히 한다. 소돔의 남자들은 방문객들을 자기들에게 넘겨줘야 한다고 요구한다. 롯의 발언은 동성애적 강간이 악하다고 지적한다. 19:7-8 하지만 이 내러티브의 가장 큰 관심은 소돔 사람들이 환대의 풍습을 어겼다는 것인데, 이는 고대 세계에서 거의 신성한 성격을 지니는 "법"이다. Vawter, 1977:235 마을 입구나 집의 문 안에 피하는 나그네들은, 그들이 친구든 낯선 자들이든 심지어 적이든 방문하는 동안에는 특별한 사람들이 된다. 성읍의 모든 남자들이 동성애적 강간을 할 의도를 지녔다고 함으로써, 내러티브는 어떤 의심의 여지없이 소돔이 멸망당할 만하다는 하나님의 선언을 강화한다.

전통은 소돔이 소문날 정도로 악한 성읍이라고 알고 있다. 문제의 중심에는 배고프고 목마르며 그들의 머리를 둘 곳이 없는 자들을 학대했다는 것이다.

네 동생 소돔의 죄악은 이러하다. 소돔과 그의 딸들은 교만하였다. 또 양식이 많아서 배부르고 한가하여 평안하게 살면서도, 가난하고 못 사는 사람들의 손을 붙잡아 주지 않았다.^{겔16:49} 소돔을 부정적인 사례로 사용하는 광범위한 성서 본문들은 소돔의 주요 문제가 동성애 뿐만 아니라 동성애 강간의 환대하지 않는 풍습이었다고 제안한다.

롯은 방문객 대신에 자기 딸들을 무리에 주려고 제안한다. 어떤 이는 이 제안이 여자의 상대적으로 낮은 가치를 가리키는지에 대해 궁금해 했다. 롯은 자기 딸들에 대해 크게 개의치 않았을지 모른다. 그러나 롯이 방문객들에게 환대를 제안하는 데서 이어지는 내러티브의 흐름으로 말미암아 우리는 오히려 반대로 생각하지 않을 수 없다. 롯은 최상의 환대를 제안했었다.^{3절} 롯이 자신의 두 처녀 딸을 대신하겠다는 제안은 최상의 것을 제안할 정도로 관심을 가지는 것의 연장으로 볼 수 있다. 롯은 이 낯선 이들을 보호하고 섬기는 데 자기 가족의 모든 재원을 제공한다.

19:12-22 구출

하나님은 소돔에 대한 고발을 확인하려고 내려가기로 결심했다.^{창18:21} 환대 법을 집단적으로 어긴 사건은 결정적인 것으로 입증됐다. 롯을 방문한 방문객들은 **우리는 지금 이곳을 멸하려고 합니다. 이 성 안에 있는 사람들을 규탄하는 크나큰 울부짖음이 주님 앞에 이르렀으므로, 주님께서 소돔을 멸하시려고 우리를 보내셨습니다**라는 문장으로 함께 평결은 알린다.^{13절}

구출 자체는 격분을 표현하는 방식으로 이야기된다. 롯은 자기 가족이 문제를 심각하게 받아들이도록 하지 못한다.^{14절} 그리고 사자/천사들은 롯이 구출되도록 동의하는 데 무서운 시간을 결국 보내게 된다. 롯은 머뭇거림으로써 천사들의 재촉에 반응한다. 그래서 해설자는 그 남자들이 롯의 손을 잡아 그를 데려나가 "어서 피하여 목숨을 건지시오. 뒤를 돌아보거나, 들에 머무르거나 하지 말고, 저 산으로 도피하시오"라고 설명하면서 성문 밖에 앉혔다고 말한다.^{16-17절} 롯은 자신의 빠져나가지 못할까봐 걱정한다. 롯은 내러티브에서 귀중한 시간을 낭비하는 긴 발언으로, 계획을 변경하도록 요구한다.^{18-20절} 한 남자가 동의하지만 롯에게 서두르라고 한다. 구출은 독자에게 안도의 한숨을 쉬게 하면서, 롯이 소알에 도착하며 끝난다.

19:23-26 소돔의 파멸

내러티브는 파멸을 묘사하는 데 전통적인 재앙의 단어를 사용하며, 따라서 파멸의 완전성을 강조한다. 롯의 아내는 "뒤를 돌아보았으므로" 성읍의 미래와 같이했다.^{19:17} 하지만 히브리어 본문에서는 "그릇? 뒤를" 보았다고 제안하면서, 그녀가 어디를 보았는지를 분명히 하지 않는다. 이런 모호함으로 말미암아 번역에서 여러 차이가 있다.

19:27-29 마무리

브루그만은 창세기 18장 16절-19장 38절이 죄의 문제와 인간의 미래에 대해 여러 다른 관점을 보존한다고 지적한다.1982:166-176 소돔의 파멸 이야기는 행동의 직접적인 결과로 운명이 따른다고 이해한다. 소돔 사람들의 행동으로 말미암아 이런 파멸의 결과를 낳았다. 롯이 자기 방문객에게 대해 행한 행동은 부적절하다고 해도 롯이 구원받는 결과를 낳았다. 그러나 18장 23-32절에 나오는 하나님과 아브라함의 대화는 죄와 미래의 관계가 그렇게 직접적이지 않다는 것을 시사했다. 아마도 죄악의 상황 가운데 소수의 의인들이 좋은 미래를 심지어 악인들에게도 미칠 수 있다.

이야기의 이 마무리하는 문단은19:27-29 아마도 이 이슈에 대한 또 다른 관점을 반영하는 것 같다. 해설자는 롯의 미래가 아브라함에게 달려 있다고 주장한다.29절 아마도 롯의 환대도9:3 하나님이 롯을 불쌍히 여김도19:16 롯의 탈출을 설명하지 못하는 것 같다. 오히려 하나님이 아브라함을 "기억"했기 때문에 롯이 이 재앙에서 탈출할 수 있었다. 하나님은 노아 및 노아와 함께 한 자들을 기억했으며, 그것이 노아를 위한 미래를 바꾸었다.8:1 하지만 이것은 다르다. 하나님은 아브라함을 기억하고, 롯을 구출한다! 해설자의 언급은 롯이 악하거나 의롭다고 평가하지 않으므로 이것에 성패가 달려 있지는 않다. 오히려 하나님이 한 사람에게 한 헌신이 또 다른 사람을 구원하게 된 결과를 낳았다.

성서 전통은 범죄와 징벌과 관련한 질문에 대해 단순화된 대답을 제공하지 않는다. 행위는 결과를 낳는다. 정의는 이 과정에서 단순하게 작용할 수도 있지만, 항상 그런 것은 아니다. 의도 심지어 의롭지 않은 자를 도우면서 중요하다. 또한 하나님이 사람과 맺은 언약도 모두를 위한 축복의 이유가 될 수 있다.롬5:15

마무리하는 에피소드, 19:30-38

롯은 탈출 할 수 있었을지 모르지만, 내러티브에서 그는 많은 것을 가지고 탈출한 것은 아니다. 그와 그의 딸들은 언덕에 있는 동굴에 산다. 현재가 씁쓸해 보인다면, 미래는 훨씬 더 전망이 밝지 않다. 이런 순간에 딸들이 주도한다. 이 두 여자는 이름이 거론되지 않고 롯과의 관계인 딸로만 알려지고, 서로와의 관계에서 큰 딸과 작은 딸로 알려지고, 후손들에게는 모압과 암몬의 "어머니"로 알려진다. 그럼에도 그들은 롯의 미래를 주도한다.

딸들은 자신들의 아버지에 의해 임신이 되려고 조치를 취한다. 독자로서 우리는 당연히 근친상간을 위해 준비하는 데 대해 딸들을 비난하고 롯이 취하여 관여한 것에 그를 하찮게 여길 수 있다. 확실히 전통은 근친상간을 반대하는 법을 제정하지만레20장 이 판단이 이 상황에 적용될 수 있다고 해도 내러티브는 우리에게 어떤 암시도 주지 않는다. 우리는 이것을 매우 미미한 사람들의 미래를 향한 행동으로 볼 수 있을 것 같다. 창38장을 또한 보라 내러티브와 같이 두 딸에게는 미래가 없지만, 그들은 조치를 취하고, 두 민족의 조상들인 두 아들을 낳는다.

언덕에서의 이 에피소드와 사라와 아브라함을 위한 상속자에 대한 진행되는 이야기 사이의 관계에 대해 한 마디 하자면, 아브라함과 사라에게 출생예고를 한 후, 또 다른 사람은 자녀를 가지게 되는 결과를 낳았다. 이 일은 이제 두 번 일어났다. 하갈과 롯의 두 딸은 자녀를 낳았지만 사라는 여전히 불임이다. 약속을 이어가며, 다른 이들에게 복을 주는 자였던 아브라함은 여전히 미래가 없다.

여족장에 대한 위협 이야기

창세기 20:1-18

사전 검토

창세기 20장에서의 갑작스런 도입으로 말미암아 독자는 혼란에 빠질 수 있다. 아브라함이 사라를 자기 누이인 것처럼 행세하는 데서 우리는 이전에 경험한 적이 있지 않은가?12:10-13:1 과도적인 문장으로 된 이런 도입에서20:1 아브라함은 멀리 남쪽 사막, 곧 가데스와 수르에 있고, 그 다음에는 다시 브엘세바와 헤브론의 서쪽에 머무는데, 거기서 아브라함 이야기의 대부분이 진행된다. 이야기의 연대에 따르면, 사라는 구십 세 이상이지만 아비멜렉의 집에 "아내"로 이끌려 간다. 우리는 이야기가 종종 우리에게 관심의 대상인 지리적인 정확성과 연대적인 논리와 같은 문제에 지중하지 않는다는 것을 보게 된다. [블레셋 사람들에 대한 연대 추정, 344쪽] 신앙의 이야기는 거의 지리적 범주와 연대적 범주로 축소될 수 없다. 이 이야기는 하나님의 약속의 성취로 한 상속자가 나오게 되는 것에 관심을 둔다. 모든 다른 요소들을 완벽하게 맞추려고 하면 주요 이야기의 흐름을 놓칠 수 있다.

명백히 이야기에서 우리는 아브라함이 약속을 받은 직후에 위치했던 곳으로 돌아온다. 사라와 아브라함에게 말씀과 맹세와 언약으로 얼마나 자주 새롭게 되는 것과 상관없이, 약속은 계속 지연된다. 하나님의 관점에서 아브라함은 때로 신실하게 계속 행동하지만 때로 약속을 위태롭게 한다.

개요

도입, 20:1
문제, 20:2
     20:2a   아브라함의 발언
     20:2b   결과
해결, 20:3-18

20:3-7	소송: 하나님 대 아브라함
20:8-13	논쟁: 아비멜렉 대 아브라함
20:14-18	마무리

주석적 해설

문제 20:2

히브리 내러티브에 흔히 그렇듯이, 이 이야기는 발언, 즉 주요 인물들 사이의 대화를 중심으로 한다. 그러나 예상치 못하게도 이야기는 아브라함의 발언으로 시작하지만, 그 대상은 없다. 묘사가 부족하기 때문에 독자는 상황을 상상할 수밖에 없다.

사라는 바로 자신이 아비멜렉 가정의 식구가 될 위험에 처한 것을 알게 된다.[2절] 다시 이 상황이 중요하다는 것이 이 이야기 자체에서는 제시하지 않는다. 사실 이 구절은 아브라함의 발언과 이어지는 결과가 어떤 문제를 일으킬 것이라는 암시를 주지 않는다. 그러나 맥락 내에서 문제는 심각하다. 사라의 결혼에 대한 침해가 하나님의 소송에서 즉각 전면에 드러낸다.[창20:3-18] 하지만 여전히 더 많은 것이 위태롭다. 여족장에게 미치는 위험에 대한 첫 이야기에서는 심지어 그렇지 않았던 방식으로,[창12:10-13:1] 이삭에 대한 출생 예고는[창17:18] 사라에게 직접적으로 미래와 묶는다. 하나님은 약속과 맹세와 언약을 통해 아브라함뿐만 아니라, 출생예고를 통해 사라와 결속된다. 아브라함은 사라만이 아니라 하나님의 미래 전체를 위험에 빠뜨렸다.

해결 20:3-18

20:3-7 소송: 하나님 대 아브라함

밤에 아비멜렉의 꿈에서 재판이 일어난다. 하나님은 검사로서 너는 곧 죽는다라고 말한다.[3절] 고발은 아비멜렉이 사라의 결혼을 침해할 가능성에서 온다. 아비멜렉이 반응하기 전에, 해설자는 독자에게 침해는 잠재적인 것이지 실제적이지 않다고 분명히 이해하도록 한다. 아비멜렉의 발언은 자신을 변호하며, "주님께서 의로운 한 민족을 멸하시렵니까?"라고[4절] 하나님의 고발에 대한 반대 증언을 시작한다. 아비멜렉은 아브라함과 사라 모두 그들의 관계가 형제와 자매라고 진술했다고 주장한 후에, 마음이 진실하고 손이 깨끗하다고 주장한다. 두 구절의 맥락과 병행법이 가리키듯이, 이 두 용어는 도덕적인 청렴함이 아니라 관계적인 진실함에 대해 말한다. 해설자는 그렇게 권리가 있다고 말하지만,

아비멜렉은 자신이 사라를 건드리지 않았고 사라와 아브라함을 향해 관계적인 진실함으로 행했다고 주장하지 않는다.

재판은 하나님이 아비멜렉의 무죄를 확인하고6절 그에게 그 남자의 아내를 돌려보내라고 지시하면서 마무리한다. 하나님의 발언 가운데 예기치 못했던 부분은 아브라함이 예언자이며 아비멜렉을 위해 중재할 것이라는 진술이다. 제사장과 왕도 중재자로서 역할을 할 수 있지만, 레16장; 삼하12:16 실제로 예언서는 이런 역할을 하는 예언자를 보여준다. 암7장; 왕상17:20; 렘15:1 성서는 탄원이 한 직위나 직위자의 영역이 아니었다는 것을 잘 보여준다. 그러므로 우리는 아브라함이 여기서 중재자로 묘사될 수 있었던 사실에 놀랄 필요가 없다. 창18장도 역시 그렇다 아브라함이 예언자나비nabi라 불린다는 사실은 특이하며 이 이야기가 예언 전통에 가까운 무리들에게 전달됐다는 사실을 가리킬 수 있다.

20:8-13 논쟁: 아비멜렉 대 아브라함

아비멜렉은 하나님의 재판에서 무죄판결을 받고서, 아브라함에게 고발의 질문과 이어지는 한 진술로 다가간다. 9절 아비멜렉은 아직 마치지 않고, 다시 또 다른 고발의 질문으로 말한다. 10절 이것은 히브리 내러티브가 감정을 다루는 한 방식에 대한 좋은 사례를 우리에게 제공한다. 우리는 직접적으로 아비멜렉이 분노했다는 것을 듣지 못했지만, 그의 발언의 성격은 청중에게서 분노의 감정을 불러일으킨다. [히브리 내러티브의 특성, 359쪽]

아브라함은 이런 고발에 맞서 자신을 변호하려 한다. 11-13절 해설자는 아브라함의 변호를 평가하지 않는다. 이것은 다시 독자의 몫이 된다. 하지만 우리는 내러티브가 아브라함이 아니라 아비멜렉에게 공감한다고 쉽게 결론 내릴 수 있다. 확실히 아브라함은 거류민이 되는 위험에 처하면서 나그네로서의 영역에 들어갔지만, 아비멜렉은 명백히 "하나님을 두려워한다." 아비멜렉은 아브라함보다 존경심에서 행동한다. 사라는 아브라함의 이복누이일지라도, 내러티브는 독자에게 이에 대한 아브라함의 주장을 평가하도록 하지만, 그럼에도 아브라함이 보유한 정보는 중대한 자료다. 기껏해야 아브라함은 자기 자신의 이익에서 사라 및 그랄에 거주하는 많은 죄가 없는 사람들을 위험에 빠뜨리면서 아비멜렉을 속였다.

20:14-18 마무리

이 단락은 아비멜렉이 사라를 돌려보내라는 하나님의 지시를 수행하는 것으로 마무리한다. 아비멜렉의 조치에 대한 묘사는 아비멜렉이 사라를 아브라함에게 돌려줄 때 최소한 것 이상을 한다는 것을 보여준다. 추방의 위협은12:19-20, 참고 아브라함에게 그가 원하는 곳은 어디든 정착하도록 허락한다고 제안하는 것으로 대체된다. 아비멜렉은 결코 죄가 없으면서도, 상황이 끼친 해를 치유하려고 가능한 모든 것을 한다. Westermann, 1966:401

아브라함은 아비멜렉을 대신해 중재하고 출산 능력이 그랄 여자들에게 돌아온다. 그들은 다시 한 번 자녀를 낳기 시작한다. 마지막 문장의 아이러니를 주목하라. 사라가 그들에 속하게 됐을 때, 그랄의 모든 여자들은 불임하게 됐다. 이제 그들의 자궁은 "다시 열렸다." 하지만 사라는 여전히 불임 상태다.

이삭의 출생

창세기 21:1-21

사전 검토

이야기는 마침내 약속받은 자녀에 대한 기다림의 끝에 도달한다. 이 섹션은 사라의 불임과16:1 입양으로 문제를 해결하려는 시도에 대한 보고로 시작했다. 이것은 인간의 다툼과 하나님의 명령이 결합하여 실패했다. 사라 자신이 어머니가 될 것이라는 알림 후에창17장과 18장 다른 모든 사람은 아이를 가진 것 같은데도 기다림은 계속됐다. 하지만 이제 하나님은 약속한 대로 사라를 방문한다.21:1

기대했으나 출생 보고 자체는 주목받지 않고 지나간다. 출생 보고는 아브라함이 그가 사는 땅을 통치하는 사람들과 아비멜렉과 그랄에 거주하는 사람들 사이의 갈등하는 에피소드들 사이에서 묻힌다. 출생 보고 자체는 이스마엘의 운명에 대한 훨씬 극적인 내러티브에21:8-21 가려진다. 그럼에도 이웃과의 갈등과 가정의 불행 가운데서 자녀 이삭이 태어난다.

개요

이삭의 출생 보고, 21:1-7

21:1	약속의 성취
21:2-5	출생 사건
21:6-7	사라의 반응

다른 자녀의 문제, 21:8-21

21:8-11	위기
21:12-21	해결

하나님의 발언, 21:12-13

아브라함의 행동, 21:14

이스마엘의 죽음 직전, 21:15-21

위기, 21:15-16

하나님의 개입, 21:17-19a

마무리, 21:19b-21

주석적 해설

출생 보고 21:1-7

출생 보고는 이것이 약속받은 출생이라는 진술로 시작한다.21:1 내러티브는 **주님께서는 말씀하신 대로 사라를 돌보셨다**라고1a절 이 사실을 한 번 진술한다. 병행 구절은 **사라에게 약속하신 것을 주님께서 그대로 이루시니라**고1b절 동일한 것을 말한다. 출생에 대한 묘사가 짧지만, 내러티브는 이것이 이 이야기가 기다렸던 소식이라는 점에 대해 의심의 여지를 남겨두지 않는다.

명백히 약속받은 자의 출생은 결코 "적절한" 시기와 편리한 장소에서 일어나지 않는다. 대부분의 다른 출생과 마찬가지로, 이삭의 출생은 외국이나 국내나 훨씬 더 "중요한" 사건들과 비교해 그리 중요하지 않아 보인다. 심지어 이삭이 아브라함과 사라에게 적절한 시기에 태어나지 않았지만 해설자는 이 출생이 하나님의 "지정한 때"새번역, '바로 그 때'-역주 일어났다고 우리에게 말한다.

사라는 출생의 중요성을 간과하지 않았다. 아브라함은 이름 짓기와 할례라는 예상됐던 출생 후의 활동을 행한다.3-4절 사라만이 말한다. 사라는 이제 자신이 다시 웃을 수 있고 다른 사람들도 웃을 것이라는 사실에 대해 말한다. 이삭의 이름도 함축하듯이, 웃음은 항상 이삭의 출생과 관련됐다. 이전에 웃음은 아브라함과 사라 자신들이 너무 나이가 들어 부모가 될 수 없다고 했던 웃음이었다.17:17; 18:12 이제 사라의 웃음은 출생을 축하하고, 다른 이들도 웃는다. 히브리어 본문은 다른 이들이 이 상황에 대해RSV? 사라와 더불어 웃고 있는지,NASB, NIV 아니면 노년의 어머니인 사라에 대해서도6절 웃는지에 대해 우리가 결정하도록 한다.

다른 자녀의 문제 21:8-21

이야기에 따르면, 출생의 기쁨은 오래 가지 않았다. 이삭은 이미 상속자 이스마엘이 있는 가족에 태어났다. 여러 번역본에서 우리는 21장 9절의 히브리어를 번역하는 데 어려움이 있음을 본다. RSV는 **사라가 하갈의 아들이 … 자기 아들과 놀고 있는 것을 보았다**라고 번역하는 고대 그리스어 본문과 라틴어 본문과 함께 읽는다. NIV에서 "놀리다"라고 번역하고 RSV에서 "놀다"라고 번역한 단어는 우리가 이삭의 이름에 대한 언어유희에서 보았던 "웃다"라는 단어다. 창17:17; 18:12; 21:7

"상속자의 이야기"는 창16장 사라와 이스마엘이나 두 아들 사이의 갈등이 아니라, 사라와 하갈 사이의 갈등을 보았다. 이 특별한 에피소드에서, 이스마엘은 하갈의 등에 엎일 정도로 어린 것으로 묘사된다. 21:14-15, RSV; 히브리어로는 모호하고 NASB와 NIV 번역본에서는 숨겨진 사실이다 우리는 아마도 이스마엘이 그의 행동으로 긴장을 야기하는 것으로 생각지 않아야 할 것이다. 그의 존재만으로 충분히 문제가 된다. 창세기 21장은 하갈과 이스마엘을 매우 동정하며 묘사한다. 우리는 고대 그리스어 번역과 라틴어 번역에서 입증된 구절인 "그녀의 아들 이삭과 함께"를 포함하지 않기로 결정한다고 해도, 21장 9절에 대해 "놀다" 또는 "웃다"와 같은 번역을 사용하는 게 현명할 것이다. 사라가 아브라함에게 한 발언은 가족의 주요 문제를 가리키는데, 즉 한 유산에 대해 두 상속자가 있다는 것이다. 10절

히브리 내러티브가 이야기에 나오는 등장인물의 감정을 잘 묘사하지 않고 대신에 독자가 발언과 행동에 대한 설명을 통해 감정을 상상하도록 하는 것을 선호함을 고려할 때, 21장 11절은 두드러진다. 갈등은 아브라함에게 엄청난 번민을 낳는다. 히브리어 단어 라아 ra 'a는 고통을 일으키는 것을 의미한다. "괴로움"이나 "불쾌함"이라는 우리 단어는 너무 조심스러운 것 같다. 그의 가족이 분리됨은 아브라함도 찢어지게 한다. 자기 아들이므로라고 본문은 되어 있다. 아브라함은 두 아들이 있다!

이 위기에 대해 하나님은 말한다. 12-13절 하나님은 아브라함에게 사라가 요구하는 대로 하라고 지시한다. 하나님은 아브라함이 할 수 없는 것, 즉 아브라함의 아들을 돌보는 것을 할 것이다. 그래서 아브라함은 일찍 일어나, 하갈과 그의 아들이 떠나는 것을 준비한다. 우리는 내러티브의 이 순간에 누구라도 느낄 수 있는 것을 듣지 못한다. 대신에 준비하는 모습은 아브라함과 이삭이 모리아로 떠날 때 창세기 22장에서 발견하게 될 동일한 신중함으로 표현된다. 아브라함이 아들과 그의 어머니를 사막으로 보낼 때 어떤 말도 보고하지 않는다. 14절

독자가 예상하는 대로, 물이 다 떨어져 하갈은 히브리어에 따르면 자녀를 거의 관목 아래 던진다. 15절 하갈은 특정한 누구에게도 호소하지 않으면서 한참의 거리를 떨어진다. "내게 아이가 죽는 것을 보지 않게 하라." 새번역, "아이가 죽어 가는 꼴을 차마 볼 수가 없구나"−역주 히브리어로는 명확하지 않지만 아마도 우리는 둘일 것이라고 생각하는데, 어머니나 자녀가 운다.

성서 전통은 종종 하나님이 괴로움을 당하는 자의 부르짖음을 듣는다고 노래한다. 출 2:23; 삼상7:8-9; 시107:19 그러므로 이 비참한 상황에도 하나님은 구원의 말씀을 전한다. 17-18절 이 말씀에 따르면 아이는 현재뿐만 아니라 미래도 가지게 될 것이다. 내러티브는 하갈과 그의 아들의 구원과 잘 풀려나기 시작하는 아이의 미래로 마무리한다. 19-21절

우리는 이 섹션을 "다른 자녀의 문제"라고 제목을 붙였다. 우리는 이야기에서 아이의 이름이 이스마엘이라는 것을 알지만, 본문은 결코 아이의 이름을 사용하지 않는다. 자녀는 내러티브에서 이집트 여인 하갈의 아들,9절 아브라함의 아들,11절 "여종에게서 난 아들"이거나13절 단순한 아이로만 알려졌다. 아이는 이 내러티브에서 자신의 정체성을 가지지 않는다. 미래는 그의 주변 사람들의 분노와 질투와 보호 때문에 그에게 펼쳐진다. 그는 희생자로서 자신의 삶을 살아가며, 때로 다른 이들이 하고 지킨 약속의 혜택을 입는다.

아브라함과 아비멜렉: 마무리하는 에피소드

창세기 21:22-34

사전 검토

상속자에 대한 이 이야기에서 마무리하는 에피소드는 다시 아브라함과 아비멜렉이 서로 교류하는 것으로 돌아온다. [블레셋 사람들에 대한 연대 추정, 344쪽] 현재 본문에서 다소 일관성이 없기는 하지만, 내러티브는 이 두 사람 사이의 맹세와 언약을 중심으로 진행된다.

개요

맹세, 21:22-24
언약, 21:25-32a
　　　　21:25-26　　　　논쟁
　　　　21:27-32a　　　　의식
마무리하는 언급, 21:32b-34

주석적 해설

맹세 21:22-24

이삭은 하나님의 특별한 역사에서의 독립적인 사건이 아니라 이삭이 태어나게 된 것을 주목하지 않는 상황에서 출생한다. 내러티브는 이삭의 출생을 아브라함과 아비멜렉에 대한 계속 진행되는 이야기 가운데 둠으로써 이를 표현한다. 명백히 세상은 멈추어 이 출생을 주목하지 않았다. 심지어 아브라함의 관심도 다른 곳에 있었다.

그럼에도 "하나님은, 당신이 무슨 일을 하든지, 당신을 도우십니다"라는 22절 아비멜렉이 아브라함에게 한 발언은 출생 내러티브에 나란히 놓일 때 역설적인 비꼼을 포함하고, 하갈과 이스마엘에 대해서는 결과적으로 일어나는 어려움을 포함한다. 독자는 이 언급에 대해 아브라함이 반응한 것을 듣고 싶어 할지도 모르지만, 이야기는 이 때문에 멈추지 않는다. 대신에 아비멜렉은 아브라함에게서 맹세를 요청한다. 아비멜렉은 아브라함에게 자신에게나 자신의 후손들에게 속이지 말라고 샤카르*šaqar* 요구한다. 아비멜렉은 배반의 반대, 곧 헤세드를*hesed*; "충성," "선대," "변함없는 사랑" 요구한다.

헤세드라는 단어를 간략하게 설명하기는 어렵다. 헤세드에 해당하는 적절한 단어가 없다. 기본적으로 헤세드는 한 사람이 다른 사람의 필수적인 필요에 자발적으로 반응하는 것과 관련된다. 이 반응의 특성은 명백히 상황에 달려 있다. 구약에서 헤세드는 좀처럼 선대나 호의의 관습적인 행위를 가리키지 않고, 위험한 상황이나 개별적인 문제에 대해 필요한 반응을 가리킨다. "헤세드"의 반응은 맹세로 이뤄진다고 하더라도 자발적인 요소를 지닌다.Sakenfeld, 1978 헤세드는 누군가가 위험에 처하거나 무언가 필요한 자를 보았을 때에 베풀게 되며, 도움을 주는 것이다. 이런 도움은 요청될 수도 있고 그렇지 않을 수도 있다. 아비멜렉은 하나님의 복을 소유한 자에게서 자신이 위험에 처한 것을 감지하고22절 자신이 과거 아브라함에게 행했던 방식으로 자신의 요구를 헤세드에 근거를 둔다.

언약 21:25-32a

다음 장면은 물에 대한 다툼으로 시작한다. 생존은 물을 얻을 수 있느냐에 달렸는데, 이런 건조한 지역에서 물은 가장 귀중한 필수품이다. 아브라함은 아비멜렉에게 자기 가족에 속한 우물을 빼앗았다고 고발한다.25절 아비멜렉은 이런 도둑질을 알지 못한다고 부인한다. 이로써 둘은 언약을 맺는다.

언약을 맺는 의식은 두 가지 일반적인 진술인 "두 사람이/그들이 서로 언약을 세웠다"로27b절, 32a절 둘러싸인다. 의식 자체는 아브라함이 아비멜렉에게 주는 선물인 암양 일곱 마리를 포함한다. 일곱 마리를 선물하는 것은 브엘세바라는 지명과도 들어맞는데, 이는 "일곱의 우물"을 의미할 수 있다. 브엘세바는 "맹세의 우물"을 의미할 수도 있다. 따라서 브엘세바라는 지명에 대한 이 언어유희도 사용된다. 이 두 사람이 여기에서 이렇게 맹세를 하였으므로.31절 이것은 전체 내러티브가 "그러므로 이 곳의 이름이 … 라고 불렸다"라는 이런 원인론에 대한 통상적인 공식을 포함해서, 밀접하게 지명에 대한 언어유희로 묶이는 한 경우인 것 같다.

마무리하는 언급 21:32b-34

마무리하는 에피소드는 더 나아가 아브라함과 브엘세바에 있는 성소의 연관성을 강조한다. 아브라함은 맹세하고 아비멜렉과 언약을 맺는 것 이외에도, 거기에 신성한 나무를 심었다. 33a절 아브라함은 거기서 예배한다. 33b절 우리가 이 섹션에서 다른 어떤 것을 듣더라도 아브라함과 이 성소의 연관성은 놓칠 수가 없다.

명백히 아브라함과 "우물" 성소와의 밀접한 연관성은 후대 이스라엘에서 브엘세바를 더욱 중요하게 만들었다. [블레셋 사람들에 대한 연대 추정, 344쪽] 하지만 이 원인론으로 말미암아 이 연관성이 단순히 자기 멋대로의 교만의 문제로만 사용될 수 없게 된다. 내러티브가 브엘세바를 아브라함과 나중에 블레셋이 될 곳의 거주민들 사이의 언약 장소로 기념하는 것을 주목하라. 이 언약은 물과 같은 중요한 문제로 충돌이 일어난 할례 받지 않은 자들과 맺은 언약이다. 아브라함은 하나님의 사람들에 속하지 않는 자들에게 헤세드를 행하겠다고 약속하며 맹세에 동의한다. 아브라함이 "여기서" 예배했다는 것을 기억하는 것은 브엘세바 거주민들에게도 유리하겠지만 내러티브는 이 기억을 자기중심적으로 사용하는 것에 문제를 제기한다.

성서적 맥락에서의 본문

우리는 긴 "상속자에 대한 이야기"를 살펴본 후에, 이제 이 이야기가 전통에서 한 역할을 살펴볼 차례다. 하나님이 첫 세대부터 둘째 세대와 이어지는 세대까지 계속 약속이 이어지도록 길을 마련하는 이야기는, 공동체에 그들도 이 약속을 이어가야 한다는 것을 상기시키는데, 이 약속은 그들을 통해 하나님이 모든 다른 가문들에게도 복을 미치게 할 약속이다. 예배는 여호와를 아브라함과 이삭과 야곱, 곧 각 새로운 세대의 하나님과 자주 동일시함으로써 이 이해를 강화한다.

상속에 대한 이 이야기는 약속의 이어감이 유전적 연결로 축소되도록 하지 않았다. 이스마엘은 적법하게 장자였지만, 하나님의 선택으로 이삭이 약속을 이어갔다. 이삭의 의로도 이스마엘의 실패로도 약속이 이삭에게 속한 것이 아니라, 오직 하나님의 선택에 의해서다. 바울은 약속의 미래는 유전적 연결이나 이 약속을 맡는 데 대해 어떤 다른 인간적인 토대로도 축소될 수 없다고 재확인했다. 하지만 약속의 미래는 하나님의 선택에 달려 있다. 롬9:6-8 이 선포는 인간적인 방법으로 판단하여 약속을 이어갈 기회가 없는 자들에게 희망이 된다. 이 선포는 출생과 성과 교단 연합 또는 다른 어떤 자격 기준의 권리로 자신들이 약속을 이어갈 수 있다고 생각하는 모두에게 경고한다. 미래는 확인할 수 있는 인간의 신임이 미리 설정하지 않는, 하나님의 선택의 자유 문제로 남아 있다.

갈라디아서 4장에서 바울은 사라와 하갈 사이의 갈등을 "두 길"을 설명하는 데 사용한다. 바울은 자신의 주장을 펼치려고 풍유적 해석 방법을 사용한다. 풍유적 해석은 이야기에 있는 여러 세부내용들을 사용하여, 그 내용들을 원래의 지시대상과는 매우 다른 항목과 동일시한다. 이런 이유로 갈라디아서 4장에서 하갈이 율법의시내 산 언약을 상징한다. 사라는 성령에 따라 새 언약을 대표한다. 바울은 기독교를 약속의 올바른 상속자로 주장하면서, 유대교와 기독교를 구분하는 데 본문을 사용하려고 의도하는 것 같은데, 이는 아브라함의 이야기의 일부인 이 이야기와는 매우 다른 방향이다. 실제로, 바울은 당면한 문제에 대해 열정을 다해, 우리가 택하지 않을 방법으로 이야기의 세부 내용을 취한다. 그럼에도 윤곽은 창세기 이야기와 바울의 해석 사이에 오간다. 둘에 대해서도, 약속의 미래에 대한 결정은 인간의 손에 있지 않다. 창세기 이야기에서 이스마엘은 아무리 그의 출생 과정이 합법적이며, 아브라함이 그를 아무리 사랑하거나 심지어 그가 쫓겨남이 사회적으로 관례적이지만 개인적으로 가정의 권력 투쟁의 부당한 결과라 해도, 그는 약속을 이어가는 자가 아닐 것이다. 바울에게 새 예루살렘은 인간의 통제가 없다. 갈4:26 약속의 미래는 미래를 일으키려고 주제넘게 굴고, 계획하고 노력하는 세상이 아니라, 불모지를 열매를 맺게 하는 하나님에게 달려 있을 것이다. Brueggemann, 1982:184

교회 생활에서의 본문

우리가 이 이야기를 따라 진행할 때 언급된 많은 요소들은 마무리하는 문단들에서 특별하게 주목의 대상이 될 수도 있다. 약속의 미래에 관해 하나님의 자유는 이전 섹션에서 주목을 받았다. 하지만 우리는 "선택받지 않은" 자들에 대해 내러티브가 가졌던 관심을 인지하지 않을 수 없다. 확실히 선택받지 않은 자들은 임의적인 하나님의 죄가 없는 희생자로 이상화되지 않는다. 롯은 진실하지만 무능하다. 이 무능은 그에게 닥친 재앙에서 중요한 역할을 한다. 롯은 신중을 기해야 하는 상황에서 무모하게 행동하고, 대담함이 요구될 때 소심하게 행동한다. 하갈은 명백히 사라만큼이나 가족 내에서 권력을 갖기를 원한다. 하갈은 자신의 출산 능력으로 말미암아 뺏는 것을 망설이지 않는 장점을 가지게 된다. 그럼에도 이야기는 선택받지 않은 자들이 선택받은 자들보다 더 "죄악"이 가득하다고 묘사하지 않는다. 아비멜렉을 다룰 때, 아브라함은 신뢰가 요구되는 상황에서 자신을 보호하기로 선택한다. 그리고 사라는 기회가 있을 때 하갈을 압제할 지위를 남용한다. 이 내러티브에서 선택받은 자와 선택받지 못한 자는 실제 사람들이며, 그들은 선과 악으로 정형화되지 않는다.

　루터는 아브라함이 이스마엘을 사랑하여 거의 약속에서 한눈을 팔았다고 제안한다.Luther's Commentary:390 아마도 우리는 루터가 주장한 것을 이해하는 다른 방법을 제안할 수도 있을 것이다. 하나님은 "선택받지 않은" 자들이 "가족"과 관계가 있든지 아니면 단순히 그 땅에서의 이웃이든지, 그들 누구도 하나님의 보호의 범위를 넘어서서 방랑하지 않도록 한다. 악의 집단적인 화신으로 묘사됐던 소돔 거주자들로 말미암아 하나님은 그들을 정의로 다루지 않을 수 없다. 그들에게는 미래가 전혀 없다. 하지만 사라에서 하갈까지와 아브라함에게 아비멜렉까지 이르는 모든 다른 이들에게는 어떤 면에서 하나님이 미래를 선물로 주었다.

　이야기의 중앙에는 사라와 아브라함이 미래를 기다리고 있다. 그들 주변의 다른 이들은 미래를 받았지만, 사라는 여전히 불임이다. 친구들과 사랑하는 이들은 생명의 선물로 웃지만, 사라와 아브라함은 생명의 약속을 비웃는다. 그들은 실망의 눈물을 덮는 웃음과 희망을 포기한 냉소적인 웃음을 때우는데, 이 웃음은 임신하지 못하는 자의 웃음이다. 하지만 마지막에 약속받은 대로, 하나님은 웃음을 바꾼다. 이삭과 함께 사라와 아브라함은 하나님의 은혜로 불임의 웃음에서 생명의 웃음으로 바뀐다.

창세기 22:1-19

시험 이야기

사전 검토

아마도 아브라함 이야기의 모든 내러티브 가운데 가장 강렬한 창세기 22장 1-19절은 자체를 "시험"에 대한 내러티브라고 확인한다.1절 이 내러티브는 아들의 약속에창15장 대한 대응하는 내러티브로 기능하면서, **이런 일이 있은 지 얼마 뒤에**라는 구절과1, 20절 하나님이 지시한 여정에2-19절 의해 단일 단락으로 구별된다.

다른 문학적 특성은 이 내러티브를 한 단락으로 함께 묶는다. 이삭을 번제물로 바치라는 하나님의 명령으로 야기된 긴장과 이삭의 생명에 대한 이 위협을 천사의 발언으로 해결함이 가장 두드러진다.11절 이하 하나의 다른 요소가 주목을 받는다. 많은 성서 히브리 내러티브에서 핵심 단어와 구절은 종종 본문의 의미에 중요한 창을 제공하면서, 이야기를 함께 묶는다. 이 내러티브는 이런 핵심어의 좋은 사례를 제공한다.[히브리 내러티브의 특성, 359쪽]

이전 "상속자에 대한 이야기"에서16:1-21:34 "아들"이라는 단어는히. 벤ben 아브라함과 사라의 상속자를 가리킬 때 약 25회 반복됐다. 이제 창세기 22장 1-19절에서 아들이라는 단어는 드라마의 모든 주요 등장인물들과 해설자에게서 10회 나온다. 이삭 자신을 제외하고 모든 사람은 이 이야기가 아들에 관한 것이라는 점을 상기시킨다. 하나님과 천사의 발언은 아브라함에게 그의 아들, 그의 외아들, 그가 아끼는 아들에 대해 말한다.2, 12, 16절 아브라함은 직접적으로 이삭에게 두 줄만 말하는데, 모두 내 아들로새번역, "얘"-역주 끝에 강조된다.7-8절

이와 같이 아들이 이 내러티브에서 핵심어다. 이 핵심어는 이 내러티브를 창세기 15장과 연결시키는데, 거기서 아브라함은 아들 문제로 하나님에게 먼저 갔다. 이 핵심어는 창세기 16-21장과 연결시키는데, 거기서 아들은 전체 이야기를 관통하는 주제를 제공한다. 하지만 창세기 22장의 아들은 연결하는 장치 이상이다. 아들이라는 핵심어는 드라마를 시작하고 강화하며 마지막으로 완화한다. 한 아들이 죽도록 사막에 내보라고 허락한 아브라함은 이제 하나님을 만나 자신의 "약속받은" 아들을 불타는 희생제물로 되돌려주려고 모리아로 조용히 걸어간다.

해석자가 이 본문을 이해하는 방식은 개요 형태에서 어떻게 배열돼야 할지에 대해 영향을 미친다. 명백히 직접적인 부름은 히브리 내러티브에서 중요하며, 따라서 브루그만은 이 단락을 대화의 지점과 직접적인 부름을 중심으로 구성한다.1982:186 시작하는 구절은 이 내러티브가 아브라함의 순종에 대한 "시험"을 보고하고, 게다가 이 단락을 구성하기 위한 실마리가 될 수 있다는 것을 가리킨다.Coats, 1983:157-158 행동의 초점은 22장 9-14절에 오며, 나머지 단락이 이 중심을 향해 나아가고 멀어지도록 이 단락이 구성될 수 있다. 이 모두는 본문의 중요한 특징을 보이는 데 도움이 된다. 여기 개요는 또 다른 방향으로 나아간다. 시작하는 대화에서 하나님은 아브라함에게 이동을 지시한다. 이 이동은 내러티브를 3절에서 19절의 끝까지 이끌어간다. 따라서 이 드라마는 여기서 이동의 맥락에서 설정된다.

개요

도입, 22:1a

시작하는 대화, 22:1b-2

    소명 – 하나님

    반응 – 아브라함

    지시 – 하나님

지시의 실행 – 여정, 22:3-19

    22:3   준비와 출발

22:4-8	도착
	종에게 지시, 22:4-5
	그 장소로 걸어가다, 22:6-8
22:9-14	희생제물
	아들, 22:9-10
	천사와의 대화, 22:11-12
	마무리하는 원인론, 22:14
22:15-18	천사의 발언
22:19	출발과 돌아옴

주석적 해설

도입, 22:1a

위에서 지적한 대로, 이 시작하는 구절이나 문장은 이 내러티브를 시험으로 소개한다. 12장 1-3절의 하나님의 약속, 12장 10절의 기근, 18장의 방문객들의 도착 모두가 시험의 숨겨진 요소들을 포함했지만, 여기서만 해설자는 독자에게 시험이라고 알린다. 그에 따라 우리는 독자로서 우리의 시선을 이 위험에서 이삭에게로, 그리고 하나님과의 관계에서 아브라함의 불길한 상황으로 돌릴 수 있다. 하지만 아브라함은 이 정보를 갖고 있지 않다. 아브라함은 자신이 시험을 통과했다고 천사가 마지막으로 발언하기까지는²²:16-17 알지 못하고서 드라마를 진행해야만 한다. 사실 우리 대부분은 우리도 이것이 시험이라고 알지 못하거나 기억하지 못하며 이야기에 들어간다. 우리는 사랑과 위험의 강렬한 드라마로만 경험한다.

지시의 실행 – 여정, 22:3-19

22:1b-2 시작하는 대화

하나님의 지시는 우리로서는 이해할 수 없을 것 같다. 내러티브는 아브라함이 어떻게 지시를 받았는지 말해주지 않는다. 실제로 내러티브는 줄곧 아브라함의 생각과 감정에 대해 직접적으로 어떤 것도 말해주지 않는다. 그래서 아브라함은 자신의 외아들, 그가 아끼는 아들을 데려가 산꼭대기에서 번제물로 그를 바쳐야 한다는 지시를 받자마자, 들을 수 있는 어떤 응답도 하지 않는다. 독자는 아브라함에게 전달된 지시를 들었을 때 자신의 감정이 남는다. 아마도 침묵하는 행동이 이야기되는 전부일 것이다.

아브라함의 생각이 이 대화에서 신비로 남는 유일한 요소는 아니다. 우리는 이 희생제물을 바칠 곳의 위치를 어디로 정할 수 있는가? 우리의 번역 대부분은 맛소라 히브리 본문을 따르며 그 장소를 모리아, 곧 역대하 3장 1절에 따라 솔로몬이 성전을 건축한 장소로 확인한다. 몇 가지 때문에 우리는 모리아가 가장 이른 시기의 읽기인지, 두 모리아가 동일한 것인지에 대해 의구심을 가진다. 다른 어떤 고대 본문에도 모리아라는 장소가 나오지 않는다. 다른 본문들은 서로 일치하지 않지만 어떤 것에도 모리아가 없다. 역대하 3장 1절은 "모리아 산"이라고 되어 있는데, 이는 여기서 발견되는 대로 모리아 땅보다는 더 일리가 있다. 마지막으로 창세기 22장 이외에는 어디에서도 본문은 이 장소를 명칭으로 거론하지 않는다. 이대로 두고 위치를 구체적으로 밝히려 하지 않는 게 최선일 것 같다.

하나님의 발언에 대해 하나의 다른 특이한 언급이 있다. 하나님의 발언은 히브리어로 나 na' 라는 간청의 단어로 시작한다. 이 작은 "불변화사"는 하나님의 명령에서는 여기와 이사야 7장 3절에서만 나온다.Crenshaw, 1975:254 하나님은 명령으로 간청으로 바꾸는 불변화사로 이런 간청을 하는가? 아마도 아브라함뿐만 아니라 하나님도 산에서의 이 만남에서 큰 위기에 처한 것 같다.

22:3 준비와 출발

해설자는 매우 당연하다는 듯한 태도로 여정을 위한 준비에 대해 말한다. 전체 이야기의 맥락에서 여기서 사라의 부재로 두드러진다. 우리는 사라나 이삭 또는 그 밖의 누구에게도 말한 생각이나 말들에 대해 어떤 것도 듣지 못한다. 아브라함은 단순히 자신의 젊은 두 종과 자신의 아들 이삭을 데리고 제물을 위한 나무를 가지고 간다. 조용히 아브라함은 하나님의 지시를 수행하기 시작한다.

22:4-8 도착

아브라함은 그 곳을 보고서, 멈추고 젊은 두 종과 나귀를 남겨둔다. 아브라함이 두 종에게 내린 지시도 이삭에게 나중에 한 말에서 발견되는 똑같은 모호함이 있다. 아브라함은 그들에게 이 아이와 내가 거기 가서 "우리"가 예배하고 "우리"가 돌아올 것이라고 말한다.5절 이것은 옳을 수도 있지만, 다가올 위험과 드라마를 숨기고, 아브라함이 이야기의 이 지점에서는 알 수 없는 정보를 포함한다. 한 가지 더 특이한 요소로는, 하나님과 아브라함과 내러티브가 두드러지게 이삭을 아들로 언급하지만, 여기서 아브라함은 아이, 즉

"젊은 남자"라는 용어를 사용한다는 점인데, 이는 겉으로는 관계적인 거리를 강조한다. 아마도 아브라함은 공적으로 말할 때 상황과는 거리를 두는 단어가 필요했을 것이다. 여기서부터는 계속 목격자가 없고 아브라함과 그의 아들 이삭만 있을 것이다.

그들 둘은 "통렬하면서도 웅변적인 침묵" 가운데 함께 계속 걷는다.Speiser, 1964:165 발걸음이 유일한 소리인 것 같다. 내러티브에서 어떤 것도 둘이 함께 걷는 데서 시선을 돌리지 못한다. 우리는 그들이 어떻게 보이는지, 그들이 무엇을 보는지 알지 못하고, 단순히 그들 둘이 하나는 나이가 들고, 하나는 젊으며, 아버지와 아들이라는 것만 알 수 있을 뿐이다.

침묵은 "아버지"라는 이삭의 발언으로 깨진다. "얘야, 왜 그러느냐?" "불과 장작은 여기에 있습니다마는, 번제로 바칠 어린 양은 어디에 있습니까?" "얘야, 번제로 바칠 어린 양은 하나님이 손수 마련하여 주실 것이다." "번제로 바칠 제물이다, 내 아들아"라고 내 아들을새번역, "얘야"-역주 진술의 마지막까지 고정하는 것은 드라마를 강화하면서, 감정을 냉정하게 추스린다.Crenshaw, 1975:247-248 말하는 것은 여기서 끝난다. 다시 독자는 발걸음 소리만 들을 뿐이다. 그 밖의 다른 모두는 표현되지 않는다. 어둡고, 숨겨지고 알려지지 않는다.Auerbach, 9-12

22:9-14 희생제물

중대한 지점에서, 내러티브가 산 위에서의 희생제물을 준비하고자 속도를 늦추기를 기대할 때,von Rad, 1972:241 놀랍게도 이삭을 묶고 제단 위에 놓는 것은 빠르게 연속된 동사들로 나온다. 쌓고, 벌려 놓았다, 묶어서 올려놓았다. 내러티브는 충분히 속도를 늦추지 않았다. 그 장소까지 오래 침묵하며 걸었던 것을 고려할 때, 독자가 준비하기도 전에 아들은 제단 위에 누워 있다. 이제 내러티브 단어들은 정말로 더 느리게 진행한다. 아브라함은 자기 손을 뻗어 칼을 쥐었다. 아브라함은 한 가지 목적이 있었는데, 그의 아들을 죽이는 것이었다.10절 내러티브의 이 모두에서 침묵한다.

그 다음에 침묵이 깨진다.11절 하나님의 천사/사자가 하지 말라는 지시로 깨진다. 천사는 직접 아브라함이 자기 아들을 죽일 의도에 대해 말하지 않고, 대신에 "그 아이에게 손을 대지 말아라! 그 아이에게 아무 일도 하지 말아라!"라고 말한다.12절 아마도 천사도 다가온 재앙에서 거리를 둘 필요가 있었을 것이다. 천사는 **네가 하나님 두려워하는 줄을 내가 이제 알았다**라고 외친다. "하나님의 두려워함"은 근본적으로 하나님을 두려워하는 기질이나 감정이 아니라, 가장 귀중한 것조차 보호하지 않아도 앞으로도 하나님을 신뢰하

는 순종과 관계가 있다. Brueggemann and Wolff, 1975:72

아브라함은 두 번째로 자신의 눈을 들어올린다. 처음에 그는 그 곳을 보았다. 22:4 이번에 아브라함은 양을 보고, 희생제사를 완성한다. 아브라함은 그 곳을 여호와이레라고 부르는데, 이 사건만큼이나 모호한 이름이다. 이레라는 단어는 히브리어 단어 "보다"에 대한 언어유희일 수 있는데, 이것을 22장 8절에서 우리는 보통 "제공하다"라고 번역한다. 하지만 이것은 "두려워하다"/"순종하다"을 의미할 수도 있다. 그래서 이것은 "여호와가 보이다," 또는 "여호와에게 순종하다," "여호와가 제공하는" 곳일 수 있으며, 아마도 이 모두에 해당할 수도 있다. 이 사건의 맥락에서, 이것은 이름 지을 수 없는 곳으로 남아 있다.

22:15-18 천사의 발언

이것은 매우 사적인 사건이었다. 즉, 아브라함과 이삭을 제외하고 누구도 이 산에 있지 않았다. 하지만 매우 사적인 이 순간은 매우 공적인 결과를 낳았다. 이것은 이야기의 흐름과 모두가 관련이 있다. 이런 이유로 약속은 창세기 12장 1-3절에서 시작되고, 이어서 맹세로 확정되며, 언약이 여기서 반복된다. 이 반복에서 약속은 축하의 노래라는 고양된 양식으로 선언된다. 동사에 부정사 형태를 추가하여 단어를 강화하는 일반적인 방식을 사용하여, 약속은 "내가 반드시 너에게 큰 복을 주며, 너의 자손이 크게 불어나서"라고 표현된다. 17절 이 약속은 하나님 자신의 존재에 토대를 둔 맹세로 더욱 뒷받침된다. 16절 하나님의 축하와 기쁨조차도 이 발언에서 담을 수 없다.

22:19 출발과 돌아옴

이야기의 흐름에서, 아브라함의 여정은 브엘세바에서 시작했다. 21:33 그리고 이제 아브라함은 거기로 돌아온다. 호기심을 끄는 요소가 이 출발과 돌아옴에 나온다. 이삭은 없는데, 산에 남겨졌는가?Crenshaw 1975:246 아브라함은 두 젊은 종에게 돌아간다. 그들은 함께 … 길을 떠났다. 19절 이렇게 동일한 단어가 산으로 가는 아브라함과 이삭에게 사용됐다. 22:6, 8 언급하지는 않았지만, 아마도 우리는 이삭이 거기에 있었을 것이라고 여겨야할 것이다. 하지만 그때도 다시 아브라함의 약속에 대한 책임은 마쳤고, 그리하여 브엘세바로 돌아갈 때 아마도 이삭은 산에서 미래로 나아가는 것 같다. 이삭은 약간 신비로 남아 있다. 전통이 자세하게 따르는 다음 인물은 이삭이 아니라 야곱이다. 약속을 이어가는 모두가 중앙 무대를 차지하는 것은 아니다.

성서적 맥락에서의 본문

이삭의 희생제물을 바치기 직전까지 간 드라마는 예술과 신학의 고전적인 저작들에 영감을 주었다. 쇠렌 키르케고르Soren Kierkegaard는 모리아에 있는 아브라함을 인류의 두 번째 아버지이자 신앙의 아버지, 곧 비윤리적이고 비이성적이며, 감정적으로 불합리한 것에 직면해서도 신앙에 따라 행동한 자로서 경험했다. 1983:9-123 렘브란트Rembrandt는 1635년 그림에도 이 순간의 공포를 포착했다. The Bible in Art: The Old Testament:48 수많은 다른 시인들, 예술가들, 교사들, 설교자들, 대부분은 아니더라도 일부 기억되는 자들은 아브라함의 이야기에 나오는 이 이야기에 대해 의구심을 제기해 왔고 놀라워했다.

하나님의 시험은 성서에서 친숙한 주제다. 신명기의 전통은 다음과 같이 하나님의 시험을 광야에서의 경험으로 시작하면서 이스라엘이 만나는 많은 어려움들을 해석하는 중요한 방법으로 본다.

> 당신들이 광야를 지나온 사십 년 동안, 주 당신들의 하나님이 당신들을 어떻게 인도하셨는지를 기억하십시오. 그렇게 오랫동안 당신들을 광야에 머물게 하신 것은, 당신들을 단련시키고 시험하셔서, … 당신들의 마음 속을 알아보려는 것이었습니다.
> 신8:2-13:3; 삿2:22, 참고

신약은 마음 속에 무엇이 있는지 광야에서 시험 받는 자로서의 예수의 경험을 이야기한다. 마4:1-11과 병행구절

수난 내러티브는 겟세마네 동산에서의 사건을 예수의 시험으로 명백하게 부른 것은 아니지만, 이 순간의 드라마와 위험은 산 위에서의 아브라함의 경험과 비슷하다. 하나님은 약속을 받은 자가 약속에 대한 어떤 지배나 주장도 포기해야 한다고 요구한다. 이 순간에 약속을 받은 자에게는 미래가 없다. 땅의 온 민족의 복이라는 미래는 오직 하나님의 손에 있다. 약속을 받은 자가 이 역할에 대한 어떤 주장도 포기할 때, 하나님은 덤불에 갇힌 양과 무덤에서 굴린 돌을 통해 약속을 재확증한다. 모리아라고 불리는 산에서 시험하고 제공하는 것은 신약의 신앙에서 십자가와 부활이 된다. Brueggemann, 1982:194

어떤 해석가가 이삭의 희생제물로 바쳐지기 직전의 위험 및 드라마와 예수의 십자가-부활 사이를 잇는 연관성으로 말미암아 때로 이 두 이야기를 하나로 섞게 됐다. 이 병합은 창세기 22장에 대한 교회의 해석에서 이른 시기에 시작됐다. 이레니우스와 터툴리안은 이삭이 나른 나무를 예수가 짊어진 십자가에 비교했다. Ante-Nicene Fathers, Vol. I, III, IV 명

백히 이삭의 희생제물로 바쳐지기 직전의 사건과 예수의 수난 내러티브를 병합하는 것은 다소 일반적으로 초대 교회의 예배에서 반영됐다. Ante-Nicene Fathers, Vol. II:530

다소 비슷한 해석 방향으로, 유대 전통은 나중에 이삭이 기꺼이 희생제물로 바쳐지고자 한 것이 이스라엘과 이방인들의 죄를 위한 속죄로 행해진 것이라고 제안하면서, 모범적인 순교자로서의 이삭의 역할을 강조했다. Davies and Chilton, 1978:514-546 두 이야기를 동일시하는 현상이 계속됐지만, 종교개혁가들은 이삭을 그리스도의 "모형"으로보다는 아브라함의 신앙과 순종을 강조하기를 선호하면서, 이전 해석가들보다 더욱 제한됐다.Luther's Commentary II:7-24; Menno Simons, 1956:351-352 이 종교개혁 방향은 계속 우리에게 좋은 인상을 준다.

교회 생활에서의 본문

아브라함이 시험에 통과한 것을 하나님이 축하한다는 것은22:5-18 아브라함과 같이 하나님도 모리아라 불리는 산에서 많이 위태로웠다는 것을 시사한다. 하나님은 조건 없이 아브라함에게 땅의 모든 민족에게 복을 대행하는 자로 사용할 것이라고 약속했다. 하나님이 자주 약속을 반복하고 그 약속을 맹세와 언약으로 확증하지만, 아브라함의 생은 이 약속을 이해할 수 있을지에 대한 어떤 명백한 징후도 보여주지 않았다. 반면에 아브라함은 롯에게 복을 내리도록 결정적으로 행동했지만,14장과 18장 동일한 사람이 자신을 보호하려고 거짓말을 하여, 다른 사람들을 위험에 빠뜨렸다. 12:10-20; 20:1-13 약속을 한 이를 신뢰하는 가운데 행했던15:6; 17:22-27 동일한 사람이 억지로 약속을 성취하려 하고,16장 약속이 실현될 수 있을 것이라는 인식을 비웃었다.17:17; 18:12 이야기는 누군가가 실수한 것인지 독자가 궁금하게 하는 방식으로 종종 선택받은 아브라함과 사라를 묘사한다. 이 의구심은 하나님이 아브라함을 만나려고 모리아로 올 수 있게 하겠는가?

아브라함과 사라는 심지어 그들이 신뢰하는 가운데도15:6 그들이 하나님을 의지할 수 있는지는 명확하지 않았던 것 같다. 약속의 땅에 그들이 도착하고12장 가족 내에 불화가 이어지며13장 외곽지역에서의 전쟁이 있을 때,14장 기근이 그들을 맞이했다. 그 다음에 기다림이 있었는데, 아들을 끊임없이 오래 기다리는 기다림이었다. 주변에는 다산이 그들을 둘러싸는 가운데 그들은 불임을 겪으며 살았다. 마지막으로 그들의 생이 끝나갈 때, 사라는 이삭을 낳았다. 하나님의 약속과 관련하여 사라와 아브라함의 경험은 누리고 축하하는 것보다는 기다리고 의구심을 품는 것을 더 포함하는 것 같다.

하나님과 아브라함은 이삭과 더불어 산 위에서 만났다. 하나님은 아브라함이 반응할 위험을 감수했다. 아브라함은 하나님이 제공할 위험을 감수했다. 그 사람은 자기 손에 칼을 가졌다. 양이 덤불에서 잡혔다. 아브라함은 자신의 약속과 아들을 가졌다. 하나님은 땅의 모든 가족들을 위한 복을 대행하는 자를 가졌다.

하나님은 또 다른 산, 곧 갈보리 산에서 한 사람을 만났다. 예수는 자기 목숨을 걸었다. 하나님은 아들의 위험을 무릅썼다. 하나님은 십자가를 질 수 있는 사람을 발견했다. 예수는 하나님이 제공할 것이라는 것을 알았다. 그리고 땅의 모든 가족들은 복을 받는다.

아브라함의 유언과 죽음

사전 검토

아브라함 이야기는 그의 유언에 대한 단락으로 마무리하는데, 이는 아브라함이 자신의 말년에 한 일들이다. 우리는 야곱 이야기와 요셉 이야기에 대해 동일한 종류의 마무리를 발견할 수 있다. 각 기사들에서 주요 인물들은 이야기를 마무리하고, 다음 세대를 준비하는 마지막 활동에 관여한다. 창35장; 48-50장을 보라

이 단락은 족보와 죽음에 대한 보고로 시작하고 마무리한다. 창22:20-25:18 이 요소들은 이삭을 위한 신부를 얻으려는 아브라함의 노력에 대한 확장된 내러티브를 감싼다. 실제로 이 단락의 구조는 그렇게 말끔하게 서로 들어맞지는 않는다. 이 단락은 이스라엘의 두 번째 어머니가 될 리브가의 출생을 가리키는 족보로 시작하며, 22:20-24 여기에 첫 번째 어머니 사라의 죽음과 장례가 이어진다. 23:1-20 아브라함이 이삭을 위한 적절한 아내를 얻는 내러티브에 이어, 24:1-67 마무리하는 족보와 아브라함의 죽음에 대한 보고가 나온다. 25:1-11 이 후에 우리는 "족보는 이러하다"라는 공식으로 시작하는 내러티브에 대한 "후기"를 발견할 수 있다. 25:12 이 후기는 이스마엘의 족보을 열거하고 25:12-16 그의 죽음을 보고한다. 25:17-18

개요

주석적 해설

나홀의 족보 22:20-24

이 족보는 **아브라함은 … 말을 들었다**[20]절라고 하는, 알려지지 않은 화자가 아브라함에게 하는 발언으로서 우리에게 소개한다. 주요 목적은 아브라함에게 리브가의 족보를 전달하는 것이다.

족보는 밀가가 아브라함의 동생 나홀에게 낳은 여덟 자녀를 열거한다. 나홀과 밀가의 이름에서 줄곧 아브라함의 이야기가 시작된 족보로 거슬러 올라간다.[11:29] 이 목록에서 핵심 이름은 여덟 자녀 가운데 마지막인 리브가의 아버지 브두엘이다. 우리는 이 짧은 족보에서 나홀이 아브라함의 동생이라는 점을 두 번 듣는다.[22, 23절] 이 족보는 이 단락에서 다른 곳에서 산 아브라함 가족에 대한 소식을 제공할 뿐만 아니라, 노인의 마치지 않은 임무인 약속의 둘째 세대 가족을 보호하는 임무에 대한 소개 역할을 한다. 이삭은 안전하게 가족 내에서 결혼해야 한다. 이 족보는 리브가가 이스라엘의 두 번째 어머니가 될 것이라는 결말을 준비한다. [족보 읽기, 349쪽]

사라의 죽음 보고 23:1-20

23:1-2 사라의 죽음

이야기의 족보 틀에 특유한 방식으로, 사라의 죽음은 사망 기사인 것처럼 보고된다. 하지만 본문은 단순하게 알리기만 하지 않고, **아브라함이 가서, 사라를 생각하면서, 곡을 하며 울었다**라고 추가한다.2절 이스라엘의 첫 번째 어머니는 죽는다. 그녀는 불임과11:30; 16:1 아브라함이 자신을 보호하려는 충동으로12:11-13; 20:2 희생당하는 여자이며, 약속이 진행되도록 노력했으나 자신의 계획의 결과를 결국 증오하는 것으로 끝났던 여자다.16:1-6; 21:8-10 하지만 사라는 생애 대부분을 때로 전면에서 기다렸고, 더 자주 장면 뒤에서 약속받은 아들을 기다렸다. 이야기의 흐름에서, 아들이 태어나 안전하게 된 직후 어머니는 죽는다.

23:3-20 사라의 장례

아브라함은 떠돌이로서 자기 소유의 재산이 없다. 명백히 이런 사람들은 재산을 획득할 수 없지만 지배 공동체의 허락을 받아야만 가능하다.Westermann, 19666:457 이 목적을 위해 아브라함은 사라를 장례할 땅을 얻을 허락을 받으려고 헷 사람에게 접근한다. 과거에 학자들은 아브라함의 협상을 고대 히타이트 법에 나오는 요소들과 비교했는데, 히타이트 족속은헷 족속 아나톨리아현대 터키에 사는 비-셈족 집단이다. 최근 연구에서 창세기 가족 이야기에 언급된 헷 족속은 반드시 아나톨리아에 이전에 거주했던 사람들과 동일시될 필요는 없고, 가나안에 사는 비-아브라함 가문의 집단의 한 구성원이라고 제안한다.de Vaux, 1978:255-256

아브라함과 마을 사람들 사이의 협상은 과도하게 정중하고 매우 진지해 보인다. 아브라함은 자신을 떠돌이로 소개하고, 자신에게 죽은 아내를 장례할 땅을 주라고 요청한다.4절 주다라는 동사는나탄natan 협상 전반에서 핵심 단어 역할을 한다.4, 9, 11, 13절 이것은 주는 것이 아니라, 사고 파는 문제일 것이다. 진지한 협상은 공적인 대화의 정중하고 경의를 표하는 언어 아래에 숨겨질 것이다.

주민들은 아브라함을 가장 강력한 군주 또는 우리가 엘로힘ʼelohim을 다르게 번역하기를 원한다면 신적인 군주라고 부르면서, 6절 아브라함의 겸손에 답한다. 4절 아브라함은 사회 계층의 바닥에 자신을 두고, 그들은 아브라함을 꼭대기에 둔다. 아브라함은 매우 정중하게 말하면서, 에브론이 막멜라 굴을 준다면 넉넉하게 지불하겠다고 제안한다. 8-9절 **내 주여**라고 새번역에서는 번역하지 않음-역주 아브라함을 부르는 한 연장자로서 에브론은 밭도 주고 굴도 주겠다고 제안한다. 세 번 에브론은 주다라는 단어를 반복한다. 23:11 아브라함은 두 번째 숙이면서 밭 가격을 주라고 제안한다. 13절 에브론은 돈은 친구들 사이에 아무것도 아니라고 주장하면서, 매우 높아 보이는 가격을 정한다. 다윗이 예루살렘의 성전 부지에 지불한 50세겔과 비교할 때, 매우 크다. 삼하24:24 Vawter, 1977:265 군주요, 주인 아브라함은 넉넉한 가격에 동의한다. 공적인 대화의 과도하게 경의를 표하는 언어 아래 숨겨진 진지한 협상은 이 장면을 거의 익살스럽게 만든다.

성문에서의 거래는 끝나고 사라는 장례가 치러진다. 19-20절 우리는 이 구입과 땅의 약속 사이의 어떤 연관성을 기대할 수도 있다. 마침내 가족은 약간의 땅을 소유한다. 하지만 본문에서 우리는 이에 대한 어떤 언급도 발견할 수 없다. 아브라함은 실제로 땅, 곧 장례용 굴을 소유한다. 땅 약속에 대한 성취로서 묘지가 아브라함이 기대했던 것이 아니라는 것을 우리는 의심한다. 그럼에도 사라는 여러 조상들을 수용할 굴에 장례가 치러지므로, 25:9; 49:29-31 아브라함의 마지막 활동 또는 유언의 처음을 완성한다.

이삭의 결혼 이야기 24:1-67

24:1-9 도입

아브라함이 자기 아들 이삭의 결혼을 주선함으로써 자기 집의 질서를 바로 잡는 임무를 계속한다. 결혼 주선은 짧은 이야기 형태, 즉 더 공식적으로는 중편 이야기로 novella 전달된다. 아브라함 이야기 가운데 이 마지막 내러티브에서, 해설자는 마지막으로 아브라함이 **복을 받았다**고 한다. 전체 이야기는 복에 대한 약속으로 시작했고, 창12:1-3 이제 이 선언으로 이야기의 마무리에 도달한다. 한 문제가 아직 남아 있으며, 이에 대해 아브라함은 자신의 가장 연장자이자 아브라함의 모든 재산을 관리하는 종에게 도움을 구한다. 2절 이 이야기의 흐름은 하나님의 섭리 가운데 이런 종의 인내하는 일이 열매를 맺을 것이라고 선언하면서, 선하고 충실한 종의 일을 따라간다. 종은 이야기에서 줄곧 이름이 거론되지 않는다. 하지만 이 선한 종은 직접적으로 이야기의 성공적인 마무리의 수혜자는 아니지만, 이야기의 조용한 주인공으로 행동한다.

이야기는 아브라함이 종에게 자신의 친족, 곧 아브라함이 이야기의 시작에서 12:3 떠나도록 지시받았던 가족에게서 이삭을 위한 아내를 얻는 임무를 요청하는 것으로 시작한다. 아브라함은 맹세할 사람이 맹세를 요구하는 자의 **생명**이 되는 출산의 근원을 건드리는 의식을2, 9절, 또한 47:29 포함해서 맹세로 종의 충성을 보장받으려고 한다. 아브라함은 가나안 주민들이 이삭의 아내가 될 여자로서의 자격이 되지 않는다고 선언한다. 이것은 동족 결혼, 곧 가문 내에서 하는 결혼이 될 것이다.

종은 적절한 여자가 자신의 요청에 반응하여 오지 않을 가능성을 제기한다. 아마도 이삭 자신이 아브라함의 고향 땅에 되돌아가야 할 수도 있을 것이다.5절 이런 선택을 아브라함은 단호하게 거부한다.6절 아브라함은 자신의 발언 마지막에서8절 한 번 더 이삭이 메소포타미아의 가문의 영토로 가서는 안 된다고 진술한다. 아브라함 가문의 미래는 이 땅에 있다.

내러티브는 우리에게 단호한 아브라함을 보여주지만, 이 노인은 아내를 위한 임무가 성공할 것이라고 단순히 당연하게 여기지는 않는다. 아브라함은 적절한 여자가 종을 따라 이삭에게로 오지 않는다면 종은 더 이상 맹세에 얽매이지 않는다고 규정한다.8절 이 이야기에서 가족의 순례 경로는 심지어 아브라함에게도 하나님의 섭리를 이용하는 것에 대해 경고한다. 아브라함은 약속을 향해 나아가지만, 어떤 특정 행동도 성공적일 것이라는 보증이 없이 행한다.

24:10 여정: 출발

종은 선물을 모으고 떠난다. 이 내러티브에 중심이 되는 것은 좋은 종이나 청지기에 대한 이해다.Roth 177-187 잠언 13장 17절은 다음과 같이 종-전령의 역할을 묘사한다.

> 못된 전령은 사람을 재앙에 빠지게 하지만,
> 충직한 사신은 재앙을 물리치는 일을 한다.

이 여정은 충성스러운 특사의 일을 묘사한다.

내러티브는 이 신실한 종-전령의 지시와 일을 묘사하는 핵심 단어의 연결된 망을 따라 움직인다. 내러티브는 전령의 "가는 것"을할라크halak, 예, 24:4, 10, 42, 56 따라 진행된다. 내러티브의 긴장은 리브가가 갈 것인가할라크halak와 야차yaşa, 예, 24:5, 8, 55, 58의 여부에 달려 있다. 사람들의 움직임이 가다/나가다라는 단어로 진행되는 반면에, 하나님의 조용한 존재는 복을 주다바라크barak, 24:1, 31, 35, 60와 인도하다나하naḥah, 24:27, 48라는 단어를 통해 전달된다. 또 다른 핵심 단어인 변함없는 사랑/충성을 의미하는 헤세드*hesed*가 종과 가족 사이의 협상에서 토대를 이룬다. 종은 가고 오는 것과 복을 주고 인도하는 것과 변함없는 사랑과 충성이라는 이 모든 단어들이 이야기에서 기능하는 전달수단으로 행동한다.

24:11-27 도착과 우물에서의 만남

우물에서의 장면은 종의 두 번의 기도로 둘러싸인다.12, 17절 시작하는 기도에서의 반복은 하나님이 아브라함을 향한 변함없는 사랑과 충성에서 헤세드*hesed* 행한다는12, 14절 종의 반복을 강조한다. 종은 자신의 기도에서 이삭을 위한 아내를 확인할 조건을 규정한다. 조건이 충족되려면 여자는 물을 요구할 때 반응할 뿐만 아니라 낙타의 갈증에도 반응해야만 한다. 이런 행동은 환대와 심지어 하나님의 헤세드의 모범이 될 것이며, 한 사람의 심각한 필요에 대해 반응하는 자발적인 행동이다. Sakenfeld, 1978

여자는 심지어 종이 기도를 마치기 전에 나타난다.15절 해설자는 긴 설명으로 여자가 아브라함 가문의 일원이며 아름답고 결혼하지 않았다고 말한다.15-16절 리브가는 종이 물을 달라는 요구와 낙타의 갈증에 대해 신속히 반응한다.20절 모든 일이 너무 빠르게 일어나, "노인은, 이번 여행길에서 주님께서 모든 일을 과연 잘 되게 하여 주시는 것인지를 알려고, 그 소녀를 말없이 지켜보고 있었다"라는 24장 21절에서의 해설자의 설명이 최소한 미소를 짓게 한다. 남자가 조용히 상황을 신학적으로 조용히 평가하는 동안에, 이 아름다운 여자가 낙타에 물을 주려고 서둘러 왔다 갔다 하는 장면은, 독자에게는 매우 다른 반응을 낳을 것 같다.

이때 종은 여자에게 선물을 아낌없이 주고, 그녀의 아버지의 이름과 가족이 자신에게 대접할 수 있는지를 묻는다.22-23절 여자는 자신의 족보 일부를 반복하고, 자기 가족이 기꺼이 대접할 것이며 대접할 수 있다고 단언한다. 그 다음에 장면은 시작한 그대로 종이 기도하며 마무리하는데, 이번에는 감사의 기도를 드린다.27절

신부와 환대 둘을 구하는 것은 전체 드라마에 희극적인 분위기를 더해준다. 마치 둘은 실제적이지만 언급되지 않은 의제를 아는 것 같으며, 이렇게 하여 환대가 과도하게 중요한 문제가 된다. 종은 귀중품을 주는데, 이것은 환대라는 의제에서 물과 대접에 대한 지불인 것 같지만 사실은 신부의 가족에게 신랑의 가족이 주는 선물의 일부다. 리브가의 아버지의 이름을 물었을 때, 리브가는 자신이 아브라함의 가문에 속한다는 것을 모두가 알수 있을 정도의 족보로 응답한다. 히브리 유머는 모순과 역설과 절제된 표현으로 종종 표현되는데, 이 장면에서 작용했을 여지가 있다.

24:28-54a 신부에 대한 협상

유머는 리브가의 집을 다루는 내러티브까지 이어진다. 리브가는 방문한다는 소식을 알리면서 어머니 집으로 달려온다.28절 해설자는 리브가의 오라버니 라반을 소개하는데, 그는 가족의 대변인으로서 가 우물가에 달려온다. 이때 해설자는 라반이 무엇보다 왜 우물가에 달려오는지에 대해 뒷받침하며 우리에게 설명한다. 즉, 라반이 귀중품을 보고 자기 누이의 말을 들었다는 것이다.30절 우리는 라반이 무슨 말을 들었는지 확신할 수 없다. 아마도 귀중품에 대한 이야기였을 것이다. 이때 라반은 종에게 "주님께서 주시는 복을 받으신 분"이라고 부르고, 그를 집으로 데려온다.31절

종은 자기 앞에 차려진 음식을 먹으려 할 때, 자신이 왜 왔는지를 말하려고 멈춘다.33절 이때 우리는 종의 길고 긴 발언을 보게 되는데, 종은 자신이 적절한 여자를 찾았을 때 그녀가 오지 않을까 봐 두려워하는 것을 포함해서 모든 것을 설명한다.34-39절 아브라함이 말한 것과 종이 보고한 것을 비교하면, 사소한 차이만이 드러나지만, 우리는 히브리 내러티브에서 이런 사소한 변화에서 주목해야 한 것을 배웠다.Alter, 1981:77-78 종은 아브라함이 매우 부자가 됐고 이삭이 모든 재산을 물려받았다고 진술하며 시작한다.35-36절 그 다음에 종은 자신이 아브라함의 아버지 집에서 아내를 얻어야 한다고 강조하지만,38절 이삭을 아버지의 고향으로 다시 데려가지는 말라는 두 번이나 반복된 아브라함의 경고를 완전히 생략한다. 종은 리브가가 이삭과 결혼도록 허락함으로써 가족은 아브라함에게 인자함과 진실함헤세드hesed을 보일 수 있다고 진술한다. 이 진술은 이 상황에 대해 더욱 압력을 가하는 것이다.49절 라반과 브두엘은 빠르게 이 요청에 동의하는데, 독자가 느끼기에는 너무나 빠르다.50-51절

브두엘은 여기서만 협상에 참여했다고 언급되는데,50절 다른 곳에서는 라반만이 협상에 관여한다. 아마도 아버지의 이름이 우연히 나왔을 것이다.Francisco, 1973:196 현재의 본문에 이 이름이 있다는 것은, 아버지가 결혼에 동의하는 데 갑작스럽게 내러티브에 등장했다가 다시 사라지는 희극적 요소를 제공한다.53절 아프리카 교회 그리스도인들은 서양 그리스도인들이 마치 한 사람이 아내를 사는 것처럼 이것을 "신부 값"으로 여기며 오해할 수도 있다. 이런 선물은 신랑의 가족이 신부의 가족에게 환심을 사서 신부 가족이 결혼을 허락하도록 하려고 제공되는 것이다. 비슷한 결혼 제도가 있는 아프리카 그리스도인들은 이런 결혼 제도가 사고 파는 과정이 아니라고 진술한다. 여자들은 현재의 서구 여자들이 결혼에 대해 가지는 종류의 통일한 선택권을 가지지는 않지만, 남자들도 가지지 못했다.

24:54b-61 출발

다음 날의 대화는 모두 마친 것은 아니라는 점을 보여준다. 종은 리브가를 데리고 떠나게 해 달라고 요청한다.[54b절] 하지만 지금까지 협상에서는 나타나지 않았던 리브가의 어머니와 라반은 이 여정을 늦춰 달라고 요구한다. 히브리어 본문을 해석할 때의 어려움으로 말미암아 독자는 열흘을 제안했는지, 얼마나 길게 지체하도록 제안했는지에 대해 명확하게 알지 못한다. 어떤 경우든 그들은 상당하게 더 머무르라고 요청한다. 종은 하나님이 신속하게 출발하도록 허락했을 수 있다는 것을 내포하면서 거절한다. 오라버니와 어머니는 딸이 결정하도록 하는 데 동의한다. 리브가가 가겠다고 동의할 때 긴장감이 풀어지고, 그들은 성대한 축복과 더불어 리브가를 보낸다.[Coats, 1983:169]

24:62-67 마무리

이 짧은 이야기는 결혼으로 마무리한다. 야곱 이야기는[창25:19-36:43] 리브가와 이삭의 결혼을 때로 불안한 결합으로 기억한다. 하지만 리브가는 결혼에 동의했다. 게다가 이삭은 리브가를 사랑한다.[67절]

이 결혼으로 아브라함의 가족은 이제 리브가와 이삭이라는 둘째 세대가 자리 잡게 된다. 결혼이 하나님의 목적에 들어맞는다는 점에서, 이 결혼은 섭리에 의한 것이라고 할 수 있다. 그러나 내러티브는 하나님이 사건을 통제함을 강조할 뿐만 아니라, 사람들의 현명하고 충실한 행동을 강조한다. 때로 우습고 때로 긴장감이 넘치는 순간들을 지나면서 사람들은 하나님의 섭리 안에서의 자신의 방법을 협상한다. 우리는 선한 사람들과 악한 사람들 사이의 어떤 구분도 찾을 수 없으며, 단순히 자기 가족을 걱정하고 재산에 깊은 인상을 받고, 어떤 순간에는 서투르고 다른 순간에는 영리한 일반적인 사람들이다. 우리가 여기서 접하는 많은 행동들은 약혼과 결혼 이야기, 즉 또 다른 나라로의 이동, 우물가에서의 만남, 식사로 마무리되는 결혼에 대합 협상에서 자주 다시 나온다.[Alter, 1981:52] 우리는 이 이야기를 독특하게 만드는 뜻밖의 전개와 전환을 발견하지만 어떤 극적인 하나님의 개입은 없다. 이 이야기에 나오는 인물들은 일상적이고 통상적인 사건들에서 하나님을 찾는다.

아브라함의 족보 25:1-6

아브라함은 또 다른 아내 그두라를 얻는다. 이 결혼으로 여섯 아들을 낳는데, 본문은 그 가운데 둘 욕산과 미디안을 셋째 세대와 넷째 세대에 잇는다. 우리가 확인할 수 있는 이름들은 이 지역 곳곳에서 무역과 상업에 관여한 셈족 집단인 것 같다.

25장 5-6절과 더불어 본문은 아브라함과 그의 자녀들의 관계에 대해 이야기하려고 엄밀한 족보에서 옮겨간다. 아브라함은 그들에게 재산을 나눠주고 내보냈다. 그들은 이삭이 아니었다. 이삭에게 아브라함은 모두 주었다. 족보는 다른 이들이 가문에 속한다는 것을 단언하면서 이삭의 "약속받음"을 보호한다. [족보 읽기, 349쪽]

아브라함의 죽음 보고 25:7-11

아브라함의 죽음에 대한 보고는 그가 평화롭게 죽었다는 것을 강조한다. 오랜 삶과 하얀 머리와 만족한 삶과 조상들이 간 길로 갔다.8절 본문은 아브라함의 삶의 순례가 순탄하지 않았음을 떠올리는 게 아니라, 삶의 마지막에 만족했다는 것만을 떠올리게 한다. 이삭과 이스마엘은 그들의 아버지가 죽었을 때 함께 나타난다. 전통은 아브라함을 장사지낼 때에 이삭이 우선시됨을 보호할 필요가 없지만, 그 직후에 이별했다고 거듭 주장된다. 하나님은 이삭을 축복한다. [가족 이야기에서의 약속, 343쪽] 이스마엘은 내러티브에서 사라진다.

후기: 이스마엘 25:12-18

내러티브는 이스마엘의 이야기를 따르지 않지만, 이 후기가 우리에게 상기시키듯이 가족 가운데 이스마엘의 지류도 실제로 역사를 가진다. 이스마엘의 이야기가 성서 전통에서는 상실됐지만, 이 족보는 이스마엘의 사람들이 하찮은 사람들이 아니라, 돌로 된 벽으로 보호되는 농장 마을과 진영에서 사는 군주들과 부족들이다. 마지막 구절은18b절 창세기 16장 12절에서도 발견되는 부족에 대한 진술이다. 이 진술은 아브라함 가문 가운데 이스마엘 지류의 순례가 지니는 갈등의 성격을 포착한다. 이슬람의 아랍 공동체가 그 혈통을 아브라함에게까지 이스마엘 전통에 의해 추적되는데, 이 이스마엘 전통은 오늘날까지 이 갈등을 이어간다.

성서적 맥락에서의 본문

우리는 우리 신앙의 조상의 마지막 또는 유언 활동을 요셉의 중편 이야기 마지막에서 다시 만날 것이다. 창48-50장 성서 인물의 순례의 삶에서 이 순간은 종종 신앙 공동체에 대해 중심적인 순간인 것으로 드러난다. 삶을 마무리할 때, 중심적인 임무는 전통을 전달하는 것이다. 유산은 과거와 미래 사이의 연속성을 보장하는 말이나 의식 제도나 행동으로 전달될 수 있다.

요셉의 유언에서 우리는 축복의 말과 의식을 발견할 수 있다. 이삭도 마찬가지다, 창27장 모세의 기억되는 마지막 활동도 약속의 땅에 들어가도록 준비된 공동체에 전달된 설교 형태로 우리에게 주어진다. 신명기 사무엘도 유언의 설교로 묘사되는 연설을 전한다. 삼상12장 현재의 사무엘 내러티브의 흐름에서, 이 설교는 사무엘의 마지막 유언이 아닌 것으로 드러나지만, 거기에서 사무엘은 과거를 다윗에 기름 부을 때의삼상16장 미래와 연결시킨다. 다윗 역시 자신의 마지막 조치로 계승자를 선택한다. 왕상1장 사무엘과 다윗은 전통을 이어가려고 경쟁하는 자들 가운데 누가 선택될 것인가를 정해야 한다. 어떤 경우도 부모의 유언적 조치가 미래에 문제가 없을 것이라고 보장하지는 않는다. 하지만 아브라함, 요셉, 모세, 사무엘, 다윗은 자신들의 생의 마지막에 미래가 전망이 밝게 하려고 조치를 취한다. 그들은 이 유산으로 행해진 것을 통제할 수는 없다.

신약도 유언에 대해 알고 있다. 사가랴는 히브리 조상 요셉과 마찬가지로 자신의 마지막 말에 자기 아들에게 복을 선언한다. 하지만 신약의 중심은 우리가 "수난 내러티브"라고 알고 있는 것에 보존된 예수의 유언에 있다. 마지막 식사에서의 말씀과 의식에서 예수는 교회를 자신의 삶과 죽음에 밀접하게 연결시키면서 자기 제자들에게 미래를 대비하도록 한다. 예수는 내러티브에 보존된 십자가에서의 말씀으로, 미래가 없던 도둑과 자기 아들을 곧 잃게 되는 어머니에게 생명을 열어준다.

하지만 복음서 내러티브는 예수의 십자가에서의 유언으로 끝내지 않는다. 예수는 동산에서 한 여자와 엠마오로 가는 길에 있던 두 사람과 바닷가의 제자들을 작은 마을의 집에서와 갈릴리 언덕에서 만남으로써, 십자가 후의 미래를 위한 길을 계속 마련한다.

교회 생활에서의 본문

선하고 충실한 종이라는 주제는 신자들의 교회의 중요한 유산에 속한다. 거의 우리 유산 가운데 잘 알려진 이름들 이상으로 우리는 공동체에서 조용히 일하는 종의 기여를 소중히 여긴다. 우리는 선례가 되는 이런 사람들, 우리 어머니들과 아버지들의 이야기를 소중히 여기는데, 이들은 상처 난 자들을 치유하고 굶주린 자들을 배불리며 다른 이들을 위해 생명을 가능하게 하고자 그들이 섬길 수 있는 것은 무엇이든지 주는 자들이다. 이 사람들 대부분은 아브라함의 종과 마찬가지로 익명으로 남아 있다. 하지만 우리가 그리스도인의 신앙 내에 행위의 중심을 확인할 수 있는 한, 그 중심은 섬김이다.

의심의 여지없이 참된 그리스도인의 표시로서의 섬김에 대한 강조는 우리의 장점이기도 하고 단점이기도 하다. 섬김에 대한 강조로 말미암아, 재난 구조 작업에서부터 국제 학생 교환까지 다양한 활동에 관여하는 북아메리카와 온 세계의 수많은 봉사 기관이 대두했다. 한편으로 우리는 "선하고 충실한 종"이라는 구절에 너무 자부심을 느껴서, 기독교에서 이런 섬김이 유래한 것이 아니라는 사람들을 의심의 눈길로 보게 된다.

우리는 내부에서부터 종을 아는 자들로서, 이야기가 우리에게 이름을 제시하여 우리를 위한 미래를 제공하기를 바라는 순간에, "종의" 의심에 대해서도 말할 수 있다. 하지만 이름 없는 종의 삶은 이름을 인식하는 데서 끝나지 않는다. 우리가 이 내러티브에서 발견한 대로, 종이 임무를 충실히 이행하고 이야기에서 사라지는 것으로 끝난다.

제3부

야곱의 이야기

야곱 이야기

사전 검토

아브라함 이야기는 아브라함에게 메소포타미아를 떠나 새로운 땅으로 가라고 지시하는 하나님의 말씀으로 시작했다. 창12장 이야기는 먼저 사라의 죽음과 그 다음에 아브라함의 죽음으로 마무리했다. 두 번째 주요 족장의 내러티브는 다르게 야곱과 에서의 출생으로 시작하고, 먼저 야곱의 아내 라헬의 죽음과 그 다음에 이삭의 죽음으로 마무리한다. 이것은 아브라함의 이야기와 비슷하게 이삭의 죽음으로 마무리하므로, 이것을 이삭의 이야기로 지목하는 것이 정당화될 것이다. von Rad, 1973:263; Coats, 1983:177 하지만 내러티브 자체에서 이삭이 아니라 야곱이 주요 인물의 역할을 한다. 다음 이야기에서 창37-50장 야곱이 아니라 요셉이 이 자리를 차지한다.

이야기를 신중하게 읽으면, 이야기의 복잡함이 드러난다. 다양한 실마리가 소개되고, 없어지고, 다시 거론된다. 처음부터 마지막까지 있는 한 주제는 갈등이다. 이삭 가족 내에서의 갈등은 거의 모든 가능한 관계에 영향을 미친다. 가족 갈등은 가까운 가족을 넘어 먼 친족과 가까이에 있는 이웃들에게도 미친다. 갈등은 심지어 야곱과 하나님의 관계를 특징짓는다. 그리고 이야기의 결론은 모든 가족의 갈등을 해결로 끝나지는 않는다. 대신에 계속되는 관계의 소원과 조정과 부분적인 화해가 야곱 이야기의 대단원을 특징짓는

다. Coats, 1979:82-106

갈등이 가장 두드러지지만, 내러티브를 묶는 유일한 주제는 아니다. 아브라함 이야기에 활력을 불어넣는 약속도 이 이야기에서 자주 대두한다. 26:3-4; 28:3-4, 13-16; 32:12; 35:11-12 심지어 "약속" 이상으로 복의 유무는 야곱 자료에 중요하다. Westermann, 1980:93 명백히 야곱/에서 이야기는 복에 대한 다툼을 중심으로 한다. 하지만 라반/야곱과 레아/라헬 내러티브도 복의 유무에 달려 있다. 30:2, 23, 27 풍요롭고 번성하는 삶을 위한 힘인 복은 복을 덜 받은 에서와 복을 더 받은 야곱을 맞서게 하고, 덜 출산한 라헬과 더 출산한 레아를 맞서게 하면서, 모든 이야기를 복잡하게 한다. 그러나 야곱과 레아가 경험한 대로, 복을 더 받은 자가 된다는 것이 그의 행복을 보장하지는 않는다. 하지만 라헬과 에서의 순례가 보여주듯이, 복을 덜 받는 자가 되는 것에 어떤 큰 기쁨도 없다.

이 이야기의 복잡함에도 불구하고, 내러티브는 전반에 걸친 대칭을 교차 구조라 불리는 보여준다. [히브리 내러티브의 특성, 359쪽] 이야기는 출생과 죽음과 족보에 대한 본문으로 시작하고 마무리한다. 25:19-26; 35:16-36:43 둘러싸인 내용에서 우리는 기본적인 이야기의 흐름을 방해하는 두 내러티브를 발견하게 되는데, 그랄에서의 이삭과26장 디나 강간이다. 34장 야곱과 에서 사이의 갈등은 다음 섹션에 나오며, 이야기의 처음부터 마지막까지 진행된다. 27장과 33장 28장과 32장은 야곱과 하나님의 중대한 두 번의 만남을 서술한다. 29장부터 31장까지는 야곱과 라반의 이야기가 진행된다. 하지만 이야기의 중심에는 29:31-30:24 라헬과 레아 사이의 갈등이 있다. 전반에 걸쳐 나오는 대칭을 도표 형태로 표현하면 이와 같다. 또한 Westermann, 1966:500; Brueggemann, 1982:211-213, 참고

A. 출생과 족보		25:19-34
B. 주요 플롯에서의 이탈		26장
C. 야곱과 에서		27장
D. 하나님과 야곱		28장
E. 야곱과 라반	29:1-30	
F. 라헬과 레아	29:31-30:24	
e. 야곱과 라반	30:25-31:55	
d. 하나님과 야곱		32장
c. 야곱과 에서		33장
b. 주요 플롯에서의 이탈		34장

a. 출생, 죽음, 족보 · 35장

이 대칭의 세부내용을 더 깊이 주장할 수도 있다.Fishbane 40-62 하지만 내러티브는 너무 엄격하게 도식화해서는 안 된다. 다른 방향도 자료에 서로 다른 개요를 시사하면서 내러티브에 작용한다. 예를 들어, 가족의 여정에 대한 메모를 따라감으로써 이야기의 개요를 구성할 수 있다.Westermann, 1980:76, 85-86, 93 이런 설명은 주로 갈등 이야기들 사이의 경계에 나온다. 대부분의 논의는 가족이나 가족의 일원의 여정에 대한 설명을 우연에 의한 것이라고 다룬다. 명백히 갈등의 긴박한 이야기들은 이야기에서 역동성을 자아낸다. 하지만 "이삭이 여기에 갔다" 또는 "야곱이 거기를 떠났다"라고 지적하는 이 짧은 언급들은 강력한 이야기들에 대한 틀이자, 우리가 여정에 대한 설명을 무시한다면 볼 수 없는 틀을 제공한다.

독자가 이야기를 이런 우연으로 보이는 여정에 대한 메모를 통해 본다면, 내러티브에서 훨씬 많은 역동성을 목격할 수 있다. 이야기는 거의 조용하고 쉬는 시간이 없다. 가족은 서로 갈등하거나 이동하느라 분주하고, 종종 이 두 역동성이 겹친다. 아브라함과 요셉의 이야기는 내러티브가 느긋해지는 순간이 있지만, 야곱의 이야기에서 우리는 거의 이런 순간을 발견할 수 없다. 심지어 잠도 방해를 받으며, 강기슭에서 밤은 공격의 공포에 사로잡힌다.

여정에 대한 설명을 자료를 구성하는 방법으로 사용하면서, 이야기의 개요는 다음과 같을 것이다.

개요

도입, 25:19-34
가족 순례에 대한 보고, 26:1-35:29
    26:1-28:9   이삭
        그랄과 브엘세바로의 여정, 26:1-33
        가족 내의 갈등, 26:34-28:9
    28:10-35:29   야곱
        하란으로의 여정과 돌아옴, 28:10-33:20
        도중의 만남, 29:10-22

하란에서의 체류, 29:1-31:55

돌아오는 길에, 32:1-33:20

세겜과의 갈등, 34:1-31

마무리하는 여정, 35:1-29

마무리, 36:1-43

　하나는 문학적 교차 대구를 사용하는 개요이며, 둘째는 과도적인 여정 메모를 따르는 개요인데, 이 두 다른 개요를 볼 때, 우리는 이 단락의 복잡함을 볼 수 있다. 어느 한 읽기도 충분히 다룰 수도 없고, 어떤 한 해석도 완전하지는 않을 것이다. 이어지는 주석적 해설에서는 각 독자가 야곱의 이야기에 들어가서, 개인적으로 갈등 중에 있는 이 가족의 순례를 경험할 수 있는 길을 제공할 것이라고 희망한다. 각 단락의 더 자세한 개요는 아래에서 논의할 때 나올 것이다.

야곱 이야기에 대한 도입

사전 검토

야곱 이야기는 "족보" 공식으로 엘레 톨레도트 'eleh toledot 시작하는데, 19a절 이는 창세기의 다른 중요한 단락들 사이의 전환을 표시하는 것으로 알려졌다. 예, 5:1; 10:1; 11:27 이 공식은 내러티브나 족보 목록이 직후에 이어지는지에 따라, 항상 동일하게 번역되지는 않는다. 이 경우 짧은 족보 관련 메모만이 25:19b-20 족보 공식을 뒤따르고, 그 다음에 본문은 이야기를 소개하는 내러티브로 나아간다. 이 내러티브 도입은 두 가지 에피소드, 즉 에서와 야곱의 출생에 대한 내러티브와 21-26절 장자 에서의 상속권에 대한 일화로 25:27-34 구성된다. [히브리 내러티브의 특성, 359쪽]

개요

표제, 25:19a
족보를 수반한 설명, 25:19b-20
출생 내러티브, 25:21-26
      25:21   수태

25:22-23	임신
25:24-26a	출생
25:26b	족보 관련 메모

갈등에 대한 일화, 25:27-34

| 25:27-28 | 설명 |
| 25:29-34 | 사건 |

주석적 해설

야곱의 출생과 어린 시절 25:21-34

25:21-26 출생 내러티브

이것은 갈등 가운데 태어난 세대에 대한 이야기다. 그럼에도, 이 "셋째 세대"는 하나님이 이삭의 기도에 반응했기 때문에 존재한다. 사라와 마찬가지로 "적절한" 여자인 리브가도 불임이었다.창24장 하지만 이 이야기는 리브가의 불임이 지배적인 주제가 되지 않는다는 점에서 사라와 아브라함의 이야기와는 다르다. 대신에 해설자는 이삭이 리브가의 불임에 대해 하나님에게 간구했다고 우리에게 말할 뿐이다. 하나님은 응답했고, 리브가는 임신했다.21절 이 본문에서의 불임은 걱정의 원인이 아니라 다음 세대의 기원에서 하나님이 함께 한다는 것을 단언하는 기회가 된다.

걱정은 불임 때문이 아니라 갈등 때문에 이 세대에서 대두한다. 갈등은 어머니의 태에까지 거슬러 올라간다. 이 도입 내러티브에서 리브가는 다음 세대를 이어갈 뿐만 아니라 다음 세대에 동반되는 걱정까지 전달한다. 여러 번역본에서 광범위하게 차이가 나는 점에서도 드러나듯이, 리브가는 히브리어 본문에서는 거의 일관성이 없는 말로 부르짖는다.22a절 리브가의 한탄은 최소한 "왜 나인가?"라는 질문을 포함하며,NIV, 참고 아마도 심지어 죽고 싶다는 소원도 포함할 것이다.RSV, 참고

이 고통 때문에 리브가는 하나님에게 응답을 "구하러 나아갔다."22b절 이 언어는 보통 성소로의 여정과 하나님에게서 응답을 얻게 되는 일반적인 의식에 대한 묘사를 불러일으킨다. 내러티브는 의식에 대해 어떤 것도 말하지 않고, 하나님의 신탁이라는 시적인 양식으로 된 응답을 보고할 뿐이다.

신탁 자체는 모호하다.23절 시의 첫 두 행은 구분, 곧 가족을 넘어 더 큰 정치적 체제로 나아가는 분리에 대해 말한다. 신탁은 어린 자가 강한 자가 되고 연장자는 결국 종이 될

권력 싸움을 예상한다. 신탁의 범위는 이 특정 이야기를 넘어 확장되는데, 아마도 에돔이 다윗의 이스라엘의 봉신이 될 때와 관련이 있을 것이다.삼하8:14 여러 번 본문은 가족 경쟁 관계인 야곱과 에서 및 민족의 갈등인 이스라엘과 에돔 사이의 구분을 흐린다. 이 축복은 어떤 수준의 사회조직도 갈등과 분열, 지배와 종속을 면할 수 없다는 점을 상기시킨다. 어느 사회에서 한 수준에서의 갈등은 모든 다른 수준에 영향을 미친다.

하지만 하나님은 신탁에서 알려진 "운명"과 어떻게 관련되는가? 신탁은 운명에 대한 교리를 세울 수 있도록 설명을 제공하지 않는다. 주목해야 할 첫 번째 사실은 신탁이 하나님이 행할 것이라는 능동형이 아니라, 이런 저런 일들이 일어날 것이라고 피동형으로 진술된다는 점이다. 둘째, 우리는 세부내용에서 가까운 야곱과 에서 이야기의 사건들과 일치하지 않는 신탁을 접한다. 기껏해야 본문은 운명의 문제가 예를 들어 장자상속권과 같이 사회 관습이나 법에 의해 자동적으로 해결되는 것은 아니라고 단언한다. 하나님의 세계는 보통 관습이 허용하는 것보다 더 놀라움을 제공한다. 게다가 이 신탁은 미래가 분열과 지배를 포함할 때도 이 미래가 일어날 때 하나님이 함께 함을 단언한다. 하나님의 정확한 역할은 미리 결정될 수 없다.

출생 보고24-26절 자체는 두 아이를 쌍둥이라고 분명히 하고, 그 다음에 둘을 신속히 구분하려 한다. 에서는 여기서 에돔과 동일하지는 않지만, 붉은을 의미하는 아도모니*ado-moni*에서 나중에 이 동일함을 예상할 수 있다.25:30 성서에서 남성을 묘사하는 데 사용될 때, 붉다는 단어는 예를 들어 다윗과 같이 매우 잘 생긴 자를 가리킨다.삼상16:12; 17:42, 아 5:10, 참고 매우 밀접하게 연결되지는 않더라도, 머리를 의미하는 세아르*se'ar*는 에서, 에사우*'esaw*라는 이름과 관련된다. 에돔 지역을 가리키는 한 지명인 세일이 머리와 더 밀접하게 연결된다. 창32:3

내러티브는 신체적인 특징이 아니라 행동 면에서 야곱을 묘사한다. 야곱은 형의 발꿈치를 잡은 채로 태어났다. 그래서 내러티브는 그의 이름을 발꿈치에 해당하는 히브리어 단어 아게브*'aqeb*와 연결시킨다. 이 언어유희가 내러티브 내에서 작용하지만, 이름의 언어학적 기원을 나타내는 것 같지는 않다. 나중에 에서는 야곱의 이름을 이 단어의 동사 형태와*'aqab*와 관련짓는데, 이는 속이다 또는 기만하다를 의미한다. 이 묘사는 두 아이를 조롱하는 것 같다. 하나는 털이 많은 괴물이고, 다른 하나는 자기 형의 발꿈치에 매달린 자다. 묘사의 세부내용을 갓 태어난 두 아기에 대한 익살스러운 묘사보다 더 나아가지 않는 게 현명한 것 같다.

25:27-34 갈등에 대한 일화

도입은 한 일화로 두 형제 사이의 싸움을 더 깊이 몰고 간다. 사건을 소개하는 해설은 갈등이 두 아이를 넘어 온 가족까지 확대된다고 주시한다. 쌍둥이는 매우 다르게 묘사된다. 에서는 들의 사람인 사냥꾼이 됐고, 야곱은 장막에 사는 삶을 선호했다.27절 야곱은 탐tam이라고 불렸는데, 이는 온순하고 아마도 과묵하거나 심지어 순진한 것을 의미할 수 있다.삼하15:11에서의 명사에 대한 유사한 용법, 참고 이삭은 에서가 사냥해 온 고기에 맛을 들여 에서를 사랑했다. 리브가는 이유가 언급되지는 않았으나 야곱을 사랑했다.28절 출생 신탁에서 암울하게 예고된 이 구분은23절 심지어 공동체의 예기치 않은 부분에도 영향을 미치기 시작했다. 즉, 형제들은 두 가지 다른 방향으로 나아가고, 아버지는 한 아들의 편을 들고, 어머니는 다른 아들의 편을 든다.

사건은 히브리어 단어아예프 'ayep가 가리키듯이, 에서가 음식과 물을 간절히 구하는 것으로 시작된다. 에서는 붉은 죽을 야곱에게 구하는데, 히브리어 단어로는 "붉은, 붉은"이라고 되어 있다.30절 내러티브는 해설자가 우리에게 말한 것, 즉 에서가 마실 것을 간절히 구한다는 것을 에서에게 반복하도록 하여 에서의 상황이 얼마나 중대한가를 강조한다.

야곱은 장자로서의 에서의 특별한 지위인 맏아들의 권리를 요구함으로써 반응한다.31절 에서는 물이 없어 죽는다면 어쨌든 맏아들의 권리를 잃게 될 것이라고 선언하면서 즉각 동의한다. 야곱은 여전히 마실 것이나 먹을 어떤 것도 에서에게 주지 않을 것이다. 야곱은 에서에게서 맹세를 원하고 그 맹세를 얻는다.33절 이때 내러티브는 빠르게 동사를 연속으로 이어 마무리한다. 즉, 에서는 먹고 마시고, 일어나서 나갔다.34절

해설자는 에서가 이와 같이 맏아들의 권리를 가볍게 여겼다라고 에서를 비판하는 것 같은 진술로 마무리한다.34절 이 진술은 항상 야곱이 문제라고 보여주는 내러티브와 균형을 이룰 수도 있다. 야곱을 "기회주의자"라고 부르는 것은 지나친 진술일 것이다. 야곱은 자기 형이 절박한 상황에 놓인 것을 보았고 그 상황을 이용했다. 에서 자신은 이것을 "속임"이라고 했다.27:36 아브라함이 세 방문객에게 환대를 제안했고창18장 심지어 롯도 제안했는데창19장 야곱은 자기 형에게는 제안하기를 거부했다. 대신에 야곱은 자기 형이 환대가 필요한 상황을 가족 내에서 우선되는 자리를 에서에게서 빼앗는 기회로 삼는다.

성서적 맥락에서의 본문

많은 성서 드라마는 **첫째가 된 사람들이 꼴찌가 되고, 꼴찌가 된 사람들이 첫째가 되는**

경우가 많을 것이다^{마19:30}와 같이 신약에서 반복되는 격언을 실례로 드는 데 기여한다. 이 격언은 마태복음에서와 같이 종종 궁극적인 정의에 대한 단언의 역할을 한다. 이것은 현재 압제당하는 자들에게 희망을 가져다준다. 하나님의 나라에서 이런 압제는 없을 것이다. 하나님의 질서는 현재의 질서를 반전시키고, 결코 잔치에 초대되지 않았던 자들이 메시아의 만찬에서는 상석을 차지하게 될 것이다.

하지만 반전에 대한 친숙한 격언이 항상 미래 정의를 묘사하는 것은 아니다. 신명기의 선택 신학에서 이스라엘은 주로 정의에 대한 관심에서가 아니라 하나님의 사랑과 약속에 대한 신실함 때문에 가장 작지만 먼저 선택됐다.^{신7:6-8} 때로 반전은 현명한 자들이나 의로운 자들이 자신의 업적을 자랑하지 못하게 하는 것과 같이 다른 방식으로 설명될 수 있다. **누구든지 자랑하려거든 주님을 자랑하라.**^{고전1:31}

루터는 이 일화에서의 관례적인 것에 대한 반전이 하나님의 계획에 따라 온다고 제안한다. 루터에 따르면 에서는 자신의 맏아들의 권리를 판 것은 잘못이다. 야곱은 하나님의 정의로 이미 그에게 속한 것을 산 것에 대해 비난받을 수 없으므로 어떤 잘못도 범하지 않았다. *Luther's Commentary*, II:67; 또한 Calvin, *Commentary*, II:54-55 창세기에서 해설자는 에서에게서 모든 책임을 면제하지도 않고, 에서가 자신의 맏아들의 권리를 잃을 만하다고 주장하지도 않는다. 본문은 맏아들의 권리가 하나님의 정의에 따라 야곱에게 속했다고 주장하지도 않는다. 창세기 본문은 하나님이 이 반전을 알렸다고 말할 뿐이다.^{25:23}

공정함이나 하나님의 약속도 교육적인 목적도 적절하게 장자의 자리에 대한 반전을 설명하지 못한다. 하나님의 세계를 특징짓는 놀라운 열려 있는 가능성만 있을 뿐이다. 가인과 에서와 야곱은 하나님의 세계에서 놀라움의 요인으로 희생됐다고 느꼈다. 하지만 이런 열려 있는 가능성이 없다면, 정의와 순종과 지시만 있고 하나님의 가장 예상치 못한 놀라움을 통한 은혜, 곧 나사렛의 예수는 없게 된다.

교회 생활에서의 본문

내러티브는 이 이야기의 인물들이 선한 사람들과 악한 사람들로 구분될 수 없다고는 것을 즉각 알린다. 야곱과 에서 모두 때로 찬사를 받을 만하게 행동하고 때로 비난을 받을 만하게 행동한다. 에서는 자신의 죄 때문이 아니라, 그의 기회주의적인 동생과 때로 하나님의 세계에서 일어나는 관례의 놀라운 반전으로, 가족 내에서 맏아들이라는 자격을 동생에게서 빼앗겼다. 그러나 에서는 죄 없는 희생자인 것만은 아니었다. 그는 자신의 맏아들의 권리에 대해 충분히 주의하지 않았다.

야곱은 자기 형에게 환대를 베풀지 않고, 그에게서 가족 유산을 빼앗고자 그가 처한 상황을 이용했다. 그러나 이야기는 나중에 그의 모든 잘못으로 하나님이 야곱을 선택하여 조상의 약속을 세 번째 세대에 이어가도록 했다고 우리에게 말한다.

우리는 이삭과 리브가에게서도 비슷하게 행동이 혼합되어 있음을 발견할 수 있다. 그들도 특별히 서로를 위해 그리고 약속을 받은 자들로서 하나님이 택했다. 창17-18장; 21장; 24장 그러나 부모로서 리브가와 이삭은 다른 자녀들과 협력하는데, 이 협력은 가족에게 파괴적인 것으로 드러나게 될 것이다.

우리는 때로 선한 사람들이 하나님의 복을 이어가도록 선택되고 악한 사람들은 하나님에게서든 하나님의 진노를 수행하는 자들에게서든 파멸당하는 단순한 세계를 원한다. 하지만 신앙 공동체에서 비폭력적인 증인은 부분적으로 인간 본성에 대한 매우 현실적인 이해에 따라 예견된다. 선한 사람도 악한 사람도 없다. 우리가 기회주의자 야곱과 부주의한 에서를 찾는다면 그들이 우리라는 것을 발견하게 된다. 우리가 명백하게 볼 수 있는 사람들 사이의 유일한 구분은 하나님의 용서가 필요하다는 것을 아는 자들과 그렇지 않은 자들 사이의 구분이다. 자신들의 죄를 아는 자들에게 복음은 용서를 제공한다. 그렇지 않는 자들에게 복음은 아버지, 저 사람들을 용서하여 주십시오. **저 사람들은 자기네가 무슨 일을 하는지를 알지 못합니다**라는 눅23:34 예수의 도전과 중재의 말씀을 제시한다.

창세기 26:1-33

그랄과 브엘세바로의 이삭의 여정

사전 검토

야곱 이야기를 정리하는 어떤 방법도 모든 조각을 쉽게 들어맞게 할 수는 없다. 각 여정에 대한 메모로 새로운 단락을 설정하면 본문의 다른 징후에 따라 하나의 전체로 취급돼야 하는 자료를 분리시키게 될 것이다. 이 단락은 이삭의 여정에 대한 몇 가지 메모를 포함하는데, 이 메모에서 이삭과 최소한 리브가는 먼저 그랄로 가고 그 다음에 브엘세바로 간다. 각각을 개별적으로 다루면서 이 단락을 개별적인 이동으로 구분하면, 전체 단락을 함께 묶어 주는 요소들을 무시하게 될 것이다. 이삭과 아비멜렉은 갈등을 통해 화해의 언약으로 나아가면서 전체 내러티브에서 주요 인물의 역할을 한다. 이 단락은 하나님이 이삭에게 두 번 나타나는 사건으로 둘러싸이는데, 각각에는 하나님의 아브라함과의 관계에 토대를 둔 약속의 말씀이 있다. 2-5, 24절[가족 이야기에서의 약속, 343쪽] 이 신탁들에 알려진 하나님이 이삭에게 내리는 복은 두 주요 인물들인 이삭과 아비멜렉 사이의 긴장의 한 자료를 제공한다.

그랄에서의 이삭 이야기는 세 번째로 여조상, 이번에는 리브가가 거의 외국 가정의 식구가 될 뻔 한 이야기와 관련 있다. 창세기 12장 10-12절과 20장 1-18절에서처럼 여기서 족장 가족은 외국 땅에 산다. 추정되는 위험에서 자신을 보호하려고, 아버지는 아브라함이나 이삭 자기 아내를 누이라고 속이려 한다. 이에 따라 외국 지도자는 아름다운 외국인을 자신의 아내로 맞이할 기회를 갖는다. 하지만 지도자는 하나님의 간섭에 의해서든 상황에 의해서든 항구적인 결정이 되도록 하지는 못했다.

이제 세 번째로 이 위험 이야기에 도달했으므로, 우리는 더 자세하게 유사점과 차이점을 지적해야 한다. Koch:11-131; Polzin:81-98을 보라 두 이야기는 아브라함과 사라와 관련되고창12장; 20장 하나는 이삭과 리브가와 관련된다. 창26장 한 이야기에서 외국 지도자는 이집트의 바로이며창12장 두 이야기에서는 "블레셋"의 왕이다. 창20장; 26장 두 이야기에서 가족은 기근 때문에 외국 땅으로 이동한다. 창12장; 26장 다른 이야기에서는 이유를 제시하지 않고 이동한다. 창20장 두 이야기에서 하나님의 개입으로 말미암아 사라/리브가와 외국 지도자가 할 결혼이 멈추게 되고, 창12장; 20장 한 이야기에서는창26장 지도자가 우연히 리브가가 결혼한 사실을 알았을 때 그녀를 보호하기로 한다. 창세기 12장에서의 이야기는 아마도 하나님의 개입이 있기 전에 사라와 바로 사이의 관계가 완성되게 했을 것이다. 창세기 20장에서 하나님은 왕과 사라 사이의 관계가 완성되기 전에 꿈으로 개입한다. 창세기 26장에서 리브가는 심지어 왕의 집에 가기도 전에, 아비멜렉은 리브가와 결혼할 결정을 멈출 정보를 우연히 얻게 된다.

그렇다면 우리는 어떻게 세 이야기 사이의 관계를 이해해야 하는가? 우리는 완벽하게 확신할 수는 없다. 어떤 이는 세 이야기가 세 가지 다른 사건들에 대한 역사적인 보고를 나타낸다고 제안한다. Kidner, 1967 이 추측은 유사함을 희생하고서 세 이야기 사이의 차이점을 강조한다. 다른 이들은 한 이야기가 있었을 수도 있고, 다른 두 이야기는 이 한 이야기에 대한 문학적인 변형이라고 제안한다. Van Seters, 1983 이것은 세 이야기의 유사함에 초점을 두며, 재작성의 문학적 과정이라고 여긴다. 구전이나 아마도 심지어 기록된 형태로 전달되면서 이야기가 발전했다고 최소한 여기는 것은 합리적인 것 같다. 현재의 신앙 공동체가 기원에 집중하기보다는, 히브리 공동체가 왜 족장들과 여족장들에 대한 이 이야기를 우리에게 전달하기로 선택했는지를 더욱 풍성하게 탐구할 수 있다. 우리는 여족장에게 위협이 되는 이 자주 반복되는 이야기에서 무엇을 들을 수 있는가? 최소한 우리는 하나님의 약속이 지상의 도구로 수행됐다는 사실을 보여주는 데 이 이야기가 기여한다고 말할 수 있다.

개요

주석적 해설

이삭의 그랄로의 여정에 대한 보고, 26:1-16

이 이야기의 도입은 1절 명백하게 아브라함 이야기에서의 여족장에 대한 위협의 첫 이야기와 창 12장 관련시킨다. 팔레스타인의 반건조 땅에서 기근은 항상 존재하는 위험 요소다. 기근은 각 족장 이야기에서 중요한 역할을 한다. 기근은 이어지는 전체 요셉 이야기에서 핵심 요소다.

26:2-6 신현

우리는 하나님이 한 곳에서 다른 곳으로 이동할 때 "도중에" 한 사람에게 나타난다는 것이 아브라함과 요셉의 야기에서보다 이 이야기에서 특징이 된다는 것을 알게 될 것이다. 28:10-17; 32:1-2, 22:32 여기서 하나님은 첫 지시를 내리고 26:2-3a 그 다음에 약속을 하면서 3b-5절 이삭에게 나타난다. 부정적으로 진술되고 그 다음에 긍정적으로 진술되는 지시는 이삭에게 이집트로 가지 말고 **이 땅**에 머무르라고 지시한다. 이야기의 흐름에서 이 지시는 이삭을 이전에 기근으로 말미암아 떠날 수밖에 없었던 만큼이나 매우 건조한 땅에 묶어두는 효과를 지닌다. von Rad, 1973:270 그럼에도 신탁은 팔레스타인 지역의 가뭄 때도 음식이 풍부했던 전통적인 땅인 이집트에 가지 못하도록 한다. 창12장; 42장 이 말씀도 이삭 세대에게 아브라함 이야기에 활기를 돋우었던 약속을 전달한다. 사실 이 말씀은 족장 이야기들에 나오는 거의 전 약속을 포함한다. 즉, 함께 한다는 약속, 복과 땅, 후손의 증대, 이 가문을 통한 온 민족에게 내리는 복에 대한 약속이 있다. 없는 유일한 약속은 아브라함과 사라 이야기에 중심이 되는 아들에 대한 구체적인 약속이다. 아브라함과의 언약 맹세와 3절 아브라함의 순종하는 반응은 5절 이 약속을 다음 세대로 확대하는 토대가 된다.

하나님의 약속은 아브라함 이야기에서만큼이나 이 내러티브에서 창25-36장 두드러지는 역할을 하지는 않는다. 게다가 우리가 이야기에 익숙하기 때문에 우리는 자신들의 "부모들의" 삶에 의미를 부여한 약속을 물려받는 다음 세대의 중요성을 간과할 수도 있다. 약속에서 어떤 것도 약속이 전달될 수 있다는 것을 당연하게 여기지는 않는다. 하지만 아브라함의 순종으로 뒷받침되는 하나님의 말씀으로, 이 약속들은 전달된다. 약속의 상속자들이 자신들의 유산을 어떻게 할 것인지는 여전히 봐야 한다.

26:7-11 아비멜렉과의 대면

이 내러티브에서 이삭은 기근으로 말미암아 외국으로 이주하지 않을 수 없었다. 미지의 세계가 야기하는 두려움이 이삭에게 엄습했다. 이삭은 자신이 어떻게 받아들여질지 알지 못하고, 최악의 것을 두려워한다. 이 이야기는 이삭이 리브가에게 자기 누이라고 주장하도록 요청하지 않는다는 점에서 여족장에게 닥친 위협에 대한 다른 두 이야기와 창12장; 20장 다르다. 이삭은 "자기 아내"에 대해 질문을 받았을 때 자신이 즉각 말한다. 내러티브는 이삭이 생각하기에 무슨 일이 일어날지에 대해 많은 것을 이야기하지는 않으며, 오직 리브가가 아름다웠고 이삭은 그 지역 사람들이 자기 아내 **때문에** 자신을 **죽일** 것이라고 이야기한다. 해설자가 더 말하지 않으려 하기 때문에 독자는 이삭과 더불어 상상해야 한다. 7절

아비멜렉은 이삭과 리브가가 남매가 아니라는 것을 보여주는 방식으로 그들이 "노는 것"을 우연히 본다. 8절 "논다" 차하크ṣahaq의 한 형태라는 단어는 이삭의 이름에 대해 언어

유희한 것과 같이21:6 아브라함 이야기에서도 사용된 동일한 단어다. 여기서 이 단어는 성적인 어감을 풍기는데, 창세기 39장 14절에서도 역시 그렇다. 출32:6과 아마도 삿16:25, 참고 아비멜렉은 화가 난 말투로 해명을 요구한다.9절 이삭은 리브가 **때문에** 자신이 죽을 수도 있다고 생각한다는 것 이외에는 많이 말하지는 않는다. 아비멜렉은 직접 이삭의 변호에 응답하지 않고, 이삭의 행동이 그랄 사람들을 심각한 위험에 처하게 했다고 말한다. 아비멜렉은 가장 강력한 용어로 이삭과 리브가를 건드리지 말라고 경고하면서, 이 문제에서 손을 뗀다.11절

26:12-16 그랄에서의 마무리

그랄에서의 내러티브는 하나님이 이삭에게 내린 복의 결과를 묘사함으로써 마무리한다.12-14절 여기서 하나님의 복이 이삭에게 부와 번영을 가져다준다. 하지만 복은 이삭 주변 사람들에게도 부러움의 대상이 된다. 기근에서 도피하여 왔던 사람이 너무 번영하여 이웃 사람들의 부러움을 산다.14-15절 이야기의 이 부분은 완전한 반전으로 끝난다. 이삭은 이 지역 사람들을 두려워했던 도피자였으나, 이제는 그의 힘이 추방의 원인이 되는 복받은 자가 됐다.16절 아비멜렉이 이전 발언에서는 이삭과 리브가가 자기 백성에게 해를 입지 않도록 보호하려 했으나, 이제는 그랄 사람들을 보호하고자 이삭에게 떠나 달라고 요구한다.

그랄 평원으로의 이삭의 여정 26:17-22

이삭은 자신을 추방하는 아비멜렉의 발언을 따르면서, 보통 **그랄 평원**으로 번역되는 곳으로 이주한다. 건조한 네게브에서, 푸른 평원을 떠올려서는 안 된다. 히브리어는 "와디"라고 불리는 마른 강바닥인 나할nahal이라는 단어를 사용한다. 이삭이 이 와디에 "거주"하면서17절 내러티브는 물 문제로 전환한다. 아브라함 이야기를 교차적으로 계속 언급하면서또한 26:1, 15 본문은 아브라함이 팠던 우물을 이삭이 재개하고 명명했다는 것을 거의 삽입어구로 언급한다. 그 다음에 이야기는 "살아 있는 물" 마임 하임mayim ḥayyim의 우물이라는새번역, "물이 솟아나는 샘줄기"—역주 새로운 우물을 발견하는 이야기로 옮겨간다.19절 이것은 아마도 마른 강바닥에 있을 수도 있는 고인 우물과는 다른, 흐르는 물, 분수 우물을 가리킬 것이다.

이 새로운 우물이 건조한 땅에서 물의 위기를 초래한다는 것은 놀랍지 않다.20절 그래서 이삭 가족은 새로운 우물을 파는데, 이것도 목동이나 이 지역 농부들과 다툼의 대상이

된다. 21절 그들은 더 깊이 이동하여 세 번째 우물을 파는데, 이것은 보유하도록 허용됐다. 갈등에 대한 이 짧은 해설은 부족한 자연자원에 대한 갈등이 오래된 문제라는 것을 상기시켜준다.

우리 대부분은 이삭이 물에 대한 권리로 싸우기를 원할 것이다. 그러나 내러티브는 이삭을 자기 우물을 위해 싸우는 자가 아니라, 이동하고 다른 우물들을 파는 자로 묘사한다. 우리는 하나님의 약속을 받은 이삭, 두려워하는 이삭, 기근을 피한 이삭, 부유한 거류민으로서의 이삭이라는 점에서 이 이야기와 조화를 이루지 않는 대조를 보았다. 이제 우리는 이삭이 그랄 사람들 사이에 살기에는 "너무 강하여" 추방되는 것을 보는데, 그는 동일한 사람들을 만날 때 조용히 이주한다. 약한 자가 강해지지만 이삭은 이 힘을 싸우는 데 사용하지 않기로 한다.

브엘세바로의 이삭의 여정 26:23-33

이삭의 여정에서 마지막 머무르는 곳은 브엘세바다. 23절 여정은 하나님의 출현신현으로 시작됐듯이, 26:2-5 동일하게 마친다. 26장 24절의 신탁은 이전 신탁의26:2-5 많은 요소들을 포함하지만, 축약된 형태로 되어 있다. 즉, 함께 한다는 약속, 복, 후손의 증대의 약속이 아브라함과의 하나님의 관계에 토대를 이룬다. [가족 이야기에서의 약속, 343쪽; 창세기에서의 복, 352쪽] 이 단락에서의 발언의 기능은 내용의 세부사항보다 더 중요할 수도 있는데, 모든 세부 사항이 전통적인 약속에 관한 것이다. 발언들은 이삭의 여정의 시작과 마지막에서의 "북엔드"의 역할을 함으로써, 단락이 명백하게 신학적인 성격을 유지하게 한다. 이 북엔드는 심지어 줄곧 하나님의 극적인 개입이 없다고 해도 이삭의 순례에 하나님이 함께 함을 단언한다.

26장 26-31절에서 아비멜렉과 이삭 사이의 대면은 첫 대면과 마찬가지로 고발하는 질문으로 시작한다. 26:9 이번에는 이삭이 **무슨 일로 나에게 왔습니까?**라고 묻는다. 27절 이삭에게 방문한 자들은 이삭이 하나님에게 복을 받았다는 것을 진술하는데, 이는 해설자에게 우리에게 말한 것이다. 그들은 이제 강력해진 이삭에게서 자신들의 안전을 확보하는 언약을 맺기를 원한다. 기근을 피하는 자에서 강력하게 복을 받은 자로 반전이 일어난 일은 이삭의 전체 세계에 영향을 미쳤다.

우물에 대한 다툼이 이삭이 자신의 부와 힘을 사용하는 것에 대해 암시됐던 것은 이제 아비멜렉이 언약을 요구할 때 표면에 드러난다. 28-29절 이삭은 직접 발언으로 이 요청에 반응하지 않는다. 대신에 이삭은 행동하는데, 그들을 환대하고, 그들과 맹세를 교환하고

평화롭게 샬롬*šalom* 그들을 돌려보낸다. 26:30-31

이 순간에 새로운 물 공급원인 또 다른 우물이 발견된다. 그들은 이 우물을 브엘세바라고 불렀다. 히브리어 브엘*be'er*은 "우물"을 의미한다. 히브리어 자음 *šb* '는 여러 히브리어 단어를 형성할 수 있다. 아브라함 이야기에서 브엘세바를 이름 짓는 이야기는21:30 히브리어 "일곱" 세바*šeba* '과 "맹세하다" 샤바*šaba* '라는 단어에 대해 언어유희를 활용한다. 일곱이라는 숫자는 이 이야기에서 역할을 하지 않지만 "맹세"는 어떤 역할을 한다. "만족한/충분한"을 의미하는 샤바라는 단어도 동일한 세 히브리어 자음으로 되어 있다. 이 단어도 이 이야기에서 중요한 역할을 한다. 이 단어는 이야기가 시작하는 단어인 기근을 의미하는 라아브*ra'ab*와 균형을 이룬다.

이 단락은 기근에서26:1 많은 우물로26:33 옮겨가고, 그랄 사람들이 이삭을 죽일 것이라는 두려움에서26:7 모두를 위한 잔치를 베푸는 것으로26:30 옮겨가며, 갈등과 대항에서 평화로 옮겨간다. 우리는 이 이야기의 마무리가 한가롭다고 말할 수는 없다. 아비멜렉과의 언약은 화해가 아니라 불가침 조약이다.Coats, 1983:194 우리는 야곱 이야기에서 한가로운 마무리를 보지 못할 것이다. 그럼에도 환대와 평화, 상호 불가침의 맹세, 많은 우물로 특징지어지는 마무리는 내러티브에서 긴장 완화의 순간을 구성하는데, 그렇지 않으면 대개는 분노와 번민, 대항과 갈등으로 얼룩졌다.

성서적 맥락에서의 본문

루터는 이삭이 자기 아내에 대해 거짓말한 것을 언급한다. "나는 어떤 이들이 하는 것처럼 분명히 족장들을 용서할 수 없으며, 그들을 용서하고 싶지도 않다."*Genesis*, II:80 대신에 루터는 족장들이 신앙에서 실수하는 것에 위로를 받는다. "그리스도 왕국에서 때로 강하고 그 다음에 다시 약한 자들이 있다." 명백히 야곱 이야기에 나오는 모든 이들이 때로 강하고 그 다음에는 다시 약한 모습을 보인다. 나머지 이스라엘 역사는 신실함의 변하지 않는 모범을 보이지 않는 사람들이 신앙을 이어가는 것을 보여준다. 신약에서는 예수를 따르는 자들이 신실함에서의 부침을 동일하게 드러내는 것을 보여준다. 루터의 주장은 이런 실수가 그때나 지금이나 자책으로 압도당하거나 비난하는 분노로 파멸되지 않고, 공동체에 하나님의 용서하는 신실함을 찬양하는 이유를 제공한다는 사실을 우리에게 상기시킨다.

내러티브에서 이삭이 약한 순간은 독자에게 매우 잘 드러난다. 이삭이 강한 순간은 너무나 조용해서 간과하거나 심지어 약하다고 착각할 수도 있다. 이삭은 강할지라도 물을 통제하는 권리를 위해 싸우기보다는 계속 이주하기로 선택했다. 이삭은 부당한 취급을 받아도, 자신을 추방했던 자와 불가침 협정을 맺기로 선택했다. 나사렛에서 온 이는 그것이 자신의 죽음을 의미한다고 해도 힘을 비슷하게 사용하여 **예루살렘에 가시기로 마음을 굳히셨다.** 눅9:51

교회 생활에서의 본문

우리는 이 이야기가 기근과 풍부함, 약함과 강함, 갈등과 조화와 같은 대조를 즐겨 사용한다는 것을 지적했다. 아비멜렉이 마지막으로 이삭과 대면할 때, 여호와의 복이 이야기에서의 대조됨을 설명한다고 두 번 진술한다.26:28-29 이 내러티브에서 명백히 하나님이 이삭에게 내리는 복의 조용한 작용은 아비멜렉이 통제할 수 없고, 이삭의 문제되는 행위로도 파괴할 수 없는 숨겨진 요인이다. 이삭에게 하나님의 복은 부와 권력, 물과 번영, 복의 모든 물질적 풍요로움을 가져다준다. 여기서 물질적 부와 하나님의 복이 상충하는 것은 아니다. Brueggemann, 1982:222-224

우리 가운데 많은 이들이 하나님의 복과 물질적 부를 단순하게 동일시하는 문제를 매우 잘 인식하는 전통에서 왔다. 성서 전통도 부는 위험하고 하나님의 은혜에 대한 손쉬운 수단으로 사용될 수 없다고 동의한다. 특히, 막10:25; 렘5:26-29; 9:23; 17:11; 겔22:12-13; 잠11:1-8, 28 다른 한편, 이삭의 복에 대한 이 이야기는 우리도 동일하게 부와 죄를 단순하게 동일시하는 잘못을 범할 수도 있다는 사실을 상기시킨다. 우리는 종종 부요한 자들이 하나님 나라에 들어갈 수 있는지 궁금해 한다. 막10:23-27 하나님의 복이 부를 가져온다는 본문과 부가 거침돌이 될 수 있다는 본문을막10:17-22 보존함으로써, 전통은 최소한 하나님의 복과 물질적 번영에 대해 과도하게 단순화하지 못하도록 한다. 합리적으로 번성하고 물질적 부의 영적인 위험을 인식하는 우리는 처음부터 창세기가 온 인류에게 베푸는 하나님의 복, 곧 만족하고 번영하며 평화로운 세계를 기대하는 복을 증언한다는 사실을 잊지 않아야 한다. 창1장

가족 내의 갈등

사전 검토

이 이야기는 부모와 자녀를 가르고 자녀들 서로를 가르며, 심지어 남편과 아내를 서로 맞서게 하는 가족 내의 갈등에 대해 다룬다. 하나님의 약속을 받은 자들로서의 이 가족의 운명을 고려할 때, 가족 내에서의 위기는 사회학적일 뿐만 아니라 신학적이다. 독자는 가족이 살아남을 수 있는지 뿐만 아니라, 하나님의 약속에 무슨 일이 일어날지 궁금해 해야 한다. 아브라함과 사라의 이야기에 나오는 이 약속들은 여족장의 오랜 불임과 하나님 자신의 명령에서 오는 위협에도 이어졌지만, 이제 약속의 미래는 질투와 속임과 힘의 싸움에 의해 깨진 가족으로 말미암아 흐려질 수도 있다.

이 이야기는 단 하나의 불쾌하게 하는 사람이 있는 하나의 분열시키는 사건으로 축소될 수 없다. 가족은 그것보다는 복잡하며, 이 가족도 예외는 아니다. 우리는 여기서 한 내러티브로 병합되는 가족 내의 갈등에 대한 두 가지 다른 이야기들을 발견한다. 익숙한 이야기는 가족 유산을 차지하려는 노력에서 리브가와 야곱을 에서와 이삭에 맞서게 한다. 27:1-45 덜 익숙한 다른 갈등은 에서와 야곱을 위한 적절한 아내의 문제와 관련되며, 특히 리브가를 에서 및 그의 아내와 불화하게 한다. 26:34-35; 27:46-28:9 이야기의 역사가 무엇이든지 간에 우리가 받은 본문에서 이 두 이야기들은 오직 가족의 분열로만 해결되는 매우 복잡한 역동성을 만들면서 함께 엮인다.

아마도 어떤 이야기도 이삭 가족의 갈등을 다룬 이야기보다 히브리 내러티브에서 대화의 핵심 역할을 잘 보여주지 못할 것이다. Alter, 1981:63-87 [히브리 내러티브의 특성, 359쪽] 이야기의 중심이 되는 부분인 복에 대한 보고는27:1-40 네 장면으로 구성되는데, 각 장면은 가족 일원들 사이의 대화를 포함한다. 야곱은 이런 긴장으로 가득한 대화에 이어, 가족의 메소포타미아 고향에 보내진다. 27:41-28:5 다시 주요 인물 사이의 대화는 내러티브 행동을 이어간다. 에서의 결혼에 대한 서술이 가족 갈등의 이야기를 감싸고, 이야기를 더욱 복잡하게 만드는 역할을 한다. 26:34-35; 28:6-9

개요

서언: 에서의 결혼, 26:34-35
복에 대한 보고, 27:1-40

27:1-4	장면 1: 이삭과 에서
27:5-17	장면 2: 리브가와 야곱
27:18-29	장면 3: 야곱과 이삭
27:30-40	장면 4: 에서와 이삭

대단원, 27:41-28:5
에필로그: 에서의 결혼, 28:6-9

주석적 해설

가족 내의 갈등 26:34-28:9

26:34-35 서언: 에서의 결혼

갈등의 이야기는 에서가 본토인 여자이지만 가족 밖의 여자와 결혼한 일에 대한 짧은 언급으로 시작한다. 이 결혼으로 말미암아 이삭과 리브가에게 씁쓸한 분위기모라트 루아흐 *morat ruaḥ*가 만연하게 된다. 35절 내러티브는 왜 그런 것인지, 아내들의 행동 때문인지 아니면 단순히 에서가 "가족 밖의"창24장 사람들과 결혼했기 때문인지를 말하지 않는다. 이 이야기의 주요 갈등에 대한 이 서언에서 이삭과 리브가는 에서에 맞서 서로 협력하는데, 이는 나중의 갈등에서 대두할 것과는 다른 협력의 관계다. 그럼에도 이 과정은 시작됐고,

이로써 에서는 가족의 주변 인물이 되는데, 이는 에필로그가 확고히 한 지위다. 28:6-7

복에 대한 보고 27:1-40

27:1-4 장면 1: 이삭과 에서

복에 대한 보고에서의 첫 장면은 이삭과 에서의 대화를 중심으로 한다. 소개하는 문장과 1a절 이삭의 발언 2절 모두 이삭의 임종의 분위기를 조성하는데, 물론 이야기는 창세기 35장 29절이 되어서야 이삭의 죽음을 보고한다.

장면은 전체 이야기를 함께 묶을 여러 문학적 요소를 포함한다. 다섯 가지 감각이 전반을 흐르는 한 주제를 구성한다. 시각과 미각이 먼저 드라마에서 한 역할을 한다. 나중에 촉각, 27:12, 22 청각, 27:22 후각이 27:27 전면에 대두된다.

내러티브에서 핵심 단어는 **축복** *brk*이다. [창세기에서의 복, 352쪽] **축복** *brk*의 히브리어 자음은 이 핵심 단어를 **맏아들의 권리** *bkrh*라는 단어와 연결시키는데, 이는 야곱과 에서 사이의 갈등에 대한 일화에서 핵심 단어다. 25:27-34 Fokkelman:107 이런 문학적 장치는 거의 번역에서는 보이지 않지만, 문학적 요소들이 이런 목적을 위해 의도됐든지 그렇지 않든지, 독자에게 다양한 개별 부분들을 함께 묶는 데 기여한다. 이 이야기를 전달하는 이야기꾼과 저자가 의도적으로 이 문학적 장치들을 사용하든지 그렇지 않든지 간에, 의도의 문제는 우리가 대답할 수 없는 문제다. 이것은 문학의 자연스러운 부분일 수도 있고, 이야기가 전달되면서 우연에 의한 것일 수도 있다. 그렇기는 하지만 우리는 아름다운 히브리 내러티브를 물려받았다. [히브리 내러티브의 특성, 359쪽]

이 시작하는 장면은 가장의 마지막 활동의 일반적인 부분으로써 아버지가 맏아들에게 축복하는 것을 당연하게 여긴다. 맏아들의 권리와 더불어 축복은 맏아들을 가족의 유산을 주로 이어가는 자로 삼는다. 물론 축복은 물질적 부도 포함하지만 단순한 재산 이상을 포함한다. 맏아들은 가족의 전통을 이어가는 가장이 된다. 가족 자신에 대한 이해를 규정하고, 가족을 대변하며, 가족의 삶의 방향을 수행한다. 신학적으로 이 가족에게 축복은 다음 세대까지 하나님의 약속을 이어가는 자가 된다는 것도 의미했다. 그렇다면 이삭은 매우 전형적인 방식으로 자기 아들에게 삶을 전할 준비를 한다. 하지만 이 전형적인 과정은 리브가의 임신을 포함하는 하나님의 신탁 25:23 및 야곱이 에서에게서 맏아들의 권리를 빼앗는 사건과 25:29-34 긴장관계에 있다.

27:5-17 장면 2: 리브가와 야곱

두 번째 장면은 이삭이 맏아들에게 하는 축복의 전형적인 과정에 직접적인 문제를 소개한다. 리브가는 이 축복이 야곱에게 가도록 음모를 꾸민다. 리브가와 야곱의 대화에서 6-13절 리브가는 이삭을 속이는 계획을 내놓는다. 야곱은 독자가 예상할 수 있는 대로, 속인다는 사실이 아니라 계획에 반대하며, 속임수가 먹히지 않을까봐 두려워한다. 즉, 야곱은 복을 받는 대신에 저주 받는 것으로 끝날 수도 있다. 11-12절 리브가는 어떤 부정적인 결과도 자신이 받겠다고 하면서 야곱의 걱정을 일축한다. 이제 우리는 이 단락에 대한 서언에서 26:34-35 발견한 것과는 가족 내에서의 다른 협력을 보게 된다. 거기서는 이삭과 리브가가 함께 에서에 대립했다. 여기서 우리는 이삭과 에서, 리브가와 야곱이라고 해설자가 이야기의 서언에서 25:28 제시한 협력의 관계를 발견하게 된다.

리브가는 자연스러운 과정과는 동떨어지게 주도적으로 사건들을 이끌려 한다. 이런 주도는 리브가의 임신을 포함한 하나님의 신탁에서 25:23 기대하는 목표로 가족을 이끌어간다. 이로 말미암아 독자는 어린 자가 유력한 아들이 되기를 예상하는 하나님의 신탁 및 이 사실을 성취하고자 어머니와 어린 아들이 벌인 정도를 벗어나는 행동 사이에 선택해야 한다. 신앙의 전통 어디에서도 눈멀고 앞 못 보는 자를 속인 일을 용서하지 않는다. 레19:14; 신27:18; von Rad, 1973:277 그럼에도 내러티브는 가족의 행동을 평가하지 않고 진행한다. 이야기는 자신의 드라마를 조성하고 모호함을 야기하면서 진행한다.

27:18-29 장면 3: 야곱과 이삭

이 장면은 이삭과 그의 아들 사이의 대화에 초점을 두지만, 어느 아들인가? 이것은 이삭이 자기 앞에 서 있는 아들을 두 번 축복하는 복잡한 대화다. 23, 27절 아마도 대화의 복잡한 성격 일부는 이 이야기가 다른 지역에 많은 세대에 걸쳐 전달됐을 때 일어난 변화로 추적될 수 있다. 하지만 그렇다 해도 마지막 대화는 강렬한 충돌을 야기하는데, 이것을 이삭이 해결할 수도 없고 그가 들은 것을 크게 신뢰할 수도 없다. 이제 야곱은 자기 아버지가 사실을 알게 될 위험에 직면한다. 이 위험은 충돌 내내 높아졌다 낮아졌다 한다. 이삭이 자신 앞에 있는 아들을 축복한 23절의 진술과 더불어 이 위험이 마치 지나간 것처럼 보이는데, 다시 **네가 정말로 나의 아들 에서냐?**라는 아버지의 다음 발언에서 표출된다. 24절

이삭은 대화에서의 자신의 발언에서, 끊임없이 자기 앞에 있는 신비를 풀려고 한다. 연로하여 시각을 제외하고는 소리와 감촉과 냄새와 맛을 통한 정보를 얻으려 노력한다. 결

과는 혼란스럽다. 음식은 에서에게서 즐긴 음식과 같은 맛이 난다. 감촉은 맏아들의 털로 덮인 몸을 상상할 수 있다. 옷의 냄새는 사냥하고 목축하는 아들의 삶을 나타낸다. 소리만이 의심을 불러일으킨다. 말에서는 아들이 에서라고 주장하지만, 소리는 야곱의 소리다. 그는 어떻게 확신할 수 있는가?

이삭의 질문으로 야곱은 리브가와 계획했던 속임수를 모든 면에서 되풀이하게 된다. 때로 대화에서 야곱은 신속하게 해명해야 할 필요가 있다. 이 가운데 가장 흥미를 자아내는 것은 음식이 자기가 요청한 후 어떻게 빨리 준비됐는지를 의심한 것에 대한 대답이다. 야곱은 "아버지께서 섬기시는 주 하나님이, 일이 잘 되게 저를 도와 주셨습니다"라고 대답한다.20절 이로써 야곱은 극적으로 하나님의 이름을 사용하면서, 속임수에 하나님도 끌어들인다. 하지만 리브가의 신탁 때의 하나님의 신탁은25:23 야곱의 우위를 예상하는데, 이는 이 계획에서 의도한 것이기도 하다. 하나님은 아마도 속이고 악용하는 사건 가운데 숨겨졌으나, 죽어가는 아버지를 위해 신속하고도 맛있는 음식을 준비하는 것 이상으로 여러 면에서 관여했다.

마지막으로 눈 먼 사람에게 확신을 주고, 배반을 완성하는 것은 입맞춤이다.27절 이삭이 선언한 복은 먼저 땅의 풍요와 둘째로 정치적으로 두드러짐이다.28-29절 복의 셋째 요소는 다른 이들의 성공이 그들이 야곱과 맺는 관계에 달려 있게 하는 것이다. 이 축복으로 장면은 갑작스럽게 마무리한다.[창세기에서의 복, 352쪽]

27:30-40 장면 4: 에서와 이삭

내러티브에 따르면 에서는 곧바로 이삭에게 도달했다. 해설자는 약간 일찍 도착했다면 이야기의 끝을 바꿨을 것이라고 독자가 예상하도록 만든다.30절 아버지와 맏아들 사이의 대화는 깊은 분노와 좌절과 슬픔에 치닫는데, 이는 다른 이들을 계획적으로 속여 미래가 돌이킬 수 없이 상실된 때 온다. 에서는 자기 아버지에게 요청받은 음식을 바치려 한다. 야곱과는 상당히 동일한 대화가 오가지만 다른 순서로 되어 있다는 것을 주목하라.27:18-19 이삭은 너는 누구냐?라는 세 번째 장면에서 논의된 질문을 묻는다.32절 이삭은 자기 아들의 응답을 듣고서, 부들부들 떨며 내가 너 전에 누구를 축복했는가?라는 대답할 필요가 없는 질문을 던진다.33절

에서는 더 해명이 필요하지 않지만, 축복을 애원한다.34절 에서는 이 축복이 거절당하자 이어지는 발언에서 온갖 감정을 쏟아내는데, 야곱에게 분노하고 자신의 미래에 대해 절망하며, 일종의 복을 울면서도 완강하게 호소한다.34, 36, 38절 두 남자를 사로잡는 감정

의 범위와 강도는 대화를 면밀하게 다시 읽어야 판단될 수 있다.

마지막으로 에서는 "비축복"으로 축복을 받거나 돌려보내진다. 히브리어 단어들은 모호하다. 시는 에서에게 들의 풍요를 허락하는 것으로 읽힐 수 있는데, 이는 야곱이 받은 것과 상당히 동일한 축복이다. RSV와 NASB의 39절 각주를 보라 하지만 더 자주 에서의 **축복**은 에서가 풍요로운 땅에 **떨어져** 살 것이라고 비축복으로 해석된다. 에서의 미래의 모호함은 **복**이 그의 정치적 운명을 규정할 때도 계속된다. 즉, 그의 미래는 갈등의 미래가 될 것이다. 그는 자기 동생에게 종속될 것이지만 항상 그런 것은 아니다. 40절 이 복은 이스라엘과 트랜스요르단의 이웃인 에돔 사이의 역사적 관계, 갈등과 지배의 전환의 관계와 연결되어 적절하게 들릴 수 있다. 하지만 이 내러티브의 맥락에서 에서의 복은 이 가족의 미래의 어떤 요소들은 리브가와 야곱의 협력이 성공하는데도 여전히 명확하지 않다는 것을 독자에게 알리는 역할을 한다.[창세기에서의 복, 352쪽]

27:41-28:5 대단원

리브가와 야곱의 승리의 즉각적인 결과는 에서가 증오하게 됐다는 것이다. 에서는 아버지가 곧 죽게 되면 동생을 죽이겠다고 결심한다. 41절 이야기의 이 지점에서 리브가는 전에 했던 상당히 동일한 역할로 드라마에 다시 등장한다. 리브가는 야곱을 죽이려는 에서의 의도에 대해 알려지지 않은 출처에서 정보를 얻는다. 리브가의 발언은 다시 야곱에게 "지시"하는데, 이번에는 메소포타미아에 있는 그의 삼촌과 살며 그 가정에서 피하라고 한다. 45절

리브가는 야곱에게 지시하는 것을 멈추지 않는다. 리브가는 이삭에게도 간다. 여기서 이야기는 서언 이후 없었던 줄거리를 다시 거론한다. 즉, 에서가 가족의 일원이 아니라 본토 여자와 결혼하여 부모가 실망했다는 것이다. 26:35 에서와의 부모의 갈등과 관련하여, 리브가의 발언은 자연스럽게 이어진다. 46절 리브가는 가족 내에서 아내를 찾도록 야곱을 메소포타미아에 보내게 이삭을 재촉하려고 외부인을 가족에 데려오는 문제를 진술한다. 38:1-5 많은 해석가들은 가족 내의 갈등과 분열에 대해 에서의 가족 외의 사람과의 결혼을 비난한 개별 이야기가 유포됐다고 느낀다. 그러나 이제 이것은 부모의 축복에 대한 갈등이라는 하부플롯으로 엮어졌다. 자료의 역사가 어떻든지 간에 현재 내러티브에서 리브가가 이삭에게 재촉하는 것은 음모의 어조를 띤다. 리브가는 야곱을 위험에서 구하려고 에서의 결혼 문제를 사용한다. 리브가는 이삭이 야곱을 멀리 보내도록 하여, 자신의 사랑하는 아들이 떠나는 것을 적절하게 포장한다.

이삭은 야곱을 보내고, 보내는 발언에서 그에게 아브라함 이야기에서 오는 "가족 복"을 선언한다.28:3-4 이 발언은 가족과 땅으로 포함한 복을 담고 있다. 이 약속 발언의 언어는 대부분의 다른 발언과는 다르지만, 결과는 전체 족장 이야기가 이 가족의 임무와 운명으로 선언하는 약속의 전통을 이어가는 권리와 책임을 야곱에게 부여하는 것이다.von Rad, 1973:282 야곱은 이제 자신이 스스로 기회를 잡고 어머니의 음모와 아버지의 선언으로 가족 내에서 두드러진 자리를 차지하게 됐다. 형이 아니라 야곱이 가족의 상속자, 곧 신앙의 유산을 이어갈 자가 될 것이다.

28:6-9 에필로그: 에서의 결혼

서언에서26:33-34 에서는 가족 바깥의 사람인 지역 여자와의 결혼으로 부모와 사이가 좋지 않다. 에서는 축복 받은 맏아들로서의 자리를 잃어 가족의 주변으로 밀려났다. 이와 같이 에필로그는 에서가 아마도 실제적이라기보다는 관계적인 면에서 가족의 가장자리에 앉아 있는 것으로 시작한다. 해설자는 마무리하는 사건을 에서가 반복하는 것을 제시한다. 즉, 이삭은 야곱에게 축복하고 아내를 찾도록 야곱을 보내며, 이삭이 "가족 내의" 결혼을 평가한다. 에서는 부모의 평가에 반응하여, 다시 이번에는 어머니의 가족이 아니라 아버지의 "가족 내에서" 결혼한다. 에서는 아브라함의 "다른" 아들이자 에서의 삼촌인 이스마엘의 딸과 결혼한다.

에서의 결혼은 가장 직접적으로 빼앗긴 축복보다는 적절한 아내에 대한 공적인 갈등과 관련된다.26:33-34; 27:46-28:5 그럼에도 전체 이야기의 맥락에서 에필로그는 깊이 소속되기를 원했으나 주변으로 밀려난 가족 일원으로 에서를 묘사한다. 에서는 아버지가 가장 사랑한 아들이었다. 이제 그는 가족 내에서 거의 자리가 없다. 에서는 자신의 결혼이 이삭을 불쾌하게 한 것을 알고서 행동했다. 아마도 에서는 다시 가족과 결혼할 수 있었을 것이다. 그러나 에서는 이스마엘의 딸과 결혼하는데, 그 딸도 에서만큼이나 주변으로 밀려났다. 내러티브는 에서와 가족과의 관계가 해결되지 않은 채로 두면서 설명을 마무리한다.

성서적 맥락에서의 본문

예언자 예레미야는 공동체의 붕괴를 묘사할 때, 야곱이 축복을 훔치는 것과 관련된 언어와 모습을 사용한다.

너희는 서로 친구를 조심하고,

어떤 형제도 믿지 말아라!

모든 형제가 사기를 치고,

모든 친구가 서로 비방하기 때문이다. 렘9:4, NIV

이 번역은 예레미야의 히브리어 본문이 시의 마지막 행 바로 전에 사용한 "야곱"이라는 단어를 숨긴다. 이 행은 또한 "모든 형제가 야곱과 같기 때문이다"라고 번역될 수도 있다.

신앙 공동체는 야곱 전체 이야기에서의 이 이야기를 다룰 때, 리브가와 야곱의 속임과 약속을 받은 자로서 하나님이 야곱을 선택한 것 사이의 관계를 이해하려고 노력했다. 어떤 이는 아마도 에서가 맏아들의 권리를 포기하여 야곱을 맏아들로 만들었으며 야곱의 행동은 받아들일 만할 것이라고 제안했다.Hershon:163 루터는 리브가가 야곱을 우선시하려는 하나님의 계획을 완강하게 고수하여 최소한 부분적으로 리브가의 행동이 용서된다고 생각했다.Commentary on Genesis, II:108 하지만 대부분은 칼빈과 마찬가지로 "복을 거짓으로 추구하는 것은 … 신앙을 거스르는 것이었다"는 점에 동의해야만 한다.Commentary on Books of Genesis, II:88-89 우리는 스스로 하나님의 방법과 리브가와 야곱의 속임이 어떻게 서로 들어맞는지 답을 해야만 한다.

하나님의 방법을 하나님의 의도에 대한 우리의 이해에 들어맞도록 하려는 바람 때문에, 우리는 이 이야기를 제쳐두거나 우리 전임자들이 했던 대로 억지로 "의미가 통하게" 하려 할 수도 있다. 하지만 하나님의 방법은 단순하게 설명되지 않을 것이다.Brueggemann, 1982:235 하나님은 정체모를 근동 사람들을 온 인류에게 복을 전달할 자로 삼을 수 있다. 하나님의 방법은 간음과 살인으로 기소된 한 왕다윗에게서 메시아 혈통을 만들 수 있다. 하나님의 방법은 로마 십자가에서의 죽음에서 눈에 띄지 않는 한 갈릴리 사람을 택할 수도 있다.

교회 생활에서의 본문

히브리 성경의 어떤 내러티브도 이 이야기보다 가족의 역동성에 대한 연구로 유용하지는 않을 것이다. 우리가 가족의 삶에 일어난 일을 더 면밀히 보면 볼수록, 이 내러티브는 더욱 생생해진다. 이 이야기에서 각 사람의 역할은 논의할 가치가 있지만, 전체 족장 이야기에서의 야곱과 이삭보다는 두드러지지 않는 두 인물인 에서와 리브가를 간략하게 살펴

보자.

　에서는 본문이 헷 족속이라고 부르는 지역 여자와 결혼한다. 아브라함은 이삭을 위해 이런 결혼을 피하려고 조치를 취했지만, 이야기는 에서가 반항이나 불순종에서 행동했다고 의심할 어떤 이유도 제시하지 않는다. 에서는 행동했고 자신의 행동이 자기 부모가 주장하는 가치와 모순된다는 것을 나중에 알았다. 나중에 에서는 적절한 여자와 결혼하여 가족 관계를 수정하고 회복하려고 노력했다. 줄곧 이 내러티브는 에서를 특이하게 보이는 인물로 그리기는 하지만, 공감하며 묘사한다. 에서의 행동과 반응과 품행과 감정은 상황에 어울린다. 즉, 요구받을 때는 순종하고, 부당하게 대우받을 때에는 감정이 상하며, 침해당할 때에는 분노했다. 그럼에도 에서는 자신의 상황을 개선할 어떤 것도 할 수 없다. 에서는 항상 "일탈한"Brueggemann, 1982:234 가족 일원이었지만, 이상하게도 가족에게 중요했다. 에서 때문에 가족의 어떤 가치는 명확해졌다. 모든 가족은 스스로를 에서가 아니라고 규정했다. 에서는 심지어 하나님도 무시하는 것 같으며, 가족의 유산을 이어가도록 선택받지 않은 자의 역할을 했다. 이야기는 에서가 이런 운명을 맞이할 만하다는 것을 당연하게 여기지 않는다. 누군가가 하나님의 가족이나 우리 가족에서 "일탈해야"만 하는가?

　리브가는 이 드라마에서 행동을 지시한다. 리브가의 발언은 항상 행동을 재촉하는데, 이 행동은 리브가가 원하는 것과 일치하는 행동이다. 리브가는 결코 정보를 요구하지 않는다. 리브가는 자료를 갖고 있는데, 이는 다른 사람들이 가지지도 않고, 그녀가 가졌다고 깨닫지도 못하는 자료다. 내러티브는 우리에게 리브가를 소개할 때 절제하지만 리브가가 행동할 때, 가족은 극적으로 바뀐다. 리브가는 결코 에서에게 말하지 않고, 에서는 사사건건 실패한다. 리브가는 항상 야곱을 위해 행동한다. 독자는 리브가가 야곱에게 말할 때 의욕이 넘치는 것과 지시할 때도 성급함을 느낄 수 있다. 리브가는 자기 남편 이삭과 더불어, 사적인 것과 공적인 것의 차이를 보인다. 리브가는 이삭과 에서에게 맞서 은밀하게 협력한다. 그러나 리브가가 이삭에게 직접 말을 건넬 때, 그들의 공유하는 가치에 호소하고, 이삭을 에세에게서 떼어내기 위해 노력한다. 리브가에 대한 묘사는 아마도 모든 묘사 가운데 가장 호의적이지 않은 것 같다. 그러나 드라마에서 하나님의 방법은 어디에 있는가? 하나님의 방법은 이 강력한 여자의 행동 때문에 승리하는가? 하나님의 방법과 리브가의 방법 사이의 조화는 단순히 우연인가? 마지막으로 우리는 리브가가 에서와 마찬가지로 가족 내에서의 자신의 역할에 대해 대가를 치렀다고 말해야만 할 것이다. 야곱 이야기가 진행되면서, 리브가는 결코 자신의 사랑하는 아들을 다시 보지 못했다.

창세기 28:10-22

하란으로 가는 여정에서의 야곱의 만남

사전 검토

이야기는 이제 야곱이 가족의 메소포타미아에 있는 고향으로 가서 돌아오는 것을 다룬다. 야곱의 메소포타미아 여정은 두 번의 하나님과 만남으로 둘러싸인다. 메소포타미아로 가는 도중에, 하나님은 베델에서 야곱과 대면하고, 돌아오는 길에는 얍복강에서 대면한다.32:22-32 이 두 본문은 야곱의 에서와의 갈등과창27장과 33장 라반 집에서의 체류창 29-31장 사이의 문학적 전환을 형성한다. 하지만 문학적 기능을 넘어 이 두 "출현"은 야곱의 여정에 대한 내러티브를 신학적으로 묶는다.28:10-35:22 하나님이 없는 것 같더라도 야곱은 이제 하나님이 함께 함을 고려해야 한다.

베델에서의 이 만남은 창세기 32장뿐만 아니라 하나님이 베델에서 야곱에게 나타나는 35장과 관련된다. 이 두 번의 베델 신현은 내러티브 전반에서 하나님의 약속의 실마리를 구성한다. 역사적으로 두 신현은 베델을 이스라엘의 가장 이른 시기부터 두드러지는 성소로 가리키는 것 같다. 야곱과 하나님 사이의 이 만남은 꿈의 형태로 이뤄진다.

개요

도입, 28:10-11

꿈에 대한 보고, 28:12-15

    28:12   환상

    28:13-15   들음

         자기 소개, 28:13a

         약속, 28:13b-15

            땅, 28:13b

            후손들, 28:14a

            모두에게의 복, 28:14b

            임재, 28:15

야곱의 반응에 대한 보고, 28:16-22

    28:16-17   말씀들

    28:18-19   베델의 이름짓기

    28:20-22   맹세

주석적 해설

하란으로 가는 여정에서의 야곱의 만남 28:10-22

이 내러티브 전반에서 우리가 보기를 원하는 핵심 단어들 몇몇은 바로 서언에 나온다. 10-11절 야곱은 "그 곳" 또는 **어떤 곳**함마콤*hammaqom*에 도착했다. 그는 베개로 사용하려고 돌에벤*'eben* 가운데 하나를 취했다. 우리는 이름 모를 한 장소와 평범한 바위에서 시작한다. 그럼에도 이 두 요소가 독자에게 소개되는 방식은 그 곳과 돌이 처음 보기처럼 평범하지 않을 수 있다는 것을 알린다. 내러티브는 이 평범한 것들을 소개할 때 기대감을 높인다.

꿈에 대한 보고 28:12-15

야곱이 꿈을 꾸는데, 갑자기 계단이 땅 위에 세워졌으며, 그 꼭대기는 하늘에 닿았다. 독자는 번역이 종종 전달하는 것보다 히브리어 본문에서 더 놀라움과 흥미진진함을 느낀다. 꿈은 예상치 못하고 특이한 것을 초래한다. 이 꿈도 예외는 아니다. "갑자기 하나님의 천사들이 그 층계를 오르락내리락 하고 있었다.”12절 히브리어 단어 “통로”나 “계단” 술람 sullam은 하나님의 영역과 인간의 영역을 연결하는 계단이나 길을 암시한다.

그 다음에 다시 갑작스럽게 하나님이 나타나고 말한다. 우리가 꿈에 대해 기대하는 대로, 행동은 부드럽게 이어지면서 움직이지 않고, 불규칙적으로 갑작스럽게 움직인다. 하나님이 갑작스럽게 자신을 소개하면서 이 꿈을 야곱의 유산과 연결시킨다.28:13 실제로 이 말씀은 야곱에게 그의 조상들이 이어갔던 약속의 유산을 허락한다.

이 약속들로 말미암아 불임의 여자 사라는 자녀를 낳을 수 있었고, 창21장 집이 없는 피난민 이삭은 강력하고 부요하게 됐으며, 창26장 약속을 받은 족장과 관련된 롯은 재앙에서 구출 받을 수 있었다. 창19장 약속에 대한 하나님의 이 신탁에서는 함께 한다는 약속을 강조한다.15절 함께 한다거나 도움을 준다는 약속도 이주하는 이삭에게 전하는 신탁에 포함됐다.26:3, 24 그러나 여기서 이주하는 자에게 내리는 매우 오래된 이 축복은 확장된 형태로 나온다. Westermann, 1980:140-143 야곱을 약속을 받은 자의 혈통에 포함시키면서, 이 내러티브에서의 가장 두드러지는 약속은 하나님의 함께 함과 보호와 귀향이라는 거류민의 두려움과 소망을 다룬다. Brueggemann, 1982:245-246 [가족 이야기에서의 약속, 343쪽]

야곱의 반응 28:16-22

곧 바로 야곱은 깬다. 꿈에 놀란 자의 말은 전통적인 진술로 보고되는데, 이는 교회의 예배 언어에서 두드러진 구절이다.16-17절 아마도 이야기의 진술은 이스라엘의 예배 의례에 속했을 것이다. 하지만 이 내러티브 맥락에서 이 진술은 야곱이 매우 평범해 보이는 곳에서 하나님의 임재를 경험할 때 놀라는 것에 대한 표현이 된다. 이 진술은 우리가 도입에서 지적했던 그 곳이라는 핵심 단어를 다시 거론한다. **어떤 곳**은 이제 하나님의 장소, “하나님의 집” 벧-엘beth-el으로 경험된다. 예상치 못했던 꿈은 평범한 이름 모를 장소를 베델이라고 불리는 거룩한 장소로 변형시켰다.

야곱의 말은 그 곳이라는 핵심 단어를 다시 거론하고, 그의 행동은 두 번째 핵심 단어인 **돌**을 다시 시작한다.18절 **그 곳**이 겪었던 동일한 변형이 또한 **돌**을 바꾸었다. 평범한 돌은 거룩한 기둥마체바maṣṣebah이 됐다. 이런 거룩한 돌은 히브리인들뿐만 아니라 가나안인들을 포함해서 고대 근동 전반에서 지역 성소를 표시했다. 기둥은 가나안 종교와의 연관성으로 말미암아 특히 신명기에서 증오의 대상이 됐다. 신12:3

돌을 세워, 야곱의 쉬는 장소는 기둥을 위한 돌이 있는 평범한 장소에서 거룩한 기둥을 갖춘 “하나님의 집”으로 바뀌었다. 이 장소를 “하나님의 집” 베델으로 이름 지은 것은 거의 삽입구이거나 심지어 중복되는 것으로 보인다. 이것은 이야기가 전달되면서 확장된 것을 나타내는 것 같으며, 이는 내러티브의 다른 곳에서도 목격될 수 있는 발전이다. Vawter, 1977:314-316

야곱은 맹세로 마무리한다. 야곱은 맹세에서 하나님이 약속했던 것을 요구하는데, 이는 이주하는 자에게 필요한 것으로 함께 함과 보호와 귀향이다.20-21절 맹세는 야곱의 여정을 새롭게 방향을 설정한다. 여정은 암살을 피해 도주하고 자기 부모에게 적합한 아내를 찾는 여행에서 시작됐다. 그러나 이제 야곱의 여정은 신학적인 내용을 담는 순례가 된다. 야곱은 상당히 동일한 목적으로 동일한 장소에 가지만, 이제 그는 하나님의 약속을 받은 자이면서도 하나님이 도울 것이라는 확신 가운데 이동한다. 이제는 하나님의 "자비"가 수반되어, 야곱은 자기 하나님인 여호와와 함께 사는 것에 헌신했다.21절 확실히 하나님의 약속과 야곱의 맹세의 성격은 여호와가 야곱에게 무조건적인 서약을 하는 반면 야곱은 "~면"이라고 말하는 데서 찾을 수 있다.20절 하지만 약속과 맹세는 하나님과의 만남이 돌이 있는 장소를 성소를 바꾸는 것만큼이나 분명하게 야곱의 여정을 바꾼다.

성서적 맥락에서의 본문

성서는 예상치 못하게 거룩한 장소를 우연히 접하고 하나님과 만나는 여행자에 대한 다른 이야기를 전한다. 이스라엘이 이집트에서의 해방됨을 다룬 내러티브는 이런 놀라운 만남으로 시작한다. 출3장 모세는 장인의 가축을 "지키면서" 예상치 못하게 특이한 덤불 가까이에 갔다. 이 "덤불"은 성소가 됐다. "하나님의 산"에서의 이 만남은 야곱의 "하나님의 집"에서의 만남이 고향에서의 도주를 다시 설정한 것과 마찬가지로, 모세가 이집트에서 도주한 맥락을 바꾸었다.

엘리야 이야기는 박해를 피하고자 고향에서 도주한 것을 묘사한다. 왕상19장 엘리야는 죽기를 갈망하며 나무 아래 앉았다. 예상치 못하게 한 천사가 접근하여 그에게 하나님의 산으로 가라고 지시했는데, 거기서 엘리야 역시 하나님을 만날 것이다. 왕상19:4-8 야곱과 모세와 마찬가지로, 이 예상치 못한 만남은 엘리야가 자기 세계를 이해하는 방식을 바꾸었다.

우리는 이 예상치 못한 하나님과의 만남과 성소나 거룩한 공간 사이의 연관성을 주목해야 한다. 하나님을 만나는 사건은 어느 곳에서나 일어나는 게 아니라 하나님의 산이나 하나님의 집에서 일어난다. 성서 전통, 특히 히브리 성서는 거룩한 공간을 깊이 존중했다. 야곱과 모세에게 상당히 놀라운 것은 그들이 우연히 접한 그 장소가 거룩한 공간이었다는 것이다. 엘리야는 하나님의 산으로 가도록 지시받았다. 이것은 고대 이스라엘에서 하나님은 오직 성소에서만 사람을 만날 수 있다고 말하는 것이 아니라, 거룩한 장소가 중요했다고 말하는 것이다. 성소는 하나님이 조상들에게 나타났던 것처럼 거기에서 나타날 것이라는 떨리는 기대를 갖게 한다. 그러므로 야곱이 꿈을 꾼 후에, **주님께서 분명히 이곳에 계시는데도, 내가 미처 그것을 몰랐구나. … 이 곳은 다름아닌 하나님의 집이다**라고 말할 수 있었다.28:16-17

신약은 명백히 구약보다는 거룩한 장소에 대해 그리 인식하지 않는 것 같다. 하지만 우리는 신약에서 신앙이 거룩한 공간을 반대함을 선언한다고 말하는 것에 주의할 필요가 있다. 예를 들어 "성전 청결" 내러티브와막11:15-18과 병행구 심지어 종말에 대한 묘사에서의 예루살렘의 중요성에서처럼, 제21장 복음서에서의 성전의 중심적인 역할은 우리에게 거룩한 공간의 중요성에 대해 신약과 구약을 너무 분리하지 않도록 경고한다. 하나님은 어느 곳에서나 나타날 수 있지만 어떤 공간은 역사를 떠올리게 하며 기대감을 불러일으키는데, 인식을 하든 못하든 **다름 아닌 하나님의 집**이기 때문이다.

교회 생활에서의 본문

베델에서 야곱의 여정은 에서의 분노를 피하려는 도주와 적절한 아내를 찾으려는 용무에서 하나님의 약속을 받은 자의 순례로 바뀌었다. 여정의 이유는 변하지 않았지만, 이 꿈을 통해 여정 자체는 극적으로 "전환됐다."

우리는 많은 기독교 공동체에서 회심을 개인의 성격 변화로 생각한다. 이것은 여전히 우리가 회심에 대해 말하는 중요한 방식이지만, 고대 세계가 우리와 비슷하게 변할 수 있는 한 사람의 내적인 핵심으로서의 "성격"이라는 개념을 가졌는지는 명확하지 않다. 종종 성서 전통에서 "회심"은 하나님과의 만남과 관련되는데, 이 만남에서 집단이나 개인은 삶을 다른 방식으로 보게 된다. 사람은 삶에 대한 새로운 맥락을 받아들일 때 변화하지만 이 변화는 심리학적인 변화나 행위의 변화라는 면에서 묘사될 수는 없다.

베델에서의 꿈도 하나님과의 씨름도창32장 야곱의 성격 변화의 이야기다. 야곱은 여전히 "싸우는 자"로, 갈등을 일으키는 경향이 있으며, 자신의 이익을 위해 상황을 유리하게 만드는 데 정통하다. 하지만 야곱은 이제 하나님의 약속을 받은 자로서 산다. 야곱의 삶은 이제 야곱뿐만 아니라 그의 가족과 지상의 온 가족을 포함하는 하나님의 드라마의 일

부로 펼쳐진다. 28:14

　많은 이들이 바울의 회심을 그의 성격 변화로 해석했다. 하지만 우리는 내러티브를 다시 볼 필요가 있다. 바울은 자신의 삶을 위한 새로운 종교적 맥락을 접하게 되므로 새로운 사람이다. 그는 **내 이름을 이방 사람들과 … 앞에 가지고 갈, 내가 택한 내 그릇이다.** 행9:15 바울의 삶은 하나님의 드라마의 일부가 됐는데, 이는 그의 "가족"을 넘어 이스라엘 자손들뿐만 아니라 이방인들에게 확대된다. Snyder, 1976:738-739 바울은 야곱과 마찬가지로 다르게 행동하지 않을 수 있다. 야곱이 계속해서 상황을 조종하려는 것과 마찬가지로, 바울은 여전히 완고하고 고집에 세지만, 그들의 삶은 동일하지 않다. 그들은 새로운 피조물이다.

하란에서의 야곱의 체류

사전 검토

야곱이 하란에 체류하는 이 짧은 이야기는 가족 내에서의 두 번째 주요 갈등을 서술한다. 이 드라마의 등장인물들은 야곱, 라반, 라헬, 레아를 포함한다. 이전 이야기와 마찬가지로, 26:34-28:9 내러티브는 발전하는 상황, 곧 다른 시기의 여러 사람들이 서로 협력하고 서로 맞서는 상황을 묘사한다.

주요 갈등은 야곱은 라반과 대립하는 것이다. 보통 라헬은 야곱과 협력하지만 둘은 서로 부딪히기도 한다. 다른 중대한 갈등은 라헬과 레아가 대립하는 것이다. 하지만 두 자매도 라반에 맞서 야곱의 편에 선다.

이 내러티브는 짧은 이야기나 중편의 이야기로서의 특징을 지닌다. 더 긴 이야기 가운데 놓이지만, 이 이야기는 그 자체로 읽을 수 있다. 우리는 야곱이 하란에 도착한 이유에 대해 어떤 언급도 찾을 수 없으며, 에서와의 다툼이나 적절한 신부를 찾으려는 용무에 대한 언급도 찾을 수 없다. 이야기는 야곱이 공동체에 잘 도착했다고 시작하고 29:2 야곱과 라반이 헤어진 것으로 끝난다. 31:55

이 짧은 이야기의 개요는 우리가 전체 이야기에서 주목한 대칭이나 교차대구를 보여준다. Brueggemann, 1982:249 [히브리 내러티브의 특성, 359쪽] 야곱이 하란에 체류하는 이야기와 마찬가지로, 이 내러티브는 야곱이 도착하는 것으로 시작한다. 29:2-14 갈등이 이야기의 지배적인 주제이지만, 야곱이 도착할 때는 갈등이 없다. 당시 라반과 야곱은 거기 있는 동안 체류자의 일에 대한 임금을 협상한다. 29:15-20 이것은 다정해 보이지만, 주요 분열은 합의한 것을 결산할 때에 일어난다. 29:21-30 이야기는 야곱과 라반의 관계를 레아와 라헬이 야곱의 자녀들을 출생한 것을 열거할 때까지 이어간다. 29:31-30:24 그러나 우리가 거기서 발견한 것은 단순한 목록이 아니다. 라헬과 레아 사이의 갈등에 대한 내러티브가 목록과 엮여 있다. 이 중앙 섹션 마지막에서 이 싸움은 빠져있고, 라반과 야곱의 갈등이 다시 거론된다. 다시 우리는 그들 둘이 협의가 해결될 때 또 다른 문제와 더불어 야곱의 임금을 협상하는 것을 발견한다. 30:25-43 마지막으로 야곱은 떠나기로 결심한다. 31:1-55 둘 사이의 첫 만남은 평화로웠고 기쁨이 가득했지만, 마지막 만남은 대항하고 분노한다.

이 단락은 야곱의 도착과 출발이 야곱과 라반 사이의 임금에 관한 두 번의 협의를 둘러싸고, 중앙 섹션은 후손의 출생을 열거하는 것으로 요약될 수 있다.

개요

주석적 해설

야곱의 하란 도착 29:1-14

이 장면은 명백하게 약혼 장면으로 제시되지는 않는다. 그럼에도 히브리 내러티브에서의 이런 장면에, 창24장 익숙한 독자는 이 지역의 한 목자와 관련된 거류민이 도착하는 것보다 여기서 더 많은 일이 일어날 것이라는 사실을 알 것이다. 표면적으로 내러티브는 단순히 이주하는 자가 도착했다고 한다. 야곱은 먼저 우물에 모인 목자들과 이야기를 하는데, 자기 어머니의 고향 공동체에 도착했다는 사실을 알게 된다. 4-6절 이어지는 대화에서 야곱은 목자들이 일을 어떻게 해야 할지에 대해 그들에게 가르치려고 한다. 7절 돌을 들려면 모든 목자들의 힘이 필요하다는 것을 의미하든지, 이 곳의 관례는 우물의 덮개를 벗기기 전에 모든 목자들이 도착할 때까지 기다려야 한다는 것을 의미하든지 그들은 반대한다. 8절

이 순간에 또 다른 목자 라헬이 도착한다. 야곱은 돌에 가까이 다가가, 혼자 돌을 굴려 버리고, 양떼를 위해 물을 긷는다. 10절 야곱이 물을 길을 때 영웅적인 힘이 관여했을 것이며, Coats, 1983:213 따라서 이것은 약혼 장면의 통상적인 부분으로서의 역할을 했을 것이다. 우물가에서 여자에게 인사하고 그녀의 양떼를 위해 물을 긷는 낯선 사람은 그들 사이의 인연을 시작한다. Williams, 1980:109 창세기 24장 16-23절과 요한복음 4장 7-15절에서 이 양상은 여자가 낯선 사람을 위해 물을 긷는 것에서 역전된다. 그 후에 야곱은 라헬에게 가서 입맞춤과 눈물로 인사한다. 여기서 야곱은 독자가 기대하기에 라헬을 놀라게 하고

당황스럽게 할 것을 소개한다. 12절 그러나 라헬의 반응에는 약혼 장면에 대한 대본이 이어진다. 라헬은 달려가 자기 아버지에게 말한다. 이 모두는 묘사하는 방식으로 우리에게 서술된다.

야곱이 도착하자마자 셋째이자 마지막 인사에서, 라반은 방문객에게 주도권을 행사한다. 라반은 야곱에게 환대하고 "너는 나와 한 피붙이이다"라고 열광적으로 자기 손님과의 유대관계를 선언한다. 창2:23과 삼하5:1, 참고 이 첫 장면은 완벽한 화합에 대한 이 메모로 끝난다.

임금에 대한 협약 29:15-30

시작하는 장면에서의 약혼의 요소를 고려할 때, 우리는 야곱과 라헬의 결혼에 대한 협상을 기대해야 한다. 하지만 이 장면은 이와 같이 시작하지 않는다. 대신에 라반은 자신을 위해 일할 때 야곱에게 얼마나 지불할지에 대해 말한다. 예상되는 대로, 야곱은 돈을 모으는 일보다는 라헬과 결혼하는 데 더 관심을 가진다. 야곱은 라헬과 결혼하는 특권 이외에는 어떤 임금도 받지 않고 7년 동안 일하겠고 제안한다. 18절 야곱의 제안은 금전적 관점에서는 매우 관대했지만, 아프리카 부족 집단 가운데 현재의 관행에서 비교하면, 이것을 쉽게 라헬을 위해 돈을 지불하는 것으로 묘사하지 않아야 한다는 것을 알 수 있다. 이 집단들 내에서 이런 관습은 결혼 승낙을 받고자 가족에게 감사하는 것으로 이해된다. 외부에서 볼 때, 이것은 순수한 사업 계약처럼 보일 수도 있다. 라헬과 레아는 그들이 이것을 어떻게 이해했는지를 묘사하는 데 사업 용어를 사용할 것이다. 31:15 하지만 결혼이 어떻게 일어나는지에 대한 우리의 이해를 통해 고대 근동 계약 용어를 보게 되면 고대 근동에서의 결혼에 대해 적절하게 이해하지 못할 수도 있다는 것을 우리는 인식할 필요가 있다. 라반은 이 결혼이 다른 어떤 결혼보다 바람직하다는 데 동의하고 야곱에게 머물라고 초대하지만19절 우리는 라반이 7년 후에 라헬을 야곱에게 주기로 명백하게 동의한 것은 아니라는 사실을 주목해야만 한다.

해설자는 독자에게 야곱이 라헬을 사랑하여 우리가 보겠지만, 시간과 일과 삼촌의 나라의 관습에 대해 판단이 흐려졌다고 말한다. 26절 야곱은 약정한 시간 후에, 라헬과 결혼하게 승낙해 달라고 요청하고, 가정은 결혼식을 준비한다. 라반은 공동체의 모든 남자들을 결혼 전의 연회에 초대한다. 연회는 "마시다"를 의미하는 히브리어 단어 사타*satah*에서 유래한 미스테*misteh*라고 불린다. 우리는 아마도 연회 후에 야곱이 자신을 완전히 통제하지는 않았다고 이해해야 할 것이다. Coats, 1983:214

이유가 무엇이든지 간에, 야곱은 자신이 사랑한 라헬이 아니라 레아가 결혼 침대를 같이했다는 사실을 인식하지 못했다. 히브리어 본문은 야곱의 꿈에서 발견된 것과 비슷한 놀라움의 언어를 사용한다. **아침이 되어서 야곱이 눈을 떠 보니, 레아가 아닌가!**25절 야곱은 잘못된 여자와 결혼했었다! 야곱의 세 가지 고발하는 질문은 라반에 대한 분노를 표현한다. 라반은 관습에 호소하여 자신을 변호한다. 즉, 가족은 언니보다 먼저 동생이 결혼하도록 내어주지 않는다는 것이다. 라반은 라헬과 결혼하도록 제안하는데, 대신 두 번째 결혼 후에 더 일을 해야 된다는 조건이 덧붙여진다. 장면은 야곱이 라헬에 대한 사랑과 삼촌/장인어른에 대한 분노 사이에 끼인 것으로 빠르게 마무리한다. 야곱은 그 조건에 동의하고 라헬과 결혼한 후에 라반을 위해 일한다.30절

내러티브가 시작할 때는 야곱과 라반이 화합하고 결속하였으나, 라반의 행동이 관습과 일치하지만 그의 행동으로 돌이킬 수 없이 화합과 결속이 깨어졌다. 리브가와 야곱이 이삭을 속여 동일한 분열이 야곱과 에서 사이에 일어났다.27:1-45 실제로 이전의 속임의 이야기에 바로 이어지는 이 이야기의 위치로 말미암아 다른 병행 내용이 가능해진다.Fish-bane:55 속이는 자가 속임을 당하는 자가 될 뿐만 아니라, 둘에게서 쟁점이 되는 것은 맏아들의 권리다. 다시 야곱은 출생의 질서를 뒤엎으려고 한다. 이번에는 효과가 없었다. 두 이야기에서 속임으로 말미암아 희생자가 발생한다. 이삭을 속일 때, 모두가 어떤 식으로든 결국 희생자가 됐지만, 에서만큼 희생당하지는 않았다. 이 내러티브에서도 이것은 동일할 것이다. 모두가 피해를 입지만, **야곱은 레아보다, 라헬을 더 사랑하였다**에서도 드러나듯이,30절 레아가 가장 큰 피해를 입음이 틀림없다.

자녀 출생 29:31-30:24

이 섹션은 짧은 이야기의 중심 역할을 한다. 이 섹션은 다툼과 갈등과 고통의 내러티브 맥락에서 야곱의 자녀들을 열거한다. 이 야곱과 라반의 이야기에서 처음으로, 해설자는 하나님의 직접적인 개입을 언급하며, 이 개입은 출산 문제와 관련된다. 하나님은 레아가 "미움 받는" 것을 보고서, 레아가 출산하게 했지만, 라헬은 여전히 불임 상태였다. 이 섹션은 하나님이 직접 참여했다고 하는 긴장감이 도는 상황으로 시작한다.

다른 어떤 것보다 사랑과 출산이라는 두 요소는 이 이야기에서의 충족된 삶을 규정한다. 우리는 여기서 아름다운 라헬이 사랑받지만 불임인 것을 알게 되며, "평범한" 레아는 사랑받지 못하지만 자녀를 많이 낳는다. 각 여자가 삶의 부분을 차지하지만 누구도 충족되지는 않는 상황에 놓여있다. 둘 다 자신들이 거부당했던 삶의 부분을 갈망한다.

레아는 자기 아들에게 지었던 이름의 의미에서 자신의 갈망을 표현한다. 속으로 "이제는 남편도 나를 사랑하겠지" 하면서, 아이 이름을 르우벤이라고 하였고, "주님께서, 내가 남편의 사랑을 받지 못하여 하소연하는 소리를 들으시고"라고 하면서, 아이 이름을 시므온이라고 하였으며, "이제는 남편도 별 수 없이 나에게 단단히 매이겠지" 하면서, 아이 이름을 레위라고 하였고, "이제야말로 내가 주님을 찬양하겠다" 하면서, 아이 이름을 유다라고 하였다. 29:32-35 각 이름은 여러 의미를 지닐 수 있지만, 레아는 이름들에 자신의 고통, 곧 사랑받지 못하며 심지어 미움을 받는 자가 되는 고통의 순례를 추적하는 해석을 부여했다. 이름들에서 독자는 번민을 느낄 수 있다. 마지막으로 레아는 마지막 아들과 더불어, 자기 남편을 외면한다. 레아는 가장 열망했던 사랑을 받지 못할 것이다.

자녀들에 대한 두 번째 목록은 라헬의 번민을 표현한다. 30:1-8 라헬은 자기 언니가 추구하는 사랑을 가졌지만 자녀가 없다. 번민 가운데 라헬은 야곱에게서 자신의 삶에 부족한 것을 요구한다. 1절 야곱은 이 이야기에서는 유일하게 남편과 아내 사이가 뜻이 맞지 않으면서 화를 낸다. 라헬은 절망 가운데 사라가 불임이었을 때 이용했던 입양이라는 동일한 과정을 택한다. 창16장 라헬은 자신의 여종 빌하를 야곱에게 대리 아내로 준다. 이 결합에서 태어난 자녀들은 라헬에게 속한다. 라헬이 다시 자녀들에게 지어준 이름은 그녀의 감정을 표현하는 역할을 한다. 이름들은 분노와 갈등, 혹독함과 결단의 이야기를 전한다. 즉, **하나님이 나의 호소를 들으시고, … 나에게 아들을 주셨구나!** 하면서, 그 아이 이름을 단이라고 하였고, **내가 언니와 크게 겨루어서, 마침내 이겼다** 하면서, 그 아이 이름을 납달리라고 하였다. 히브리어 본문은 라헬이 자기 언니와 "크게" 싸운 것인지, 하나님 및 자기 언니와 싸운 것인지는 명확하지 않다. 8절

레아의 다음 움직임은 그녀가 항복하지 않았음을 보여준다. 30:9-13 레아는 자기 여종을 야곱에게 대리 아내로 준다. 이 결합에서 태어난 아들들에게 지어준 이름의 해석은 기쁨을 표현한다. "내가 복을 받았구나"라고 하면서, 아이 이름을 갓이라고 하였고, "행복하구나"라고 하면서, 아이 이름을 아셀이라고 하였다. 하지만 이 이름들의 맥락은 연민의 요소를 제공한다. 레아는 여섯 아들이 있지만 여전히 남편의 사랑을 받지 못한다.

레아의 다음 반응은 여전히 사랑이 그녀의 가장 깊은 갈망이라는 것을 보여준다. 14-16절 르우벤은 "자귀나무"를 가져오는데, 이는 아마도 출산하게 하는 마술을 지녔다고 여겨지는 마취제 식물의 열매일 것이다. Westermann, 1985:475 즉각 라헬은 이것을 원하는데, 이는 그녀가 부족한 것을 해결하기 위한 열쇠다. 레아는 자신이 원하는 것, 곧 야곱과의 시간에 대한 대가로 라헬에게 팔기로 동의한다. 라헬은 동의한다. 그 다음에 레아는 라헬의

나도 아이 좀 낳게 해주셔요. 그렇지 않으면, 죽어 버리겠어요라는30:1 번민의 말과 일치하는 "내게로 들어오라 내가 당신을 샀기 때문이다" 새번역, "나의 방으로 드셔야 해요. 나의 아들이 가져온 자귀나무를 라헬에게 주고, 그 대신에 당신이 나의 방으로 드시게 하기로 했어요"-역주라는 말로 들에서 오는 야곱을 맞이한다. 이 단락에서 라헬과 레아가 야곱에게 하는 발언들은 상황으로 말미암은 인간적 고뇌, 즉 사랑받았으나 불임인 상황과 사랑받지 못했으나 자녀를 많이 낳은 상황을 표현한다.

레아는 "나의 남편에게 준 값을 하나님이 갚아 주셨구나"라고 하면서 이렇게 사서 낳은 아들을 잇사갈이라고 불렀다. 18절 또 다른 아들을 레아는 **내가 아들을 여섯이나 낳았으니, 이제부터는 나의 남편이 나에게 잘 해주겠지** 하면서, 그 아이 이름을 스불론이라고 하였다. 스불론이라 불렀다. 20절 레아가 사용한 단어*zbl*는 명확하지 않다. 레아가 야곱에서 정확하게 무엇을 원하든지 간에 이것은 이뤄지지 않았다. 딸 디나를 낳았다고 보고할 때 포기한다는 언급이 있을 것이다. 출생은 해석이나 설명이 없이 매우 공식적인 열거하는 문체로 보고된다. 21절

마지막에 해설자는 다시 **하나님은 라헬도 기억하셨다**라고 하여, 하나님의 개입을 보고한다. 22절 하나님의 기억함은 폭풍에서 구하고창8:1 위험에서 구조하며,창19:29 압제에서 구원하고출2:24 여기서는 출산을 회복한다. 마술적인 풀이 아니라 하나님이 라헬의 상황을 바꾼다. 라헬에게는 한 아들이 있지만 그것으로 충분한가? 라헬은 **주님께서 나에게 또 다른 아들 하나를 더 주시면 좋겠다** 하는 뜻으로, 그 아들을 요셉이라고 이름을 짓는다. 24절 이 단락은 이 언급에, 자매들이 여전히 불화하며 그들의 삶이 여전히 충족되지 않는다고 하며 마무리한다. 함께 그들은 완벽한 삶을 만들지만Cohen:339-342 그들은 하나가 되지는 않는다. 내러티브는 그들의 갈등을 화해시키거나 해결하지 않은 채로 둔다.

임금에 대한 협약 30:25-43

이야기는 야곱과 라반 및 야곱의 임금 문제로 서둘러 돌아간다. 하지만 모든 것이 첫 협약과는 변했다. 29:15-19 긴 대화가 라반과 야곱 사이에 이어진다. 25-34절 야곱은 떠나기를 원한다. 라반은 야곱이 머물기를 원한다. 27-28절 자기 조카가 머무르는 동안 그 밖의 무슨 일이 일어나든지 간에, 라반은 부요하게 됐고, 야곱이 복을 가져온 자임을 인정한다. 그래서 라반은 야곱에게 자신의 임금을 정하라고 한다.

야곱은 자신이 삼촌이 부를 쌓게 된 원인이었다는 점에 동의한다. 29-30절 야곱의 발언은 라반에게 큰 돈으로 해결하도록 공언하게 만든다. 31a절 그 다음에 야곱은 이상한 요청

을 한다. 야곱은 평범하지 않은 짐승을 원한다. 이상한 색의 짐승이 종종 나타나기는 하지만, 보통은 하얀 양과 검은/짙은 염소다. 다양한 번역이 가리키듯이, 히브리 본문에서의 어려움으로 말미암아 협약의 정확한 조건을 정리하기가 불가능하다. 명백히 야곱은 비정상적인 색의 모든 짐승을 요구한다. 야곱은 짐승의 색이 자신의 충성을 체데카[şedeqah, RSV, "정직"] 입증할 것이라고 주장한다. 라반은 신속하게 동의한다.34절

하지만 야곱과 라반의 관계는 충성으로 특징지어지지 않는다. 이것은 갈등과 조종의 이야기가 됐다. 즉각 두 사람은 자신들의 최선의 이익을 위해 협약을 각색하기 시작한다.35-43절 히브리 본문에서의 어려움으로 말미암아 다시 우리는 정확하게 무슨 일이 일어났는지 알지 못한다. 대부분의 번역에도 불구하고, 본문은 라반이 임금 협약에서 자기 조카의 것으로 돌린 것들을 훔치려는 의도로 여러 색의 짐승을 분리시켰다는 해석을 뒷받침하지 않는 것 같다. 존재하는 짐승이 아니라, 미래의 여러 색깔의 짐승이 야곱의 임금이 될 것이다. 그러므로 라반 자신은 짐승들을 분리했다. 그 다음에 라반은 두 양떼 사이를 멀리 떼어놓아서,35-36절 야곱은 이미 존재하는 여러 색깔의 짐승 일부에서 야곱의 임금을 증대시키지 못하게 하거나 쉽게 새로이 여러 색깔의 양과 염소를 낳지 못하도록 했다.Fokkelman:149

그러나 야곱은 삼촌을 앞지르려고 마술을 사용할 것이다. 내러티브는 어떤 발언으로도 중단되지 않고서, 매우 단호한 히브리 산문으로 야곱의 행동을 묘사한다. 야곱은 번식 계획을 통해 많은 강한 여러 색깔의 짐승들을 갖게 됐고, 라반은 얼마 안 되는 약한 단일 색의 짐승들이 남겨졌다. 이전 협약에서는 야곱에게 한 아름다운 아내와 "약한 눈"을 가진 아내가 남았다. 야곱은 약한 눈을 가진 아내를 원하지 않았다. 이 협약으로 말미암아 야곱은 많고 아름다운 가축들로 부요하게 됐으며43절 라반은 얼마 안 되는 약한 염소들만 남았다.

속임수가 이 가족에서도 나타난다. 자기 아버지를 속이고 삼촌에게 속은 야곱은 이제 자신을 속인 자를 속인다. 이것은 얼마나 오래 지속될 것인가?

야곱의 하란에서의 출발 31:1-55

31:1-3 출발 이유

야곱은 떠나기로 결심한다. 이 단락은 다음과 같이 이유를 진술하며 시작한다. 첫째로는 라반의 아들들이 자신들의 아버지에게 손해를 끼치며 야곱이 부를 축적하는 것에 대해 불평한다. 둘째로는 라반이 야곱에 대한 태도를 바꿨다. 야곱이 도착했을 때 결속이 있었

던 만큼이나29:4 이제 소원해짐이 깊어졌다. 셋째, 하나님의 말씀은 도울 것이라고 약속하면서 야곱에게 고향으로 돌아가라고 지시한다.[가족 이야기에서의 약속, 343쪽]

31:4-16 준비

창세기 31장 4-13절은 야곱이 자기 고향으로 갈 때 라헬과 레아에게 같이 가자고 설득하는 긴 발언을 보고한다. 야곱은 해설자가 30장 37-43절에서 보고한 것과는 상당히 다른 지난 임금 및 임금 협약과 관련한 갈등을 어떻게 이해했는지를 자신의 아내들에게 설명한다.

야곱은 논란의 여지가 없는 점에서 설명을 시작한다. 첫째, 라반의 태도는 야곱에게 적대적이 되기 시작했다. 둘째, 하나님은 야곱과 함께 했다. 셋째, 야곱은 라반을 섬기며 열심히 일했다.5-6절 그 다음에 **야곱은 장인 어른께서는 나에게 주실 품삯을 열 번이나 바꿔치시면서, 지금까지 나를 속이셨소. 그런데 하나님은, 장인 어른이 나를 해치지는 못하게 하셨소**라고 사건을 판단했다.7절 해설자는 지난 협약에 이어 임금의 변화에 대해 어떤 것도 말하지 않았지만, 야곱은 자신이 이해한 대로 사건들을 설명한다. 즉, 라반은 새롭게 태어난 짐승들에 대한 협약을 바꾸어 이득을 보려 했다는 것이다.8-9절 야곱은 짐승에 얼룩이 진 것은 해설자가 묘사한 대로 마술이 아니라 하나님이 했다고 주장한다.10-12절

아마도 해설에서의 사건에 대한 묘사와30:37-43 야곱의 이 사건들에 대한 판단 사이의 차이는 이야기의 역사에서의 확장으로 설명될 수 있다.Vawter, 1977:334-335 그러나 우리에게 전해져 온 본문은 이 상황에 대한 흥미로운 그림을 제시한다. 독자는 야곱이 의도적으로 거짓말을 했거나 모두가 조화를 이룸에 틀림없다고 여길 필요는 없다. 예를 들어, 야곱은 해설자가 생략한 것을 설명할 수도 있다.Fokkelman:157-162 독자에게 사건에 대한 두 가지 형태를 제시함으로써, 이야기는 독자에게 드라마에 참여하도록 초대한다. 우리 대부분은 긴장과 갈등 가운데 대두하는 사건에 대한 매우 다른 해석을 경험했다. 논쟁을 중재하는 어떤 사람이라도 잘 알겠지만, 항상 논쟁하는 당사자들은 자신들의 보고가 정확한 보고라고 순수하게 믿는다.

두 여자 라헬과 레아는 야곱 편을 들지만, 그들이 제시한 이유는 야곱의 사건의 정의에 근거하지 않는다. 그들은 자신들의 아버지에 대해 불만이 있다.31:14-15 라헬과 레아는 라반이 자신들을 **딴 나라 사람**노크리요트nokriyoth으로 취급했다고 주장한다. 라반은 그들을 팔았고, 수익금을 다 써버렸다. 그들은 명백히 결혼을 라반이 "판" 것으로 판단했는데, 이는 고대 근동의 결혼 협약의 일부에서 사용된 단어들과 일치하는 판단이다. 다시

말하자면, 라헬과 레아가 결혼한 협약을 "신부값"과 관련된 "파는 것"으로 묘사하는 것이 이 사건들을 판단하는 유일한 방법이다. Vawter, 1977:335 다시 우리는 가족이 끊임없는 갈등에 휘말리는 것을 볼 수 있다. 이번에는 라헬과 레아가 그들의 아버지에 대항하여 연합한다.

31:17-21 야곱의 도주

내러티브는 직접 야곱의 떠남을 묘사하는 데로 나아간다. 17-21절 다시 야곱의 출발은 도주가 된다. 삽입하는 설명에서 해설자는 라헬이 라반의 "드라빔"을 훔쳤다고 보고한다. 19절 우리는 정확하게 이 물건의 특성을 알지는 못한다. 이것은 다양하게 이해될 수 있다. 하지만 여기서 이것은 종교적인 가보인 것 같다고 말할 수 있다. Vawter, 1977:339 게다가 야곱은 은밀하게 달아남으로써 라반의 "마음을 훔쳤다." 20절 "속이다"와 "허를 찌르다"라고 한 번역은 NASB, NIV, RSV 라헬의 도둑질과 야곱의 도둑질 사이의 병행법을 놓친다. "마음을 훔친다"는 것은 "속이다"를 의미할 수도 있지만, 다른 곳에서 한 사람의 분별하고 적절하게 행동하는 능력을 빼앗아가는 것과 관련이 있다. 삼하15:6; 왕상12:27; H. W. Wolff, 1974:48, 53 내러티브는 야곱의 은밀한 출발을 계속되는 불화에서 더욱 화를 돋우는 행위라고 묘사한다. 명백히 이것은 불화를 해결하는 데 기여하지 못한다.

31:22-24 라반의 추적

떠남은 라반을 분노하게 했으며, 내러티브는 또 다른 대항으로 나아간다. 깊어지는 긴장은 라반의 꿈에 대한 보고로 멈춘다. 24절 "좋은 말이든지 나쁜 말이든지, 야곱에게 아무 말도 하지 않도록 조심하라"라는 하나님의 발언은 모호함의 요소를 포함한다. 이것은 라반에게 야곱에 대해 무력을 사용하지 말라고 경고하는 관용적인 표현인 것 같다. von Rad, 1973:308

31:25-54 대면

그들의 관계에서 흔히 그렇듯이, 부당하게 대우받는 자가 연속된 고발의 질문으로 논쟁을 시작한다. 26-28절, 29:25; 31:36, 참고 라반의 기본적인 고발은 야곱에게 "마음을 훔쳤다"는 것이다. "기만하다," RSV; "속이다," NASB, NIV 이 혐의는 야곱이 떠날 때의 내러티브 진술을 반복한다. 31:20 라반은 고발을 상세히 열거한다. 즉, 라반은 자기 딸에게 작별한 기회를 갖지 못했다는 것이다. 26-28절 야곱의 몰래 빠져나간 것은 헤어지는 과정, 곧 가족에

게는 핵심적인 과정을 위반했다. 고발하는 발언 마지막에서야 라반은 도난당한 물건을 언급한다.30절

야곱은 혐의를 부인하지 않고, 두려움이라는 자신의 동기를 설명하며 변호한다.31절 하지만 야곱의 반응은 도난당한 종교적 가보에 대한 이슈를 뜨겁게 달군다. 야곱이 도난당한 가보의 문제를 이어가면서 라반의 고발의 주요 초점은 상실된다. 야곱은 자신과 모든 식구들이 죄가 없다고 선언하면서 공격을 잘 이용한다. 야곱은 심지어 도난당한 물건을 가진 자가 잡히면 죽이겠다고 맹세한다.

라반은 야곱이 논쟁의 방향을 바꾸는 것을 따르면서 자기 소유물을 찾기 시작한다. 라반이 라헬의 장막에 들어갈 때 다시 내러티브의 긴장이 고조된다.33절 해설자는 독자에게 라헬이 도난당한 가보 위에 앉아 있다고 말한다. 라반이 접근할 때, 라헬은 아버지에게 월경 때문에 앉은 곳에 머물러야 한다고 말한다. 라반은 자신의 종교적 가보를 찾지 못하고 떠난다.35절

이제 야곱은 고발의 질문 형태를 사용하는 데 정당성을 얻는다고 느낀다.36절 명백히 소원함과 적대감이 주요 문제다. 그들이 논쟁한 것, 곧 훔친 마음, 종교적 가보, 거짓 고발은 싸움 자체에 이차적이다. 야곱이 이번에는 이겼다. 야곱은 자신이 죄가 없고 부당하게 취급당했으나 하나님의 보호로 보호받았다고 묘사하는 긴 발언으로 자신의 승리를 축하한다. 다시 야곱은 이전 이야기에서 언급되지 않은 문제를 포함한다. 야곱은 자신이 라반의 가축에게 입혀진 손해를 감수했고, 불면증과 거친 날씨도 끊임없이 감당했다고 주장한다.39-40절

라반은 책략을 쓸 여지가 없었다. 라반은 자신의 도난당한 물건을 찾을 수 없었고, 하나님이 개입하여 무력을 사용하지 못하도록 그에게 경고했다. 간단히 말해서, 라반은 짧은 문장으로 모든 것이 자신에게 속했지만 자신은 그에 대해 어떤 것도 할 수 없다고 선언한다.43절 그래서 라반은 둘 사이의 언약을 제안한다.44절 설명이 없이 야곱은 돌을 정돈하기 시작한다. 이야기는 돌로 시작했는데, 베델에서의 돌과28:10-22 우물을 덮는 돌이 있었으며29:2-10 돌로 끝날 것이다.

라반과 야곱 사이의 언약은 화해의 언약이 아니라, 불가침 조약이다.48-53절[언약, ?? 쪽] 그들은 서로 해치려고 돌 경계선을 넘어오지 않기로 합의한다.52절 야곱은 라반의 딸을 부당하게 대하지도 않고, 레아와 라헬의 중요성을 줄이고자 다른 아내를 취하지도 않기로 합의한다. 이 장소에 이름을 짓는 것에 대한 히브리어 본문이 어려운데,47-49절 아마도 전통에서 이 경계지표에 대해 사용된 다른 이름 때문일 것이다. 여기서 묘사된 조약은

이스라엘과 이스라엘의 아람 이웃들 사이의 지속되는 관계에서 한 자리를 차지했던 것 같다. 이 언약은 미스바 축복과 같은 신앙 공동체의 예전적 언어에서 계속 한 자리를 차지했다.

> 우리가 서로 떨어져 있는 동안에,
>
> 주님께서 자네와 나를 감시하시기 바라네.31:49

그러나 이 축복을 예배에 사용할 때에는 이 축복의 성서 맥락을 특징짓는 야곱과 라반 사이의 화해하지 못한 적대감을 좀처럼 기억하지 못한다.

성서적 맥락에서의 본문

이 이야기에서의 많은 행동은 행동에서 결과까지의 자연스러운 흐름을 따른다. 속임수는 분노와 징벌을 야기한다. 이는 다시 더 많은 속임수와 분노를 낳는다. 이야기는 위반의 끝이 없는 주기를 보여주는 실제적인 사례가 된다. 심지어 하나님도 "레아가 사랑받지 못하기" 때문에29:31 레아에게 출산을 허락하면서, 이 주기에 끌려 들어온다. 누구도 단독으로 이 주기를 저지하려고 행동하지 않는다. 항상 등장인물들은 자신들에게 가해진 실제적인 부당행위이거나 그렇다고 인식한 부당행위에 근거하여 행동한다. 이것은 야곱에게 떠나라고 말하고31:3 라반에게 무력을 사용하지 말라고 한31:24 하나님의 개입을 제외하고는 사건의 흐름을 누구도 바꾸지 못한 채, 분노가 점차 증가하는 비극적인 이야기다. 하나님이 라반에게 한 불가해한 발언의 정확한 의미가 무엇이든지 간에,31:24 이것은 사건의 흐름의 방향을 다시 설정하는 효과를 지닌다. 이 발언은 라반이 내러티브에서 발전한 적대적인 분위기에 따라 행동하지 못하도록 막는다. 그래서 라반은 언약으로 위기를 해결하려고 제안한다. 이 언약으로 말미암아 그들 둘은 계속 적대감과 경계심을 느끼더라도 서로에 대해 다르게 행동할 미래를 향하여 나아가게 될 것이다.

언약은 감정의 수준에서가 아니더라도 행위의 수준에서 적대감이라는 분열시키는 벽을 허물었다. 엡2:14 이 이야기에서 라반은 하나님의 요구에서이기는 하지만 마지막에 다르게 행동한다. 라반은 하나님의 지시에 반응하여, 결국 야곱에게 "마지막 말"을 하게 된다. 라반은 자신을 변호하려고 시작했으나 대신에 언약을 맺게 된다.31:43-44 [언약, 346쪽]

우리가 예수의 재판에서 주로 침묵하는 태도를 보이는 것에 대해 복음서의 보고를 어떻게 이해하든지 간에, 예수는 자발적으로 자신을 고발하는 자들에게 마지막 말을 하며, 십자가에서 고발자들의 행동은 마지막 행동인 것 같다. 하지만 야곱과 라반 이야기가 보여주듯이, 동일하게 반응하는 것은 계속 적대감이 반복되게 할 것이다. 다른 미래는 **아버지, 저 사람들을 용서하여 주십시오. 저 사람들은 자기네가 무슨 일을 하는지를 알지 못합니다**눅23:34라는 십자가에서의 말씀에서 가능하게 된다.Lehmann, 1975:64-70, 참고

교회 생활에서의 본문

내러티브에서 다른 지속되는 갈등은 레아와 라헬 사이에서 만연한다. 하지만 그들에게 원인은 속임의 행동이나 서로에 대한 침해의 행동에 있지 않다. 그들의 갈등은 그들이 통제하지 못하는 상황에서 분출된다. 라헬은 사랑받지만 불임이다. 레아는 자녀를 많이 낳지만 사랑받지 못한다. 그들은 하나님에게 호소하고, 자신들의 상황을 조종하면서 자신들의 삶을 온전하게 하는 데 필요한 사랑과 출산을 얻으려고 분투한다. 내러티브는 결코 우리에게 레아를 향한 야곱의 태도가 변했다고 말하지 않는다. 하나님이 기억하여 라헬에게 한 아들을 허락하지만, 이야기가 끝날 때 라헬은 여전히 만족하지 못한다. 이어지는 기사에 따르면, 라헬의 다음 출산 때는 자신의 목숨을 잃는다. 라헬은 자신의 둘째 아들에게 **내 슬픔의 아들**이라고 불렀다. 창35:17-18새번역, "베노니"-역주

이야기를 도덕적으로 해석하고, 레아와 라헬은 자신들이 가진 것에 만족해야 했으며 그들에게 부족한 것을 갈망하지 않았어야 했다고 주장하는 게 쉬울 것이다. 하지만 성서 본문은 레아와 라헬에게도, 한나에게도,삼상1장 이집트의 히브리 노예에게도, 출2장 참을 수 없는 삶의 상황에 놓인 누구에게도 그렇게 하지 않는다. 이스라엘의 예배의 시편들은 상황으로 말미암아 삶, 풍요로운 삶에서 차단된 자의 고난에 대해 철저하게 현실주의적이다. 압제당하는 자가 기도하며 바랄 수만 있었던 삶의 축복을 당연하게 여기는 자의 단순히 의도하지 않은 비난이라고 해도, 이런 사람은 비난과 더불어 산다.

온전한 삶을 살지 못한 자들에게 성서는 비난이나 진부함이 아니라 하나님의 기억함을 제시한다. 사랑을 갈망하는 자들이나 불모의 세계에 의해 활기를 잃은 자들에게 신앙은 비난이나 상투적인 말이 아니라 우리가 온전한 삶을 살도록 하기 위해 온 자를 제시한다. 요10:10 우리는 이 내러티브와는 다르게 온전한 삶을 규정할 수도 있으며, 남자에게 사랑받고 자녀, 특히 아들을 가지는 것과 같이 심지어 여자에 대한 삶을 규정하는 것에 대해

반대할 수도 있다. 하지만 어떻게 온전한 삶이 규정되든, 문제는 여전히 동일하다. 어떤 사람, 아마도 모두가 삶의 온전함에 도달하지 못하게 막는 상황에 살고 있다고 느낄 것이다. 그들은 레아의 번민과 라헬의 적대감을 안다. 성서와 마찬가지로 사역은 심지어 희망을 말을 제시하는 동안에도 이 번민을 철저히 신중하게 여긴다.

돌아오는 야곱

사전 검토

내러티브는 야곱과 라반의 관계를 화해가 아니라 헤어짐과 불가침 언약으로 해결했다. 31:44-50 이제 이야기는 27장 41-45절에서 야곱이 에서와의 갈등으로 자기 어머니의 고향으로 도주하면서 멈춘 관계로 돌아온다. 거의 즉각적으로 내러티브는 야곱의 "자기 형의" 영토 경계에 서 있는 것에 주목하게 한다. 야곱은 **형님께서 저를 너그럽게 보아 주십시오**라고 하면서 받아달라고 **내 주인 에서**에게 메시지를 전한다. 32:4-5 우리는 **동생 야곱을 죽이겠다**라는 야곱에 대한 에서의 마지막 말을 잊을 수 없다. 27:41 우리가 거의 지난 문제에서 긴장을 풀기도 전에, 내러티브는 긴장감을 다시 조성했다.

야곱이 자기 고향으로 돌아오면서 두 가지 구별되는 요소가 한 내러티브에 혼합되게 됐다. 야곱이 에서와의 만남을 준비하는 사건은 하나님의 두 번의 만남으로 둘러싸인다. 두 번 하나님이나 하나님의 사자가 매우 예상 밖으로 야곱을 만난다. 32:1-2; 32:22-32 이 두 만남에는 야곱과 에서의 재회가 끼어든다. 32:3-21; 33:1-17 하나님과의 두 번의 만남이 내러티브의 흐름을 방해하고, 이야기와 구분되는 공동체에 전달됐을 수도 있지만, 두 번의 만남의 사건들이 우리가 받은 대로의 본문에 포함된 것은 두 형제들 사이의 재결합에 대한 다른 내러티브의 분위기를 조성한다.

창세기 32장에서 대부분의 영어 번역본은 히브리 성서와는 다르게 절의 번호를 매긴다. 우리는 절의 번호에서 영어 번역본새번역을 따를 것이다.

개요

헤어짐, 33:16-17

마무리, 33:18-20

주석적 해설

마하나임에서의 만남 32:1-2

창세기 28장 10-22절은 야곱이 하란으로 이동할 때, 천사, 곧 하나님의 사자와 만나는 사건을 서술한다. 32장 1-2절에서 우리는 머문 사람이 고향으로 돌아갈 때와 상응하는 만남에 대한 간략한 보고를 볼 수 있다. 이 보고는 매우 짧고, 신비스럽다. 사실 이 만남 자체는 **하나님의 천사가 그를 만났다**라고 네 개의 히브리어 단어로만 전한다. 32장 2절이 보여주듯이, 두 절은 성소 마하나임의 이름을 설명하는 역할을 한다. 그러나 야곱이 고향에 돌아와 에서와 만나는 넓은 맥락에서 이 두 신비스러운 절은 다른 기능을 할 수도 있다. 우리는 "~일 수도 있다"라는 단어를 현명하게 사용한다. 절이 너무 간략하기 때문에, 우리는 과도하게 해석할 위험이 있다. 즉, 이 절들이 과도하게 중요한 의미를 전달하게 할 수 있다.

그럼에도 이 두 절은 이 단락 나머지의 언어 및 어조와 연결된다. 마하나임에서의 만남의 언어는 대결의 언어이며, 심지어 전쟁의 언어다. 천사가 야곱을 **만났다**고 말하는 것은 히브리어 단어 파가*paga'*를 너무 부드럽게 번역한 것일 수 있다. 이 단어는 종종 놀라움과 위험과 공격의 요소를 전달한다. 암5:19; 출5:3; 왕상2:25, 32, 34, 46 야곱은 **이 곳은 다름아닌 하나님의 집이다**라고 베델에서의 하나님의 만남에 예배의 언어로 응답했다. 28:17 그러나 여기서 야곱은 전투 용어를 사용한다. **이것은 하나님의 군대다**. 또는 아마도 "이것은 하나님의 진이다"가 더 나을 것이다. Westermann, 1966:612, NASB, NIV, 참고

이 절에서 이 "만남"에서 무슨 일이 일어났는지 우리에게 말하지 않는다. 우리는 계단 위의 어떤 천사도 발견하지 못하고, 어떤 하나님의 발언도 듣지 못한다. 배경에 대한 이런 침묵은 언어에 의해 놀라움과 위험과 갈등이라는 분위기를 더한다. 우리는 하나님의 군대에게서 누가 위험에 처하는지 알지 못한다. 아마도 사건은 야곱이 하나님의 보호로 간다는 것을 알릴 것이다. 하지만 본문은 말하지 않으며, 짧은 묘사는 에서를 만나러 준비하는 야곱에게 위험에 대한 느낌을 높이는 데 기여한다.

에서를 만나기 위한 준비 32:3-21

32:3-6 전령을 보냄

야곱은 **저를 너그럽게 보아 주십시오**라고 받아들여지기를 구하며, 메시지를 전함으로써 에서와의 만남을 준비한다. 5절 본문은 전령에게 임무를 부여하고 그들에게 메시지를 맡기는 데 사용된 매우 친숙한 장르로 "보냄"을 표현한다. 우리는 이 장르를 성서의 예언서에서 가장 잘 알지만, 전령에게 임무를 부여하는 동일한 방식은 고대근동에서도 사용됐다. 출3:14-15; 사37:6, 참고 임무를 부여하는 공식은 **이렇게 전하여라**, 곧 "가서 전하라"라고 선언했다. 사자 공식은 "이와 같이 …라고 말씀하셨다"라고 알렸다. 두 공식은 야곱이 임무를 부여하는 발언에서도 발견된다. **너희는 나의 형님 에서에게 가서, 이렇게 전하여라**.4절

하나님의 "사자"는 예상치 못하게 야곱을 만났다. 1절 이제 야곱은 사자를 보낸다. 3절 동일한 히브리어 단어를 말아크mal ak, 우리는 "사자"나 "천사"라고 다양하게 번역한다. 이번에 우리는 메시지와 답변을 알고 있다. 그러나 사자의 보고는 다양하게 해석될 수 있다. **그분은 지금 부하 사백 명을 거느리고, 주인 어른을 만나려고**새번역, "치려고"-역주 **이리로 오고 있습니다.**6절 에서는 적대적인 의도로 오는가? 사자의 말은 확실히 말하는 것이 아니라, 야곱이 이런 식으로 메시지를 해석한다.

32:7-21 야곱의 반응

야곱은 사자의 보고를 자신이 해석한 것에 따라 즉각적으로 행동한다. 첫째, 야곱은 에서가 "공격"할 때에도 생존할 가능성을 최대화하려고 의도된 방식으로 자기 가족을 배치한다. 7-8절 둘째, 야곱은 하나님에게 도움을 구한다. 9-12절 야곱은 하나님이 자신을 안전하게 지킬 것이라고 한 이전 약속에 요청의 근거를 둔다. 9절 이 호소는 거의 하나님이 야곱의 현재의 위험에 대해 책임을 지도록 한다. 그 다음에 야곱은 하나님이 자기에게 준 모두에 대해 자격이 없다고 선언하는 기도로 돌아선다. 10절 야곱은 에서를 두려워한다고 표현하는 호소에 이어, 11절 자신의 호소를 더욱 뒷받침하려고 후손에 대한 하나님의 기초적인 약속을 의지한다. 기도는 다음과 같이 위험할 때에 하나님에게 의지하는 다양한 감정을 잘 보여준다. 첫째, 하나님은 내게 약속했다. 둘째, 나는 당신의 도움을 받을 자격이 없다. 셋째, 나는 두렵다.

야곱이 마지막 준비 조치에서 에서의 분노를 달래고 아마도 인정을 받을 선물을 고른다. 내러티브는 야곱이 예상하는 모든 재앙을 피하고자 무엇이든 하기를 원하면서 필사

적이라고 묘사한다. 마지막 절은 필사적인 활동 후에 탈진한 상태와 같다.21절

얍복강에서의 만남 32:22-32

하지만 에서와의 만남은 내러티브에서 다음 순간이 아니다. 얍복강에서의 "밤의" 만남은 에서와의 만남을 지연시킨다.32:23-24 "밤의"이라는 단어는 이야기에 따르면 시간뿐만 아니라22절 이야기의 불길한 느낌의 분위기를 표현한다. 이 이야기의 힘은 신앙 공동체 안팎의 저자들이 발견했다. 이야기의 의미는 결코 한 번의 다시 전하는 것으로 다할 수 없으며, 어떤 주석도 가능성 일부를 지적하는 것 이상을 하기를 바랄 수도 없다.

밤 동안 야곱은 홀로 있으려고 결정한다. 내러티브는 먼저 이중적인 도입으로 야곱의 홀로됨을 강조하고22-23절 그 다음에 야곱이 "뒤에 홀로 남았는데"라는 진술로 홀로됨을 강화한다.24절

32:24-25 대면: 다툼

갑자기 야곱은 홀로가 아니라 다른 인물과 싸우고 있다. 매우 일반적인 단어이쉬'*is*가 신비를 암시하며 이 인물에 대해 사용되는데, 이 인물의 정체에 대해 어떤 것도 드러내지 않는다.Fokkelman:213 내러티브의 마지막에서 야곱은 이 만남이 하나님과의 만남이었다는 사실을 안다. 하지만 이것은 끝에야 알게 된다. 중간에 야곱은 오직 자신이 누군가와 싸운다는 것을 알 뿐이다. 야곱은 자신의 위치를 고수한다. 내러티브에 따르면, 이 인물이 야곱을 무찌를 수 없을 때, 엉덩이뼈를 쳐 탈골하게 한다.25절

32:26-29 대면: 대화

절뚝거리게 되어 신체적인 싸움은 끝이 나고 이 싸움은 투쟁적인 대화로 이어진다. 이 인물은 새벽이 다가오므로 야곱에게 놓아달라고 요구한다. 공격하는 자가 새벽으로 말미암아 자신의 힘이 줄어들거나 자신의 정체를 드러나게 할까봐 두려워하는지에 대해서는 우리가 듣지 못했다. 야곱은 축복받지 않으면 보내줄 수 없다고 거절한다.32:26 야곱은 축복받고서야 보내준다. 대적자는 자신의 상대방의 이름을 묻는다. **야곱**이라는 대답이 나온다. 그 다음에 대적자는 야곱을 이스라엘이라고 새롭게 이름을 짓고, 이 이름을 야곱이 사람과 하나님 모두와 싸워 이겼다는 역사를 표현하는 것으로 이해한다.32:28 **이스라엘**이라는 이름의 기원은 다른 방향, 예를 들어 "엘이 보존하소서"를 가리킬 수도 있지만,Speiser, 1964:255 이 내러티브에서의 의미는 야곱이 성공적으로 싸운 것과 관계가 있다.

야곱은 자기 대적자의 이름을 물으면서 되묻는다. 이 발언은 예기치 못하게 야곱으로서는 거의 존경에 가깝게 정중함을 드러낸다. "당신의 이름이 무엇인지 가르쳐 주십시오." 29절 이 정중함은 아마도 비꼬는 투로 이해될 수도 있겠지만 대화가 선회하는 것 같다. 신비스러운 인물이 이름에 대한 야곱의 요청을 거절하지만 대신에 야곱을 축복하고 언뜻 보기에는 떠나는 것 같다. [창세기에서의 복, 352쪽]

32:30-32 마무리하는 행동과 언급

이야기는 이야기와 관련된 지명과 의식의 관습에 대한 두 가지 원인론으로 마무리한다. 야곱은 이 장소를 "하나님의 얼굴"이라는 의미의 브니엘이라고 부르는데, 그가 하나님을 대면하여 만났기 때문이다. 31절의 브니엘은 동일한 히브리어 단어에 대해 약간 다른 철자다. 이 발언은 오직 예외적인 상황에서만 하나님을 만나 살아남을 수 있다는 고대 이해를 표현한다.

또한 고대 음식 관습이 이 이야기에 연결됐다. 32절 우리는 이 관습에 대해 성서 다른 곳에서 언급하는 것을 알지 못한다. 이야기는 새로운 날의 새벽으로 마무리하는데, 야곱은 이제 이스라엘이 되고 절룩거린다.

내러티브는 너무 많은 가능성을 제시하여, 우리는 해석의 어느 계통에 대해서도 너무 많은 것을 주장하지 않도록 신중해야만 한다. 이야기는 여전히 열려 있으며, 주석으로 이야기를 결정하려는 어떤 시도도 거부한다. 본문은 승리를 이야기하지만, 이것은 "절룩거리는 승리"다. Brueggemann, 1982:270 이야기는 하나님이 야곱에게 관여하며 순수하게 그를 만났다는 것을 우리가 보기를 원한다. 야곱 전체 이야기는 전투가 야곱에게 관여하는 유일한 방법이었다는 것을 의미하는 것 같다. 야곱이 하나님과 싸우지만, 그렇다고 하나님의 힘이 줄었다는 암시는 없다. 그리고 우리는 하나님이 상대적으로 무력한 하나님이라는 기대에 직면하는 것을 피하려고 야곱에게 이기도록 "허용"했다고 말할 수도 없다. Calvin, Genesis, II:198 이야기 양식은 이런 종류의 논리적인 분석을 장려하지 않는다. 내러티브는 야곱이 하나님과 싸웠다고 목격할 뿐이다. 야곱은 자신이 가진 모든 것을 싸움에 걸었고 이 관계에서 자신의 길을 얻어냈다. 하지만 야곱은 만남에서 온전하게 모면한 것은 아니었다. "거룩한 이와 어려움이 없는 승리는 없다." Brueggemann, 1982:270 하지만 야곱은 절룩거리게 된 것 이외에는 전망이 냉혹하기는 하더라도 이 대면에서 새로운 날을 위해 축복을 받고 힘을 받으며 떠난다.

에서와의 만남, 33:1-17

33:1-4 야곱의 행동과 에서의 반응

내러티브는 이제 야곱이 에서와 만나는 장면으로 넘어간다. 이 장면은 에서가 공격하면 야곱이 가장 사랑하는 자들이 살아남을 수 있도록 야곱이 자기 가족을 배치하는 것으로 시작한다.1절 야곱 자신은 전통적으로 주인 앞의 종의 태도와 승자 앞에 패자의 태도를 취하며 자기 형에게 간다.Vawter, 1977:353 이 만남에 대해 야곱이 신중하게 준비했다는 것은32:3-21 이것이 대략 두려움에서 나오는 전략이었다는 것을 가리킬 것이다.

에서의 반응은 야곱이 생각했던 반응이 아니다. 에서는 공격하려고 돌진하지 않고 자기 동생을 안으려고 달려온다.4절 예수의 비유에서눅15:20 "탕자"를 만났을 때와 비슷한 이 인사는 이 이야기에서 설명이 없이 일어난다. 에서의 처음 행동은 이 만남의 나머지에서 그의 반응에 대한 분위기를 조성한다.

33:5-11 소개

야곱은 에서에게 자기 가족을 소개한 후, 선물을 내놓는다. 에서는 "행진"의 목적에 대해 묻고 야곱은 이것이 에서에게 인정받기를 위함이라고 대답한다.8절 에서는 어떤 선물도 거부한다. **나는 넉넉하다. 너의 것은 네가 가져라.**9절 야곱은 즉각 선물의 목적을 바꾼다. 야곱은 이제 에서의 인정을 받기 위한 것이 아니라, 에서가 자신을 받아준 데 대해 감사로 준다. 야곱의 발언은10-11절 갑작스럽게 신부의 선물에서 감사의 표현으로 바꾼다. 이와 같이 **간곡히 권하므로** 에서는 선물을 받는다.

33:12-17 갈등의 해결

대화는 독자가 각 형제 안에 무엇이 진행되는지를 알고 싶어 하도록 남겨둔다.12-15절 에서는 또 다른 날까지 자신의 실제 감정을 숨기면서 신중하게 행동하고 있었는가? 내러티브에서는 어떤 것도 우리에게 에서가 야곱을 받아들인 것이 순수한 게 아니었다고 여길 암시를 주지 않는다. 에서가 야곱을 부를 때, 항상 아우라고 부른다. 그리고 만남에서 그는 형으로 행동한다.

그러나 야곱은 다르다. 그에게도 깊이 순수한 것이 있지만, 이것이 종종 "최고의 전략가"와 너무 섞여서 우리는 둘을 좀처럼 구분할 수 없다. 야곱은 에서의 반응을 보고서 변한 것인가, 아니면 야곱은 단순히 어떤 우발적인 사태에서도 자신을 보고하고 있을 뿐인가/ 야곱이 에서를 부를 때, 항상 **내 주여**라고 한다. 계속되는 대화에서는 야곱이 자기 형과 완전하게 화해할 위험을 감수하지 않으려고 하는 것을 보여준다.

이 대화에서 에서는 가족의 온전한 재회, 실제적으로 자기 동생과의 완전한 화해를 제안한다.12-15절 Coats, 1979:103 이 재회를 야곱은 직접적으로는 아니지만 줄곧 거부한다. 그들이 함께 이동하자는 에서의 제안에, 야곱은 자기 가족이 연약하여 너무 천천히 행진하므로 에서의 무리가 앞서 가야한다고 주장한다. 야곱은 자기가 세일에서 야곱에게 합류하겠다고 한다.13-14절 몇 사람들을 돕도록 남겨두겠다는 형의 제안에도, 야곱은 이런 도움이 필요하지 않다고 대답한다.15절

만남은 에서가 남쪽 세일을 향해 가면서 끝난다.16절 하지만 야곱은 자기 형을 따르지 않는다. 대신에 야곱은 서쪽 숙곳으로 향한다. 내러티브는 야곱이 왜 형에게 합류하지 않았는지, 또는 야곱은 결코 갈 계획이 없었는데도 왜 간다고 진술했는지를 알려주려고 야곱의 마음속으로 들어가지 않는다. 내러티브는 단순히 야곱과 에서의 이야기를 이 지점에 남겨둔다. 그들 사이의 갈등은 해결된 것 같지만 화해가 아니라 항구적인 헤어짐으로 해결된다. 헤어짐으로서의 해결은 야곱의 행동을 통해 가능하게 된다. 에서는 화해를 제안했었다.

마무리 33:18-20

해설자에 따르면, 31장 18절에 시작된 야곱의 돌아오는 여정은 "평화롭게"살렘šalem, 즉 샬롬 세겜에 도착하는 것으로 마무리한다.18절 실제로 고향에서의 떠남/도주로 시작했던창28:10 거류민으로서의 야곱의 전체 내러티브는, 성공적으로 "신속히" 고향에 돌아오는 것으로 마무리한다.

하지만 이 마무리하는 언급은 두 가지 다른 기능을 지닌다. 창세기 33장 19절은 야곱과 세겜 가족들 사이의 갈등에 대한 이야기로의창34장 전환의 절 역할을 한다. 20절은 세겜에 있는 이스라엘의 중요한 성소와 아브라함, 이삭, 야곱의 족장 전통 사이의 연결점을 제공한다. 그러므로 우리는 이 세 절에 집중된 한 이야기의 결론과 다음 이야기로의 전환, 그리고 이스라엘 역사에서 중요한 성소와 연결점을 가지게 된다. 예, 수24장, 삿9장

성서적 맥락에서의 본문

명백히 야곱의 얍복 강에서의 싸움 이야기는 아브라함 이야기에서 모리아 산에서의 희생제물로 바치기 직전의 이야기와 마찬가지로 야곱 이야기에서 크게 두드러진다. 호세아

가 간략하게 야곱의 삶을 언급하는 것은 이것을 중심적인 사건으로 다룬다. 호12:3-4

성서 전통에서 가끔씩만 하나님은 인류의 적극적인 적대자로 행동한다. 하지만 다른 곳에서는 하나님의 어두운 측면에 관한 이 경험에 대해 은밀히 이야기한다. 이 경험을 하나님과 인간의 드라마에서의 다른 위험한 순간들과 구분하는 게 도움이 될 것이다. "영혼의 어두운 밤"은 일반적으로 하나님에게서 끊어지거나 버려진다고 느끼는 경험을 가리킨다. 수난 내러티브에 나오는 시편 22편에서의 인용은 이 경험을 잘 보여준다. "나의 하나님, 나의 하나님, 어찌하여 나를 버리셨습니까?" 마27:46 이스라엘의 예언자들은 하나님이 하나님의 정의에 관심을 두고 진노 가운데 행할 것이라고 선언하면서, 종종 하나님의 진노에 대해 말한다. 암1:2; 3:1-2; 4:1-3, 참고

하나님을 적대자로 경험하는 것은 하나님에게서 끊어지거나 하나님의 정의로운 분노의 대상이 되는 것과는 같지 않다. 하나님이 모세를 공격하는 불가해한 일화는출4:24-26 완전하게 이해하기는 어렵다. 다른 어떤 성서 이야기나 시보다도 욥기는 하나님에게 이해할 수 없게 "공격"당한다고 느끼는 경험을 탐구한다. 욥6장, 참고 우리 생각은 우리 말로 하나님을 정당화하고자 이런 경험을 설명하려고 안달한다. 성서 본문은 이런 경험을 설명하지 않은 채로 둔다. 아마도 하나님의 어두운 측면과의 대면은 쉽게 말할 수 없을 것이다. 이런 대면은 매우 드문 경험인 것 같다. 하지만 전통은 이런 순간들이 일어난다는 것을 기억하고, 이런 드문 기사들을 보존한다. 그렇기 때문에 다음 세대들은 이런 경험이 하나님에 대한 신뢰를 무너뜨리지 않고 삶의 순례에 통합될 수 있다는 것을 알 수 있다. 실제로 야곱은 이런 순간을 통해 자신의 길과 싸웠고 마침내 복을 받았다.

우리는 성서 전통에 나오는 많은 이름이 구체적인 의미를 지닌다는 것을 안다. 종종 이름은 종교적인 확신을 포함한다. 요엘은 "여호와는 하나님이시다"이며, 요나단은 "여호와는 주신다"이고, 다니엘은 "하나님은 내 재판관이시다"가 된다. 때로 고유명사에 대한 구체적인 의미가 본문에서 사용될 것이다. 모세는 "그가 건져내졌다"가 되고, 여호수아/예수는 "그가 구원할 것이다"가 되며, 이스라엘은 "그가 하나님과 싸웠다"가 된다. 비슷하게 한 개인의 이름을 다시 짓는 것은 아브라함과 야곱에서와 마찬가지로 의미를 지닐 수 있다. 이렇게 이름을 다시 짓는 것은 그 개인에게 방향이나 배경의 전환을 가리킨다. 이것은 인물이나 성격에서의 변화를 항상 가리키는 것은 아니다.

할례로 나타나는 하나님의 언약의 선물로창17장 아브람의 이름은 아브라함으로 바뀌었다. 본문은 아브라함의 인격에서 중대한 변화가 일어났다고 여기도록 우리에게 장려하지는 않는다. 오히려 이름의 변경은 아브라함이 살고 있는 맥락의 변경에 속한다. 즉, 아브

라함은 이제 언약 공동체에 살고 자신의 이름에 "많은 민족의 조상"이라는 하나님의 약속을 담는다. 비슷한 이름의 변경은 종종 이스라엘과 고대 근동에서 한 군주의 즉위에서도 나타난다. 이 사람은 새로운 지위나 배경에서 즉위의 이름을 함께 받는다.

이름 변경의 성서 전통에 대해 우리가 아는 것 못지않게, 우리는 종종 야곱의 이름 변경이 그의 인격의 변화를 가리킨다고 여긴다. 창세기 33장의 야곱이 창세기 32장 이전의 야곱과는 다른 것처럼 우리는 해석한다. 명백히 변화는 일어났지만 반드시 야곱의 내적인 정신이나 인격이라는 면에서는 아니다. 변화는 야곱의 이야기가 이제 읽히는 방식으로 온다. 이것은 한 개인이 아니라 한 민족에 대한 이야기다. 창세기 35장에서 이름 변경은 하나님이 벧엘에서 야곱에게 나타날 때 반복된다. 이것은 이제는 한 이야기로 모인 야곱의 이야기를 다르게 다시 들려주는 것을 나타내는 것 같다. 하지만 이런 다시 들려주기는 이스라엘 전체가 야곱의 이야기를 자신들의 이야기로 보아야 한다는 확신을 강화한다. 이스라엘은 축복을 받았었는데, 이 축복은 그들이 온전히 받을 자격이 되는 것은 아니었다. 이스라엘의 신앙은 투쟁, 곧 형제들과 자매들 및 그들의 조상들의 하나님과의 투쟁에서 생겨났다. 이스라엘의 삶은 기회주의와 속임수, 희생시킴과 정치적 술책, 여정과 갈등의 삶이었으며, 가끔씩만 고향으로 평화롭게 돌아오는 삶이었다.

교회 생활에서의 본문

야곱은 라반에게서 도주하여, 자기 형과의 과거에 직면하지 않을 수 없었다. 야곱은 에서를 희생시킨 결과에 이제 직면할 것이라고 두려워할 이유가 있었다. 우리는 야곱의 형이 접근할 때 그가 불길함을 예상했다는 사실에 놀랍지 않다. 야곱은 자기 형을 달래고 자신의 과거 행동의 결과를 완화하려는 희망에서 신중하게 계획했다. 하지만 야곱은 자기 형을 만날 때, 징벌이 아니라 은혜, 분노가 아니라 용서, 복수가 아니라 화해를 발견했다. 야곱과 에서이든, 탕자와 선한 사마리아인에 대한 예수의 비유이든 이것은 복음이다. 눅 15:11-32; 10:30-36 에서의 반응은 다음과 같이 기독교 유산이 중심이라고 선언한 말씀을 실행했다.

아무에게도 악을 악으로 갚지 말고,
모든 사람이 선하다고 생각하는 일을 하려고 애쓰십시오. 롬12:17
너희 원수를 사랑하고,

너희를 박해하는 사람을 위하여 기도하여라. 마5:44

야곱은 부분적으로만 자기 형이 제안한 것을 받을 수 있었다. 이것도 독자를 놀라게 하지 않는다. 속임수와 증오로 특징짓는 긴 관계는 치유하는 데 한 순간 이상이 필요하다. 독자는 야곱이 헤어짐보다 장기간의 재회를 택했다면 그들의 미래는 어떻게 됐을까에 대해 궁금해 할 것이다. 하지만 내러티브는 "만약 ~라면 어떡할까?"를 강요하지 않는다. 관계와 화해가 우리 유산에 대해 신앙에 중심을 두므로, 우리는 모든 신앙 내러티브가 결국 화해로 끝나기를 바란다. 하지만 우리는 심지어 신앙 공동체에서도 이 화해가 항상 일어나는 것은 아니라는 것을 인정한다. 야곱은 온전히 에서와 화해하지는 않았지만 여전히 하나님의 약속을 이어가는 자다. 신약의 기록에 따르면,행15:36-40 바울은 바나바와 최종적으로 갈라섰어도 계속 복음을 전하는 자였다. 해결책이 하나님 나라의 성취로 말미암아 공표되는 화해-재회는 아니더라도 각 논쟁자에게 살 "공간"을 허락하는 해결책이 첨예한 갈등에서 발견될 때, 우리는 기뻐하는 것을 배울 필요가 있다.

그 땅의 사람들과의 갈등

사전 검토

시골지역과 도시지역의 땅 주인의 목자—농부와 무역로를 장악한 상인들 사이의 관계는 고대 근동에서 자주 갈등을 야기했다.Halpern:92 이 이야기는 두 측을 격노하게 한 불신과 속임수를 묘사하면서, 이런 갈등을 반영한다.

야곱이 에서와 재회하는 사건의 결론에서, 이야기는 야곱이 **세겜이라는 도시**로 이동한 것을 서술한다. 그러나 이 이야기에서 세겜은 장소가 아니라 가나안의 땅 주인이거나 통치자다.34:2

세겜이라는 장소는 성서 이스라엘의 역사에서 정치적 · 종교적 중심지로 두드러지게 나타난다. 여호수아 24장은 세겜에서 이스라엘이라 불리는 지파들 연합의 중요한 언약식 사건이 일어났다고 한다. 사사기 9장에서 세겜은 이스라엘의 군주제를 처음 실험한 장소가 된다. 고고학에서는 세겜이 매우 오래된 가나안의 종교 중심지였다는 것을 보여준다. 우리는 가나안에서 이스라엘로서의 도시의 전환에 대해 거의 말할 수 없지만, 세겜은 이스라엘이 발전시킨 중앙의 고지대에 위치한다.

이야기의 도입은 **세겜**이라는 땅의 **통치자**가 디나에게 보인 행동과 태도 및 디나의 아버지와 형제들과 세겜의 아버지의 반응을 간략하게 서술한다.34:1-7 이야기의 중심은 협상과34:8-18 이어서 디나와 세겜에 관한 가족 사이의 협정을 실행하는 것을34:19-29 보고하다. 이야기는 아들들의 행동 때문에 야곱과 아들들 사이에 불화가 일어나는 것으로 마무리한다.34:30-31

개요

주석적 해설

갈등에 대한 배경 34:1-7

34:1-4 디나와 세겜의 행동

이야기는 디나의 행동으로 시작한다. 사실 전체 내러티브는 디나의 이 행동만 보고한다. 디나는 그 **지방** 여자들을 보러 나갔다.[34:1] 이어서 모든 행동은 디나에게 일어나고, 디나에 관하여 일어난다. 이야기는 즉각 그 **지역의 통치자**라고 불리는 세겜의 행동으로 이어진다.[2절] 우리는 이 농부의 딸이 가나안 마을의 여자들을 보러 나갔고, 그때 마을의 강력한 지도자의 아들이 여자들 무리와 우연히 마주친 것을 상상할 수 있다. von Rad, 1973:531 네 개의 스타카토와 같은 동사에서 본문은 세겜이 마을 여자를 강제로 욕보인 것을 이야기한다.[2절] 즉, 보고 데리고 가서 욕을 보였다. 아나 'anah는 종종 **겸허하게 만들었다**로 번역된다, RSV 갑작스럽게 세겜이 디나에게 보인 태도가 변했다. 그는 깊이 디나에게 끌려, 사랑하게 됐고, **디나에게 사랑을 고백하였다.**[3-4절] 세겜은 자기 아버지에게 **이 처녀**와 결혼하게 해달라고 청했다.

34:5-7 야곱과 하몰과 야곱의 아들들의 반응

도입은 두 가족의 반응을 묘사하면서 계속된다.[5-7절] 야곱의 반응은 이야기에 새로운 요소를 소개한다. 야곱은 세겜의 행동을 "더럽힘" 타메tame으로 해석하는데, 이 단어는 예배 공동체에 참여하기에 부적합하게 만드는 의식의 부정결을 가리킨다. 레13:3-25 하지만 야곱은 최소한 잠시 동안 아무 것도 하지 않기로 결심한다. 이 수동성은 이야기에서 야곱의 전형적인 모습이 아니다. 세겜의 아버지 하몰은 자기 아들이 디나와 결혼하려는 소원에 반응하여 야곱에게 접근한다. 우리는 하몰의 감정이나 그가 어떻게 이 문제를 보는지에 대해 듣지 못했다. 야곱의 아들들은 즉각 폭발한다.[7절] 그들은 이 행동이 네발라nebalah 어리석은 행위, 부끄러운 일라고 이해하는데, 이는 공동체를 심각하게 욕보이는 행위를 가리키는 분노의 단어다. 수7:15; 삿19:23이하; 삼하13:12

사업 협상 34:8-18

34:11-12 하몰과 세겜의 제안

정확하게 누가 누구와 협상했는지는 본문에서 명확하지 않다. 이 모호함은 아마도 이야기를 다르게 다시 들려주는 것을 반영하는 것 같다. 때로 이야기는 하몰의 역할을 강조하고, 때로는 세겜의 역할을 강조한다. 대부분 야곱의 아들들이 아버지보다 주도권을 쥐지만 이야기가 전달이 될 때 이것이 항상 그런 것은 아닐 수도 있다. 우리가 가진 대로의 본문에서, 야곱은 있지만 주변적이며 수동적인 역할을 한다.

하몰은 세겜이 디나와 결혼할 수 있도록 허락해 달라고 제안하지만 실제로 이 족속 간의 결혼이 두 측에서 허락받게 해달라는 제안이다. 하몰은 이 결혼이 경제적으로 야곱 가족에게 도움이 될 것이라고 암시한다. 10절 세겜의 제안은 디나 가족에게 신랑 가족에 신부 가족에게 주는 결혼 선물도 정할 권리도 주면서 더 제약을 두지 않은 제안을 한다. 12절

이스라엘의 군주제 이전의 법 전통은 세겜이 기꺼이 디나와 결혼하고자 하고 심지어 결혼하고 싶어 하는 것이 외면하는 것보다 선호됐다는 것을 가리킨다. 출22:16; 신22:28-29 강제로 범하는 비슷한 사건에서, 다말은 암논이 자신과 결혼하기를 거부하여 그의 범한 행위를 더욱 악화시킨다고 주장한다. 삼하13:16

34:13-18 역제안과 협상의 종결

야곱의 아들들은 역제안을 한다. 13-17절 해설자는 그들이 "더럽힘"에 자극을 받아 속이고 있다고 우리에게 경고한다. 13절 이 욕보인 행위로 말미암아 디나는 예배 공동체에 참여할 자격을 박탈당했다. 오빠들은 하몰과 세겜 사람들이 모든 남성들이 할례 받는 일에 동의하여 히브리 공동체에 참여하는 "자격"을 스스로 갖추라고 요구한다. 그들은 한 공동체가 될 수 있으며, 그에 따라 결혼은 해결 가능한 문제가 될 것이다. 14-17절

협상은 하몰과 세겜이 이 역제안에 동의하며 마무리된다. 18절 협상에서 협약에 이르지만 내러티브는 명백한 협약과 특히 야곱의 아들들의 실제 의도 사이의 부조화를 알렸다. 야곱의 아들들이 강간에 대해 들었을 때의 격노한 모습은 협상할 때의 그들의 행동과 일치하지 않는다. 깊이 공동체에 침범한 다양한 말들이 사건을 해석하는 데 사용됐으나 형제들은 둘이 한 민족이 될 것을 제안한다. 해설자는 형제들의 계획이 겉으로 보는 것과 같지 않다고 우리에게 경고했다.

협약의 시행 34:19-29

34:19-24 하몰과 세겜의 행동

하몰과 세겜은 협상한 대로의 협약을 이행한다. 그들은 야곱 가족이 "평화롭고," 샬렘 šālem, 34:21 두 집단이 함께 살기에 충분한 땅이 있으며, 협약이 경제적으로 세겜 사람들에게 이득이 된다고 주장함으로써, 자신들의 사람들에게 협약을 "판다." 23절 게다가 내러티브는 하몰의 궁극적인 계승자로서의 세겜의 지위를 지적하는데, 독자는 이 사실을 사

람들을 "설득"시키는 한 요인으로 포함하게 된다.19절 모든 남성에게 할례를 행한 것은 하몰과 세겜이 체결한 거래 조건의 일부를 완수하는 것이다.24절

34:25-29 야곱의 아들들의 행동

이때 독자는 야곱의 아들들이 거래 조건에서 충족해야 할 것을 이행할 것이라고 기대한다. 하지만 그들은 협상한 협약이 아니라 분노 가운데 행동한다. 야곱의 아들들은 성읍을 공격하는데, 성읍의 남자들이 할례로 무력하게 되어, 그들을 죽이고 디나를 데려온다. 이 이야기의 어떤 버전은 모든 형제들이 공격에 가담했을 수도 있지만 다른 버전은 형제들 가운데 시므온과 레위 둘에게만 초점을 둔다. 우리가 받은 대로의 본문에서, 시므온과 레위는 모든 남자들을 살해하고, 다른 형제들은 마을을 약탈한다.25-29절 형제들의 행동은 그들의 누이가 욕을 보았기27절 때문이라는 그들의 동기를 반복하는 것을 제외하고 설명이 없이 냉정하게 서술된다.

마무리 34:30-31

이야기는 야곱이 적극적인 역할로 돌아오면서 마무리한다. 야곱은 형제들의 행동이 공동체에 심각한 결과를 낳았다고 주장한다. 그들은 무한한 보복으로 거짓되게 처리함으로써, 더 넓은 맥락에서 가족을 혐오의 "싫어하는" 대상으로 만들었다.30절 가족은 이런 공동체의 증오에 살아남을 힘이 없다. 형제들은 **그가 우리 누이를 창녀 다루듯이 하는 데도, 그대로 두라는 말입니까?**라고 하면서 신랄한 질문으로 답한다.31절

야곱의 진술은 우리에게는 약하고 "정치적"으로 보일 수도 있지만, 윤리적인 행동보다는 생존에 더 관심을 둔다. 야곱은 자신의 아들들이 아브라함의 아들들과 같지 않고 라멕의 아들들과 같이4:23 행동했다는 사실로 그들의 도덕성 때문에 꾸짖지 않는다. 대신에 야곱은 자신의 거부를, 성읍 공격이 가족의 상황에 미칠 영향에 근거한다. 아마도 그렇겠으나 야곱의 꾸짖음은 언뜻 보기보다는 더 많은 것을 말할 수도 있다. 이야기에 따르면, 세겜은 중요한 도시 지역의 지도자이고, 야곱 가족은 농부와 목자들이다. 매우 자주 이 두 공동체 사이의 적대감은 욕보이는 행동과 이어지는 복수에서 중심적인 역할을 했다. 두 공동체가 함께 살 필요가 있다는 것은 야곱이 무시할 수 없는 현실이었다. [직업: 가축 돌보는 자, 350쪽]

형제들의 반응은 자신들의 사회적 맥락이 복잡하다는 것을 인정하지 않는다. 그들에게는 단순한 문제로 보인다. 그들의 누이는 **창녀** 취급을 받았는데, 이는 이전 이야기에서는

없었던 강간에 대한 해석이다. 형제들의 발언은 자신들의 분노가 자신들의 누이가 성적으로도 종교적으로도 욕보이는 것에 의한 것이라고 주장한다. 이 발언은 그들의 분노가 두 사회경제적 집단 사이의 적대감에 깊이 뿌리 내릴 수도 있다는 것을 인식하지 못한다. 아마도 그들은 자신들의 누이의 부당한 대우가 성읍 사람들과 그들의 지도자를 향한 깊은 적대감을 "정당한" 것으로 만드는 "사건"으로 이용했다. 야곱의 발언은 공동체의 반감이 형제들의 "의로운 분노"로 헤아릴 수 없을 정도로 깊어졌다고 인정한다. 두 집단의 미래는 이 적대감의 균형에 달려 있다. 야곱은 우리가 선호할 수도 있는 대로, 절대적인 면에서 자신의 아들들의 폭력을 비난하지 않는다. 그러나 야곱은 법적으로 정당화되든 그렇지 않든 이웃과 함께 살려는 어떤 노력에 대해서도 이 폭력은 재앙이었다고 주장한다. 야곱의 꾸짖음은 이 폭력이 잘못된 것을 바로잡는 데 아무리 정당화된다고 하더라도, 폭력적인 징벌 이외의 방법을 선호한다는 것을 시사한다.

내러티브는 야곱의 가족과 "그 지역의 사람들" 사이의 적대감을 해결하지 않고 끝난다. 내러티브는 야곱과 그의 아들들 사이에 공통의 이해가 없이 끝난다. 이 이야기에서 어떤 관계도 해결되지 않고, 어떤 화해도 없다.

성서적 맥락에서의 본문

야곱 전체 이야기에 나오는 이야기들은 야곱과 그의 가족에 의해 희생당하는 사람들의 흔적을 남겼다. 모든 잘못에서 완전히 죄가 없는 것은 아니지만, 에서와 심지어 라반도 때로 그리고 이제 세겜은 우리의 공감을 이끌어낸다. 칼빈은 세겜을 타락했으나 "자신에게로" 돌아가는 자의 모델로 지적한다. *Genesis Commentary*:219 칼빈은 세겜을 너무 높이 사기를 원치 않고, 세겜의 행동이 야곱의 아들들의 "말할 수 없는 잔혹함"과 나란히 놓일 때 세겜에게 신중한 공감을 표현하는 루터에 동의한다. *Luther's Commentary on Genesis*:213

이 이야기는 에서와 야곱 사이의 재회 옆에 놓여, 창 33장 이 "약속을 받은" 가족의 문제를 생생하게 드러낸다. 재결합 장면에서 에서는 자기 동생에게 온전하게 화해할 기회를 제공한다. 야곱은 재결합을 받아들이지만, 대신에 자기 형과 항구적으로 헤어지는 것을 선택하면서 은밀하게 화해를 거절한다. 이 이야기에서 하몰과 세겜은 협상을 통해 일반적인 법 전통에서 규정하는 방향으로 디나의 강간을 바로 잡으려고 시도했다. 출22:16-17; 신22:28-29 야곱의 아들들은 무한한 폭력으로 이런 시도에 반응한다.

폭력을 사용할 때, 다가오는 요셉 이야기는 방향을 바꿀 것이다. 이 이야기는 형제들이 요셉에게 행사하는 폭력으로 시작한다. 실제로 폭력의 가능성은 요셉 이야기 전반에서 가까이에 있다. 하지만 야곱 가족은 마지막으로 헤어짐보다는 화해를 선택하고 폭력적인 적대감보다는 다른 사람들과의 조화를 선택할 것이다. 이 가족의 이야기는 창세기 34장의 폭력적인 길을 따라 이어갈 수는 없다. 야곱이 진술하듯이, "나와 나의 집안이 다 몰살당할 수밖에 없지 않느냐?"34:30

하지만 가족 사이의 갈등과 공동체 사이의 폭력은 이 사람들의 역사를 따를 것이다. 강간과 폭력은 다윗 가족을 위협할 것이다.삼하13-18장; 왕상1장 다시 폭력은 정의에 기여하도록 의도됐고, 솔로몬은 승리가운데 대두했다. 하지만 다윗 왕조를 형성한 폭력은 결국 그 왕조를 파괴할 것이다.왕하23:29; 24:1; 25:1 신앙과 정의를 도모하기 위한 폭력도 나사렛 예수가 살았던 세계를 삼켰다. 예수는 이 길을 선택할 기회를 가졌지만 또 다른 길, 즉 모든 인류에게 분리가 아니라 화해를 제공하고, 죽음이 아니라 생명을 제공할 운명의 길을 택했다.

교회 생활에서의 본문

창세기 34장은 해설자가 **더럽힘**,5, 13, 27절 **부끄러운 일**,7절 **욕보였다**2절와 같은 단어로 비난하는 성적 학대의 사건으로 시작한다. 성서의 법 본문은 이런 강간이 개인의 책임이라는 명백한 요소를 지닌다고 인지한다. 아나 'anah라는 단어는욕보이다/굴복시키다/강제하다, 2절 한 사람이 다른 사람을 희생시키는 데 힘을 사용했다는 것을 인지한다.창15:13; 16:6; 삼하13:12, 14 대부분의 법 제도는 개인의 책임 문제를 다루려고 시도하고, 다양한 정도의 성공과 공정함으로 가까스로 그렇게 했다.

그러나 이 이야기는 다른 개인에 맞서는 한 개인의 행동이 온전히 세겜이 디나를 강간한 사건을 설명하지는 않는다고 시사한다. 세겜은 언덕의 하찮은 목자들에게 분노를 쏟아내면서, 그 지역의 지도자로서 이 권력을 덜 강력한 집단의 딸에게 사용한다.야곱: "우리는 수가 적은데," 30절 이 각본에서 유일하게 독특한 요소는 지도자가 자신이 강간했던 낮은 계급의 여자에게 사랑에 빠진다는 점이다. 야곱의 형제들은 그 사회의 하찮은 구성원들로서 그들은 자기 누이를 세겜만큼이나 "이용"했을 수 있다. 디나는 "지도자"를 치는 원정대의 한 사람보다는 "원인"이 됐던 것 같다. 우리는 디나가 시작하는 절 후에 이야기에서 어떤 역할도 하지 않는다는 것에 주목한다. 디나는 드라마에서 중요하지 않은 인물이 된다.

개인의 책임, 즉 디나에 대한 대우에 초점을 **제한**하려고 함으로써, 31절 형제들은 해설자와 요셉이 알린 강간에서의 다른 요소들을 무시한다. 형제들은 이 사건을 "기소"할 수도 있지만, 야곱이 그들 모두에게 위협이 된다고 주장하는 사회적, 경제적, 종교적 집단들 사이의 적대감을 다루지는 않는다. 그 대상이 언덕의 여자들이든 할례로 고통을 당하는 자들이든, 약자들에게 힘을 행사하는 것에 대해, 형제들은 자신들의 정의를 향한 열정에서 의문을 제기하지는 않는다. 정확하게 말해서 야곱이 인지한 대로, 힘을 이렇게 왜곡하면 그들 모두와 30절 하찮은 집단들과 "우리는 수가 적은데" 그 지역의 통치자를 파괴할지도 모른다.

야곱의 마무리하는 여정

사전 검토

이 장은 야곱이 이곳저곳을 오간 여정에 대한 내러티브로 모아져 결합된 다양한 자료를 포함한다. 잠시 둘러봐도 죽음에 대한 보고, 이름 목록, 신현 등 실제로 단일 이야기라기보다는 구분되는 섹션들의 흔적이 있는 내러티브라는 것을 알 수 있다. 아브라함 이야기는 쉽게 함께 어울리지 못한 다양한 자료의 짧은 조각들로 비슷하게 끝났으며,^{25:1-18} 동일한 것이 다시 요셉 이야기의 마무리에 나올 것이다. 명백히 이렇게 여러 전통의 자료들이 함께 모인 것은 족장 이야기의 끝에서 흔한 현상이다. 여기서는 삶의 마지막 임무인 유언을 묘사한다. 아브라함과 요셉 이야기 모두 명확하게 이런 "삶의 끝"의 행동과 말^{유언적} ^{행동}으로 끝난다. 이 이야기는 이런 식으로 끝나지는 않는데, 주요 등장인물인 야곱이 이 이야기의 마지막에서 죽지 않기 때문이다. 대신에 드보라, ^{리브가의 유모} 라헬, 이삭이 죽는다. 그러므로 이 이야기의 마무리하는 단락은 야곱의 여정의 목적지에 따라 윤곽이 그려질 수 있다.

개요

주석적 해설

야곱의 베델로의 여정 35:1-5

35:1-4 여정을 위한 준비

이 섹션은 야곱에게 베델로 가서 제단을 쌓으라고 지시하는 하나님의 발언으로 시작한다.1절 35장 7절이 되어서야 야곱은 이 지시를 이행한다. 하지만 이전에 언급한 대로, 이 단락은 다양한 자료를 포함하며, 야곱의 여정에서의 이 "멈춤"은 하나님의 지시와 그 지시 이행 이상의 것을 포함한다.

베델로의 여정을 위한 준비로, 야곱은 자기 "가족"에게 떠나기 전에 깨끗케 하는 제의를 지시한다.35:2-3 다른 이들은 하나님과 야곱의 발언의 언어와 의식이 많은 순례 절기를 중심으로 한 의식을 떠올리게 한다고 지적했다.von Rad, 1973: 336 순례 절기에 예배자는 특별한 예배를 위해 성소로 이동하게 된다. "순례자들"은 종종 떠나기 전에 깨끗하게 하며 새롭게 하는 특별한 준비 의식을 이행했다. 어떤 시편들은 이런 의식에 대한 이유를 선언한다.

누가 주님의 산에 오를 수 있으며,

누가 그 거룩한 곳에 들어설 수 있느냐?

깨끗한 손과 해맑은 마음을 가진 사람,

헛된 우상에게 마음이 팔리지 않고,

거짓 맹세를 하지 않는 사람이다. 시24:3-4

우리는 의식에서 언급되는 세부 내용에 대해 많은 것을 이야기할 수는 없다. 우리는 후대 예배 공동체에서 깨끗하게 하고 새롭게 시작하는 이런 행위의 중요성을 인식하고 있다.

35:5-6 야곱의 여정

본문은 다음과 같은 다소 혼란스러운 진술로 35장 5절에서 여정 자체에 대해 서술한다. "하나님이 사방에 있는 모든 성읍 사람을 두려워 떨게 하셨으므로, 아무도 야곱의 아들들을 추격하지 못하였다." 이 언어는 이 맥락보다는 여호수아서의 "정복" 내러티브와 더 공통점을 지닌다. 하지만 이 진술의 기능은 명확한 것 같다. 준비하고 깨끗케 하는 의식에 이어, 하나님의 승리의 함께 함이 그들의 순례 길에서 그들에게 수반된다. 베델에서의 제단은 하나님의 지시로 존재하고 하나님의 함께 함으로 존재한다. 7절

35:7-15 베델에서의 야곱의 체류

그러나 내러티브는 제단을 세우는 것으로 베델로의 여정을 마무리하지 않는다. 대신에 우리는 "리브가의 유모 드보라"의 죽음에 대해 듣는다. 8절 창세기 24장 59절은 이름이 아니라 리브가의 유모라고 언급했다. 여기서 그녀의 죽음에 대해 알리는 것은 크게 예상 밖의 일이다. 하지만 이 마무리하는 단락은 이와 같은 여러 "떠도는" 전통을 묶는다.

즉시 본문은 또 다른 신현으로 우리를 인도하는데, 35장 9-13절에서 하나님이 출현하는 장면이다. 이 신현은 야곱에서 이스라엘로의 이름 변경과 베델에서 주어진 약속이라는 창세기 28장과 32장의 요소를 반복한다. 이 맥락은 꿈과창28장 씨름의창32장 극적인 맥락과 비교하면 빈약하게는 아니더라도 단도직입적으로 이름 변경과 약속을 보고한다. 창세기 35장에서 이 요소들을 반복하는 것은 여러 지역의 다른 집단들 가운데 있는 야곱 이야기가 전달되어 온 것에서 올 수도 있다. 그렇다면 이렇게 다르게 다시 들려주는 것이 현재의 이야기에 통합된 것이다.

야곱의 전체 가족은 옛 갈등은 뒤로 하고, 성소에 온다. 거기서 하나님은 다시 이스라엘이라는 이름을 허락하고10절 그에게 하나님의 약속을 맡긴다.11-12절 전체 족장 이야기의 맥락에서, 오직 여기서만 전체 가족이 하나님의 출현의 사건에 족장과 함께 온다. 본문은 "하나님이 야곱에게 나타났다"라고 말하지만, 맥락은 전체 이야기를 포함한다. 어떤 의미에서는 야곱 이야기의 마무리에서 개인뿐만 아니라 한 가족이 이스라엘이라고 불린다. 한 사람이 아니라 한 민족이 약속을 미래로 이어갈 것이다. 그래서 이것은 요셉과 그 너머의 이야기가 될 것이다.

베델로의 여정은 성소를 세우는 것으로 마무리하는데,14-15절 다시 창세기 28장을 되풀이하고 특히 성소의 이름을 "베델" 지을 때 어느 정도 심지어 35장 7절을 되풀이하는 보고다. 베델은 앗시리아가 주전 8세기에 정복할 때까지 이스라엘에서 성소로서 중요한 역할을 감당했다. 암7:12-13, 참고 이후에 베델은 중요한 도시로 지속됐지만 군주 시대에는 이스라엘의 종교 중심지로서 두드러지는 역할을 하지 못했다.

에브랏과 그 너머로의 야곱의 여정 35:16-26

35:16-20 라헬의 죽음 보고

라헬의 죽음에 대한 보고는 몇 절로 이 이야기에 대해 많은 것을 보여준다.16-20절 확신과 성취와 생명은 슬픔과 분노와 죽음과 만난다. 라헬은 자기 맏아들이 출생할 때, 또 다른 아들을 원했다고 선언하는 이름을 그에게 지어준다.30:24 두려워하지 말라라는 산파의 확신의 말은 이 희망의 성취됨을 알린다. 하지만 성취는 동시에 "너무 심한 산고," "거두는 마지막 숨," "내 슬픔의 아들"이라는 이름, 그리고 마지막으로 죽음에서 드러나는 고통으로 가득한 어휘도 야기한다. 해설자는 아이의 아버지가 가족의 과거의 번민이 아니라, 자기 아들의 미래를 특징지으려고 택한다고 우리에게 말한다. 아버지는 아들을 "오른쪽의 아들"이라고 다시 이름 짓는다. 그러므로 유산은 그를 "베노니"내 슬픔의 아들가 아니라 "베냐민"이라고 알고 있다.

라헬의 장례로 이야기의 또 다른 줄거리가 끝난다. 아름다운 여자, 야곱이 사랑했던 이는 끝까지 불임과 싸웠다. 하지만 이야기는 라헬의 죽음을 기억했다. 레아는 완전히 이야기에서 사라지는데, 다음 이야기에서 야곱이 장례를 치른 자들의 마지막 목록과 더불어 다시 나올 뿐이다.49:31

내러티브에 따르면, 라헬은 사라와 아브라함의 가족 무덤에 묻히지 않았다. 실제로 라헬의 삶의 혼돈과 갈등은 그녀가 죽었다는 이 보고에까지 이어진다. 사무엘상 10장 2절과 예레미야 31장 15절은 베델의 남쪽 한 장소 라마를 라헬이 장사된 에브랏으로 가리킨다. 창세기 35장 19절의 설명하는 언급은 라헬이 베들레헴에 장사됐다고 한다. 이 언급은 후대 필사자가 본문에 추가한 것을 나타내는 것 같다. 이 추가 내용^{베들레헴}은 라헬의 무덤을 군주 시대에 잘 알려지게 된 에브랏으로 "옮긴다."

이 단락은 라헬의 죽음과 베냐민의 출생 문제에 혼란을 더욱 가중시킨다. 창세기 35장 24절, 26절은 베냐민의 출생을 라헬의 죽음의 충격이 아니라, 야곱이 라반과 머물 때에 둔다. 물론 이런 세부 내용에서 정확성이 부족한 것은 이전 세대보다 우리에게 다른 방식으로 괴롭힌다. 이전 세대들은 설명이 없이 베냐민의 출생과 라헬의 장례에 대한 다른 전통들을 보존하는 본문에 그리 신경 쓰지 않았다.

35:21-26 반란의 일화와 이름 목록

깨끗하게 하는 의식과^{4절} 이름 짓기,^{10절} 약속의 갱신으로^{11-12절} 상징되는 새로운 시작에서도 가족 문제가 없지는 않다. 창세기 35장 22절의 설명은 르우벤이 가족의 주도권을 차지하려고 움직였다는 것을 예상치 못하게 선언한다. 빌하와 함께 하여 야곱의 역할을 맡으려는 것은 맏아들에 의한 쿠데타를 가리킨다.^{삼하16:22} 내러티브는 최소한 여기서는 르우벤의 행동을 평가하지 않는다.^{49:3-4, 참고} 이 일화는 야곱이 자신의 이야기에 매우 중심이 되는 출중해지려 하고 권력을 차지하기 위한 싸움을 다음 세대에 전달했다는 것을 잘 보여준다. 이 유산은 다음 이야기에서 긴장을 유발할 것이다. 요셉은 이 이야기에서 가장 강력한 자로 대두하게 될 것이다. 하지만 가족을 "이스라엘"로 이름을 짓는 것은 미래를 나타낸다. 유산은 한 사람만으로 이어지지는 않는다. 하나님의 약속은 목록에 있는 모든 자녀들이 감당하게 될 것이다.^{22b-26절} 이스마엘과 에서처럼 누구도 밀려나지 않을 것이다.

야곱의 마므레로의 여정 35:27-29

이야기는 이삭의 죽음에 대한 보고로 끝난다. 아브라함의 이야기는 그의 죽음으로 끝났다.^{25:8} 다음 이야기는 야곱과 요셉의 죽음으로 끝난다.^{49:33; 50:26} 이 사례들은 이것이 이삭의 이야기로 불릴 것을 시사한다.^{Coats, 1983:177이하} 하지만 이삭이 아니라 야곱이라는 인물이 이 이야기를 지배했다. 그래서 야곱이 여전히 이야기 전반에서 남아 있겠지만 다음 이야기도 요셉이 이어갈 것이다.

내러티브에서는 이삭과 이스마엘이 함께 아브라함을 장사지냈던 것처럼,^{25:9} 야곱과

에서가 함께 이삭을 장사지낸다. 29절 이삭과 이스마엘처럼 이 두 형제들은 함께 머물지 않고 공통의 아버지만 있을 뿐이다. 이 일치는 어떤 헤어짐이라도 부인할 수 없는 것이다. 히브리 전통에서 삶이 끝나기를 원하는 대로, 이삭의 죽음은 자신의 삶을 완성했다. 늙고, 나이가 들어서, 목숨이 다하자, 죽어서 조상들 곁으로 갔다. 35:29

성서적 맥락과 교회 생활에서의 본문

아브라함 이야기는 족장의 죽음으로 끝나는 가족의 삶의 장으로 마무리했다. 25:8 요셉 이야기도 비슷하게 마무리할 것이다. 49:33; 50:26 하지만 이 이야기는 말끔하게 끝나지 않는다. 베델로의 순례에서는 다음 세대를 위한 깨끗케 함과 약속의 갱신을 위한 의식이 있지만, 35:1-5 야곱 세대를 낳은 출중함에 대한 관심은 25:19-34 계속 가족을 괴롭힌다. 22절 사랑받는 라헬은 둘째 아들을 낳지만, 출산 과정에서 죽는다. 라헬은 자기 아들을 자신의 슬픔으로 가득한 삶을 반영하는 것으로 이름을 짓는데, 라헬이 죽은 후 야곱은 이 이름을 바꾼다. 16-20절 사랑받지 못한 아내 레아는 이야기에서 사라진다. 이삭은 죽고 영원히 떨어져 살 자신의 두 아들 에서와 야곱에 의해 장사된다. 그들은 사실일 수도 있겠지만 에서의 깊은 증오가 아니라 야곱의 선택, 33:17 또는 아마도 경제적인 고려로 36:6-7 떨어져 산다.

형제들뿐만 아니라 야곱과 라반과 같은 다른 가족들 역시 여전히 나뉘어 있다. 31:44-55 그들은 서로 죽이지 않거나 서로의 공간을 침범하지 않기로 동의한다. 하지만 관계는 더 이상 나아가지 않는다. 신23:7, 참고 야곱 이야기는 태에서부터 이 세대에 이어지는 갈등과 소원해짐이 끝이 없다.

이 이야기는 분노와 분열뿐만 아니라, 약속과 희망에 대한 것이다. 가장 위험한 순간에 하나님은 나타난다. 하나님은 자기 형의 정당한 분노에서 도망치는 도둑에게 온다. 창28장 하나님은 현재의 분노하는 세계와 라반 과거에 야기된 살기 넘치는 증오 에서 사이에 갇힌 도피자를 보호한다. 창31-33장 하나님은 그들이 이웃에 대해 악으로 보복한 후에도 가족에 향한다. 창34-35장 가족이 생기도록 한 약속은 이 세대의 드라마에서 상당히는 아니더라도 거의 상실된 것 같다. 약속은 다시 밤에 꿈꾸는 야곱과 창28장 순례 가족의 예배에서 창35장 들려진다. 하나님의 마치지 않은 이야기는 신앙 공동체에 끊임없는 희망을 제공한다. 갈등과 소원함도 하나님을 침묵하게 할 수 없으며, 착취와 속임수와 폭력으로도 하나님을 쫓아낼 수 없다.

신앙 공동체는 이 이야기가 거듭 전하는 것, 곧 우리가 여기서 한 사람 야곱의 오래 전 이야기가 아니라 이스라엘의 이야기를 깨달았다. 신앙 가족의 각 새로운 세대는 싸움 가운데 태어나고, 속임수로 나뉘며 폭력에 위협을 당하는 것 같다. 그럼에도 희망이 침범과 폭력으로 산산이 부서지고 하나님의 말씀이 분노의 목소리의 바라에 빠진다고 해도 약속은 파기될 수 없다.

우리는 이 보물을 질그릇에 간직하고 있습니다.
이 엄청난 능력은 하나님에게서 나는 것이지,
우리에게서 나는 것이 아닙니다. 고후4:7

후기

사전 검토

이 단락은 에서 가족에 대한 목록을 포함한다. 자료는 "~의 족보는 다음과 같다"와 같이 새로운 "세대" 공식에서도 알리듯이, 야곱 이야기 밖에 있다. 우리는 이 공식을 창세기 1-11장과 족장 이야기의 시작에서11:27; 25:19; 37:2 여러 번 만났다. 이 공식은 이 에서 목록에서 두 번 반복된다.36:9 내용과 도입 구절로 야곱 이야기의 본론과 구분되지만, 에서에 대한 이 단락은 야곱 이야기와의 관계에서 "서언"과 반대되는 일종의 "후기" 역할을 한다. 후기는 주요 이야기의 흐름에 부속되거나 이어지는 자료를 제공한다.

이 후기는 대개 에서/에돔에 대한 목록 양식으로 된 다양한 자료를 포함한다. 이 단락은 내러티브 양식으로 시작하지만 이 이야기와 같은 방식은 실제로 이야기를 말하는 것이 아니라, 우리에게 에서의 아내들과 아들들과 가족이 정착한 장소를 제시한다.36:1-8 그 다음에 이 단락은 여러 다른 목록을 제시하는데, 에서의 아들들,36;10-14 에서의 "족장들,"36:15-19 세일 땅에서의 족보,36:20-30 에돔의 왕들의 목록,36:31-39 에서의 족장들을 확인하는 또 다른 목록이36:40-43 있다.

개요

주석적 해설

에서 가족에 대한 보고 36:2-8

이 단락은 에서의 아내들로 시작한다.[2-3절] 야곱의 이야기는 에서가 유딧, 바스맛,[26:34] 마하랏[28:9]과 결혼한 것에 대해 들려준다. 이 이름들 가운데 둘은 여기서 아다와 오홀리바마로 대체됐다. 바스맛은 36장 3절에서 이스마엘의 딸이라고 불리는 반면, 이전의 마할랏은 이스마엘의 딸이었다.[28:9] 바스맛은 엘론의 딸로 불렸고,[26:34] 이제 아다는 엘론의 딸이라고 지목된다. 이 차이점들을 주목하면, 우리는 여기서 다른 시대와 다른 장소에서 전달되고 보존된 목록을 보고 있음을 상기하게 된다. 차이점들은 예상할 수 있으며, 이전 독자들에게는 문제가 되지 않았던 것 같다.

큰 놀라움은 다양한 목록에 있는 이름의 차이점들이 아니라, 에서에 대한 상당한 자료들이 보존됐다는 점이다.[Brueggemann, 1982:285] 야곱이 약속을 이어가지만, 에서는 쉽게 이야기에서 사라지지 않는다. 사실 에서가 경제적인 고려에 근거하여 자신의 선택으로 세일로 이동한다는 것을 언급함으로써, 이 단락은 계속 에서를 호의적으로 묘사한다. 이 에서 내러티브의 문제는 불안정한 가족 대신에 안정된 가족과 난폭한 지도자 대신에 조용한 지도자가 특징을 이루는데, 이는 명백히 야곱에 대한 내러티브 묘사에서 끊임없이 격동하는 것과는 대조된다.

에서의 후손들 목록 36:9-19

다시 장로 목록은 에서의 가족이 자연스럽게 성장하는 것을 묘사하는데, 이는 축복받은 가족의 모범이다. Westermann, 1978 [창세기에서의 복, 352쪽] 이 목록은 야곱 이야기의 극적인 내러티브보다 훨씬 유쾌하게 읽기 어려운 것 같다. [족보 읽기, 349쪽] 사실 우리는 환경상 또는 연구할 때를 제외하고는 에서 자료를 거의 읽지 않는다. 이로 말미암아 에서는 이야기의 변두리로 멀리 밀려난다. 하지만 에서는 야곱이 선택되었어도 멀리 가지 않을 것이다. 에서가 아무리 멀리 앉아 있다고 해도, 항상 전통은 에서에게 관대한 것처럼 보인다. Coats, 1983:247

추가적인 족보와 목록 36:20-43

이 단락의 나머지는 세일의 족보, 20-30절 에돔의 왕 목록, 31-39절 에서의 족장들의 목록 40-43절을 포함한다. 몇몇 이름들은 우리가 특히 남동쪽과 동쪽의 팔레스타인 주변 지역의 역사에서 찾을 수 있다. 하지만 많은 이름들은 이 목록에만 나온다. Vawter, 1977:369-374 의 논의를 보라

이 단락의 흐름은 에서에게서 진행하여, 그의 가족, 곧 아내들과 자녀들에게로 확대된다. 36:2-5 다음 단계는 세 번째 세대까지 이어가고 36:10-14 "족장들" 알루핌' *allupim*에 따라 정치적으로 가족을 구성하여, 훨씬 깊이 가족을 확대한다. 창세기 36장 20-43절은 세일 족보로 더욱 가족을 확대하고, 20-30절 에돔 왕 목록으로 정치적 조직을 강화한다. 31-39절 이 단락은 독자에게 매우 정돈된 성장의 모습을 보여준다. (1) 작은 가족이 에서를 우두머리로 하는 작은 가족, (2) 족장들의 인도하는 확대 가족, (3) 왕들이 통치하는 큰 민족.

마지막 절은 족장들이 인도하는 확대 가족으로 돌아가는데, 이는 이 단락의 나머지를 이끄는 것 같은 일찍이 확장하는 관점과는 다른 문학적인 움직임이다. 열하나의 "족장들" 목록은 야곱 이야기가 열두 아들로 끝나는데, 이 열두 아들의 목록과 균형을 맞추기 위한 것이 수도 있다. Coats, 1983:257

성서적 맥락과 교회 생활에서의 본문

아브라함 이야기에서의 이스마엘과 여기서의 에서에서도, 성서는 "다른" 자녀가 있는

것과 그 자녀의 문제를 다룬다. 이스마엘은 아브라함 이야기에서 전혀 적극적인 역할을 하지 않고, 에서도 하지 않는다. 전통은 "선택되지 않는 자", 곧 둘 가운데 둘째가 되는 경험을 잘 이해한다. 하지만 이 사람을 어떻게 해야 할지는 알기가 여전히 어렵다.

가인과 아벨의 이야기는 "선택되지 않은" 자가 반응하는 잘못된 방식을 생생하게 잘 보여준다. 야곱 이야기에 따르면, 에서는 자기 형제를 죽이고 싶기는 했지만 가인처럼 반응하지 않았다. 동생을 향한 에서의 분노는 재회할 때의 포옹으로 바뀌었으며, 그의 소외됨은 함께 살려는 소원으로 바뀌었다. 에서는 첫째가 될 것이라고 기대되는 사람에게 요구할 수 있는 모든 일을 했으며, 하나님의 결정과 인간의 속임수가 결합하여 결국 둘째 아들이 되고 말았다. 전통이 이 놀라운 이삭의 아들을 놓아주는 데 어려움을 겪는 것은 놀라운 일이 아니다. 성서는 이 장에서 에서가 주요 드라마의 주변으로 밀려났더라도 성장했고 번영했다는 것을 기억하는 것에 대해 우리는 놀랄 필요가 없다.

공동체가 에서에 대해 갖는 후대 기억은 이 아들을 창세기 이야기로 다룰 때 항상 관대했던 것은 아니다. 하지만, 신2:4-8, 참고 이 변화는 부분적으로 이스라엘과 이스라엘의 트랜스요르단 남동쪽 이웃인 에돔 사이에 일어난 적대감 때문에 일어났다. 이 적대감은 바빌론 군대가 예루살렘을 멸망시킬 때 증오로 바뀌었다. 주전 600-580년, 오바댜서, 참고 서서히 공동체는 에서가 단순히 선택받지 못한 아들이 아니라 하나님이 싫어한 자로 기억하게 됐다. 말1:2-3

바울은 새로운 기독교 공동체가 하나님의 선택의 신비를 이해하도록 도우려고 노력했다. 바울은 창세기의 족장 이야기들을 사용할 때, 에서가 하나님에게 미움을 받았다는 전통을 인용하지만롬9:13 바울은 이 해석을 강화하지 않았다. 대신에 바울은 하나님이 각자가 한 것을 언급하지 않고서 에서가 아니라 야곱을 선택했다고 주장했다. 롬9:12

우리는 수 세대를 거쳐 "선택 교리"의 몇몇 문제를 경험했다. 다른 집단들이 견지하는 이런 입장은 유대 신앙 공동체와 기독교 공동체 사이의 관계를 복잡하게 했다. 열렬하게 선택을 주장하는 것은 비슷하게 야곱의 상속자들과이스라엘 이스마엘이슬람 사이의 간격을 넓혔다. 넓은 범위에서 우리의 공통 유산은 이슬람, 유대교, 기독교를 중요한 면에서 한 가족으로 포함한다. 아마도 선택에 대한 주장보다 이 "가족"의 삶에 더 유용한 것은 갈라디아서 5장 25-26절에 나오는 바울의 권고일 것이다.

우리가 성령으로 삶을 얻었으니, 우리는 성령이 인도해 주심을 따라 살아갑시다. 우리는 잘난 체하거나 서로 노엽게 하거나 질투하거나 하지 않도록 합시다.

제4부

요셉 이야기

요셉 이야기

사전 검토

창세기의 다른 어떤 큰 단락 이상으로 이 이야기는 하나의 짧은 이야기중편 이야기로 읽을 수 있다. 이 전체 이야기 가운데 중심이 되는 요셉 이야기는 다른 히브리 내러티브와 비교할 때 상대적으로 복잡하다. 등장인물들이 이야기에 들어오고 나간다. 우리는 요셉의 개인적인 감정을 살며시 들여다 볼 수 있다. 요셉 가족의 삶은 위험과 드라마를 제공하면서 이집트의 국가 정치와 섞여 있다.

신중하게 미묘한 뉘앙스를 띠는 이 중편 이야기는 매번 독자에게 새로운 관심과 흥미를 제공할 수 있다. 자녀들은 화려한 색의 옷과 신비스러운 꿈, 요셉과 그의 형제들 사이의 긴장감 넘치는 대면을 경험한다. 중편 이야기의 복잡한 특성으로 말미암아, 다양한 이야기꾼들이 우리가 받은 대로의 이 내러티브를 형성하는 데 한 몫을 했을지라도, 기록된 양식은 이 중편 이야기를 전하는 데 항상 중요했던 것 같다. 다시 여기서의 임무는 중편 이야기의 역사를 신중하게 연구하는 일과 관련이 없을 것이다. 이것은 다른 곳에서 이미 했다. 예, Vawter, 1977 오히려 우리는 이야기 양식으로 되어 있는 성서로서 내러티브를 접하기를 원한다.

이야기는 요셉의 10대 시절부터 죽음까지를 다룬다. 하지만 전체 이야기는 엄밀한 의미에서 요셉 이야기에 속하지 않는 자료를 포함한다. 우리는 일련의 내러티브에 이야기들, 족보들, 일화들과 같은 다른 자료들이 끼어든 것을 보았다. 특히 아브라함 이야기에서, 자료의 이질성이 일련의 내러티브보다 때로 더 두드러졌다. 여기서 일련의 내러티브는 명백히 전체 이야기를 통제하지만, 이는 예를 들어 유다와 다말 이야기와[창38장] 야곱의 축복과[창49장] 같은 끊어진 자료를 더욱 두드러지게 할 뿐이다. 이야기의 개요는 예기치 못한 단편들을 포함해서 전체 단락이 진행하는 방식을 볼 것이다. 요셉의 중편 이야기는 내러티브의 진행을 통제하므로, 전체 이야기는 요셉 이야기를 따라 "장," "막," "장면" 또는 "에피소드"로 나뉠 수 있다. "장"도 "장면"도 그렇게 옳은 단어는 아닐 수 있다. 성서의 장은 성서의 구체적인 구분을 가리키지만, "막"이나 "장면"은 현대 드라마 작품에서의 구분을 가리킨다. 내러티브를 여는 데 도움을 줄 것이라고 기대하면서, "에피소드"라는 단어를 여기서 선택했다.

이 이야기에서의 에피소드들은 한 가족의 헤어짐과 분열의 이야기에서[37:3-36] 화해와 재회의 이야기로[36:1-47:27] 진행한다. 이 순간들 사이에서 두 형제 유다와[창39장] 요셉은[창39-41장] 가족에게서 헤어지게 된다. 가족은 화해로 가는 길에 기근으로 시작되는 강렬한 갈등을 겪는다.[창42장] 상황으로 말미암아 가족은 심지어 연장자인 아버지 야곱의 더 좋은 판단에 맞서면서 서로 계속 관여하지 않을 수 없다.[창43-45장] 이야기는 아브라함 이야기와 마찬가지로, 야곱과 요셉의 일련의 마지막 행동이나 유언으로 마무리한다.[창47-50장] 다음의 개요는 각 에피소드 시작에서 더 자세한 개요로 보충될 것이다.

개요

도입, 37:1-2a
사건 1: 가족의 분열, 37:2b-36
사건 2: 분리된 형제들-유다, 38:1-41:57
　　　　38:1-30　　　　유다
　　　　39:1-41:57　　　요셉
사건 3: 위험에 처한 가족, 42:1-45:28
사건 4: 가족의 재회, 46:1-47:27
마무리하는 사건: 유언, 47:28-50:26

주석적 해설

도입 37:1-2a

두 이전의 가족 이야기에도 그랬듯이, 11:27과 25:19 "이것은 ~의 족보다" 새번역, "야곱의 역사는 이러하다"-역주라는 도입의 공식이 시작에서 나올 것을 기대할 것이다. 이것이 2절에 나오는 이유는 여전히 명확하지 않다. 그럼에도 우리는 이 두 문장의 기능에 대해 몇 가지 관찰할 수 있다. 언급한 대로, "세대" 공식은 이 가족 이야기의 시작을 전체 책의 일반적인 틀에 통합시키면서 그 시작을 알린다. 창세기에 대한 족보 틀은 책을 가족 이야기로 만든다. 세 가족 이야기, 즉 아브라함과 야곱과 요셉의 이야기는 하나님이 생명/복을 모든 가족과 민족들에게 가져오는 통로가 되는 그 가족의 한 지류를 따른다.

야곱은 … 가나안 땅에서 살았다라는 창세기 37장 1절은 요셉 중편 이야기의 위치를 설정한다. 이 절은 또한 "아버지가 몸붙여 살던"이라고 하여 이 이야기와 이전 이야기를 연결시킨다. 요셉 이야기가 진행되면서, 가족의 위치는 변할 것이다. 창세기 47장 27a절은 **이스라엘 자손은 이집트의 고센 땅에 자리를 잡았다**라고 하여 이 도입 구절의 대응구 역할을 한다. 창세기 37장 1절과 47장 27절은 가족 이야기를 통합하며 감싸는 역할을 한다. 가나안에서 이집트로의 이 이동은 창세기에 이어질 해방의 드라마를 준비한다. Coats, 1975

아마도 이야기에서 "야곱"과 "이스라엘"이라는 이름을 사용하는 것에 대해 한 마디 해야 할 것이다. 이전 이야기에서 지적했듯이, 야곱에서 이스라엘로의 이름 변경은 아브람에서 아브라함으로 변경하는 것과 같이 일관되게 이행되지는 않았다. 32:28; 33:1; 35:10, 22, 27 학자들은 요셉 이야기에서 야곱과 이스라엘 사이에 오고 가는 것이 이야기가 전달되는 과정에서 다르게 다시 들려주는 것을 반영한다고 일반적으로 여긴다. 어떤 전통은 야곱을 사용하고, 다른 전통은 이스라엘을 사용한다. 우리가 받은 대로의 이야기는 가족의 이 조상에 대한 풍부한 전통에서 끌어낸다. 명백히 야곱과 이스라엘을 동일시하여 두 이름이 설명이 없이 최종 형태에 나오게 됐다. 공동체의 삶에서 "야곱"은 가장 자주 그 조상을 가리키고, "이스라엘"은 그의 후손들의 공동체를 가리키므로, 두 이름 사이에 오가는 것은 후대 독자들에게 이것이 진심으로 그들의 이야기이며, 그들의 조상들에게 일어난 것만이 아니라는 것을 가리킬 수 있다.

사건 1: 가족의 분열

사전 검토

이 이야기를 몰아가는 긴장은 편애와 어리석음과 질투와 속임수로 야기된 가족의 분열에서 온다. 이 첫 에피소드는 등장인물들을 소개하는 설명과 가족 내의 분열에서2b-11절 요셉이 이집트에 노예로 팔려 끌려가면서36절 가족의 분열로 이어진다. 이 에피소드의 중앙에는 한 여정이 있다. 즉, 야곱은 가족이 "샬롬"한지 점검하라고 요셉을 보냈다.14절 형제들의 행동은 이 문제 많은 가족에게 샬롬이 없다는 것을 잘 보여주는 역할을 할 뿐이다.

개요

설명, 37:2b-11

    37:2b-4   등장인물 소개

        요셉, 37:2b

        이스라엘, 37:3

        형제들, 37:4

    37:5-11   꿈에 대한 보고

주석적 해설

설명 37:2b-11

37:2b-4 등장인물 소개

37장 2b-11절에서 우리는 전체 이야기를 이끌어가는, 요셉과 야곱과 한 무리로서의 형제들이라는 등장인물들을 만난다. 요셉은 독자에게 17세의 목자로 소개된다. 이 소개는 요셉이 그의 형제들과 일한다고 묘사한다. 이어서 우리는 아버지가 형들을 점검하려고 막내인 요셉을 보내는 다소 다른 배치를 발견하게 된다. 또한 다윗, 삼상17장, 참고 요셉을 분리된 한 인물로 소개하는 데서, 우리는 가족 내의 긴장의 첫 요소를 발견한다. 요셉은 형들에 대해 아버지에게 "나쁜 보고"를 한다. 다른 곳에서 사용된 단어들이 디바탐 라아*dibbtam ra'ah* 험담과 음모와 잘못된 정보를 가리키지만, 잠10:18; 시31:13; 민14:37 해설자는 이 보고가 사실인지 거짓인지를 말하지 않는다.

이스라엘/야곱은 다음에 소개된다. 야곱 역시 가족 내에서 소원해진 상태다. 그는 요셉이 **늘그막**에 얻은 아들이므로 다른 아들보다 요셉을 편애한다. 3절 야곱은 요셉에게 "화려한" 옷을 만들어주었다. Speiser, 1964:289-290 우리는 이 옷이 어떻게 생겼는지 명확히 알지는 못한다. 고대 그리스어 본문은 이 구절을 "많은 색깔의"이라고 번역했다. 고대 근동 문헌에서의 우리 정보는 옷이 길이와 소매 때문에 두드러졌다고 제안한다. 어쨌든 요셉은 화려한 옷이 주어진다. 이 이야기의 "U"자 모양의 진행에서, 요셉은 위엄을 갖춘 옷을 입고 시작하고 끝나지만, 그 사이에는 종과 죄수의 옷을 입는다.

독자들은 종종 베냐민이 있는 것과 없는 것에 대해 내러티브가 명확하지 않은 것에 혼란스러워 할 것이다. 마찬가지로 둘째 꿈은 요셉의 어머니 라헬이 여전히 살아 있다고 추정하지만 창세기 35장 16절은 라헬이 죽었다고 보고한다. 이것은 아마도 요셉 이야기를 다른 방식과 다른 장소에서 전달하는 긴 역사를 반영할 것이다. 아마도 이야기의 일부 버전은 요셉이 야곱의 노년에 태어난 것으로 하는 반면에 현재의 맥락은 야곱이 여전히 메소포타미아에 살고 있을 때 요셉이 태어났다고 한다.30:23-24 이런 이해에서 야곱은 요셉이 사랑하는 아내 라헬에게서 났기 때문에 요셉을 선호했을 것이다. 이야기의 일부 버전에서 라헬은 여전히 살아 있고, 베냐민은 이 이야기의 시작에서 아직 태어나지 않은 것 같다. 하지만 우리가 받은 대로의 내러티브에서 이 문제는 명확하지 않은 채로 남아 있다. 이런 명확함이 없는 효과는 가족에 대해 더 깊이 혼란에 빠뜨리고 있다.

형들은 자신들의 아버지가 편애함을 증오로 반응한다. 형제들은 요셉에게 평화로운 샬롬 말을 할 수 없다.4절 샬롬의 어떤 흔적도 없다는 것은 요약적인 방식으로 가족 내에 소원함을 표현한다. 이 섹션이 진행되는 과정에서 꿈은 이 상황을 더욱 악화하는 데 기여하지만, 해설자는 우리에게 등장인물들을 소개하며 야곱의 가족이 깊이 난처한 상황에 빠졌다는 것을 말했다.

37:5-11 꿈에 대한 보고

내러티브 전반에서 꿈은 항상 쌍으로 온다. 요셉과창37장 바로의창41장 꿈에서 두 꿈은 밀접하여 서로를 강화한다. 술잔을 올리는 시종장과 빵을 구워 올리는 시종장의 꿈은창40장 대조된다. 그들은 반대 방향으로 진행된다. 요셉은 왕의 옷을 입은 자로, 실제로 자신이 왕이었다는 꿈을 꾸었다. 곡식단과 천체로 대표되는 그의 가족은 그에게 절한다. 형들은 아버지가 둘째 꿈에서 하는 것과 마찬가지로8, 10절 첫 꿈에 질문으로 응답한다. 질문의 고발 양식은 가족이 요셉의 꿈에 화가 났다는 사실을 분명히 한다. 우리가 그것을 놓치지 않도록, 해설자는 꿈이 형들의 증오심을 배가시켰다고 다시 강조한다.8절 꿈 때문에 요셉을 꾸짖지만, 아버지는 증오나 질투가 아니라, 놀라움으로 반응한다. "아버지는 그 말을 마음에 두었다."11절 아마도 화려한 옷은 야곱이 아는 것 이상을 상징했을 것이다. 고대 세계에서 꿈은 하나님이 주신 것으로 이해했다.

왕과 같이 입은 사람은 자신이 실제로 왕으로 통치했다는 꿈을 꾼다. 꿈에 대한 이 보고에서 아버지도 형들도 아니고 요셉만이 이름이 불렸다는 것은 주목할 만하다. 그들은 요섭과의 관계에서만 **그의 아버지, 그의 형들**이라고 언급됐다. 기록된 대로의 내러티브는 요셉이 "우주"의 중심이라는 요셉의 꿈을 강화한다. 모든 것을 그를 중심으로 돌아간다. 아마도 "허물"이나 "잘못된 정보"를 일러바치는 자가2절 어떤 이유에서 꿈을 보고했을 수 있지만, 요셉의 꿈에 대한 보고에는 어떤 간계도 없을 것이다. 그렇다 해도 요셉이 자신의 꿈을 다시 말하는 것은 최소한 명백히 수완이 없다. 계획적이든 순진해서 한 것이든, 효과는 여전히 동일하다. 우월함에 이 주장을 이미 소원해진 가족에게 도입하는 것은 긴장을 훨씬 깊게만 할 뿐이다.

여정에 대한 보고, 37:12-36

37:12 형제들의 세겜으로의 여정

이 에피소드의 나머지는 형들과 요셉의 여정을 서술한다. 형들은 가축 떼를 돌보려고 세겜 가까이로 간다. 여기서 그려진 묘사는 유목민 가족이 아니라, 이전에 보았던 대로 곡식 경작과요셉의 꿈에서도, 7절 목축에 관여하는 농업종사자일 것 같다. 가축 떼는 풀을 얻을 수 있는 곳에 따라 다른 해와 다른 계절에 곳곳을 돌아다녔다. [직업: 가축을 돌보는 자, 350쪽]

37:13-17 요셉의 세겜과 도단으로의 여정

해설자는 양떼를 돌보는 형들의 여정을 단순하게 보고하지만, 요셉의 여정은 더 자세하게 보고한다. 이 여정은 이스라엘이 **가서 살펴보고**라고 요셉에게 위임하는 발언에서 기인한다.13-14a절 이스라엘이 요셉에게 내린 지시는 표면적으로 보이는 것보다는 훨씬 중대하다. 요셉은 형들의 샬롬을 살펴야 하고, 양떼의 샬롬을 살펴야 한다. 게다가 이스라엘은 요셉에게 보고를 다시 하라고 지시한다. 우리는 요셉에게 이런 방문에서 부정적인 보고를 다시 한 역사가 있으며2절 형제들 사이에는 샬롬이 없다는 것을4절 등장인물들을 소개하는 데서 떠올릴 수 있다. 이스라엘은 자신이 무엇을 요청한지를 아는가? 우리는 말할 수 없지만, 독자에게는 긴장이 훨씬 높아진다. 이야기에서 긴장감을 높이는 한 방식은 독자가 위험한 상황이라고 알고 있는 곳으로 한 사람으로 보내는 것이다.

그 후 한 이름 모를 사람은 요셉이 자기 형들을 찾지 못하고 방황하는 것을 발견한다.15절 이것이 결국 어떤 나쁜 일도 일어나지 않을 것이라고 일시적으로 긴장을 완화하는 데 기여할 것인지, 부득이한 일을 연기시키면서 긴장감을 더 고조시킬 것인지는 아마도 독자에게 달렸을 것이다. 하지만 이 이름 모를 조력자는 매우 친절하게 요셉에게 위험으로 바로 돌아가라고 지시한다. 17절 낯선 사람의 행위 자체는 환대의 행위로 이해해야 하지만, 내러티브의 맥락에서 환대의 행위는 재앙을 불가피하게 만드는 데 기여한다.

37:18-31 도단에서의 만남

형들은 요셉이 오는 것을 본다. 형들은 요셉이 멀리서 자신들을 향해 오는 것을 보면서 매우 신랄한 언어로 요셉을 **꿈꾸는 녀석**, 즉 "꿈의 주인"이라고 부른다. 18절 꿈꾸는 자를 죽임으로써 아마도 그들은 그 꿈을 파괴할 수 있을 것이다. 19-20절 하지만 르우벤은 다른 계획을 제안하면서 반대한다. 22절 고대 전통에 따르면, 자신들의 형제의 피를 흘리는 것은 통제할 수 없는 연쇄적인 사건을 터뜨리게 될 것이다. 유일하게 확실한 것은 죽인 자들이 어떤 식으로든 그들의 행동의 결과에 직면해야만 할 것이라는 점이다. 4:10; 9:6; 신19:11-13 대신에 그들은 요셉을 마른 구덩이에 던진다. 아마도 그들은 요셉이 죽거나 죽임을 당할 것이라고 기대했을 것이지만, 내러티브는 말하지 않는다.

비슷한 반복으로, 해설자는 요셉이 구덩이에 익사할 수 없다는 것을 강조한다. 구덩이는 건기에 양떼를 위해 물을 제공하려고 비가 담아 두고자 있었다. 구덩이가 마른 곳에서 양떼를 기르는 것은 특이해 보인다. 하지만 구덩이가 말랐다는 것은 가족의 상황을 반영한다. 어떤 곳에서도 생명은 없다. 독자에게 주목하도록 하는 다른 정보는 요셉의 화려한 옷과 관련된다. 형들은 편애와 우월함의 이 상징을 벗겨 버린다. 내러티브가 진행되면서, 우리는 요셉의 옷이 종종 전환의 시점에서 바뀌는 것을 보게 될 것이다. Seybold: 63-64 우리는 아직 요셉이 어떤 옷을 입게 될지 모른다. 구덩이는 잠시 머무르는 장소다. 어떤 형들은 구덩이가 무덤으로 가는 도중에 있는 일시적인 장소이기를 원한다. 18-20절 르우벤은 요셉을 회복시키기를 바란다. 22절 유다는 그 사이의 것을 제안한다. 27절 유다가 제안한 중간 지점이 우세하다.

그럼에도 내러티브에 따르면 유다의 계획이 성공하지 않는다. 유다는 부당한 이득이라고 해도 이득의 동기에 베차*beṣa'* 호소함으로써 명백히 자기 형제들을 동요하게 하기를 바란다. 26절; 잠28:16, 참고

창세기 37장 28절은 형들의 계획에 역설적인 결말을 제공한다. 형들은 요셉을 죽이려고 음모를 꾸민다. 유다는 그들에게 요셉이 살게 놓아주어 그를 이스마엘 사람들에게 팔려고 설득한다. 르우벤은 형제들을 배신하고 요셉을 구하기를 원한다. 이 계획들 가운데 어느 것도 실제로 일어나지는 않는다. 본문은 이 지점에서 다소 모호하다. 아마도 이야기의 이전 다시 들려주는 것은 이스마엘 사람들이나 미디안 사람들 둘 다가 아니라 그 가운

데 하나만 있었을 것이다. Westermann, 1986:41-42 그럼에도 우리가 이야기를 받은 대로, 이 것은 이런 역설적인 뒤틀림을 포함한다. 미디안 사람들은 와서 구덩이에서 요셉을 들어 올리고 요셉을 이스마엘 사람들에게 파는 것 같다. 그들의 모든 계획에도 불구하고, 형들은 살인이나 이득이나 극적인 구조도 도모하지 않고, 요셉이 어디에 있는지도 전혀 모른다.

르우벤은 자신의 좌절을 표현하지만, **그 아이가 없어졌다!**라는 표현은 모든 형들의 좌절일 수도 있다.30절 해설자는 요셉이 어디에 있는지 우리에게 말했지만, 형들은 아무 것도 모른다. 많은 이들은 르우벤의 반응이 관례에 따르면 가장 연장자로서 아마도 자신의 책임에서 왔다고 제안한다. 본문은 말하지 않는다. 대신에 형들은 요셉이 어디에 있는지 알지 못하고서, 잃어버린 동생을 위한 변명을 만든다.37:31

37:32-35 형들이 집으로 돌아오다

히브리어 본문의 특이한 한 쌍의 동사는 피가 뿌려진 옷에 대해 말한다. 형들은 **보냈고** 옷을 야곱에게 **가져왔다.**32절 아마도 이 두 동사 사이의 긴장은 본문을 쓰고 필사하는 과정에서 나왔을 것이다. 그러나 동사가 서로 조화를 이루지 못하면서, 해설은 고향으로 돌아오는 것의 양의성을 표현한다. 야곱은 요셉에게 보고를 다시 하라고 하면서 그를 형들의 샬롬을 살피도록 보냈었다. 돌아온 것은 형들의 보고와 요셉의 피가 뿌려진 특별한 옷이었다.

야곱은 어떤 샬롬도 이 가족에 있지 않다고 인정한다.37:35 야곱은 너무나 깊은 슬픔에 잠겨 누구도 그가 헤어나도록 도울 수 없다. 성서에서의 바람직한 죽음은 그 사람이 긴 생명을 마치고 자신의 무덤을 "평화롭게" 갈 때 가능하다.창15:15; 왕상2:6; 고전34:28 스올은 "지옥"으로 번역되지 않아야 하며, 고유명사로 남거나RSV, NASB "무덤"으로 번역돼야 한다.NIV 스올은 모두가 가야 하는 그늘 진 지하세계를 가리킨다. 야곱은 슬픔 가운데 스올에 갈 것이다. 야곱은 가장 사랑하는 아들을 잃었기 때문에 위로할 수 없는 슬픔에 잠겼다. 하지만 이야기의 맥락에서 야곱의 슬픔은 가족의 분열을 반영하는데, 그 가족을 통해 모든 다른 가족들이 축복을 받아야 했다.

37:36 이집트로 가는 요셉

요셉은 이집트로 끌려가 왕궁의 경호대장인 보디발에게 팔렸다.36절 자신의 왕의화려한 옷을 잃은 자는 이제 왕족의 종이 된다. 우리는 내러티브상으로 형들과 요셉의 여정에서 일어난 일을 주목할 필요가 있다. 형들은 세겜으로 이동한다.12절 그 후 요셉은 고향으로 돌아오라는 지시를 받고서 따라간다. 도단에서 만난 후 형들은 집으로 돌아오지만,32절 요셉은 이집트에 종으로 끌려간다.36절[이집트, 강의 나라, 348쪽] 표면적으로 모든 것이 잘못 됐다. 그러나 이 단락의 매우 규칙적인 구조, 즉 형들의 이동, 요셉의 이동, 만남, 형들의 이동, 요셉의 이동이라는 구조는 모두가 처음 보는 것처럼 절망적이지는 않다는 것을 알릴 수 있다.

그러나 새로운 어떤 것도 오래 걸릴 것이다. 이 이야기는 이 가족의 전체 이야기에서 벗어난다. 대신에 이 이야기는 형제들 가운데 둘, 유다와 요셉을 보기 시작하는데, 그들은 전적으로 자신들에게 기인한 것은 아니지만 위험에 처하게 된다.

성서적 맥락에서의 본문

다시 성서 내러티브는 한 아이를 다른 아이에 대해 편애하는 사람들이나 상황에서 야기된 형제와 자매들 사이의 긴장에 직면한다. 가인과 아벨의 이야기에서와 마찬가지로,창3장 이 편애는 하나님에게서 오거나, 이삭과 리브가창25장 및 야곱처럼창37장 부모에게서 오거나 심지어 배우자에게서도 온다.창29장 편애는 여기서처럼 실제적일 수도 있거나 탕자 이야기에서처럼눅15장 가정된 것일 수도 있다. 어떤 상황이든지 간에, 편애는 성서 내러티브에서 심각한 문제를 일으킨다. 더 사랑받는 형제는 어떻게 행동할 것인가? 덜 사랑받는 형제는 어떻게 반응할 것인가? 이야기는 어떤 면에서 더 사랑받는 사람을 파멸시키려는, 배제된 사람들 측에서의 깊은 충동을 알고 있다. 이야기들은 또한 더 사랑받는 자들이 가능한 한 상황을 악용하려는 경향이 있음도 보여준다.

이 여러 이야기들은 편애에 직면하여 어떻게 반응해야 하는가를 자세히 말하지 않는다. 그럼에도 분노가 정당화된다고 해도, 덜 사랑받는 자가 더 사랑받는 사람을 파멸시킴으로써 갈등을 해결하려고 할 때 더 깊은 문제가 발생한다. 이 파멸은 "악을 의도하여"50:20 "죄에 굴복하는 것이다."4:7 르우벤의 발언은 증오에 따라 행동하는 자들은 그들이 행한 파멸에서 숨을 장소가 없다고 선언한다. **그 아이가 없어졌다! 나는 이제 어디로 가야 한단 말이냐?** 37:30; 창50:25, 참고

더 사랑받는 자는 덜 사랑받는 자의 파괴적인 충동에서 살아남는다고 해도 다른 위험이 그에게 온다. 성서 이야기에서 더 사랑받는 장소는 거의 장점에 근거하지 않는다. 우리가 이스마엘 대신에 이삭에 대해 말하거나 에서보다는 야곱을, 레아보다는 라헬을, 다른

민족들보다는 선택된 이스라엘 백성을, 또는 선택된 나무에 접붙여진 그리스도의 몸에 대해서 말하든, 더 사랑받는 자들은 자신의 자리를 획득한 것은 아니었다. 그들은 선물로 받았다. 심지어 예수에 가장 가까운 자들도 이 선택됨이 공적과 명예보다는 선물이자 책임의 문제였다는 것을 이해하는 데 어려움을 겪었다. 막10:35-45

교회 생활에서의 본문

요셉 이야기에서 이 에피소드는 가족 내에서의 깊은 소원함의 번민을 다룬다. 어떤 가족 식구들도 죄가 없는 방관자가 아니며, 누구도 결과에서 보호받을 수 없다. 자신의 가장 어린 아들 요셉을 선호한 야곱도, 형제들의 공적인 계획을 반격하려는 은밀한 움직임을 시작하려한 르우벤도, 한 형제를 살해하려는 음모에서 파는 것으로 가까스로 돌린 유다도, 아마도 자신의 꿈을 모두에게 알린 요셉도 피할 수 없다. 이들 가운데 누구도 내러티브의 고발을 피할 수 없다. 생물학적으로 관련된 공동체의 가족이든 다른 방식으로 규정된 "가족"이든, 한 가족에서의 소원함은 원인과 결과에서 모든 사람을 포함한다. 원인을 한 사람이나 몇 사람에게서 찾고 이 "소원함을 행하는 자들"을 제거하여 문제를 해결하려는 경향은 보통 문제의 복잡함을 오해한다.

이 이야기에서 화해의 씨앗은 증오 가운데 숨겨져 있다. 야곱은 요셉에게 샬롬의평화와복 여행을 보낸다. 야곱이 의도한 샬롬은 형들의 즉각적인 안녕일 것 같다. 37:14 하지만 여정은 야곱이 의도한 것보다 훨씬 길었고, 샬롬은 그가 생각하는 것보다 훨씬 컸다는 것을 입증한다.

하나님은 이 이야기에 극적으로 개입하지 않는다. 이 이야기의 사건들이 인간의 통제를 벗어나므로 하나님이 함께 함이 느껴진다. 야곱은 공적으로 가족의 원동력을 통제할 수 없다. 가족은 대신에 야곱의 개인적인 선호에 반응한다. 그리고 형제들은 증오 가운데 거의 사건들을 대처할 수 없다. 그들은 심지어 요셉을 이스마엘 사람들에게 팔려는 음모도 성취하지 못한다. 아무리 인류가 이야기의 행동에 참여한다고 해도, 악을 위한 음모와 선을 위한 계획은 인간의 대처를 넘어서는 것 같다.

요셉은 나쁜 보고를 가져오고 꿈을 꾸는 자로서 우리에게 소개되는데, 창세기의 이야기에서 우리가 만난 어느 누구만큼이라도 복잡한 사람이다. 그 다음에 내러티브는 요셉에게 매우 흥미로운 것을 한다. 요셉은 가족의 소원함과 미래에서 매우 활발한 인물로 소개된 후에는, 활발한 인물로서는 완전히 빠진다. 우리는 요셉이 형들과 만날 때 그에 대해서는 아무 것도 듣지 못한다. 내러티브상으로는 요셉은 가족의 소원함에서 조용한 희생자가 되는데, 죄가 없는 희생자가 아니라 조용한 희생자가 된다. 명백히 집단의 소원함의 결과를 감당해야만 하는 모두가 그렇게 조용한 것은 아니지만 몇몇은 그렇게 조용하다. 사53:7

이 장은 위로가 되지 않는 슬픔과 깊은 분열로 끝난다. 하지만 마무리는 또한 숨겨져 있지만 다른 미래에 대한 씨앗을 포함한다. 꿈꾸는 자 요셉은 평화의 여정을 떠났다. 요셉의 꿈은 평화가 아니라 권력에 대한 꿈이며, 화해가 아니라 지배에 대한 꿈이다. 이야기는 마지막에 결국에는 이기는, 처음부터 흐르는 명백한 무죄의 줄기를 가지기에는 삶이 너무 복잡하다는 것을 안다. 하지만 꿈과 평화의 임무가 있다는 것은 미래가 현재의 소원하게 하는 행동으로 통제되지 않을 것이라는 것을 가리킨다.

사건 2a: 분리된 형제들-유다

사전 검토

갑작스럽게 요셉이 아니라 유다가 이야기에서 주요 인물이 된다. 요셉보다는 다말이 주요 희생자가 된다. 이 "일탈"은 37장에서 시작된 주요 이야기에서 시간이 흐른 것을 고려해야 한다. 동일한 내러티브 장치가 아브라함과14장, 19장 야곱 이야기에서26장; 34장 기능했다. 괴리감이 있지만 약간의 연관성이 요셉 이야기와 유다와 다말의 내러티브 사이에 존재한다.Alter, 1981:4-12 어떤 연관성은 이야기를 다음 세대로 전달하는 자가 의도했을 수도 있다. 다른 연관성은 우리가 최종 형태로 된 이야기를 면밀하게 읽을 때 대두한다. 가장 중요한 것은 이 장에서의 두 섹션이 가족과 떨어진 한 형제를 다룬다는 것이다. 이 첫 내러티브는 형제들과의 떨어짐을 선택한 유다와 다음으로 자발적으로 떨어지지 않은 요셉을 본다.

이 이야기에서 우리는 먼저 주요 등장인물 유다와 그 다음에 다말을 만난다.1-6절 첫 장면에서 우리에게 유다의 며느리로 소개되고 유다의 장자 에르와 결혼한 다말은 결국 자녀가 없는 과부가 됐다.7-11절 둘째 장면에서 다말은 완결되지 않은 거래를 통해 신비와 음모를 틈타 유다의 자녀를 임신하게 된다.12-33절 셋째 장면은 다말이 매춘을 했다고 신속히 기소되고 사형에 처해지는 법적 절차를 보고한다. 하지만 극적인 반적으로, 유다는 자신의 죄를 인정하고 다말을 놓아준다.24-26절 내러티브의 마무리에서는 어느 자녀가 장자가 될 것인가 하는 혼돈 가운데 쌍둥이가 태어난다.27-30절

개요

도입: 배경, 38:1-6
장면 1: 자녀 없는 과부, 38:7-11
장면 2: 사업 협상, 38:12-23
장면 3: 법적 조치, 38:24-26
마무리: 쌍둥이 출생, 38:27-30

주석적 해설

배경 38:1-6

요셉 이야기의 맥락에서, 둘째 형 유다가 가족에서 떨어나가는데, 이번에는 그의 선택에 의해서다.1절 요셉의 떨어짐은 부자연스럽고 강제에 의한 것이다. 유다의 떨어짐은 일상적인 생활과 일치하여 일어나는데, 예루살렘의 남서쪽 아둘람에 거주하는 히라를 방문할 때의 일이다. 사실 이 전체 도입은 매우 평범한 가족의 상황을 묘사한다. 유다는 자신의 집을 조성하려고 집에서 떨어져 나갔다. 그는 결혼하고 세 아들을 낳았는데, 장자의 결혼을 주선하여 다음 세대를 준비한다. 이 평화로운 유다의 가족의 모습은 유다가 떨어져 나간 야곱 가족과는 대조된다.

아마도 이야기에서 발견되는 많은 이름이 유다와 관련된 남쪽 집단의 종족 역사에서 중요한 의미를 지닐 것이다. 그러나 이 본문에서 그들은 다말과 유다가 주요 역을 맡는 드라마에서 개인들로 나온다. 이야기는 유다와 가나안 사람들 사이에 상당한 교류가 있었음을 묘사한다. 유다가 수아의 딸인 이름 모를 가나안 여자와 결혼하고, 아둘람 출신의 히라와 교제하며, 다말을 자기 장자를 위한 아내로 선택했다. 히라/히람과 다말 모두 흔한 가나안 이름들이었다. Vawter, 1977:393

장면 1: 자녀 없는 과부 38:7-11

유다 가족의 평범한 삶이 갑작스럽게 붕괴된다. 유다가 **주님께서 보시기에 악한** 짓을

하였다는 해설자의 설명과 더불어 유다의 맏아들 에르가 죽었다. 7절 유다는 둘째 아들 오난에게 다말을 임신시킬 책임을 맡아 죽은 형을 위한 후손을 제공해야 한다고 지시한다. 8절 오난은 이 지시를 받아들이지만 다말과의 성관계를 훼방 놓고 자신의 정자를 땅에 쏟음으로써 그 계획을 망친다. 이 때문에 오난도 죽는다.

유다가 오난과 8절 다말에게 11절 내린 지시는 수혼제를 반영한다. 수혼제의 책임은 가족 내에서의 죽음으로 야기된 바로 다음 친족의 여러 책임들 가운데 한 부분이다. 바로 다음 친족고엘go'el은 모든 재산이 가족 내에 남아야 하고, 룻4장; 렘32장 가족 구성원이 살해됐을 때 정의가 행해져야 하며, 민35:19 남편이 자녀가 없이 죽을 경우 가족이 남자 상속자를 낳아야 한다는 것을 신25:5-10 분명히 하는 조치를 취해야 한다. 수혼제 관습은 남자 상속자를 얻는 과정을 제공하며, 따라서 죽은 남편의 가족에서 여자의 지위와 유산을 보호하는 것이다. Thompson and Thompson, 1968:79-99 오난은 은밀히 수혼제의 책임을 거부하여, 자기가 직접 가족의 유산을 차지하려고 하는 것 같다.

오난의 죽음으로 위험이 가중된다. 다말의 생명의 질이 여전히 위험에 처한다. 다말은 계속 자녀가 없는 과부가 되고, 엄밀한 의미에서 자기 남편의 가족 내에서 어떤 자리도 차지하지 못하며, 귀중한 몇 안 되는 다른 선택권도 상실한다. 이제 유다도 가족에 대해 두려워한다. 자신의 두 아들이 다말과 성관계를 한 것과 그들의 죽음 사이 무슨 연관성이 있는가? 동일한 미래가 막내 셀라에게도 닥칠 것인가? 아마도 다말은 토빗서에서의 사라와 마찬가지로 그녀를 건드리려 하는 어떤 다른 남자도 죽였던 질투심 많은 귀신에 사로잡혔을 것이다. 토빗서3:8 내러티브는 셀라가 죽어 유다가 자신에게 자식이 없게 될까봐 두려워한다는 것 이상을 말하지는 않는다. 38:11 이 장면은 불안정한 미래의 두 사람을 제시한다. 즉, 자기 부모와 다시 함께 사는 자녀 없는 과부와 신비롭게 자신의 세 아들 가운데 두 아들을 잃은 한 가족의 가정이 있다.

장면 2: 사업 협상 38:12-23

이 장면에서 유다와 다말은 자신의 미래를 보호하려고 행동한다. 한 사람은 위험을 무릅쓰는 것을 거부하고, 다른 사람은 명성과 심지어 생명의 위험도 무릅쓰려 한다. 우리는 해설자에게서 간접적으로만 유다의 보호 행동에 대해 안다. 셀라는 성장했고, 유다는 수혼제의 책임을 다하라고 지시하지 않은 것 같다. 이로 말미암아 다말은 훨씬 큰 위험에 빠졌고 우리가 아는 한 거의 공개적으로 의지할 사람이 없다.

그래서 다말은 개인적이며 단독으로 행동한다. 다말은 알려지지 않은 출처에서 유다가 자기 아내의 죽음으로 슬픔을 겪은 후에 양털을 "깎으러" 자기 목자들에게 합류하려고 향했다는 것을 알았다. 13절 유다는 에나임 어귀에서 창녀처럼 입은 여자를 보고 멈춘다. 내러티브는 유다가 왜 멈췄는지 추측하게 한다. 유다가 본 여자는 평범한 창녀라 불린다. 15절 이런 용어는 유다가 멈춘 것이 자기 아내의 죽음 후에 성적인 충족 문제였다는 것을 시사할 수도 있다. 하지만 나중에21절 유다가 여자를 찾을 때 유다의 친구는 그녀를 "사원" 창녀라고 부른다. 이 명칭은 유다가 풍요의 가나안 의식에 참여하여 자신의 양털 생산을 증대하려고 했을 가능성을 제기한다.

어떤 경우든 유다는 자신은 알지 못했지만 자기 며느리인 여자와 거래를 협상한다. 그들은 인정할만한 가격을 협상하는데, 유다의 가축 떼에서 새끼 염소 한 마리를 제공할 것과, 지팡이와 도장과 허리끈을 담보물로 삼았다. 16-18절 도장과 가지고 다니는 허리끈은 그 사람의 독특한 문양을 담고 있다. 고대 근동에서 한 개인은 젖은 토판에 도장을 눌러 문서를 서명하고 봉인했다. 지팡이뿐만 아니라 도장은 개인의 정체 확인과 아마도 지위를 가리키는 요소였을 것이다. Speiser:298

이 이야기가 포함된 요셉 중편 이야기와 마찬가지로, 옷은 이 장면에서 중심적인 역할을 한다. 다말은 과부 옷을 입고서 이 장면에 등장하고 나간다. 다말은 옷을 바꿀 때 엄청난 위험을 감수한다. 하지만 다말은 잠깐 옷을 바꾸어 입을 때, 자녀가 없는 과부의 미래와는 다른 미래를 열려고 행동하는데, 이 새로운 미래는 그녀와 가족과 신앙 공동체를 위한 것으로 드러난다. 유다의 옷도 이 미래에 나타난다. 유다는 합의한 염소와 교환하여 자기 옷을 다시 얻으려고 자신의 아둘람 사람 친구를 보낸다. 하지만 창녀 옷을 입었던 여자는 찾을 수 없다. 공개적으로 부끄러움을 당할 위험을 감수하지 않고, 옷을 포기하기로 결정한다.

장면 3: 법적 조치 38:24-26

다시 "이름 모를 출처"가 내러티브에서 말한다. 첫째, "이것은" 다말에게 유다의 행동에 대해 말했다. 13절 이번에 "이것은" 유다에게 다말의 행동에 대해 말한다. 24절 이름 모를 출처가 여기서처럼 히브리 내러티브의 중심에 있다는 것은 특이하다. 27:42, 참고 이 출처는 다말이 매춘 행위를 범했다고 고발하면서, 다말의 임신을 보고한다. 유다는 재판의 형식을 갖추지 않고 다말에게 사형을 선고한 듯하다. Coats, 1983:274 이 선고가 집행되려던 찰나에 다말은 옷의 소유자가 자기 아이의 아버지라고 진술하면서, 옷을 내놓는다. 35:25

우리는 이 내러티브에서 가족의 적법한 가장으로서 유다를 만났는데, 그는 자기 아들에게 수혼제의 관습을 이행하라고 지시하고, 공동체의 잘못을 신속히 벌하려고 조치를 취한다. 우리는 또한 두 아들의 설명되지 않는 죽음에 직면하여 두려움에서 스스로를 보호하는 조치를 취하는아브라함과 마찬가지로, 창12장; 20장; 26장 사람으로서의 유다를 만났다. 우리는 유다가 진술되지 않는 이유에서 창녀의 접대를 샀다는 것을 알았다. 대부분의 유다의 행동은 한 히브리 가족의 가장으로서의 책임이 있는 행동이나 자연스러운 인간적인 두려움과 기호로 이해할 수 있다. 하지만 다말의 증거에 직면했을 때, 유다는 어떤 답안도 없는 상황에 직면한 것을 알게 된다. 그리고 독자는 유다의 반응에 대해 준비되지 않았다. 이 강력한 가족의 가장이 다말을 용서할 뿐만 아니라 자신이 수혼제의 책임을 다하지 않았다고 공개적으로 자신의 잘못을 인정한다.38:26

마무리: 쌍둥이 출생 38:27-30

내러티브는 유다 가족에서의 새로운 세대에 대해 말하면서, 시작한 대로 마무리한다. 쌍둥이가 다말에게 태어난다.27절 창세기 이야기는 결코 평범한 출생을 이야기하지 않는 것 같다. 갈등, 긴장, 경쟁관계가 거의 모든 출생에서 일어난다. 다말의 쌍둥이의 출생도 예외는 아닌 것으로 드러난다. 세라는 나오기 시작하여, 예외인 것처럼 보였다. 하지만 베레스는 세라보다 앞서 밀어젖히고 나온다. 첫째 태어난 이과 둘째 태어난 이에 대한 문제가 다시 혼란스럽게 된다. 그러나 이 문제는 거기서 끝나고, 베레스와 세라는 다시 창세기 이야기에 나오지 않는다. 그럼에도 룻기 4장, 역대상 2장, 마태복음 1장, 누가복음 3장이 대변하는 족보 전통에 따르면, 다윗은 유다와 다말의 첫째 아들또는 둘째 아들 베레스의 혈통에서 나온다.

성서적 맥락에서의 본문

다말과 유다의 이야기는 이 이야기를 면밀하게 들은 대부분의 사람들에게 불쾌감을 일으킨다. 루터는 상당한 시간을 왜 "하나님이 말할 수 없이 이런 잔혹한 일들이 교회에서 읽히고 선포되도록 이야기하는 데 만족하는지"를 논의하느라 상당한 시간을 들인다.Luther's Commentary:249 우리는 고대 독자들은 우리와 마찬가지로 예를 들어 다말의 속이는 매춘행위와 같이 이야기의 어떤 요소들에 불편해 하지 않았다고 여길 수 있다. 우리는 루터만큼이나 이 이야기가 있는 것을 정당화하고 싶지 않을 수 있지만, 많은 이들은 신앙의 이야기에서 이 이야기의 가치에 대해 정말로 궁금해 한다.

내러티브의 진행은 다말을 용서하고 **그 아이가 나보다 옳다!**라고 확신하는 유다의 발언에 우리가 주목하도록 한다. 우리는 창세기의 이전 내러티브에서 "옳다" 체다카,ṣedaqah라는 단어의 다른 형태를 만났다. 15:6; 18:19; 30:33 우리는 특히 히브리 내러티브에서 체다카는 "의로움"이라는 우리 단어를 종종 이해했던 대로, 도덕적 행동이나 종교적 행동의 추상적인 기준에 따라 협소하게 정의될 수 없다. 오히려 이 단어는 구체적인 관계보다는 활력과 건강을 증진시키는 행동을 묘사한다. 우리는 추상적으로 "옳은"을 정의할 수 없고, 구체적인 관계에서 필요한 것을 물을 뿐이다. von Rad, 1962:371

이것이 사실이라면 우리는 더 깊이 이 상황을 보자. 에르의 알려지지 않은 범죄, 오난의 질외사정과 유다가 직접 한 것에 따르면 셀라에게 수혼제의 책임을 이행하라고 지시하지 않은 것과 같은 몇 가지 행동들이 죽음을 야기했다. 유다의 행동은 전통에서 다윗과 예수의 조상들로 기념하는 다말뿐만 아니라 전체 가족에게 해를 입혔다. 속임수와 특히 매춘행위는 결코 성서 전통에서 규범적인 것으로 인정되지 않았다. 그럼에도 전통은 문제가 된다고 판단할지라도 다말의 행동은 죽음이 엄습한 상황에서 생명을 야기했다. 다말은 자신의 생명의 위험을 무릅쓰고 공동체를 유지하려는 책임을 졌다.

자신과 다른 이의 생명을 위해 자신의 생명의 위험을 무릅쓴 자로서, 전통은 다말을 예수의 조상으로 기념할 수 있다. 그렇게 할 때 다말은 보아스의 타작마당에서 비슷한 위험을 무릅쓴 룻에게도 합류하고, 신실한 증인들 가운데서도 안식일에 일하여 허용될 수 없는 일을 함으로써 자신들의 목숨을 건 예수에게도 합류하게 된다. 각 맥락에서 허용될 수 없다고 여겨지는 것을 할 때, 그들은 공동체에 생명과 건강을 가져왔다.

교회 생활에서의 본문

신자들의 교회 제자들은 다말의 행동의 "의로움"은 인정하지만, 허용할 수 없는 수단이 허용할 수 있는 목표에 도달하고자 사용될 수 있다는 암시와 여전히 싸우고 있다. 우리는 이로 말미암아 누구라도 목적이 보장하는 어떤 방법으로도 자유롭게 행동할까봐 걱정한다. 우리는 시민 불복종의 필요성을 직면할 때마다 동일한 긴장감을 경험한다. 이런 "불복종하는" 행동에 대해 우리가 필요한 평가 기준 가운데 하나는 그 행동들이 성서 전통과 대화가 되어야 한다는 것이다. 때로 우리는 논의를 신약에 제한했다. 이런 식으로 우리는 다말이 중요하지 않다고 일축하려는 유혹을 받을 수도 있다.

예수의 행동에 대한 신약의 보고로 말미암아 우리는 다말의 이야기를 쉽게 무시할 수 없게 된다. 예수가 공동체 일원들의 생명과 건강에 대한 관심에서 안식의 계명을 어기는 행위는 우리가 분별할 수 있는 한, 넷째 계명에 대한 공동체의 헌신을 파괴하지 않았다. 예수는 어떤 계명의 실천도 전체 공동체에서 생명과 건강을 증진한다고 실제로 주장했다.

다말과 마찬가지로 예수는 계명을 어길 때 자신의 생명을 위험에 처하게 했다. 예수는 다른 이들이 자신과 같은 입장을 선택하지 않는다면 자신의 행동에 대한 결과에 그들이 대가를 치르게 하는 방식으로 행동하지 않았다. 대부분은 그렇게 하지 않았다. 죽음에 엄습한 상황에 생명과 건강을 가져오려고 미래를 기꺼이 무릅쓰는 극소수의 사람을 찾는다는 것은 특별한 일일 수도 있다. 보통 불복종하는 개인은 비싼 대가를 치른다. 예수에게 그 대가는 십자가였다. 그러나 다말 이야기는 다말이 대가를 치르는 것으로 끝나지 않는다. 매춘 행위에 대해 불타 죽을 수도 있었다. 거의 들어보지 못한 일이 일어났다. 곧, 권력을 가진 사람이 힘이 없는 과부의 의로움을 인정한 것이다. 유다는 자녀 없는 과부의 의로움을 인정한다. 이로써 유다는 자신의 잘못을 인정한다.

우리는 유다가 얼마나 놀라웠는지를 깨달으려면 힘이 있는 자와 힘이 없는 자 사이의 충돌에 대한 다른 이야기를 기억하기만 하면 된다. 시드기야치드키야후*ṣidqiyyahu*, "의로운" 왕이 예언자 예레미야의 말이 옳다는 것을 인식하지 못하므로 예레미야는 구덩이에 던져졌다. 렘38장 심지어 시드기야는 예레미야가 옳다고 인식했을 때도 공개적으로 그것을 인정하지 않았다. 렘38:24-28 예수는 빌라도가 공개적으로 예수가 무죄하다고 인정하고 조치를 취하기를 꺼렸으므로 예수는 십자가에서 죽었다. 다말은 위험을 무릅썼을 때 유다로 말미암아 그 끝을 기대하지 않았을지라도, 힘없는 과부는 사형 선고를 면하고 살았다. 은밀하게 의로움을 위해 자신의 목숨을 내건 힘없는 과부와 공개적으로 자신의 잘못을 인정한 힘있는 족장이 함께 베들레헴의 다윗과 나사렛의 예수의 조상이 됐다.

사건 2b: 분리된 형제들-요셉

사전 검토

이야기의 두 부분으로 된 에피소드는 가족과 **스스로 갈라선** 유다에 대한 한 이야기로 시작한다. 창38장 이제 우리에게는 가족과 **갈라졌던** 형제에 대한 이야기가 있다. 함께 이 두 이야기는 37장에서 제시된 야곱 가족의 소원함을 해결하기 전에 상당히 내러티브에서 지연시키는 역할을 한다. 그럼에도 이 일탈은 이야기에서 중요하다. 특히 요셉이 등장하지만, 심지어 유다도 다른 역할로 이야기에 다시 등장한다. 유다는 이집트로 이주할 때 한 가족을 데려가고, 자기 형제와 아버지의 이익과 안녕을 위해 자신이 위험을 기꺼이 감수한다. 창44:18-34 요셉의 삶의 상황은 가족이 재결합하기 전에 여러 변화를 겪는다. 요셉은 "노예로 팔려" 바로의 총리가 되기에 이르지만 다시 한 번 "구덩이"에 빠진 이후이다.

이집트에서의 요셉의 이 이야기는 세 장면으로 나뉜다. 첫째 장면은 바로의 신하인 이집트 사람 보디발의 집에서 일어난다. 39:1-20a 요셉이 보디발의 가정에서 책임 있는 자리에 오른 것에 대해 서술한 후에, 39:1-6a 드라마는 요셉과 그의 주인의 아내 사이의 관계 및 이후의 감옥에 투옥되는 사건으로 이어진다. 39:6b-20a 감옥에서 요셉은 감옥에서 일상적인 업무를 관장하는 자리에 오른다. 39:20b-23 요셉이 왕의 술잔을 올리는 시종장 및 빵을 구워 올리는 시종장과 만나는 일은 요셉이나 빵을 구워 올리는 시종장보다는 술잔을 올리는 시종장에게 더 좋은 것으로 드러난다.40:1-23 마지막 장면은 바로의 집에 대한 조치로 이어진다. 이 장면에 대한 도입은 요셉이 권력에 오르는 것이 아니라, 바로의 꿈과 만족할 만한 해몽을 얻지 못하는 것을 서술한다.41:1-13 이로 말미암아 요셉은 바로 앞에 가게 된다.41:14-45 결과적으로 요셉은 처음 화려한 왕의 옷으로 암시됐던 것과 동일한 지위에 오르게 된다.37:3; 41:46-57 [이집트, 강의 나라, 348쪽]

개요

장면 1: 보디발의 집에서, 39:1-20a

39:1-6a	도입의 해설
39:6b-12	주인의 아내와의 만남에 대한 보고
39:13-20a	결과

장면 2: 감옥에서, 39:20b-40:23

39:20b-23	도입의 해설
40:1-19	술잔과 빵을 관장하는 시종장과의 만남에 대한 보고
40:20-23	결과

장면 3: 바로 앞에서, 41:1-57

41:1-13	도입
	꿈에 대한 보고, 41:1-7
	해몽 실패, 41:8-13
41:14-45	바로와의 만남에 대한 보고
41:46-57	결과

주석적 해설

장면 1: 보디발의 집에서, 39:1-20a

지금까지 이 이야기에서 하나님의 함께 함은 예를 들어, 꿈을 시작하는 자로서 암시하며 배경으로만 국한됐다. 그러나 이집트에 있는 요셉의 이 이야기에서 해설자는 하나님을 더욱 분명히 드러낸다. 하나님은 사람들과 사건들을 통제하면서 극적인 방법으로 개입하지 않고, 하나님이 요셉과 함께 함이 사건의 진행에 영향을 미쳤다고 우리는 듣는다. 2, 3, 5절 하나님이 함께 함으로 말미암아 요셉과 그가 섬기는 자들에게 성공과 생명이 찾아왔다. 그럼에도 하나님의 함께 함은 요셉의 삶이 매일 승리하는 가운데의 삶이 될 것이라는 보장이 되지는 않는다.

이 장면에서의 중심 되는 행동은 요셉이 그의 주인의 아내와 대면하는 것과 관련된다. 39장 1절에서는 보디발이라고 하지만 주인의 이름도 그의 아내의 이름도 이 장면의 나머지에서는 제시되지 않는다. 본문은 요셉을 잘생긴 얼굴과 준수한 용모를 갖춘 자라고 소개한다. 6a절 이에 대해 여자가 반응한다. 그녀는 유혹했다고 비난받을 수 없으며, 단도직입적으로 세 마디로 히브리어로는 두 마디 **나와 함께 자자**라고 했다. 7절 우리는 여자의 말을 제안으로 읽을 수도 있다. 그러나 이야기는 여자를 이름이 아니라 지위, 즉 요셉의 주인의 아내로만 규정한다. 내러티브는 **나와 함께 자자**라고 있는 그대로의 힘을 지닌 명령의 문법적 구성을 강조했다. 종으로서 요셉은 성의 위험보다는 권력의 현실을 다뤄야만 했다.

요셉은 거절하는 이유로 자기 주인에 대한 자신의 책임을 인용하면서 명령에 순종하기를 거부한다. 8-9절 요셉은 도덕적 기준이 아니라, 자기 아내 이외에는 모든 것을 맡긴 주인에 대한 책임감 때문에 이렇게 주장한다. Coats, 1975:21 자기 주인에 대한 이런 행동은 악한 것이며, 하나님에 대한 범죄다. 8-9절 요셉은 자신을 파괴할 힘을 지니고 결국에는 그 결과에 대해 대가를 치러야만 하는 자에게 "아니다"라고 말했다.

다시 요셉의 옷은 핵심적인 역할을 한다. 형제들이 그의 화려한 옷을 벗겼듯이, 주인의 아내도 옷을 붙잡는다. 다말은 유다의 옷으로 사형선고를 모면하는 데 사용했지만, 요셉의 옷은 조용히 요셉을 공격하는 증거가 된다. 다시 요셉은 죽음에 직면한다. 어떤 이유에서 요셉은 최소한 당장은 처형되지 않는다. 이것은 놀라운 일인데, 이스라엘과 이집트에서 모두 이런 비난은 종의 자리를 위반한 것이며 간음 행위로 죽어 마땅했다. 대신에 요셉은 감옥에 잡혀 들어간다. 이 에피소드는 요셉을 훨씬 깊은 "구덩이"로 몰아넣었고, 왕의 감옥에 갇히게 된다. 두 번째로 요셉은 죽음의 끝에 선다.

장면 2: 감옥에서, 39:20b-40:23

이 장면에 대한 도입은 39:20b-23 장면 1의 39:1-6a 도입과 매우 비슷하게 진행된다. 하나님이 그와 함께 했으므로, 요셉은 죄수임에도 책임을 지는 자리에 올랐다. 40:23 요셉이 감옥 일을 관리하는 자로 임명되는 것과 39:22 두 중요한 왕의 죄수들, 술잔을 올리는 시종장과 빵을 구워 올리는 시종장에게 "종"으로 섬기는 그의 역할 사이에 약간의 긴장감이 감돈다. 40:4 이것은 요셉 이야기가 여러 집단들 사이에 전달되면서 이야기에서의 차이점을 시사할 수도 있다. Vawter, 1977:403-405 하지만 우리가 가지고 있는 대로의 본문에서, 긴장은 설명이 없이 대두하는데, 특별한 대우가 필요한 단지 두 중요한 죄수들이 도착했다고만 가리킨다.

그들이 공식적으로 중요하지만, 왕의 술잔을 올리는 시종장과 빵을 구워 올리는 시종장은 이 드라마에서 주변적인 역할을 한다. 우리는 그들의 이름을 듣지 못한다. 그들은 주로 요셉의 지위를 더욱 높이는 데 기여한다. 우리는 먼저 요셉을 꿈꾸는 자로 만난다. 이 꿈의 의미는 최소한 요셉의 가족에게는 자명한 것 같다. 이제 다시 요셉의 삶은 꿈으로 바뀔 것이지만, 이번에는 요셉이 꿈을 해몽하는 자라는 다른 역할을 할 것이다.

우리는 최소한 꿈을 꾸는 자로서 그리고 아마도 우리 가운데 몇몇은 꿈을 해몽하는 자로서 꿈에 대한 우리 자신의 경험을 갖고 있다. 명백히 꿈은 고대 근동보다는 우리 사회에서 매우 다른 역할을 한다. 그렇다고 해도 꿈은 알려지지 않은 것이나 자각하여 알고 있지 않은 것을 다루면서, 신비의 요소를 항상 지녔다. 우리에게 꿈은 가장 자주 기억하지 못하는 과거나 무의식적인 현재를 건드리는 반면에, 고대 근동에서는 꿈이 미지의 미래를 가리키는 신호로 이해됐다. 그러므로 해몽한다는 것은 우리 맥락에서 대부분의 해몽에 해당하는 것과 같이 숨겨진 과거를 이해하는 것이라기보다는 분별하는 능력과 관련됐다. 요셉은 수사적 질문을 통해 **해몽은, 하나님이 하시는 것이 아닙니까?**라고 주장했다.40:8 과거와 다르게 미래는 꿈 분석으로 드러낼 수 없다. 고대 근동에서 미래와 따라서 해몽은 하나님에게 속했다.

도입의 설명은 다시 독자에게 두 번 하나님이 요셉과 함께 한다고 상기시킨다.39:21, 23 이 "함께 함" 때문에 요셉은 이 왕의 관료의 꿈을 해석한다. 37장에서 요셉은 하나로 해석되는 두 꿈을 꾸었다. 비슷한 구조가 바로의 두 꿈에서 다시 나올 것이다.창41장 하지만 여기서 두 꿈은 두 가지 다른 해석을 지닌다. 요셉은 왕의 술잔을 올리는 시종장에게는 생명을 알리지만, 왕의 빵을 구워 올리는 시종장에게는 죽음을 알린다. "네 머리를 들다"라는 핵심 구절에 대한 언어유희는 해몽을 묶어주고, 결과로서 일어나는 사건들과 연결시킨다. 요셉은 술잔을 올리는 시종장에게 바로가 그를 자신의 자리에 복직시키면서 그의 머리를 들 것이라고 말한다.40:13 하지만 빵을 구워 올리는 시종장에게는 머리가 **네게서** 들려질 것이다.40:19 그리고 그는 처형당한다.

이 내러티브는 요셉을 하나님의 함께 함으로 따라서 하나님에게만 알려진 미래를 선포할 수 있는 재능을 펼치는 자로 제시한다. 하지만 이 장면은 요셉의 또 다른 모습인 보충하는 주제가 있다. 이것을 우리는 지나가는 말로만 제시되는 것을 본다. 즉, 요셉이 술잔을 올리는 시종장의 꿈을 해석하는 마지막과 이 장면의 마지막 문장에 나온다.40;14-15, 23 요셉은 도움이 필요하다. 그는 기억될 필요가 있다.Bruegemann, 1982:324-325 그는 왕의 술잔을 올리는 시종장에게 헤세드,*hesed* 곧 선대를 구한다. 헤세드는 취약하고 곤경에 처한 자에게 도움을 자발적으로 주는 행위다.Sakenfeld, 1978 이 장면의 도입 설명에서 해설자는 요셉이 하나님에게서 헤세드를 받았다고 진술했다. 하지만 장면이 진행되면서, 요셉이 다른 미래를 가지려면, 그의 도움은 구체적으로 이 관료에게서 와야만 한다. 이 장면은 거의 희망이 없이 끝난다. **기억하지 못하였다, 잊고 있어다**라고 반복으로 강조하는 진술에서, 해설자는 미래가 요셉에게는 닫힌 것처럼 보인다고 알린다. 요셉은 죄수옷을 입고서, 장면이 시작되는 곳에 그대로 남아 있다. 그의 지위는 더 좋아지지도 더 나빠지지도 않고, 끊임없이 그대로였다.

장면 3: 바로 앞에서, 41:1-57

이 장면에 대한 도입은 요셉이 책임 있는 자리로 오르는 것을 서술하지 않는데, 장면 1과 장면 2에서와 마찬가지로39:1-6a, 20b-23 그 후에 그 자리에서 요셉은 떨어질 것이다. 오히려 이 장면은 바로의 문제로 시작한다.1-13절 바로는 깊이 꿈에 고통을 겪으면서 꿈을 해석할 누구도 찾을 수 없다. 해석되지 않는 꿈으로 말미암아 왕은 불투명한 미래에 사로잡혔다. 미래는 거기에 거의 있지만 접근할 수는 없다. 그리고 이집트 전문가 누구도 바로를 도울 수 없다.8절

이때 왕의 술잔을 올리는 시종장이 기억한다.9절 기억한다는 것이 변화를 가져온다. 노아와8:1 라헬과30:22 이집트의 노예출2:24에서처럼, 여기서도 "기억한다는 것"은 메마르거나 위험한 현재를 살아가는 자에게 미래를 열어준다. 긴 발언에서9-13절 술잔을 올리는 시종장은 꿈을 해석하여 다른 사람에게 미래를 열 수 있는 "젊은 히브리 사람"에게 바로를 소개한다. 술잔을 올리는 시종장의 기억하는 것은 바로와 그 이후 요셉에게 모든 것을 바꾼다.

옷은 내러티브의 전환을 알리는 것이었으며, 따라서 우리는 요셉이 바로 앞에 불려나갈 때 옷을 바꿔 입은 것에 대해 우리는 놀라지 않는다.14절 다음 대화에서 요셉은 명백히 우리가 지적한 꿈에 대한 신학을 제시한다. 꿈은 미래에 접근한다. 이 미래는 하나님에게서 나온다. 그러므로 하나님만이 꿈을 해석할 수 있다.16, 25, 32절

바로는 자기 꿈을 요셉에게 이야기한다.17-24절 바로가 꿈을 1인칭으로 서술하는 것은 이전 에피소드에 나오는 해설자의 있는 그대로의 묘사보다는1-7절 드라마를 더 포함한

다. 요셉의 바로의 꿈에 대한 긴 응답은25-36절 33절에서 중요한 전환을 맞이한다. Bruegge-mann, 1982:332 **이제** 또는 **그러므로**라고 번역된 단어는베아타*we 'attah* 종종 특별히 주목하도록 요청하거나 히브리 발언에서의 조치를 표시한다. 출19:5; 32:10; 사5:3, 5; 암7:16 여기서도 역시 그렇다. 요셉은 해몽을 멈추고 조치를 취할 것을 제안한다. 하나님이 미래가 일어나게 한다고 해도, 요셉은 바로에게 흉년에 음식을 제공하려면 풍년이 들었을 때 보존하는 계획을 실행하라고 바로에게 제안한다. 이 발언은 장황하고 약간은 반복하는 것 같지만, 요셉은 군주 앞에 선 종/죄수에게 적절한 보통의 존경의 표시나 소심함을 보이지 않으면서 대담하게 말한다. 25-26절

이 발언에서 요셉은 바로에게 음식을 보존하는 계획을 이행하도록 "명철하고 슬기로운 사람"을 임명하라고 지시한다. 33절 바로는 요셉의 발언이 명철과 지혜의 모범이라고 목격한다. 38-40절 따라서 분별력과 솔직한 발언을 보임으로써, 내러티브는 영웅적인 요셉이 등장하게 하는 것 같다. Coats, 1973:290-296

바로와의 만남은 요셉이 한 번 더 옷을 갈아입는 것으로 끝난다. 14-45절 이번에 요셉은 자기 아버지가 준 옷보다 훨씬 더 화려한 옷을 입는다. 41:42 게다가 요셉은 고귀한 직위에 임명된다는 것을 알리는 다른 품목도 받는다. 즉, 바로 자신의 옥새 반지, 금목걸이, 왕 다음 차지하는 지위, 새로운 이름을 받고, 왕의 가문과 결혼한다.

장면 3은 장면 1이 시작한 것과는 매우 다른 언급으로 마무리한다. 거기서 해설자는 젊은 사람이 무역상인에게 노예로 팔리는 것을 묘사했다. 39:1 이제 우리는 요셉이 풍년 동안 음식을 보존하고 흉년에는 배분하는 계획을 이행할 이집트의 총리가 된 것을 볼 수 있다. 47-49절, 55-57절 공적인 행정가로서의 요셉에 대한 이야기 중간에 므낫세와 에브라임이라는 그의 두 아들의 출생에 대한 보고가 나온다. 50-52절 요셉의 발언은 이 장의 마지막에서 두 이름을 자신의 새로운 생명에 대한 기념이라고 해석하고, 또한 더 많은 드라마가 나오게 될 불가해한 신호로 해석한다. 므낫세에 대해서는 "하나님이 나의 온갖 고난과 아버지 집 생각을 다 잊어버리게 하셨다"라고 하고, 에브라임에 대해서는 **내가 고생하던 이 땅에서, 하나님이 자손을 번성하게 해주셨다**라고 한다. 51-52절

장면 3에 대한 마무리에서 핵심 단어는 **모두**콜*kol*이다. 41장 46-57절에서 우리는 모두라는 단어가 여러 번 반복되는 것을 발견한다. 부분적으로 이 단어는 종종 핵심 단어가 마찬가지로, 내러티브를 묶는 역할을 한다. 하지만 이외에도 모두라는 단어는 요셉이 상황을 통제하는 범위를 강조한다. 많은 면에서 이것은 바로가 아니라 하나님만이 필적한 통제다. Brueggemann, 1982:328 이 갈려진 형제의 순례로 말미암아 바닥에서 꼭대기로 이끌었

고, 아무 것도 없는 것에서 모두로 이끌었다.

성서적 맥락에서의 본문

요셉이 노예에서 총리가 되는 순례는 이스라엘이 이집트에서 달아나 솔로몬의 통치를 받는 민족이 되는 여정, 다윗이 목자의 조력자에서 왕이 되는 삶, 여물통에서 하나님의 오른손으로 가는 예수의 이야기와 비슷하다. 낮은 상태의 신실한 사람이 권력과 명예의 자리에 승리 가운데 오르는 성서 전통은 신실한 자들이 가는 유일한 길이 아니고 하나님의 약속의 여정이다.

지혜와 인내를 통해 총리가 되는 요셉의 이 이야기는 하나님의 숨겨진 함께 함에 달려 있다. 39:21, 23: 41:37 하나님의 함께 함으로 죽음의 자리에 생명이 오고, 굴욕 대신에 명예가 오며, 불모 대신에 풍요가 온다. 이런 승리의 성서 이야기들은 인류에게 돌려지는 역할에서 다르다. 때로 예를 들어 야곱과 같이 개인의 행위에도 불구하고 승리는 일어난다. 다른 이야기에서 개인의 행위는 요셉과 같이 미덕의 모범이 된다. 하지만 어떤 경우든 이야기에서의 성공은 사람들의 용맹이 아니라 하나님의 함께 함, 곧 임마누엘에 달려 있다. 마1:20-23

우리는 이런 성공주의의 위험을 잊지 않아야 한다. 성공하는 공동체는 매우 쉽게 하나님의 함께 함을 이용할 수 있거나 하나님의 함께 함이 성공을 보장한다고 추정한다. 욥은 다른 길을 알았고, 스데반은 다른 결과를 알았다. 하나님의 임함이 항상 복을 가져다주는 것은 아니라는 것을 깨달은 후에야, 욥은 명예와 부와 지위를 얻는다. 욥7:17-19; 16:6-17 돌이 마지막으로 그의 이야기를 끝내지 않을 것이라는 믿음이 있기는 하지만, 스데반의 삶은 돌로 끝나지 않는다. 행7:59-60 하나님의 함께 함은 항상 성공을 가져오는 것은 아니며, 하나님은 오직 덕이 높은 자에게만 복을 가져다주는 것도 아니다. 삶이 보좌 위에서 성공적으로 끝나든 고통스럽게 돌 아래에서나 십자가 위에서 끝나든 보아라, **내가 세상 끝 날까지 항상 너희와 함께 있을 것이다.** 마28:20

교회 생활에서의 본문

요셉은 하나님의 함께 함뿐만 아니라 왕의 권력과의 함께 함도 상대해야만 한다. 때로 권력은 보디발의 집과 왕궁에서 요셉을 높이면서 그를 위해 작용한다. 때로 왕의 권력은 보디발의 아내의 에피소드에서와 마찬가지로 요셉을 더욱 예속시킨다. 요셉에게 이런 상황의 유혹은 최소한 본문에서 우리에게 제시하는 대로, 성적 유혹에 있지 않다. 우리는 요셉이 매력적이라고 듣는다. 하지만 우리는 여자에 대해 전혀 알지 못한다. 여자의 외모도 심지어 이름도 알지 못한다. 우리는 그녀가 주인의 아내라는 사실만 안다. 그녀는 요셉을 파멸시킬 수 있는 권력을 지닌다. 요셉은 권력이 있는 자의 부적절한 요구에 불순종하기를 선택한다. 요셉은 다른 사람들이 치르는 것만큼은 아니더라도 큰 대가를 치른다.

이야기는 왕의 권력을 한쪽으로 부정적으로만 소개하지는 않는다. 왕의 권력은 생명에 거스를 수도 생명을 위해 작용할 수도 있으며, 파괴할 수도 향상시킬 수도 있다. 우리 이야기에서 왕의 권력은 두 가지 모두에 작용한다. 요셉에게 왕의 권력은 위험하지만 악하지는 않다. 요셉은 때로 희생자로 살고 때로 그 권력을 행사하는 자로 산다. 그럼에도 이 모든 힘에도 왕의 권력은 미래를 통제하지 못한다. 꿈의 힘은 바로의 힘을 능가한다. Brueggemann, 1982:322-323

요셉은 이 이야기에서 고대 근동에서 찬양되는 미덕, 곧 우리도 소중히 여기는 미덕에 따라 사는 자로 나온다. 곧, 부당한 고통에 직면하여 인내하고, 자신의 지위와 심지어 목숨을 위협당하여도 변하지 않는 충성을 보이며, 권력 앞에서도 올곧게 행동한다. 이런 식으로 내러티브는 요셉을 모범적인 사람, 영웅적인 인물로 소개한다. 이런 소개는 전통이 다음 세대에 전달하기를 원하는 미덕을 잘 보여주는 훌륭한 방법을 제시한다. 심지어 하나님의 사람들에게 이런 미덕을 주입하려 하면서도, 전통은 신앙의 영웅들도 고통당하고 권력에 직면할 때 상처입고 넘어진다는 것을 알고 있다. 권력 있는 자들에게서의 위협에 직면하여 때로 신실한 자들은 거짓말을 하고 아브라함과 창12:11-13 베드로처럼 막14:66-71 부인한다. 하나님의 사람들은 부당한 고통을 견뎌야 할 때, 때로 나오미와 같이 자신들의 고통을 부르짖거나 룻1:20-21 욥과 같이 하나님에 맞서 격노하거나 욥7:11-12 심지어 예수와 같이 하나님에게서 버림받았다는 느낌을 표현한다. 막15:34; 시22:1 요셉의 인내와 욥의 격노, 룻의 변함없는 신실함과 나오미의 눈물은 함께 신앙 공동체에 속한다.

이 내러티브에서 하나님의 미래는 꿈을 통하여 인간의 현재에 침범한다. 꿈꾸는 자 요셉, 술잔을 올리는 시종장, 빵을 구워 올리는 시종장, 심지어 바로도 현재의 권력이 자동적으로 미래를 통제하는 것은 아니라는 것을 안다. 미래는 하나님에게 속한다. 살찐 소가 마른 소에게 먹히고 식량이 없어지지 않도록, 현재는 하나님의 미래에 맞추어져야만 한다.

사건 3: 위험에 처한 가족

사전 검토

기근으로 말미암아 가족은 이야기의 이 세 번째 에피소드에서 서로 다시 관여하지 않을 수 없다. 이전 에피소드와 마찬가지로, 이 에피소드는 여러 장면으로 나뉠 수 있다. 첫 장면은42:1-5 독자를 다시 이 이야기의 첫 장의 배경이 되는 가나안으로 돌아가게 한다. 창37장 현재 가장인 야곱은 지역을 괴롭힌 기근을 해결할 방법을 찾아야만 한다. 둘째 장면은 42:6-26 이집트로 넘어가는데, 이집트에서 야곱의 아들들이 권력이 있는 이집트 통치자에게 곡식을 얻으려 한다. [이집트, 강의 나라, 348쪽] 그들의 실제 목적에 대한 통치자의 관심은 만남에 신비스러운 함축적 의미를 조성한다. 이 불길한 느낌은 셋째 장면에서42:27-28 형제들 가운데 한 명이 자기 꾸러미에 돈을 숨겼을 때 깊어진다. 넷째 장면은 다시 가나안과 마음이 괴로운 야곱에게로 이동한다.42:29-38 가족은 먹을 음식이 있지만 가족의 완전한 파멸은 임박한 것 같다.

다섯째 장면에서43:1-14 계속되는 기근으로 말미암아 가족의 미래에 대해 새로운 결정을 하지 않을 수 없었다. 야곱은 베냐민을 포함해서 자기 아들들을 위험에도 불구하고 이집트로 보낸다. 여섯째 장면은43:15-34 독자를 다시 이집트로 데려가고, 모두가 잘 되는 것 같다. 하지만 일곱째 장면은44:1-13 훔친 잔이 베냐민에게서 발견될 때 거의 재앙이 된다. 여덟째 장면은44:14-45:24 가족의 위험을 한계까지 몰고 가지만, 이집트 총독이 자신을 형제라고 소개하고 그들을 가족으로 받아들일 때, 해결된다. 마무리하는 장면은45:25-

²⁸ 기근과 가족의 헤어짐이라는 두 위험이 끝났음을 축하하며 가나안으로 돌아간다. 끝나지 않은 유일한 문제는 한 곳에서 가족이 재회하는 것이다.

명백하게 에피소드는 형제들의 움직임을 따른다. 하지만 내러티브에서 그들은 이 장의 주요 인물들이 아니다. 형제들은 자신들이 들은 것을 행하며 때로 충격에 빠지면서, 주로 피동적인 역할을 한다. 드물게만 그들은 위험이 궁극적으로 해결되게 되는 역할을 적극적으로 한다. 내러티브에서 적극적인 인물은 결코 만나지 않은 두 사람 야곱과 요셉이다. 야곱은 주로 반응한다. 야곱은 자신이 통제할 수 없는 상황, 곧 기근과 신비스러운 이집트 통치자의 권력에 반응해야 한다. 요셉은 권력을 쥐고, 자기 친형제 베냐민을 보려는 한 목적을 위해 그 권력을 사용하려 한다.

개요

도입 장면 1: 가나안

      야곱 앞의 형제들, 42:1-5

장면 2: 이집트

      요셉 앞의 형제들, 42:6-26

장면 3: 묵어갈 곳에서

      형제들 홀로, 42:27-28

장면 4: 가나안

      야곱 앞의 형제들, 42:29-38

장면 5: 가나안

      야곱 앞의 형제들, 43:1-14

장면 6: 이집트

      요셉 앞의 형제들, 43:15-34

장면 7: 이집트 성읍 밖에서

      형제들과 이집트 관료, 44:1-13

장면 8: 이집트

      요셉 앞의 형제들, 44:14-45:24

마무리하는 장면 9: 가나안

      야곱 앞의 형제들, 45:25-28

주석적 해설

도입 장면 1: 가나안 42:1-5

이 장면에서 야곱은 이야기에 다시 등장한다. 그는 본질적으로 자신이 떠났던 동일한 지위에 돌아온다. 야곱은 자기 가족의 분열이 자기 삶을 지배할 것이라고 말했으며,[37:35] 우리는 그가 여전히 자기 가족의 미래를 두려워하는 것을 본다. 야곱은 다시 자신이 통제하지 못하고 가족을 더욱 파멸시키려고 위협하는 상황을 대처해야만 한다. 야곱은 기근에 직면하여, 가족을 보호하고자 자신이 아는 최선을 다해 조치를 취한다. 그는 자기 아들들에게 곡식을 사러 이집트로 가라고 지시하지만,[1-6절] 야곱은 베냐민을 보호하려고 자신에게 남겨둔다.

이 장 전반에서 야곱의 행동의 핵심은 자기 아들들에게 임무를 위해 보내는 발언에 있다.[2절] 야곱은 이집트에서 곡식이 있다는 보고에 근거하여, 아들들에게 **가서 사오라고** 지시한다. 나이든 아버지는 **그래야 먹고 살지, 가만히 있다가는 굶어 죽겠다**라고 이유를 댄다. 야곱은 기근에 직면하여 자기 아들들이 서로 얼굴만 쳐다보면서 완전히 무기력하다는 것을 알게 된다.[1절] 가족의 생명과 죽음은 야곱의 어깨에 달린 것 같다. 그래서 야곱은 이 에피소드에서 줄곧 그렇게 하겠지만, 가족을 보존하려고 조치를 취한다. 야곱은 무엇보다 베냐민과 가능한 한 나머지 가족을 보호하기를 원하는 것 같다. 하지만 가족을 보존하는 야곱의 일은 반응에 의해서만 가능하다. 생명과 죽음의 실제적인 힘은 기근과 이집트 총리에게 있다. 야곱은 자신이 할 수 있는 것을 하지만, 조치를 취할 여지가 거의 없다.

3-4절의 해설은 매우 신중하게 이 장을 복잡하게 하는 신비스러운 관계를 표현한다. 요셉은 "형들이" 있으며, 한 "아우"가 있다.[Alter, 1981:161] 요셉과 베냐민은 부모가 같은 형제들이지만, 다른 면에서 요셉과 베냐민은 "형제들"이다. 물론 가족 이야기에서 그들은 동일한 어머니 라헬의 아들들이며, 야곱이 좋아한 아내의 두 아들들이다. 하지만 많은 부분이 언급되지 않았다. 이야기는 우리에게 이 장 이전에서 베냐민과 요셉 사이의 어떤 관계도 말하지 않는다. 하지만 요셉은 자기 "아우"를 자신에게 데려오려는 한 목적을 위해 항상 자신의 왕의 권력을 사용하는데, 이는 야곱이 결국 막으려고 한 것이다.

장면 2: 이집트 42:6-26

42장 6절에서 요셉의 꿈에 그려진 역전의 상황이[창37:7, 9] 일어나는데, 형들이 요셉에게 절한다. 하지만 이 역전의 상황은 여전히 숨겨져 있고 요셉만이 알고 있다. "아는 것"과 "알지 못하는 것," "인식하는 것"과 "인식하지 못하는 것" 사이에서 오가는 것이 이야기 전반에서 진행된다. 요셉의 힘은 이집트의 그의 지위에서처럼 상당 부분 "아는 것"과 "인식하는 것"에 있다. 이전 에피소드에서는 요셉의 지위는 그가 "아는 것"과 인식하는 것"에서 왔다고 설명했다. 야곱, 형들, 술잔을 올리는 시종장, 빵을 구워 올리는 시종장, 바로는 알지 못하므로 상대적으로 여전히 힘이 없다. 정말로 아는 요셉은 가족을 회복시키거나 파멸시킬 힘을 가지고 있다. 요셉은 가족을 파멸시키기 직전에 있다.

42장 7-16절에서 우리는 요셉과 그의 형들 사이의 세 가지 주요 대화43:27-31; 44:15-45:13 가운데 첫 대화를 접한다. 세 대화 모두는 매우 다른 수준에서 일어난다. 셋째 대화 마지막에서만 모든 다른 수준이 공적이 된다.

요셉은 자기 형들을 낯선 사람으로 대한다.7절 해설자는 신중하게 우리에게 이것이 의도적이었다고 알린다. 대화 전반에 흩어진 해설은 요셉의 태도와 진술이 그가 인식하고 알고 기억한 미묘한 결과라는 점을 반복한다.7a, 8-9a절 내러티브는 직접적으로 요셉이 왜 이런 식으로 행동했는지 말해주지 않는다. 아마도 요셉은 복수하려 했든지 그들이 변했는지를 보려고 형들을 시험하기를 원했을 것이다. 이 장면은 기본적인 동기만을 암시할 뿐이다. 요셉은 모든 자신의 아는 것과 힘을, 베냐민을 자신에게 데려오는 한 목적을 달성하는 데 사용한다.15-16절

요셉은 예비적인 도입 후에, 자기 형들을 첩자라고 혐의를 씌운다.9, 12, 14절 형들은 한 아버지의 자식들로 정직한 형제들이라고 주장하면서 부인한다.11절 요셉은 첩자의 혐의를 반복하고, 다시 형들은 한 사람의 자식들이며, 막내는 자기 아버지와 있고 하나는 더 이상 없는 형제들이라고 주장함으로써 응답한다.13절 이 응답은 첩자라는 혐의에 대한 변호로서 거의 가치가 없다. 하지만 아마도 요셉에게만 알려졌겠지만 형들은 이미 파괴된 가족의 성실함과 결속이라는 이 이야기의 기본적인 주제를 거듭 강조한다. 이 가족은 아무리 분열됐다고 해도, 위험의 시기에 가진 모든 것을 유지한다. 그들은 알지 못하지만 제국의 보호가 아니라 가족관계가 또한 형들을 고발하는 이에게 자극이 됐다.

요셉은 형들을 시험하려고 준비한다.15-16절 이 시험은 국가적 목적과 가족의 목적을 지닌다. 국가의 이익이라는 면에서 이 시험은 형들이 첩자인지를 결정하려고 의도됐다. 시험하는 이유를 요셉은 공개한다. 그러나 엄밀한 의미에서 요셉이 이미 그들을 알지 못했다면 시험은 거의 입증하지 못했을 것이다. 첩자는 쉽게 시험에 통과했을 수 있다. 시험의 가족 요소들을 요셉은 비밀로 간직했다. 시험은 복수에서 유발됐을 수도 있는데, 요셉은 형들이 자기에게 했던 대로, 형들을 구덩이/감옥에 던져 넣었을 수도 있다. 아니면 요셉은 그들의 형제애를 시험했을 수도 있다. 그들은 이번에는 형제들처럼 행동할 것인가?

시험은 이런 어떤 목적이라도 기여하도록 계획되지는 않은 것 같다.

요셉은 이후 한 사람 시므온만 감옥에 가도록 하여 시험의 규칙을 바꿀 때, 동기가 되는 요인으로써 복수를 제거한다. 19절 명백히 형들은 유다가 나중에 야곱에게 말하듯이, 43:3-6 형제애보다는 음식이 필요하여 자기 보호에서 시험에 통할 수 있었다. 시험은 형들이 첩자인지 알아보거나 복수하거나 그들의 가족애를 알아보는 데는 부적절한 것으로 드러난다. 시험은 베냐민을 요셉에게 데려오는 데만 성공한다. 이것은 시험에서 의도한 목적이다.

권력이 있는 이집트 사람의 "시험"은 그들의 삶을 비참하게 만들었는데, 바로 그 앞에서 형들은 자신들의 좌절을 서로 내부로 돌린다. 어떤 이는 이 어려움이 그들이 자기 아우 요셉에게 침해한 결과라고 결론 내린다. 12절 르우벤은 자신이 이런 일어날 수 있는 사태에 대해 경고했다고 주장하면서, 22절 화가 나 자기 형제들을 비난한다. 히브리 문학에서 전형적인 침묵이라는 방식으로, 해설자는 요셉이 자기 형들에게 도움을 청하며 호소했다고 말하는 것을 이 지점까지 기다린다. 21절 [히브리 내러티브의 특성, 359쪽] 요셉을 판 사건을 서술할 때, 요셉은 조용하게 수동적으로 나왔다. 37:18-24 마찬가지로 여기서만 우리는 요셉과 그의 형들이 통역을 통해 소통하고 있었다는 것을 알았다. 23절 요셉의 아는 것은 심지어 독자가 생각한 것을 능가했다. 요셉은 그들이 알지 못하지만 형들의 개인적인 대화에도 접근했다.

요셉이 운다. 24절 해설자는 요셉이 왜 우는지 말하지 않는다. 우리는 이 권력 있는 "이집트 사람"이 보기보다 연약하다고 의심할 수 있을 뿐이다. 다음에 요셉이 우는 때는 베냐민을 볼 때이다. 43:30

장면 3: 묵어갈 곳에서 42:27-28

형제들은 묵을 곳에서 멈춘다. 나귀를 볼보고서 그들 가운데 한 형제가 자기 자루에 돈이 든 것을 발견한다. 27절 형제들은 그들이 이해할 수 없는 또 다른 사건에 직면하여 크게 당황한다. 아마도 끔찍한 실수를 했거나, 심지어 그들이 "조작된" 증거에 걸렸다고 훨씬 더 놀랐을 것이다. Vawter, 1977:421-422 "알지 못하여" 그들은 힘이 없으며 위험한 결과를 낳을 혼란스러운 사건 때문에 두려움에 사로잡힌다. 그들은 하나님께 불평하며 부르짖음으로써만 반응한다. 28절 다시 형제들은 "알지 못하는" 불길한 세계에 직면한다. 사건들은 무작위로 일어나는 것 같으며, 그들의 상상의 어두운 면은 자신들의 생명에 대한 위협을 느낀다.

장면 4: 가나안 42:29-38

형제들은 야곱에게 돌아오자마자 이집트 통치자와의 만남을 설명한다. 30-34절 그들의 보고는 그들이 다시 이야기하는 대화가 가나안에 머물렀던 "막내" 아우를 강조하는 것을 제외하고는, 요셉과 한 대화가 섞여 있다. 한 다른 호기심을 끄는 변화는 형들의 보고에서 나온다. 요셉은 그들의 생명이 이 시험에 달려 있다고 선언했었다. 16, 21절 그러나 형제들은 땅에서의 **장사**할 수 있는 여부에 대한 위협으로만 인정한다. 간접적으로 둘은 같을 수도 있는데, 음식을 살 수 없는 것이 기근에서의 생명의 위협이 될 수도 있기 때문이다. 그럼에도 그들의 상황은 여러 면에서 삶을 위협하는 것 같다. 그들은 기근으로 죽을 수도 있고, 첩자 행위로 처형당할 수도 있으며, 가족이 최종 파멸하여 죽을 수도 있다. 전체 족장 이야기의 맥락에서 창12-50장 야곱 가족의 파멸은 최대의 위협일 수도 있다.

이 상황을 둘러싼 신비는 두 번째로 자루에서 돈을 발견한 데서 시작된다. 어떤 이는 이 반복되는 "발견"이 한 세대에서 다음 세대로 전달되면서 이야기가 발전한 결과일 수도 있다고 제안한다. 그러나 우리가 받은 대로의 이야기에서, 이런 반복은 긴장을 강화하는 데 기여한다. 이것은 또 다른 설명할 수 없는 사건이다.

야곱은 분노하며 반응한다. 가족은 계속 분열되고 형제들은 더욱 더 가족을 위험에 빠뜨린다. 36절 르우벤은 이상한 약속을 한다. 르우벤이 베냐민을 집으로 안전하게 데려오지 못한다면, 야곱은 그의 두 아들을 죽일 수 있다. 37절 야곱은 이 일이 더욱 꼬인다면 다음 세대를 죽여야 한다. 아버지는 자기 가족에게 남겨진 것을 보호하기를 결정한다. **막내** 베냐민은 이집트에 가지 않을 것이다. 38절

장면 5: 가나안 43:1-14

이 장면에서 첫 문장은 시간이 지나갔음을 알리고 가족에게 닥친 위험을 강조한다. **그 땅에 기근이 더욱 심해 갔다.** 1절 이런 상황으로 말미암아 이제 야곱은 식량을 더 구하러 이집트로 보내야만 한다. 야곱은 자기 아들들에게 다녀오라고 지시한다. 2절 유다는 식량을 사오려면, 심지어 그 사람의 얼굴을 보려면 베냐민이 있어야 한다고 주장하면서, 형제들을 위한 대변인이 된다. 3-5절 요셉의 말을 다르게 해석될 수도 있지만, 유다의 재진술은 정확하게 요셉이 베냐민을 보고자하는 결심을 나타낸다.

야곱/이스라엘은 이제 형제들이 그 **사람**에게 다른 아우에 대해 말한 것에 대해 불만을 터뜨린다. 6절 형제들은 이 정보를 자발적으로 제공한 데 대해 부인한다. 7절 이전에 보고된 요셉과의 대화를 고려할 때, 42:7-20 그들의 부인은 그들이 항상 어려움을 피하려고 하는 겁

에 질린 사람들이었다는 것을 보여준다. 그들은 모든 면에서 희생당하는 것처럼 느끼는 자들로 행동한다. 실제로 야곱과 요셉 사이에서 그들은 신비스러운 힘의 싸움에서 힘없는 졸에 불과하다.

그럼에도 유다의 발언은 형제들이 지금까지 하지 않은 방식으로 주도해 나간다.42:3-5 유다는 신중하게 분석한다. 그는 자신을 베냐민을 안전하게 돌아오도록 하는 담보로 내세울 약속을 할 만큼 위험을 감수한다. 유다의 제안은 베냐민에 관한 야곱과 요셉의 싸움에서의 교착 상태를 깨는 데 중요하게 될 한 인물의 이야기에서의 출현을 가리킨다. 유다는 베냐민과 함께 가는 목적은 우리가 **죽지 않고 살 수 있을 것입니다**라고 말하면서, 드라마의 여러 수준을 다시 도입한다.8절; 42:2, 18-20, 참고

야곱은 이 여행에 동의한다.11-14절 야곱은 선물을 보내고 신비롭게 지난 번 갔다 온 후 나왔던 돈을 돌려줌으로써 도울 것이다. 하지만 그럼에도 야곱은 부분적으로는 신앙에서 또한 부분적으로는 단념하여 그들을 보낸다.Brueggemann, 1982:339 하나님이 **다른 아이와 베냐민도 돌려보내** 주게 하소서.14절 내러티브의 여러 수준에서 다른 아이는 시므온이지만 아마도 요셉일 수도 있다.

장면 6: 이집트 43:15-34

해설자의 전환의 구절에서 형제들이 바로 요셉 앞에 등장한다.15절 우리는 이 전환의 구절에서 히브리 문체가 **베냐민**이 함께 있음을 강조한다는 것을 주목해야 한다. 계속되는 해설에서 요셉의 관리인과의 처음 만남을 묘사한다.17-23절 요셉의 지시를 따라,16절 관리인은 형제들을 요셉의 집에 데려온다. "알지 못함"에 의한 두려움이라는 주제를 이어가면서, 형제들은 자신들이 이전에 이집트에 온 후에 발견된 돈이 야기할 현재의 "위협"을 생각하면서 곤경에 처할 것을 의심한다.18절

"위험스러운 만찬"이라는 오랜 전통은 형제들이 이 초대를 두려워하는 것을 배가시킨다. 성서 문학과 성서 밖의 문학에서 이 주제는 불길한 분위기를 조성한다. 강력한 적과의 만찬에의 어떤 초대도 위험을 수반한다. 이집트 종교 유산에서 잘 알려진 한 이야기는 자기 형제 셋이 개최한 만찬에서 준비한 덫에 걸린 오시리스의 죽음에 대해 말한다. 이스라엘의 역사에서도 아브넬이 비슷한 만찬의 덫에서 요압에게 살해당했다.삼하3장 형제들이 이집트의 통치자의 집에 인도됐을 때, 앞에 무슨 일이 일어날지 알지 못하고서 그들의 상상의 어두운 면은 그 사람이 "우리에게 달려들어서, 우리를 노예로 삼으려" 한다고 보았다.18절

즉각 형제들은 돈이 어떻게 자신들의 자루에 들어가게 됐는지에 대해 전혀 모른다고 공언하고, 돈을 돌려주려 한다고 진술하면서, 주도권을 쥔다.19-22절 요셉의 집 관리인이 하는 대답은 다시 한 수준 이상에 대해 말한다. "그 동안 별고 없으셨습니까? 걱정하지 마십시오. 댁들을 돌보시는 하나님, 댁들의 조상을 돌보신 그 하나님이 그 자루에 보물을 넣어 주신 것입니다."23절 명백히 이 진술은 형제들에게 그들이 위험에 빠지지 않았다는 것을 다시 확신시키려는 의도. 게다가 이 진술은 이 드라마의 신비에서 이집트에 숨겨진 존재, 곧 "댁들을 돌보시는 하나님, 댁들의 조상을 돌보신 그 하나님"을 소개한다.

처음에는 만찬이 위험하지 않은 것으로 드러나며 심지어 즐겁다.26-34절 의전은 히브리 사람의 감성과 이집트 사람의 감성을 모두 만족시킨다. 그러나 어떤 놀라운 일이 일어난다. 이집트 총리가 이 히브리 가족의 맏아들부터 막내까지 좌석 서열을 알고 있다. 베냐민은 양에서나 아마도 질에서도 최상의 부분을 받는다. 하지만 방문객들은 이 신비스러운 요소를 놀라서 보기는 하지만 무시하고 만찬을 즐기는 것 같다.34절 만찬의 한 순간 형제들은 보지 못했다. 두 번째로42:24 요셉은 울지만 다시 몰래 울었다. 이번에 해설자는 요셉이 우는 이유를 제시하는데, 베냐민에 대한 애정 때문이다.30절 그럼에도 요셉은 추스르고 공적인 상황이 요구하는 대로 진행한다. 이 힘 있는 사람의 국가의 세계와 가족의 세계는 여전히 분리되어 있다.

장면 7: 이집트 성읍 밖에서 44:1-13

만찬의 기쁨이 요셉의 또 다른 조작의 결과로 갑작스럽게 끝난다. 요셉은 자신의 집 관리인에게 베냐민의 자루에 가치 있는 잔을 숨기라고 지시한다.1-2절 형제들이 성읍에서 나와 얼마 가지 않았을 때, 요셉이 관리인을 보내어 잃어버린 잔에 대해 그들을 붙잡으라고 보낸다.4절 형제들은 혐의를 완강하게 부인한다. 그들의 발언의 구조 자체는 형제들의 두려움과 공포를 표현한다.Coats, 1975:42 형제들은 잔이 발견될 경우 죄 지은 자에게는 죽음을 약속하고 나머지에 대해서는 노예가 될 것을 약속하면서, 절박하게 신속히 맹세한다. 이렇게 신중하게 못한 맹세는 거의 그들을 덫에 걸리게 한다. 야곱의 좋아하는 아내 라헬에 대한 맹세, 31:32-35, 그리고 자신의 사랑하는 아들 요나단에 대한 사울의 맹세, 삼상14:24-26, 참고 요셉의 관리인은 그들의 맹세를 받아들이기를 거부한다. 죄를 지은 자만이 노예로 데려갈 것이다.10절 징벌은 놀랍도록 관대해 보인다. 잔은 요셉이 좋아하기 때문만이 아니라 성스러운 도구로서 가치가 있었을 것이다. 이런 범죄는 사형에 처해질 수도 있다. von Rad, 1973:392 그러나 범죄에 대한 징벌은 이 플롯의 핵심이 아니며, 형제들이 "알지" 못한다는 사실이 핵심이다.

이집트 사람이 각 형제의 자루를 조사하면서, 해설은 느려진다. 갑작스럽게 해설자는 잔이 베냐민의 자루에서 발견됐다고 보고한다.12절 이야기는 형제들 가운데 누구도 직접적으로 보인 반응을 제공하지 않는다. 해설자는 장면을 묘사할 뿐이다. 즉, 그들은 자신들의 옷을 찢고 나귀에 짐을 다시 싣고 성읍으로 돌아갔다.13절

장면 8: 이집트 44:14-45:24

두 발언이 힘 있는 이집트 사람 요셉과 히브리 사람들이자 기근의 희생자들인 그의 형들 사이의 마지막 대면에 지배적이다. 요셉은 먼저 고발의 질문으로 말한다. "당신들이 어찌하여 이런 일을 저질렀소?"44:15 유다는 자신이 이해할 수 없는 상황에 말려들어 형제들의 죄를 인정하고 그들 모두를 이 힘 있는 이집트 관료의 노예가 되도록 하는 "선고"를 받아들이겠다고 한다. 그러나 요셉은 자신의 관리인이 이전에 했던 대로, 이 징벌을 거부한다. 요셉은 베냐민만 죄가 있다고 선언하면서, 나머지는 "평안히 당신들의 아버지께로 돌아가시오"라고 놓아준다.44:17 요셉이 베냐민을 자기에게 두려는 계획은 이제 완성된 것 같다.

모든 형제들이 노예가 된다는 것에서 한 사람만 된다고 선고를 변경한 것은 자비로운 행위처럼 보일 수도 있다. 하지만 유다는 이 선고가 견딜 수 없이 가혹하다고 호소한다. 유다는 긴 극적인 발언에서, 자신이 베냐민을 대신하겠다고 제안한다.44:18-34 이전의 고발에 대한 당혹스러운 반응은 지나갔다. 다른 상황에 대해 장황하고 정당화하는 발언도 지나갔다. 우리가 여기서 발견하는 것은 분별력 있게 구성된 법적 호소다. 법적으로 유다는 자신의 호소를 베냐민을 안전하게 돌아오도록 보장하겠다고 한 맹세에 근거한다.44:32 하지만 이 발언의 열정은 인도주의적인 호소에 근거한다. 즉, 그들의 아버지는 슬픔 가운데 스올에 내려가게 될 것이라고 한다.44:31 실제로 악라아ra 'a이 야곱에게 덮칠 것이다.44:34

유다의 발언은 인도주의적인 근거에서의 법적 호소의 결작처럼 들린다. 유다는 자신이 요셉의 아버지에 대해서도 말했다는 것을 알지 못했다. 요셉은 분명히 알고 있다.

이 호소는 효과가 있는 것 같다. 우리는 이유를 듣지 못했는데, 요셉은 단순히 "감정을 억누르지"아파크' apaq, 45:1 못했다. 아마도 요셉은 유다가 자신에게 했던 것처럼 형제를 배반하지 않을 것이라는 것을 갑작스럽게 보았을 것이다.von Rad, 1973:397 아마도 요셉은 자기가 베냐민을 자기 곁에 두려는 소원이 자기 아버지에게 무슨 일이 일어나게 할지를

이해했을 것이다.Vawter, 1977:433 아마도 요셉조차도 자신이 왜 이 순간에 이 상황을 통제하지 못했는지를 설명할 수 없을 것이다. 잠시 개인적으로 벗어나기는 했어도, 이 전체 장의 사건 과정을 통제했던 왕의 권력 대리자는 갑자기 통제력을 잃었다. 자기 가족의 세계와 국가 세계를 분리할 수 있었던 사람이 더 이상 그렇게 할 수 없다.

해설자는 요셉이 모든 통제를 포기하지는 않았다고 주장한다. 요셉은 자신의 가족생활을 완전히 공개하지는 않는다.45:1 요셉은 자기 이집트 세계를 잠시 접어둔다. 하지만 요셉은 자신을 완전히 놓고 울어 이집트 사람들조차도 듣는다. 이 지점에서 요셉은 한 번이 아니라 두 번 자신을 소개한다.45:3-4 이 반복되는 소개를 설명할 수는 있지만, 받은 대로의 본문에서 이것은 드러난 순간의 강렬함과 아마도 혼란스러움을 더한다. 유다는 베냐민이 돌아오지 않는다면 야곱의 생명에 미칠 영향에 대해 긴 발언을 한 후에, 요셉은 아버지가 살아 있는지를 묻는다.45:3 형들의 충격바할bahal이 너무나 커서 그들은 말할 수가 없다.

요셉이 자신의 정체를 밝히는 발언은45:4-13 전체 드라마에 신학적 해석을 부여한다. 요셉은 세 번 자신이 이집트에 온 일은 하나님의 목적에 기여했다고 주장한다. 이 발언은 형들의 배반이나 요셉이 권력에 오른 데서 하나님의 함께 함에 대한 신비를 그대로 유지한다. 요셉은 설명하지 않고 하나님이 생명, 곧 많은 이들을 위한 생명을45:7 보존하려고 조치를 취했다고 선언할 뿐이다. 발언의 둘째 부분은 형들이 가족이 보호받을 수 있는 이집트로 가족을 이주시키도록 야곱을 부르라는 전갈을 가지고 돌아가도록 지시한다.45:9-13 우리는 요셉의 발언에서도 **나의 아우 베냐민**을 우선시하는 것을 알아차릴 수 있다.45:12

요셉의 발언 후 해설자는 이 장면에 대해, 거의 주체하지 못하는 요셉이 베냐민에게 가고 그 다음에 나머지 형들에게 가며 인사하고 우는 것을 묘사한다.45:14-15 요셉은 여전히 베냐민과의 재회라는 자신의 첫 목표를 향해 움직이는 것 같다. 그럼에도 타산적인 왕의 관료이자, 사건을 통제하려고 상황을 조작하는 자로서의 요셉의 이전 모습은, 힘 있는 자가 자신의 정체를 열정적으로 밝히는 데서 사라진다. 근엄한 요셉의 타산적인 계획이 아니라, 야곱의 아들로서 자신의 정체를 열정적으로 밝히는 것이 가족을 치유한다.Brueggemann, 1983:345

내러티브는 형들의 반응에 대해 한 줄로만 말하는데, **요셉의 형들이 요셉과 말을 주고받았다**라고45:15 히브리어로 세 단어로 되어 있다. 과묵이라는 히브리 내러티브의 전형적인 특징이기도 한 이 간략한 설명은, 상당히 많이 언급하는 만큼 말을 하지 않은 채 둔다.

치유가 일어났다. 이야기가 시작할 때37:4 요셉에게 평화로운 말 한마디도 할 수 없었던 형들은 이제 요셉에게 말한다. 하지만 형들은 무엇을 말하는가? 그들은 요셉의 과거에 대한 해석이나 미래에 대한 그의 의도를 신뢰하는가? 형들은 이야기의 나머지에서 화자로서는 드물게 나온다.45:26; 50:15-17 형들은 말할 때, 요셉이 말하는 미래를 실제로 신뢰할 수 있는지에 대해 여전히 염려한다.

장면은 바로가 요셉에게 이미 제안한 상당부분을 행하라고 지시하면서 마무리한다.45:16-20 형들은 선물을 싣고서 고향으로 향한다. 재회의 모든 드라마는 하나도 변하지 않았다. 요셉은 여전히 베냐민을 가장 좋아하므로, 베냐민은 다른 누구보다 더 많이 싣고서 고향으로 돌아간다.45:22

마무리하는 장면 9: 가나안 45:25-28

형제들은 이집트에서 무슨 일이 일어났는지 보고하려고 야곱에게 돌아온다. 가장 중요한 요소는 직접 화법으로 서술된다. "요셉이 지금까지 살아 있습니다. 이집트 온 나라를 다스리는 총리가 되었습니다."25절 해설자에 따르면, 야곱은 처음에는 무덤덤하게 믿지 않고 반응했다.26절 하지만 마침내 야곱은 **내 아들 요셉이 아직 살아 있다니!**라고 말한다.28절 야곱은 자기 아들을 보려고 결심한다. 이 결정으로 가나안의 야곱과 이집트의 이스라엘 사이의 전환이 시작된다.Coats, 1975:48 이 움직임은 이 이야기에서 새로운 장 이상을 알린다. 이 변화는 한 성서 책의 끝을 표시하고, 한 시대, 곧 하나님의 백성의 폭넓은 이야기에서 이스라엘의 족장과 여족장의 시대의 끝을 표시한다. 이집트로의 여정에서 가족을 재회하겠지만 더 폭넓은 이야기의 맥락에서 행복한 아버지는 알지 못하지만 이 재회는 "이스라엘의" 자유를 상당히 희생하고서 오게 될 것이다. [이집트, 강의 나라, 348쪽]

성서적 맥락에서의 본문

"아는 것"과 "알지 못하는 것" 사이의 긴장은 요셉 이야기의 이 장에서 활력 넘치는 한 주제다.Alter, 1981:163이하 첫 장면은42:6-26 요셉이 알고 형들은 알지 못하는 것으로 시작한다. 결과적으로 요셉은 형들보다 현재와 미래를 더 통제했다. **너희는 진리를 알게 될 것이며, 진리가 너희를 자유롭게 할 것이다**라는 구절은 요한복음에서의 위치와는8:32 별도로 격언이 됐다. 이 장 대부분에서 줄곧 아버지와 형들의 이야기는 이 격언을 잘 보여준다. 형들과 야곱은 알지 못하기 때문에 자유롭지 않았다. 그들은 자신들이 "아는 자"에게서 통제 당한다는 것을 알았다. 요셉이 자기 가족에게 "알게" 했을 때 드라마는 그 절정에 이른다. 통제는 포기되고, 분리는 극복된다.

성서 전통은 아는 것에서 오는 기쁨과 힘을 찬양한다. 에스겔은 "너희는 내가 여호와인 줄 알게 될 것이다"라는 전통적인 예전 공식으로 자신의 예언을 강조한다. Zimmerli, 1082:29-98 요한복음은 아는 것이 생명에 이르는 길이라고 강조한다. 14:1-7 예수 그리스도역시 다음과 같이 이런 생명을 준다는 진리를 밝힌다.

나는 길이요, 진리요, 생명이다. 나를 거치지 않고서는, 아무도 아버지께로 갈 사람
이 없다. 너희가 나를 알았더라면 내 아버지도 알았을 것이다. 이제 너희는 내 아버
지를 알고 있으며, 그분을 이미 보았다. 요14:6-7

그러나 "아는 것" 역시 위험한 면이 있다. 이 에피소드는 요셉이 자신의 아는 것을 무기로 사용한다고 묘사한다. 요셉은 자신의 분별력으로 이집트 총리 역할을 훌륭하게 수행할 수 있었다. 하지만 방문객들의 정체에 대한 개인적인 지식과 더불어 그의 관리 능력으로 말미암아 가족은 몰락 직전까지 몰렸다. 에덴 동산 이야기는 창3장 지식을 잘못 사용하면 재앙과 심지어 징벌을 가져올 수 있다는 것을 우리에게 상기시켜준다.

창세기 45장 5-8절에서 요셉은 전체 이야기를 신학적으로 "생명을 구원하는" 하나님의 드라마의 일부라고 해석한다. 루터는 요셉의 말을 "약속의 성서 신학"이라고 묘사한다. Luther's Commentary on Genesis:313-316 루터에 따르면, 우리는 하나님의 섭리적인 함께 함이 "날이 좋든 나쁘든" 우리에게 따른다는 약속에서 살아간다. 프로테스탄트 신학은 보통 하나님의 구원의 섭리적 조치를 강조하려고 칼빈을 의지한다. 칼빈이 이 본문을 "주목할 만하다"라고 하는 것은 놀랍지 않다. Calvin's Commentaries:377-381 실제로 우리는 칼빈의주석에서 루터 이상으로 인간의 행동의 움직임을 은밀하게 인도하는 하나님을 강조한다는 것을 발견할 수 있다. 칼빈은 하나님이 은밀하게 사건들을 통제하는 것에 직면하여 여전히 책임을 지는 방식을 논의하려고 애쓴다. 하지만 마지막으로 사건들에서의 하나님의 숨겨진 함께 함이 "악한 계획"을 선한 것으로 바꾼다는 것을 제외하고는 거의 말할 수없다. 사건을 통제하는 하나님의 섭리적 힘과 하나님이 사람들에게 역사를 이뤄나가도록 부여한 자유 사이의 관계는 신비로 남아 있다. 이 수수께끼는 여기서처럼 이야기 양식으로 진술되며, 아마도 사례를 들어 보여줄 수 있지만 결코 최종적으로 명확해질 수는 없다.

교회 생활에서의 본문

요셉 이야기에서 이 장은 깨진 가족이 완전히 파멸할 위험에 놓인 것을 보여주면서, 이전 이야기에 기반을 둔다. 많은 이슈가 이 에피소드 곳곳에서 나오는데, 너무 많아 여기서 모두 다룰 수는 없다. 이슈들 일부는 여기서 나오지만 나중에도 계속되고 예를 들어 용서와 화해와 같은50:2 이슈들에 대한 논의는 미뤄질 것이다. 이제 우리는 한 가지 주제만 보겠는데, 이야기 전반에서 세워져 가며, 이 에피소드에서 점차 강렬해지는 주제로, 스스로 자신들의 삶을 형성하는 사건들 통제하지 못하는 것을 알게 되는 사람들의 상황이다.

도입 에피소드에서 모든 등장인물들은 어떤 식으로든 자신들이 희생자로서 경험한다. 형들은 아버지의 편애와37:4 아우의 꿈37:8 때문에 희생당한다. 형들이 증오에서 행동할 때, 요셉과 야곱은 희생자가 된다. 유다와 다말 모두 희생당하는데, 유다는 두 아들의 신비스러운 죽음에 의해 희생당하고38:11 다말은 유다가 두 죽음에 대한 반응에 의해 희생당한다.38:14 이집트에서 요셉은 자기 주인의 아내의 분노와 왕의 시종장의 망각에 의해 희생당한다. 마지막으로 이 장에서 기근과 가혹한 이집트 총리는 야곱과 그의 열한 아들을 희생시킨다.

자신들의 삶이 자신들이 통제하지 못하는 사건들에 영향을 받는 사람들을 묘사해 가면서, 해설자는 가능한 반응의 전체 범위를 그린다. 야곱은 매우 자주 슬픔과 자기 보호의 행동에 빠지며 반응한다. 야곱은 자신의 사랑하는 아들이 죽었다는 소식을 듣고서 위로받기를 거절한다.37:35 야곱은 기근으로 말미암아 둘째 아들을 가라고 놓아주기 전까지는 그 아들에 집착하면서 보호하려고 행동한다. 야곱은 전체 가족의 생명에 좌우될 때에야 베냐민에게 이집트로 가는 위험한 길을 떠나라고 허용하고 그 다음에 숙명적으로 단념한다.43:14 이 이야기에서 한 가족을 책임지는 다른 가장인 유다는, 야곱과 비슷하게 자기 보호의 방식으로 행동한다. 유다는 아마도 자신의 다른 두 아들의 죽음에 연루된 며느리와의 관례에 따른 성관계를 허용하지 않으면서, 자신의 남아 있는 유일한 아들을 보호한다.38:26 매우 자주 책임지는 자리에 있는 자들은 통제도 되지 않고 설명도 안 되는 것에 직면할 때, 먼저 보존하고 보호하려고 행동하는 것 같다.

형들은 통제할 수 없는 것에 대해 분노나 공포로 보통 반응한다. 그들은 기회를 잡으면 요셉을 자신들의 적대감의 희생자로 삼고서 공격한다. 그러나 그들은 기근과 이집트 관료의 권력에 직면하여, 그들은 의지할 자가 거의 없다. 르우벤은 그들 모두가 요셉에게 대했던 증오와 비슷하게 적대감으로 "내가 … 하지 않더냐?"라고 하며 자기 형제들을 공격했다. 하지만 대부분 형들의 발언은 부분적으로 자신들이 이해하지 못하는 사건들과 그들 자신의 상상으로 야기된 혼란을 드러낸다. 형들은 기근과 정치적 권력 사이에 끼어 외적인 사건들 자체만큼이나 그들의 상상의 어두운 면에 의해 희생된 것 같다.

내러티브는 유다가 명백하게 자신의 두 아들의 죽음에 따르는 두려움에서 사로잡힌 것을 보여준다. "셀라도 제 형들처럼 죽을지 모른다고 생각하였다."38:11 알지 못하는 것에 사로잡혀 형들과 심지어 야곱도 자신들의 생각의 어두운 면으로 강화된 두려움에 휩싸였다. 유다는 마침내 자신의 며느리가 제시한 증거에 직면할 때 그 "감옥"에서 벗어난다.38:26 나중에 유다는 이 "자유"를 자기 아버지에게 표현하고43:8-10 마지막으로 힘 있는 이집트 관료와 대면하여 표현한다.44:18-34 이야기의 흐름은 유다가 상황이나 자신의 두려움으로 희생당하기를 거부하는 자로 대두하면서 변한다. 대신에 유다는 상황의 제약이 있지만 결정적으로 미래를 향해 일한다.

다른 두 인물들은 위험한 상황에서 "사전에 대비하며" 반응할 기회를 잡는다. 창세기 39-41장은 요셉을 이런 사람의 모범으로 제시한다. 요셉은 종이며 죄수이지만, 가정과 감옥을 돌보고 심지어 알지 못하는 것 때문에 혼란스러워 하는 자들의 꿈을 해석하면서, 가능한 한 책임 있게 관리한다. 다말도 희생자로 머물기를 거부한다.창38장 다말은 상황이 조치를 취할 법적 여지를 허락하지 않아도, 자신과 가족의 미래를 위한 공간을 마련하면서, 역사가 일어나게 만든다.

내러티브는 또한 요셉과 특히 베냐민을 상황의 완전한 수동적인 희생자로 묘사한다.창37장; 43장; 44장 나중에 우리는 요셉이 자기 형들에게 자기를 죽이지 말아 달라고 호소했다는 것을 들었지만,42:21 내러티브는 우리에게 납치당하는 가운데 요셉에 대해 어떤 것도 말하지 않는다. 요셉은 조용한 희생자로 남아 있다. 베냐민에 대해서는, 그는 결코 이야기에서 말하지 않는다. 베냐민은 어떤 행동도 시작하지 않는다. 우리는 그의 생각이나 감정에 대해 어떤 것도 배우지 못한다. 베냐민은 그의 두려워하는 아버지의 보호의 손길과 그의 힘 있는 형의 간절한 갈망 사이에 끼어 있으면서, 계속 시야에서 숨겨져 있다. 베냐민은 결코 이 침묵을 깨지 않는다. 우리가 침묵 너머 베냐민에 대해 아는 유일한 단서는 요셉이 자신의 정체를 드러냈을 때에 울었다는 것이다.45:14

내러티브는 알지 못하는 것과 통제할 수 없는 것에 대한 인간의 반응의 범위를 잘 보여준다. 이야기는 요셉과 다말과 유다의 적극적인 주도에 달려 있지만, 이것들은 이야기가 가치를 두는 유일한 반응은 아니다. 형들의 적대감으로 말미암아 요셉은 이집트에 가게 됐다. 야곱의 슬픔은 가족의 깨어짐을 표현한다. 모든 적대감과 슬픔, 능동성과 수동성 가운데, 하나님의 함께 함이 숨겨져 있는데, 이는 어떤 다른 요인보다 설명하기 어려우며 신비롭다. 요셉은 이 사건들에서 하나님의 함께 함을 지적하지만 결코 설명할 수 없다. 명백히 여러 번 우리는 통제할 수 없는 상황으로 말미암아 희생당하는 것처럼 하나님의 숨겨진 함께 함으로 희생당한다고 느낀다. 때로 우리는 다말과 야곱과 유다를 비추어 보고, 심지어 십자가에 의해서도 희생당하기를 거부하는 자의 발길을 따른다.

사건 4: 가족의 재회

사전 검토

가족은 이야기의 첫 에피소드에서 감정적으로도 실제적으로도 나뉘었다.37:1-36 요셉이 자신의 정체를 드러내고45:3 형들이 서로에게 말하고45:15 야곱이 제정신이 돌아오면서45:27-28 내러티브 몇몇 긴장은 이전 에피소드에서 해결됐다. 이 에피소드에서 가족은 재회했는데, 이번에는 가나안이 아니라 이집트에서다.

창세기 46장 1절-47장 27절은 우리가 이 이야기에서 익숙했던 신중하게 구성된 내러티브보다는 자료의 모음을 제시한다. 야곱이 하나님과 만나고56:1b-4 야곱 가족에서 이름들을 열거하고46:8-27 요셉의 경제적인 계획을 보고하는 사건은47:13-26 요셉 내러티브 자체에서는 상대적으로 중요하지 않은 기능을 하지만, 이 이야기를 그 앞의 야곱 이야기와 이후의 출애굽 내러티브와 연결시키는 데 도움이 된다. 더 폭넓은 내러티브는 개별 세부내용 이상으로 여기서 우리의 주목을 끌 것이다.

여정에 대한 메모는46:1a, 5-7 이 단락이 시작하는 야곱에게 전하는 하나님의 발언을 둘러싼다.46:1b-4 하나님과의 이 만남에 이어 야곱의 확대 가족의 이름 목록이 나오고, 46:8-27 그 다음에 요셉이 야곱과 재회하며46:28-3 이집트의 바로와 알현이 이어진다. 46:31-47:1 이 단락은 기근 기간의 요셉의 관리에 대한 긴 해설로47:13-26 마무리하는데, 이 해설은

가족이 이집트에 정착하는 일에 대한 두 메모 사이에 놓인다.[47:11-12, 27]

개요

이스라엘의 이동에 대한 보고, 46:1-27

재결합의 대한 보고, 46:28-30

바로와의 알현에 대한 보고, 46:31-47:10

가족의 정착에 대한 보고, 47:11-27

주석적 해설

이스라엘의 이동에 대한 보고, 46:1-27

야곱/이스라엘이 이집트로 이동하는 일을 보고하는 해설은 이 전체 이야기에서 하나님의 유일한 직접적인 발언을 둘러싼다. 이 여정에 대한 메모는[1a, 5-7절] 브엘세바에서 한 번 멈추는 것을 포함해서 가족이 이집트로 이동하는 것에 대한 흩어진 세부내용을 언급할 뿐이다. 문장은 이동이 완결됐다는 것을 분명히 한다. 모든 움직일 수 있는 재산, 특히 모든 사람들이 이집트로 갔다. 명백히 이집트로의 이동이라는 사실은 요셉 이야기의 흐름과 관련이 있다. 히브리 신앙의 중심적인 단언에서는 이스라엘의 모든 사람들은 하나님이 이집트에서 구원한 자녀들이라고 주장된다.

신현, 곧 야곱이 브엘세바에서 하나님과 만나는 사건은1b-4절 이 이야기를 아브라함 이야기가 창세기의 모든 족장 이야기의 전체를 아우르는 주제로서 전하는 약속의 주제와 연결시킨다. 이 만남은 우리가 창세기 다른 곳과 다른 히브리 문학에서 만나는 전형적인 양상을 따른다. 즉, 하나님이 부르고, 그 사람이 응답하고 하나님의 발언이 이어진다.22:1-3; 삼상3:10-14, 참고 다른 발언과 마찬가지로 이 발언은 **나는 하나님이다**라는 하나님의 소개 공식으로 시작하고, 약속이 이어진다.28:13-15, 참고 이 약속은 세 가지 요소를 포함하는데, 이 가운데 두 요소는 이 본문을 아브라함과 야곱 이야기에서 약속이라는 큰 주제와 연결시킨다. 즉, 큰 민족을 이룬다는 약속과12:2 함께 한다는 약속이다.28:15 Westermann, 1980 **하지만 내가 거기에서 데리고 나오겠다**라는 셋째 약속은4절 이 순간을 미래의 출애굽과 연결시킨다. 이 내러티브에서는 야곱이 이집트로 이동하지만 숨겨진 요소는 이스라엘이 이집트로 이동하고 하나님이 이어서 이집트에서 구원한다는 것이다. 이 미래 구원의 매혹은 야곱/이스라엘이 이집트로 이동한 바로 그 순간부터 이야기에서 계속 끌어당긴다.

과거와 미래와의 동일한 연결은 야곱의 이동에 대한 보고를 마무리하는 이름 목록에서도 볼 수 있다.8-27절 이름 목록은 야곱 이야기의 어머니들, 곧 레아와 실바와 라헬과 빌하에 따라 가족을 편성한다. 전통이 서로 다른 가족 목록을 전달했다는 것은 놀랍지 않다. 여기의 이름 목록은 민수기 26장 5-50절과 역대상 2장 1-2절의 동일한 기본적인 목록과는 특히 다르다. 창세기 47장 8절의 목록은 양식 면에서 **이집트로 내려간 이스라엘 사람들 곧 야곱과 그의 자손들의 이름은 다음과 같다**라고 하여 출애굽기를 시작하는 동일한 단어들로 시작한다.46:8; 출1:1 다시 우리는 야곱의 전체 가족이 이집트와 출애굽의 결과라는 강조를 주목한다.

재결합의 대한 보고, 46:28-30

우리는 아브라함 이야기에서 내러티브가 진행되면서 사라와 아브라함에 한 아들이 출생할 것이 기대되는 것을 보았다. 마침내 아들이 출생했을 때, 내러티브는 매우 사무적인 방식으로 이 출생을 제시했다.21:1-3 동일한 역학이 여기서도 발생한다. 이 이야기는 야곱 가족의 온전한 화해와 재회를 갈망했다. 이 재회는 부분적으로 요셉이 자신의 정체를 밝히는 데서 성취됐지만,창45장 온전한 재회는 야곱이 이집트로 이주하기까지 기다려야 한다.

이제 온전한 재회가 일어나고 내러티브는 상대적으로 거의 주목하지 않는다. 해설자는 재회가 감정적인 것이었다고 우리에게 단순히 말할 뿐이다.29절 유일한 직접 화법인 야곱의 발언에서는 자신의 삶과 그것과 더불어 전체 이야기가 성취된다고 선언한다.30절 이야기 자체는 가족이 바로와 알현하는 장면으로 빠르게 진행된다.

바로와의 알현에 대한 보고, 46:31-47:10

바로와의 알현을 준비할 때 아마도 가장 호기심을 끄는 요소는 가족의 직업 문제다. 요셉은 자기 형들에게 자신이 형들을 바로에게 목자로에 촌ro 'eh ṣon로 소개하겠다고 말하면서 시작하는데, 왜냐하면 그들은 "집짐승을 기르는 사람들"안세 미크네' anše miqneh, 32절이기 때문이다. 요셉은 형들에게 자신들을 밝히는 데 "목자"라는 단어를 사용하고, 단순히 그들은 "집짐승을 기르는 사람들"이라고 말하라고 지시한다.34절 그 다음에 장면은 바로의 앞으로 이동한다. 요셉은 자신의 가족을 소개할 때, "목자"라는 단어를 사용하지 않는다.47:1 그러나 형들은 바로에게 응답할 때, 정확하게 요셉이 피하라고 한 단어를 사용하는데, 부정적인 반응을 이끌어내지는 않는다.47:3 [직업: 가축 돌보는 자, 350쪽]

우리에게는 목자들에 대해 이집트에서 선입견이 있다고 제안할 증거가 없다. 이야기의 세부내용을 해결하려 할 때 너무 많은 힘을 들이지 않는 게 현명할 것이다.Brueggemann, 1982:357 이 만남에서의 다른 세부내용도 문제를 일으킨다. 예를 들어 바로는 마치 바로 자신이 요셉에게 그의 가족이 도착한다고 알리는 것처럼 요셉에게 말한다.47:5 아마도 혼란스러운 세부내용 일부는 전통이 전달되면서 발전했기 때문일 것이다.

이렇게 잘 들어맞지 않는 세부내용에 대해 설명이 어떻든지 간에, 우리는 세부내용들이 내러티브에 비치는 영향에 대해 말할 수 있다. 이 가족이 이집트의 왕의 문화로 통합되는 것은 시작부터 불협화음을 드러낸다. 두 세계는 전혀 잘 들어맞지 않는다. 야곱이 두 번 바로에게 축복을 선언한다고 묘사하는 것은47:7, 10 이 제국의 일부로서 이 가족이 조화를 이루지 못한다는 것을 더욱 심화시킨다. 복은 왕이나 제사장의 책임이다. 가나안에서 온 이 나이 든 피난민은 이집트 군주에게 복을 선언할 위치가 아니다. 내러티브에서의 묘한 요소들은 이 땅에서의 이 가족이 조화를 이루지 못한다는 것을 독자에게 느끼게 한다. [이집트, 강의 나라, 348쪽]

가족의 정착에 대한 보고, 47:11-27

이집트에서 가족이 정착하는 일에 대한 메모가11-12, 27절 이 섹션을 둘러싼다. 이 문장들은 요셉이 기근 기간에 관리했던 일에 대한 긴 해설을 감싸는 역할을 한다. 요셉의 행정 조치의 결과는 전체 이집트 사람들에 대한 국가의 통제력을 강화한다.16-19절 바로는 제사장들의 것을 제외하고, 결국 모든 가축과 재산을 소유하게 된다. 나라에 대한 통제력과 아마도 심지어 재앙적인 기근을 헤쳐 나가는 방법을 찾는 요셉의 능력으로 판단할 때, 내러티브는 명백히 요셉의 관리가 훌륭했다는 것을 보여준다. von Rad, 1973:410-411

하지만 요셉의 관리의 결과로 또 다른 역설적인 메모가 특히 47장 21절에서 들릴 수도 있다. 히브리어 본문은 있는 그대로 요셉이 사람들을 성읍으로 옮겼다고 한다. 21절 하지만 더 가능성이 있는 읽기는 그리스어 본문과 다른 본문에서 발견되는데, 요셉이 사람들의 제안을 따랐고 이집트 사람들을 바로의 **노예**로 삼았다고 선언한다. RSV, NIV 바로가 모든 땅을 소유한다는 방식은 주전 1600년 후 이집트의 발전을 반영할 수도 있다. 이것은 또한 바로의 통제와 역사적으로 이 통제에 저항한 제사장 집단의 권력 사이에 있었던22절 긴장을 반영할 수도 있다.

이 일화의 역설은 상실되지 않아야 한다. 이것은 출애굽기 1장 8절의 흔적에서 기록되는데, 거기서 바로는 요셉을 알지 못한 바로가 이집트를 통치하게 됐다고 한다. 이 바로는 히브리인들을 노예로 삼았다. 창세기 47장 21절에서 한 히브리인은 이집트 사람들을 노예로 삼았다. 이야기에 대한 이중적인 비틀기로, 요셉은 그 후 자신의 백성을 노예로 삼게 될 경제 질서를 확립했다. Vawter, 1977:447 우리는 경제적 권력을 사용하고 남용하는 상당한 역사가 이 일화에 반영된다는 것을 느낀다.

성서적 맥락에서의 본문

대부분의 요셉 이야기는 창세기의 다른 족장 이야기들과 명백한 관계가 없이 진행됐지만, 이것이 이 에피소드에서 변한다. 이 에피소드는 되돌아보며, 이전 이야기들을 함께 묶은 약속을 다시 거론하고, 앞을 향해서는 이집트에서의 삶과 이후의 노예화를 예상케 한다. 가족은 바로에게서 어떤 제한도 없이 이집트에 거주하도록 허락받는다. 실제로 바로는 야곱에 의해 복을 받는다. 하지만 가족은 이집트에 그렇게 어울리지 못한다. 이 목자들에 대한 편견이 있다는 암시를 주고, 요셉이 강화하는 데 도움을 준 엄격하게 중앙집권화된 왕의 통제 제도는 불길한 전조로 보인다.

성서 본문은 종종 신앙이 왕의 조직과 전통과는 모호한 관계가 있다는 것을 보여준다. 이 모호함은 이스라엘 자신의 군주제가 대두하는 이야기에서 드러난다. **그 때에는 이스라엘에 왕이 없었으므로 사람마다 자기 소견에 옳은 대로 행하였더라**라는 구절은17:6; 21:25 군주제 이전의 이스라엘을 적절한 통제와 제약이 없던 시기를 특징짓는다. 다른 한편 이런 동일한 역사가들은 왕의 악함이 외국 세력에게 국가가 패하는 데 책임져야 한다고 마무리하는 것 같다. 왕하23:26; 24:3 사무엘의 발언은 백성을 거의 노예화할 왕을 예상한다. 삼상8장 하지만 시편 기자는 왕을 공의와 정의, 평화와 풍요가 하나님에게서 백성에게 오게 할 대행자로서의 왕을 찬양한다. 시72편 군주의 강력한 효율성은 이스라엘을 매혹시켰고, 위협당하고 어려움을 겪는 백성에게 하나님의 선물로 이해됐다. 하지만 신앙은 중앙집권화된 왕 체제에 있는 위험도 경고했다.

동일한 모호함이 기독교 교회가 예수를 이해하려 할 때 신약에서도 나온다. 예수는 유대인의 왕이었지만 다른 왕들과는 달랐다. 예수는 다윗의 왕위를 물려받았지만 이것을 고난당하는 종의 전통과 연결시켜 새로운 인물이 된다.

요셉은 왕의 권위로 경제를 관리했다. 가족은 거의 "왕족과 같은 삶"을 살았다. Brueggemann, 1982:352-358 하지만 아브라함, 이삭, 야곱, 예수의 하나님의 신앙 공동체는 결코 이 세상이 이해하는 대로의 나라에 들어맞을 수 없다. 하나님 나라는 민족들의 통치자들이 결코 본 적이 없는 그런 나라다. 마27:11-12; 눅18:18-25; 요10:22-24; 18:36

교회 생활에서의 본문

위험은 어떤 경제 체계에도 뒤따른다. Brueggemann, 1982:357 신앙의 관점에서 권력을 행사하든지 경제적 효과에 희생자가 되든지 위험은 존재한다. 이 이야기는 위험의 두 측면을 매우 잘 이해한다. 요셉의 이 무대에 처음 소개될 때는 희생자였으며 노예를 팔렸다. 이 에피소드의 마지막에서 요셉은 이집트의 경제에서 가장 강력한 인물로서의 역할을 한다. 형들의 경제적 순례는 목자에서 기근의 희생자가 되고 결국 정착한 피난민이 됐다. 이 이야기에서 이집트 사람들이 가는 경제적인 길은 또 다른 경로를 밟는데, 독립적인 땅 주인에서 노예가 되고, 과도하게 세금을 내는 농부로 전락한다.

경제적 세력의 희생자는 항상 통제하는 자들의 명령에 따라 산다. 기본적인 생존의 문제가 그들의 삶을 지배한다. 신약에서 어떤 저자도 누가보다는 이 위험을 잘 이해하지 못한다. 팔복의 형태로 예수는 하나님의 영역을 생존을 위해 분투하는 자들의 필요를 채울 일종의 경제적 조정으로 알린다.

> 너희 가난한 사람들은 복이 있다.
> 하나님의 나라가 너희의 것이다.
> 너희 지금 굶주리는 사람들은 복이 있다.
> 너희가 배부르게 될 것이다. 눅6:20-21

우리는 성서에서 규범적인 경제 체제를 개념화할 수는 없지만, 성서 본문은 끊임없이 경제 문제에서 공정함에 헌신하도록 강화한다. 우리는 히브리 성서에 개략으로 소개된 안식년과 희년 계획을 통해 부당한 경제적 상황을 시정하려는 시도와 초대 교회에서 기록한 자원의 공유뿐만 아니라, 예언자와 예수에게서 경제적 과오에 대한 비판을 발견할 수 있다. 레25장; 행2장; 4장; 롬15장

이 이야기가 진행되면서 요셉은 위험하게 경제를 다른 목표를 성취하는 압제의 도구로 거의 사용하게 됐다. 요셉은 자기 아버지가 베냐민을 통제하는 것을 포기하도록 하는 데 경제적인 힘을 사용했다. 요셉은 또한 기근을 통해 이집트를 관리했지만 과도하게 중앙집권화된 경제 체계를 도입하는 대가를 치르고서야 관리했다. 내러티브는 요셉의 행위를 직접적으로 평가하지는 않는다. 바로는 요셉이 현명한 관리자라고 믿는다. 우리가 보겠지만, 형들은 요셉의 권력을 계속 경계한다. 50:15-17

이 이야기는 경제 체계가 가난한 자, 굶주린 자, 노예가 된 자뿐만 아니라 부자와 만족한 자, 관리자들에게도 위험에 빠지게 한다는 것을 인식한다. 과도한 경제적 힘의 위험은 이 내러티브에서 암시할 뿐이지만 이어지는 출애굽 이야기에서 초점을 둘 것이다. 성서 전통은 부자들이 하나님 나라에 들어가는 것이 불가능한 것은 아니지만 어렵다는 것을 인식한다. 막10:23-27

마무리하는 사건: 유언

사전 검토

이야기는 야곱과 요셉이라는 두 인물을 중심으로 진행한다. 이야기는 그들 둘이 다른 가족들을 배제하고 어려움을 겪게 하는 부모와 자녀의 연대감을 공유하면서 시작했다. 내러티브는 시간이 흘러 서로에 맞서 각각이 베냐민에 대한 보호 양육권을 얻거나 유지하려 한다. 마침내 야곱과 요셉은 눈물겨운 재회를 한다. 이 재회에 이어, 이야기와 두 주요 인물의 삶은 끝이 났다. 아브라함 이야기와 마찬가지로 ^{창24-25장} 이 내러티브는 유언 활동 즉, 마지막 말과 행동 및 야곱과 요셉의 죽음으로 마무리한다. 성서 전통은 모세, ^{신명기} 다윗, ^{왕상1-2장} 예수 수난 내러티브 같이 많은 주요 인물의 유언 활동을 보존한다. 이 유언 활동은 전통, 책임, 권위와 때로 재산을 다음 세대로 전달하는 것과 관련 있다.

이야기에서 이 마지막 장은 야곱의 유언 활동과 죽음에 주로 할애한다. 야곱의 죽음에 대해 보존된 자료는 잘 들어맞지 않는 퍼즐과 같다. 내러티브는 독자에게 야곱이 이집트로 이주한 후 얼마나 오래 살았는지에 대한 다른 느낌을 준다. 야곱의 발언을 포함해서 어떤 구절은 사건들이 요셉과의 재회에서 나이든 아버지의 죽음까지 신속하게 진행됐다는 것을 시사한다. 족보를 수반한 설명은 17년이라고 말한다. ^{47:28}

형들에게 내린 "복"은 ^{창48장} 고대 부족들의 전해오는 말 형태로 기록된다. 일부에서 히브리어 본문은 너무 혼란스러워서 번역이 매우 다양할 수 있다. 번역가들은 어려운 곳을 해결할 수 없어 과거의 번역을 이어간다. 이런 현상은 많은 표현들에서 일어났다. 그럼에도 우리는 창세기 49장의 번역에 나오는 각주를 봄으로써, 본문의 문제 일부를 이해할 수 있다.

우리는 이 단락에서 추가적인 퍼즐을 찾을 수 있다. 야곱은 요단강 동쪽 아닷의 타작마당 가까이에 장사됐는가?50:10-111 아니면 가나안의 막벨라 굴에 장사됐는가?50:13 이 혼란스러운 요소들에 대한 설명과 이해는 다양하지만, 전반적인 결과는 이야기의 많은 나머지 부분과는 다르게 매끄럽지 못하다.

이 단락의 대부분은 야곱의 유언 활동과 죽음을 보고하지만, 마지막 몇 절은 요셉의 유언 활동과 죽음을 보고한다.50:22-26 두 섹션은 족보를 수반한 설명으로 시작하지만,47:28; 50:22 요셉에 대한 내러티브는 신속하게 형들과의 그의 마지막 말과50:24-25 나아가 그의 죽음과 최소한 이집트에서의 임시적인 장례로 진행한다.50:26 그의 형들이 요셉과 비교해서 나이가 들지 않았던 것 같은 사실은, 이 섹션에 대한 특이한 메모를 제공하는데, 이는 우리가 야곱의 마지막 활동과 죽음에 대한 보고에서 발견한 것과 유사하다.

요셉과 그의 형들 사이의 마지막 대면은 유언 활동과 죽음에 대한 두 보고 사이에 있다 50:15-20 이 만남은 짧지만 이야기에 대한 중요한 신학적 결론을 제공하는데, 이는 두 주요 인물들의 마지막 활동과 죽음과 일치한다.

개요

야곱의 유언과 죽음에 대한 해설, 47:28-50:14

주석적 해설

야곱의 유언과 죽음에 대한 해설 47:28-50:14

47:29-31 맹세 의식장례 요청

야곱의 마지막 행동인 유언은 자신이 가족과 함께 묻히겠다는 요청과 더불어 시작하고 마친다.30절; 49:29-32, 참고 위에서 언급한 대로, 내러티브는 정확한 장례 장소는 분명히 하지 않은 채로 둔다. 여기서 야곱은 **내 조상들**과 함께 묻히겠다고 요청한다.47;30 나중 장례 요청은 다시 **내 조상들**이라는 구절을 사용하지만 아브라함 이야기에서의 막벨라 굴로 구체적으로 표현한다.30절 요셉은 **내가 깎아 만들어 둔**새번역, "내가…준비하여 둔"-역주 무덤에 묻힐 것이라는 요셉의 요청에 대해 바로에게 전달한다.50:5 나중에 내러티브에서는 장례가 요단강 동쪽에서 일어나고50:11 그 다음에 막벨라로 돌아온다.50:13

그 결과는 야곱의 장례를 중심으로 한 헤아리기 어려운 불확실성을 강조하게 됐다. 이 불확실성은 야곱이 처음 요셉에게 말하고 그 다음에 자신의 모든 아들들에게 말할 때 자신의 장례에 대해 걱정하는 것과 일치한다. 야곱은 자유롭게 행동할 수 없게 됐을 때, 맹세로 미래와의 관계를 통제하려고 노력한다. 29-31절 야곱이 요셉에게 헤세드*hesed*, 충성, 사랑, 선대를 요구하는 것은 다시 우리에게 이 단어의 힘을 떠올리게 한다. 헤세드는 다른 사람이 심각하게 곤경에 처한 것에 반응한 자의 자발적인 행위와 관련된다. 야곱은 심지어 맹세로 약속을 확고히 하려고 헤세드에 호소할 수 있다. 하지만 그가 죽자마자, 야곱의 헤세드 요청은 요셉의 자발적인 행동에 달려 있다. Sakenfeld, 1978 야곱이 자기 조상들 및 가족의 미래에서의 자신의 자리와 연결되는 것은 요셉과 그의 형들의 손에 달렸다. 야곱은 이들을 신뢰할 수 있는가?

48:1-7 입양 의식

어떤 족보 목록에서, 요셉은 주요 이름으로 나온다. 창49장; 신33장 하지만 다른 족보 목록에서는 요셉을 언급하든지 언급하지 않든지 에브라임과 므낫세가 지파 단위로 열거된다. 민1장; 삿5장 이 입양 의식은 이 두 전통을 함께 묶는다. 이 본문에 따르면, 에브라임과 므낫세는 요셉의 아들이 아니라 야곱의 아들이 된다. 5-6절 총애 받던 요셉을 이렇게 대체하는 것은 이야기의 끝에서 또 다른 거슬리게 하는 요소가 된다.

야곱이 라헬의 죽음에 대해 언급하는 것은 이 마지막 장면에서 최소한 구경꾼들을 혼란스럽게 하면서 더욱 혼란을 가중시킨다. 9절 다시 우리는 다른 방식으로 이 절이나 이 절의 문맥과의 연관성에 대한 이유를 설명할 수 있다. 하지만 48장 7절의 결과는 임종 장면에 생생함을 더한다. 예상치 못하게 야곱은 자신이 죽기 전에 가족의 문제를 정리하려 할 때, 자기 아내 라헬의 죽음을 언급하는데, 이는 죽어가는 아버지에게 여전히 있는 기억이다.

우리는 야곱의 이 발언이 이성적인 견실함이 더 이상 중요하지 않는 자들의 마지막 순간을 정확하게 반영하는지 궁금하다. 죽어가는 자의 생각은 종종 자신들의 논리에 따라 움직인다. 그들은 자신들의 삶을 기록하려는 게 아니라, 자신들이 없이도 가족을 미래에 대해 친숙하게 하거나 그들이 죽었을 때 여전히 중요한 그들의 삶에 있는 것을 전달하려고, 자신들의 과거의 순간들을 선별적으로 택한다. 살아 있는 자들은 명백히 발언에 대해 논리적인 진전을 요구하고, 그 논리가 죽은 사람들의 기억에 있는 이상하거나 오래된 대화라고 생각한다.

48:8-20 에브라임과 므낫세 축복

우리는 먼저 어린 자녀가 맏아들보다 사랑받는 주제를 먼저 가인과 아벨에게서 만났다. 우리는 동일한 주제를 가족 이야기 전반에서 발견했다. 이스마엘보다는 이삭이 사랑받고, 에서보다는 야곱이 사랑받으며, 요셉이 그의 모든 형들보다 사랑받는다. 여기서 다시 야곱의 주요 축복은 므낫세보다는 어린 에브라임에게 향한다.

이 에피소드는 야곱의 축복과창27장 매우 비슷하게 시작한다. 다시 장면은 죽어가는 족장의 침상이다. 거의 눈이 먼 사람이 자기 앞에 서 있는 자를 인식할 수 없다. 그러나 야곱과 달리 요셉은 자신 앞에 서 있는 자기 아버지에게 어떤 속임수도 쓰지 않고 심지어 복의 의식이 정확하게 이행되도록 아들들을 배치한다.13절

야곱은 이제 자신의 아들이 된 손자를 축복하지만 요셉이 그들을 배치한 대로는 아니다. 어린 아들에게 복의 오른손을 두고, 다른 아들에게는 왼손을 얹어 어린 아들을 선호한다. 요셉은 의식에 끼어들어 이 "잘못"을 바로 잡으려 한다.18절 하지만 야곱은 북 왕국 이스라엘에서 지배적인 무리가 된 지파의 조상 이름인 에브라임을 선호하면서, 자기 손을 그대로 유지한다. 축복의 말 자체는 므낫세보다는 에브라임을 선호한다는 것을 보여 주지 않는다.15-16, 20절 의식과 요셉의 반대에 대한 야곱의 반응에서만 에브라임을 편애한다. 축복의 말은 가족의 과거를 두 아들의 미래와 연결시킨다. 이 이야기에서 줄곧 가족을 이끈 동일한 하나님에게 미래에 가족을 번성케 하도록 간구한다. "이스라엘"이라는 이름과 가족에 대한 풍요의 약속이 이제는 새로운 세대의 유산이 된다. 아이들은 약속을 받는데, 이 약속은 창세기의 족장 이야기에서 줄곧 엮인 복에 대한 약속의 확장이 된다. 에브라임과 므낫세는 하나님이 축복하는 공동체의 모델이 되도록 앞세워졌다48:20[창세기에서의 복, 352쪽]

48:21-49:32 작별 발언

야곱의 유언을 다루는 내러티브는 족장의 연속된 세 발언으로 마무리한다. 첫 발언은 요셉을 대상으로 한다.48:21-22 이 발언은 하나님이 함께 한다는 약속을 반복하는데, 이는 야곱 이야기에서 창세기의 "약속"의 진행에 추가된 요소다.26:3 보통 하나님이 함께 한다는 약속은 이동할 때와 관련하여 대두한다.Westermann, 1980:141-143 예를 들어 약속은 야곱이 가족의 고향으로 이동할 때 왔다.28:15 하지만 이 내러티브는 함께 한다는 약속을 출애굽이라는 미래의 여정과 연결시킨다. 야곱의 작별 발언은 다시 이 가족의 순례가 창세기가 끝나는 곳 이집트에서 끝나지 않을 것이라는 것을 알린다.

요셉에게 하는 작별 발언, 48:21-22 요셉에게 하는 야곱의 작별 발언은 불가사의한

언급으로 마무리한다. 22절 야곱은 요셉에게 자신이 그 지역의 주민들에게서 취한 "어깨" 세겜 šekem을 준다. 히브리어 단어는 고유명사 세겜일 수도 있거나, *The Jerusalem Bible*을 보라 통칭적으로 **산비탈**을 가리킬 수도 있다. 히브리인들이 세겜을 정복한 사건을 분명치 않게 가리킨 것이 창세기 34장의 강간 이야기 배후에 있을 수도 있다. 그러나 창세기 34장에서 야곱은 속임수를 쓴 정복이라고 비난한다. 그럼에도 우리는 가나안에 히브리인들이 정착한 초기에 야곱 부족이 정복했을 수도 있는 어떤 산비탈에 대해서도 알지 못한다. 야곱이 세겜šekem을 요셉에게 물려준다는 것은 독자에게 신비의 요소, 심지어 혼란을 남겨둔다.

모든 형제에게 하는 작별 발언, 49:1-28 야곱의 아들들에게 하는 발언도 일부 혼란스러운 요소가 있다. 일부는 몇 절들을 번역하면서 갖는 문제에서 온다. 예, 4, 21, 22, 24, 26절 도입은 가족의 운명에 대한 신탁을 기대하게 한다. 1절 몇몇 신탁은 이런 양식으로 나타난다. 예, 유다에 대해, 8-12절과 요셉에 대해, 22-26절 하지만 축복의 순서에서 우리는 신탁이 아니라 잠언을 발견한다. 예, 납달리, 21절과 베냐민, 27절 몇 가지 긴장감이 이 작별 발언과 이 발언이 발견되는 이야기 사이에 나타난다. 예를 들어, 에브라임과 므낫세는 그들이 아들로 입양됐다는 사실에도 불구하고 언급되지 않는다. 아마도 이 오래된 시는 이 시가 나중에 통합하게 된 이야기와 분리되어 전달됐을 것이다.

그럼에도 야곱의 죽음을 배경으로 하는 시는 독자의 관심을 더욱 더 미래를 향하게 하는데, 심지어 출애굽을 넘어 이스라엘의 민족으로 나아가게 한다. 이렇게 이 발언은 후손들이 북과 요셉 남에서 유다 지배적인 무리가 될 것이라는 것을 강조한다. 유다에게 발언은 부와 권력, 곧 정말로 왕의 메시아적 권력의 시대를 내다본다. 요셉에게 복이라는 단어는 여섯 행에서 여섯 번 반복된다. 25-26절 즉, 하늘과 깊은 곳과 태에서의 풍요가 요셉의 후손을 이끌 것이다. [창세기에서의 복, 352쪽]

시는 가족의 미래에 복뿐만 아니라 어려움도 있을 것이라 표현한다. 복과 권력뿐만 아니라 흩어짐, 침범, 소요가 가족에게 따른다. 이 모두를 통해 가족은 과거에도 그랬던 것처럼, 하나님의 복을 미래로 이어가는 자가 될 것이다. 49:28

야곱의 장례 요청, 49:29-32 야곱의 유언은 독자들에게 죽어가는 조상의 첫 요청, 곧 그가 가나안에 자기 조상들과 함께 묻히겠다는 요청으로 돌아가게 한다. 29-31절 자신의 조상들과 묻히려는 희망은 히브리인들이 죽음에 대한 접근에 중심적이었다. 일반적으로 이것은 가족 무덤이나 가족의 땅에 장사되는 것과 관련된다. 그러나 조상들과 함께 묻히려 하는 욕구는 장례의 지리적 위치보다 더 깊은 욕구를 가리킨다. 장례는 죽음조차도 가족의 유대를 깰 수 없다는 희망을 띤다.Kaiser and Lohse, 1981:51 조상들과 함께 묻힌다는 것은 이 유대감을 확고히 하는 데 기여했다.

야곱은 자신의 장례 요청을, 이 족장들 이야기의 시작에서부터 가족을 이끌어 온 땅에 대한 약속에서 근거로 삼았다.12:7 어떤 면에서 이 공동체를 함께 묶는 약속은 가나안이라는 땅과 관련 있다. 하나님의 섭리로 가족의 미래는 풍요와 바로의 나라 이집트가 아니라, 기근과 약속의 땅 가나안에 있다. 야곱의 장례 요청은 두 번 반복되는데47:29-31; 49:29-32, 이 요청은 노인이 고향에 묻히고자 하는 향수에서 요구하는 것이 아니라, 하나님의 미래에 대한 믿음을 진술하는 것으로 나온다.

49:33-50:14 죽음과 장례

두 번째 장례 요청 후에49:33 야곱은 마지막 숨을 거두는데, 이는 독자가 47장 31절 이후로 예상한 것이기도 하다. 요셉의 울음은 모든 긴장의 순간들과 이집트에서의 가족의 변화의 흔적을 나타내며,42:24; 43:30; 45:15; 46:29; 50:1, 17 또한 그의 아버지의 죽음의 흔적을 나타낸다.

장례와 애도는 히브리 사람들과 이집트 사람들이 함께 하는 일이 된다.50:1-3 고고학은 이집트가 고대 어떤 민족들보다 시체를 보존하는 데 신경을 많이 썼다는 것을 보여준다. 이집트의 장례 관습은 최소한 과거만큼이나 편안하게 미래를 위해 죽은 자를 준비하도록 하는 정교한 의식을 포함했다. 히브리 장례 전통은 훨씬 단순한 것 같지만, 이스라엘조차도 시체는 그 사람의 삶을 존중할 뿐만 아니라 미래에 대한 관심에서 적절하게 다뤄져야 한다고 주장했다. 죽은 자가 평안하게 스올에서 안식하는 게 산 자와 죽은 자에게 중요했다.Kaiser and Lohse, 1981

야곱의 죽음은 결국 매우 정교한 애도 의식으로 끝난다. 가나안 사람들은 장례 행렬과 의식을 놀라며 바라보았다.50:11 보통 죽음과 장례의 성서 내러티브는 이 순간을 굉장히 자제하며 묘사한다.아브라함, 25:8-10; 모세, 신34:5-8; 다윗, 왕상2:10, 참고 하지만 여기서는 아니다. 싸우며 삶을 개척해나갔던 야곱은 극적으로 삶을 떠난다. 창세기의 절반 이상을 뻗어나간 야곱의 삶에서 가족이 신뢰와 배반, 빈곤과 풍요, 잔치와 기근, 헤어짐과 재회의 순간들을 지나가는 것이 목격됐는데, 이 모두는 하나님의 약속과 섭리 내에 있다. 신뢰하든 배반하든 야곱/이스라엘은 결코 중심 무대에서 멀어지지 않았다.

요셉과 그의 형제들의 만남에 대한 보고 50:15-21

중심인물이 떠나면 어떤 사회 구조에서도 불확실성이 야기된다. 야곱이 죽을 때 불안이 이 가족에 엄습한다는 것은 예상치 못한 일은 아니다. 우리는 아버지가 죽을 때 형들의 두려움을 이해할 때, 그들이 변하지도 않았고 마음이 좁다고 생각할 필요는 없다. 과거 가족 문제는 구체적인 사회적인 맥락에서 해결됐다. 형들의 죄와 요셉의 권력 사용은 가장으로서의 야곱을 포함한 맥락에서 화해했다. 하지만 야곱의 죽음으로 가족은 극적으로 변했다. 해결이 가능했던 사회적인 맥락은 더 이상 없다. 예상치 못한 한 목회자의 사임, 정치적인 한 인물의 갑작스러운 제거는 한 가족에서의 중심인물의 죽음처럼 이런 맥락에 동일한 영향을 미칠 수 있다. 공동체 내에서의 모든 관계가 영향을 받는다. 한 식구가 죽어 가족이 모일 때, 그들은 가족의 미래에 대한 염려를 헤쳐 나가야만 한다. 예를 들어 형제와 자매는 부모가 죽었을 때 어떻게 잘 지낼 것인가?

요셉의 발언은 그들의 관계를 다시 규정하는 과정을 시작한다. 50:19-21 발언 전에 내러티브는 다시 요셉의 눈물로 이집트에서의 가족의 긴장의 순간을 주목한다. 50:17b 두려워하지 말라는 확신의 공식을 언급한 후에, 요셉의 발언은 **내가 하나님을 대신하기라도 하겠습니까?** 라는 이해하기 어려운 질문으로 이어간다. 50:19 수사적 질문은 "아니다"라고 대답하기를 기대한다. 표면적으로 단순한 "아니다"는 형들에게 거의 문제를 명확히 하지 못하는데, 형들은 그들이 어떤 입장을 취해야 하는지 확신하지 못하기 때문이다. 그러나 이것은 요셉이 첫 만남에서 행사했던 자신의 왕에 의한 권력을 내세우거나 재개하지도 않을 것이라고 선언하면서, 그 권력을 내려놓은 한 방법일 수도 있다. 수사적 질문에 모호함이 남아 있지만, 이 발언을 이끌어 가는 요소는 두 번 반복되는 **두려워하지 마십시오** 라는 확신의 공식이다. 50:19, 21 Brueggemann, 1982:372-373 요셉은 미래의 자신의 행동이 과거 잘못을 복수하는 것이 아니라 삶을 증진시키며 신뢰할 수 있다고 선언한다.

가족은 하나님의 의도 때문에 미래를 신뢰할 수 있다. 요셉의 발언은 하나님의 "의도"와 형들의 "의도"를 대조시킨다. 50:20 형들은 악을 의도했으나 하나님은 선을 의도했다. 형들은 한 사람에게 죽음을 의도했으나 하나님은 많은 이에게 생명을 의도했다. 하나님의 의도가 압도했고 효과가 있었으며 형들의 의도를 앞질렀다. 요셉의 발언은 우리 모두가 "알고" 싶은 것이지만, 하나님의 의도가 어떻게 효과가 있었는지 정확하게 우리에게 말하지 않는다. 요셉의 발언은 우리에게 이를 알려주지 않지만, 인간의 드라마 가운데 하나님의 의도를 성공적으로 이끄는 하나님을 찬양하라고 유도한다. 요셉의 발언 가운데 이 한 진술은 창세기의 많은 신학을 포착한다. 곧 침해를 넘어 창조와, 불임을 압도하는 복,

갈등을 지우는 화해가 있다. "형님들은 나를 해치려고 하였지만, 하나님은 오히려 그것을 선하게 바꾸셔서, 오늘과 같이 수많은 사람의 생명을 구원하셨습니다."50:20

문자 그대로, 요셉 이야기는 끝이 난다. 이 마지막 장면에 나오는 두 요소들은 요셉 이야기의 첫 장을 되풀이한다. 형들은 독자에게 내러티브가 시작한 꿈의 마지막 시간을 상기시키면서, 요셉 앞에 엎드린다.37:7; 42:6; 42:26; 44:14; 50:18 Gunkel, 1910:490 형들은 위로를 받는데, 이야기의 첫 에피소드에서는 불가능했던 위로다.37:35; 50:21 Brueggemann, 1982:377 가족의 미래를 통제하는 말은 여전히 가슴에서 나오지만, 이야기가 시작한 악한 말과는 매우 다르다.37:2; 50:21 이렇게 연결된 말들을 통해, 내러티브는 이 가족의 이야기를 예술적으로 통합하고 끝을 맺는다.

요셉의 유언과 죽음에 대한 해설 50:22-26

하지만 가족 이야기는 아직 끝나지 않았다. 이 짧은 에필로그는 이 장을 마무리하고, 동시에 다음 세대를 열고 있다. 한 세대가 다음 세대를 이어갈 수 있도록 하는 하나님의 복은 창조를 질서정연하게 제시할 때부터창1장 이 마지막 족보를 수반한 설명까지23절 내러티브를 뒷받침했다. 하나님의 복은 하나님의 진노의 거친 홍수와 사라와 아브라함의 설명되지 않는 불임에도 계속됐다. 인간의 이야기가 한 장을 넘어 이어질 수 있도록 한 이 조용한 복은 가족을 훨씬 깊이 미래로 이끌 것이다.

요셉의 작별 발언도 미래를 내다본다.24-25절 이 이야기에서 유일하게 요셉의 발언은 족장 이야기를 처음부터 인도하는 약속의 전통을 사용한다.24절 Brueggemann, 1982:379 이집트에서 풍요로웠지만 이 땅이 고향은 아니었다. 이집트는 약속의 땅이 아니었다. 고향에 대한 약속은 이 "시작" 책에서 성취되지 않는다. 이 약속은 이스라엘을 **이집트 땅 종살이하던 집에서 이끌어** 낼 것이며,출20:2 그들을 **저 아름답고 넓은 땅, 젖과 꿀이 흐르는 땅**으로 끌어낼 것이다. 출3:8

요셉의 장례 요청은 부와 권력, 식량과 명예를 가져다 준 땅에서 그를 떨어지게 한다.25절 요셉도 가족 이야기에서의 자신의 순간이 사람들의 미래와 연결되기를 원한다.야곱의 장례 요청, 49:33, 참고 요셉은 자신의 생애를 신실하게 꿈에 따라 살며 보냈다.37:5-11 요셉이 이집트에서 방부제 처리가 될 때 이 꿈은 끝이 난다. 하지만 이 꿈들은 더 큰 약속의 일부일 뿐이었으며, 요셉은 공동체에게 하나님이 약속을 위해 임하도록 기다리라고 요청한다.

성서적 맥락에서의 본문

성서 전통은 행위와 결과 사이의 관계를 매우 잘 안다. 고대 근동에서와 마찬가지로 이스라엘에서의 지혜 교사는 일상생활을 위한 많은 충고를 전달했는데, 이는 좋은 행동이 우정, 건강, 명예와 같은 좋은 열매를 맺고 악한 행동은 질병, 비참함, 빈곤과 같이 어려움을 야기한다는 경험에 근거한다. 신약에 보존된 가장 기억되는 한 잠언은 "사람은 무엇을 심든지, 심은 대로 거둘 것입니다"라고 동일한 것을 말한다. 갈6:7

이 잠언이 일상생활과 심지어 하나님과의 관계에 아무리 기본적이라고 해도, 하나님의 백성의 이야기와 실제로 모든 사람들은 이런 단순한 공식으로 축소될 수는 없다. 당시의 재앙이 자신의 어떤 행동의 결과로도 설명될 수 없을 때, 이 잠언은 욥에게는 이해되지 않는다. "형님들은 나를 해치려고 하였지만, 하나님은 오히려 그것을 선하게 바꾸셔서"라는 요셉이 형들에게 한 말은 행동과 결과의 양상이 깨어지는 또 다른 경험을 제시한다. 욥은 부당한 재앙을 경험했고 야곱 가족은 받을 자격이 없는 은혜를 경험했다.

루터는 창세기 50장 20-21절에 대해 쓰면서, 하나님의 사람들이 이 본문을 선한 결과가 나올 것이라는 기대에서 악한 행동을 용서하거나 심지어 조장한다고 잘못 읽을까봐 걱정한다. *Commentary*, II:364 칼빈도 선한 행위와 좋은 결과, 악한 행위와 나쁜 결과의 양상이 삶의 기본적인 전제로 이해돼야 한다고 주장하는 데 관심을 가진다. *Commentaries on Genesis*, II:488 우리는 항상 요셉의 형들과 마찬가지로 행위와 결과 사이의 직접적인 관계는 결국 작용할 것이라고 기대해야만 한다.

그럼에도 가끔씩 공동체는 하나님의 뜻밖의 일에 직면한다. von Rad, 1973:73, 125 그러나 올바른 삶의 질서가 성서적 믿음에 깊이 스며들어 있다. 그럼에도 이스라엘은 이집트의 마아트*Maat*에 상응하는 존재가 없는데, 그는 정의와 질서, 행위와 결과의 관계를 **보장했다**. 성서적 믿음에서도 결과의 문제는 하나님에게 속한다. 롬12:19 그러므로 하나님의 사람들은 최소한으로 기대할 때, 하나님의 은혜에 놀라게 될 것이다. 세상인 범죄와 징벌의 고유의 법칙에 축소될 수 없고, 하나님의 파악하기 어려운 함께 함으로 고려해야만 한다. Terrien, 1978

수난 기념일과 부활절은 하나님의 세계에서 놀라움의 요인에 대한 기독교 신앙에서 모범을 나타낸다. 예수의 삶의 결과는 십자가로 이어지지 않았어야 했다. 하지만 예수는 십자가에 못 박혔고 악에 의해 놀랐다. "나의 하나님, 나의 하나님, 어찌하여 나를 버리셨습니까?" 막15:34 셋째 날 하나님은 선으로 모든 인류를 놀라게 했다. **하나님께서 사람들의 죄과를 따지지 않으시고, … 세상을 그리스도 안에서 자기와 화해하게 하신 것입니다.** 고후5:19 요셉의 형들은 부활절에 우리를 놀라게 한 동일한 하나님에 의해 놀랐다. "형님들은 나를 해치려고 하였지만, 하나님은 오히려 그것을 선하게 바꾸셔서." 20절

교회 생활에서의 본문

야곱과 요셉의 유언은 다음 세대에 막 끝나가는 삶의 유산을 전하는 것과 관련된 다양한 활동을 보여준다. 야곱은 각 아들에게 말한다. 야곱은 번영과 밝은 전망뿐만 아니라 폭력과 침해를 기대하면서 미래에 대해 완전히 현실적인 것 같다. 반면에 요셉의 발언은 가족에게 하나님이 임할 것이며 가족이 고향으로 돌아올 것이라는 희망을 전달하면서, 전체 가족을 다룬다. 유언은 공식적으로 다음 세대에 자신들의 새로운 계기를 다루게 될 유산을 주면서, 전환의 계기를 마련한다.

이런 과정은 다음 세대뿐만 아니라 시간이 끝나가는 세대에게도 유익하다. 이것은 거의 끝난 삶의 마지막을 받아들이는 방법의 역할을 한다. 야곱 자신의 삶은 의도적으로 삶을 마무리함으로써 정당함이 인정된다. 야곱은 처음에는 자기 형과 그 다음에는 자기 아들들 사이에 끊임없는 가족의 갈등 가운데 살았던 삶에서조차도 전달할 것이 있다. 여전히 야곱은 하나님의 복의 분명한 표시를 지니고 있으며, 이 복이 자기 후손들에게 전달되게 했다.

요셉의 삶은 하나님을 가끔 찾고, 자기 아버지가 만났던 극적인 하나님의 계시가 전혀 없는 가운데 외국 땅에 살았다. 그럼에도 요셉은 자신의 마지막 발언에서 다음 세대에게 하나님의 임함을 기꺼이 기다리는 가운데 그 임함이 숨겨지고 지연되는 것 같더라도, 삶을 하나님의 함께 함이 드러나는 것으로 이해하도록 가르칠 수 있다.

우리는 수난 내러티브라고 부르는 예수의 유언 활동에서 동일하게 요약하고 전달하는 것을 볼 수 있다. 예, 막11:1-16:8 예수의 함께 함으로 함께 묶인 지속되는 공동체, 고난의 구속적인 가치, 헌신의 유산은 예수가 명백히 자신의 마지막 발언과 행동에서 자기 "후손들"에게 전한 몇 요소들을 표시한다. 이런 유산 활동에서 예수의 삶은 그의 전체 사역을 무효할 정도로 위협하는 사건인 십자가에 직면해서도 정당함을 인정받았다. 막달라 사람 마리아가 제자들에게 "주님을 보았다"라고 보고하는 그 주의 첫 날에, 요20:18 이 정당함을 인정받는 것이 완성된다.

하지만 야곱과 요셉의 유언은 미래를 통제하지 못한다. 그들은 다음 세대에 통제권을 넘겨준다. 맹세가 보증된다고 해도, 야곱은 자신의 장례, 가족의 미래에서 자신의 위치를

보장할 수 없다. 사실 야곱의 죽음과 장례를 다룬 내러티브는 이 지점에서 혼란스럽다. 요셉도 이집트나 가나안에서 자신의 유산을 처리할 힘이 없다. 요셉에 대해 알지 못하는 한 세대가 이집트에서 성장했고, 그 결과는 압제였다. 예수는 자기 사역을 인정받을 것이라는 것을 보장할 수 없다. 심지어 제자들 가운데서도 많은 이들은 이 사역이 십자가형의 선고에도 지속될 수 있을지 의심했다. 우리는 유언 활동에서 요약하고 전달하는 일뿐만 아니라 미래에 대한 깊은 걱정의 말들도 발견할 수 있다. 즉, 야곱이 두 번 반복하여 자신의 장례를 요청하고, 예수는 하나님에게서 버려진다는 느낌을 전한다. 유언 활동은 상실, 걱정, 슬픔을 포함한다.

많은 이들이 우리가 어떻게 죽을지를 알지 못하는 문화에 산다. 마지막 행동은 필사적으로 병원이 경고하고 가족들이 서둘러 모이는 것이 될 것 같다. 우리가 떠나는 세계는 야곱과 요셉이 떠나는 가족 세계가 아니다. 하지만 아마도 우리 조상들의 유언의 기사들을 깊이 귀 기울여, 교회는 그리스도인들이 자신의 삶을 마무리하는 대안적인 방법을 찾을 수 있다. 우리에게는 이상적인 조상의 과거를 회복할 수 있다는 기대는 전혀 없지만, 아마도 우리는 우리 자신의 삶을 요약하고 다음 세대가 하나님의 미래로 발을 들여놓을 때 그들을 도울 수 있는 방법을 찾을 수 있다.

창세기의 개요

제2부 아브라함과 사라의 이야기

창세기 11:27–25:18

제3부 야곱의 이야기

창세기 25:19–36:43

제4부 요셉 이야기

창세기 37:1-50:26

에세이

가족 이야기에서의 약속

약속이라는 주제는 아브라함, 야곱, 요셉의 전체 이야기에 걸쳐 있다. 약속은 창세기 12장 1-3절에서 이야기를 시작하게 한다.

> 내가 너로 큰 민족이 되게 하고,
> 너에게 복을 주어서,
> 네가 크게 이름을 떨치게 하겠다.
> 너는 복의 근원이 될 것이다. 12:2

약속은 내러티브 전반에서 전혀 예상치 못한 방식으로 예상치 못한 장소에서 다시 나타나고, 마침내 마지막으로 죽음을 앞 둔 요셉의 발언에서도 반복된다.

나는 곧 죽는다. 그러나 하나님께서 반드시 너희를 돌보시고, 너희를 이 땅에서 인도하여 내셔서, 아브라함과 이삭과 야곱에게 맹세하신 땅에 이르게 하실 것이다. 50:24

각 사람과 약속과의 관계는 이야기에 나오는 각 인물의 삶의 방향에서 결정적인 역할을 한다. 아브라함, 이삭, 야곱은 약속을 이어가는 자로서 각 에피소드에 나온다. 반면에 롯, 이스마엘, 에서는 이 이야기에서 약속을 감당하는 자들이 아닌 자로서 살아간다. 약속이 왜 어떤 이에게는 맡겨지고 다른 이에게는 맡겨지지 않았는지에 대한 이유는 제시되지 않는다. 이것은 하나님의 선택의 신비로 남아 있다.

우리는 창세기 12-50장 전체를 포괄하는 우산으로서 약속에 대해 말할 때 이 주제를 지나치게 일반화하는 위험을 무릅쓴다. "약속"은 매우 구체적이며 사실은 단수가 아니라 복수다. 우리는 하나만 나오거나 여러 개가 조합해서 나오는, 최소한 네 가지 약속을 확인할 수 있다. Wetermann, 1980:1-30 땅에 대한 약속은 아들에 대한 약속과 마찬가지로 18:10

종종 홀로 발견된다.[12:7] 그러나 어떤 본문에서 한 아들에 대한 약속은 많은 자손에 대한 약속으로 보강된다.[15:4-5] 자주 나오는 조합은 많은 후손에 대한 약속과 복에 대한 약속의 결합이다.[17:6; 22:17] 복과 "별과 같이 많은" 후손에 대한 약속의 결합은 자연스럽게 다산을 허락하는 복에서 나온다.

땅, 아들, 후손, 복은 모두 다양한 본문들에서 약속된다. 우리는 도움이나 보호[26:3, 24; 28:15; 31:3]와 언약[17:7-8]과 같은 다른 약속을 지목하기를 원할 수도 있다. 이런 약속들은 전반적으로 나오지는 않는다. 그럼에도 우리는 약속의 주제가 축약되거나 단순한 방식으로 있는 것은 아니라는 것을 잊지 않아야 한다. 대신에 우리는 한 우산 아래 함께 모인 다른 약속들을 발견한다.

약속의 다양함을 기억하는 것은, 우리가 성취를 고려할 때 중요해진다. 이야기들은 모든 구체적인 내용에서 약속이 실현되지 않은 채 끝난다.[히11:13] 아브라함 이야기의 중심에는 아들에 대한 약속이 있다. 이삭의 출생으로 성취된다. 우리는 야곱의 아들들의 출생으로, "많은" 자손에 대한 약속의 실현을 발견할 수 있다. 여러 개별 이야기들은 복의 약속이 실현됐다고 인정한다.[26:12-13] 땅에 대한 약속만이 어느 정도 성취된다는 것이 없다.[50:24] 그러므로 약속과 성취는 창세기의 이야기를 넘어 뻗어간다. 성취는 이 내러티브를 넘어서서 가리키면서도 족장 이야기 내에서도 일어난다.

블레셋 사람들에 대한 연대 추정

창세기 20장 1-18절과 21장 22-34절은 아브라함이 블레셋 족속의 땅 그랄의 아비멜렉과 갈등 관계에 있다고 묘사한다.[21:32, 24, 참고] 창세기 26장은 이삭이 "블레셋 족속의 왕" 아비멜렉과 갈등 관계에 있다고 묘사한다. 조상들과 블레셋 사람들과의 이런 관계는 주요한 연대 추정의 문제를 야기한다. 고고학은 블레셋 사람들과 거주한 성읍으로서의 브엘세바의 존재를 대략 주전 1200년 이후로 연대를 추정했다. 족장 가족들은 보통 소위 중기 청동기 시대인 대략 주전 1700-1500년으로 연대가 추정됐다.

이런 연대의 불일치로 말미암아 어떤 이는 아브라함과 이삭과 야곱의 연대를 주전 1200년으로 옮길 것을 제안한다. 예를 들어, Comfeld 이는 히브리 역사에서 예를 들어 출애굽 사건과 같은 다른 연대에 대한 어려움도 야기한다. 다른 이들은 아브라함과 이삭 이야기는 이 성읍들과 사람들의 용어로 이 지역을 아는 후대 청중들을 위해 이야기의 위치를 지정하고자 브엘세바와 블레셋이라는 이름을 사용하지만, 이 성읍과 사람들은 이삭 당시에는 존재하지 않았다고 제안한다. 또한 다른 이들은 블레셋의 고립된 식민지가 2천년기 초기에 팔레스타인에 나타났다고 제안한다. 네 번째 제안은 히브리인들의 초기 역사에 대한 재구성이 될 것이다. 우리는 이런 초기 역사를 확고한 연속된 사건들로 생각하는 데 익숙했다. 이것은 이스라엘의 이른 시기의 역사를 이해하는 가장 적절한 방법이 아닐 수도 있다. 아마도 족장 이야기들은 다른 시대와 장소와 히브리 집단이 관여한 사건들을 직선적인 이야기 형태로 다시 들려줄 것이다.

아담

히브리어 단어 아담¹ᵃᵈᵃᵐ은 창세기 2-3장에서 24번 나온다. 아담이라는 단어는 매우 밀접하게 관련된 히브리어 단어 아다마,¹ᵃᵈᵃᵐᵃʰ "땅," "지면"과 동일한 히브리어 문자를 사용하는데, 이는 창세기 2-3장에서 8번 발견된다. 히브리어 어휘사전을 살펴보면, 성경의 아담이라는 단어가 자주 인간을 집단으로 가리킨다는 사실을 알게 될 것이다. 때로 아담은 여성과는 구별되는 남성을 가리킬 수 있다. 하지만 우리는 3장 22절, 24절뿐만 아니라 1장 26절과 9장 6절에서 아담을 통칭하는 용법이나 집단을 가리키는 용법을 확인할 수 있다.

우리 이야기에서 동일한 단어를 거듭 반복한다면, 문법 교사는 반복이 되지 않도록 동의어를 찾으라고 촉구할 것이다. 하지만 반복은 히브리어 내러티브에서 흔한 일이다. [히브리 내러티브의 특성, 359쪽] 반복되는 핵심어나 주요 단어독일어로 Leitwort는 내러티브를 함께 묶는 접착제 역할을 한다. 이 내러티브 기술을 사용하는 것은 이런 반복들이 이야기에 있는 특별한 초점에 주목하게 할 뿐만 아니라, 이야기의 끝까지 청중을 이끌어가는 말로 전하는 이야기의 유산이었을 수 있다. Alter, 1981:88이하

내러티브는 그 핵심 단어에 대해 하나의 구체적인 의미만을 사용할 수도 있지만, 보통 한 단어는 가능한 의미들의 범위를 지닌다. 종종 이야기는 단어가 나타나고 다시 나타날 때 다른 뉘앙스를 사용하면서, 내러티브 전반에서 이런 다양한 의미들에서 도출한다.

창세기 2-3장은 아담의 여러 의미들을 사용한다. 우리는 "땅"아다마에서 만들어진 "사람"아담을 발견한다. 이 땅은 그 다음에 아담인류의 불순종 때문에 저주받는다. 게다가 내러티브는 아담을 집단적으로 사용하는 것과 남성을 가리키는 데 사용하는 것 사이를 오간다. 이야기는 남성을 강조하지 않은 단어의 사용으로 시작하는데, 하나님은 땅아다마에서 사람아담을 만들었다.2:7 내러티브가 진행하면서, 이 핵심어의 의미는 변경되어, 두 성별이 구별되는 곳에서 아담은 남성을 지목한다. 최소한 2:22까지 그럼에도 집단적인 의미는 나중에 다시 나온다.3:22, 24 3장 19절의 발언이 그 사람을 향할지라도, 땅으로 돌아갈 자

는 그만이 아니다. 아담보다는 모든 인류가 땅으로 돌아갈 것이다.

언약

언약이라는 단어는 하나님과 인류 및 인류들 사이의 관계에 대해 이야기하는 중요한 방법을 성서 전통에 제공했다. 어떤 학자가 제안하듯이, Eichrodt, 1961 언약이 성서의 중심적인 주제이든 아니면 그 관계를 묘사하는 많은 핵심 비유 가운데 하나이든, 언약의 중요성은 의심할 수 없다. 창세기에서 언약은 홍수 사건 이후 하나님과 온 인류의 관계, 창9장 하나님과 아브라함의 가족, 15:17 아브라함 및 이삭과 아비멜렉의 관계창21장; 26장에 대해 말하는 본문에 나온다.

언약에 대한 어떤 논의에서도 우리는 언약을 이해하고자 그 용어를 과도하게 단순화하는 필요성이라는 위험을 감수한다. 언약은 연속된 특성을 열거함으로써 묘사할 수 있는 개념이 아니다. 오히려 언약은 관계를 이해하는 방식과 관련된다. 관계에 대한 이 방식이나 관점의 특징적인 요소들은 하나님의 공동체가 순례를 계속할 때 변할 수 있고, 실제로 변했다.

때로 성서의 "언약"은 그 언어를 고대 근동에서 조약이 맺어지는 방식에서 빌려왔다. 때로 언약 언어는 남편과 아내, 형제와 자매, 부모와 자녀라는 가족 구성의 세계에서 온다. 다른 언어도 언약을 묘사하는 데 사용될 수 있는데, 친족과 같은 다른 형태의 사회 조직이나 심지어 자연에서 언어를 빌려오기도 한다.

구약의 언약에 대한 논의를 체계화하는 한 가지 흔한 방법은 언약의 두 가지 다른 흐름이나 길에 대해 말하는 것이다. 이 흐름 가운데 하나는 언약의 핵심 표현을 시내 산에 대한 출애굽기 자료에서 찾는다. 시내 산 내러티브는 언약을 공동체가 여호와의 백성으로서 받아들이는 책임율법을 강조하는 두 당사자 사이의 조약으로 이해한다. 하나님은 속박 가운데 있는 무리를 구출하여, 그들을 백성으로 삼았다. 이 공동체는 하나님의 백성으로 책임 있게 살고자 자신들의 구원자와 언약을 맺는다. 언약 백성이 동의한 책임을 심각하게 어길 때 관계에서의 균열이 일어나게 될 것이다. 백성은 **나의 백성**이 아니게 될 수도 있다. 호1:9

언약 전통의 두 번째 흐름은 다윗과 아브라함에 대한 본문에서 그 표현을 찾을 수 있다. 이 언약 전통은 백성들을 위하고 그들과 함께 하겠다는 하나님의 무조건적인 약속을 강조한다. 확실히 이 언약적 관점은 책임이 언약의 백성들에게 달려 있다고 이해한다. 하지만 강조점은 누구도 "떼어놓을" 수 없는 관계에 대한 하나님의 은혜로운 선물에 있다.

창세기 21장과 26장에서 우리는 아브라함/이삭과 아비멜렉 사이에 작용하는 두 당사자 사이의 언약을 볼 수 있다. 두 사람은 둘의 목자들이 지키는 우물에 대한 그들의 행위와21장 아마도 더 일반적인 관계에 대해서도창26장 규정하는 "언약을 맺었다." 이 경우 두 당사자 사이의 언약은 맹세와 아마도 식사나창26장 상징적인 선물로창21장 확정됐다. 이 언약에서 주요 강조점은 관련된 당사자들의 책임과 의무에 있으며, 이런 식으로 시내 산 자료에 있는 언약에 대한 관점을 반영한다.

창세기 15장과 17장과아브라함 이야기 창세기 9장은홍수 이야기 다윗 자료와삼하7장 비슷한 언약 전통을 반영한다. 다양한 방식으로 본문은 이 관계에 대한 하나님의 "영원한" 약속을 강조한다. 창세기 9장에서 언약의 징표나 상징인 무지개는 하나님이 잊지 않도록 언약을 떠올리게 하는 역할을 한다. 창세기 15장에서 한 당사자인 하나님이 언약 의식에서 쪼개진 짐승 사이로 지나가는데, 이는 언약의 책임을 떠맡는 것이다. 창세기 17장에서 선택된 단어들과 이 단락의 구조에 의해 선물이라는 언약의 성격이 강조되는데, 이 단락에서 아브라함은 말할 기회조차 가지지 못한다.

확실히 이 언약 본문 각각은창9장; 15장; 17장 인간의 반응, 아마도 심지어 구체적인 행위가 언약의 일부라는 것을 보여준다. 창세기 9장은 사도행전 15장에 따르면 지상의 교회가 지속한 구체적인 행동을 언급하면서, 삶의 선물을 존중하는 행위에 대해 말한다. 창세기 15장은 신뢰나 신앙이라는 면에서 아브라함의 반응에 대해 말한다. 창세기 17장은 아브라함 가족이 언약의 징표로서 남성 구성원들을 위해 포함의 의식에 참여하도록 요구한다. 그럼에도 이 언약 본문들은 관계에 대한 하나님의 약속이 하나님의 언약 상대자들에 의한 이런 반응들에 달려 있다고 말하지 않는다. 인간의 유동적인 반응이 아니라 하나님의 변함없는 사랑이 언약을 보호하는 근거가 된다.

구약에 있는 언약에 대한 두 관점은 교회에도 여전히 중요하다. 다윗과 아브라함 언약의 무조건적인 선물에 대한 강조가 사라진다면, 언약은 그 미래에 대해 사람들의 올바른 행위에 달려 있는 법적인 계약이 되고 말 것이다. 부정한 행위는 관계의 미래에 대한 최종적인 위협으로 다가온다. 하지만 시내 산 언약의 강조점이 상실된다면, 언약은 그들이 무슨 일을 하든지 상관없이 하나님이 그들을 위할 것이라고 언약 백성이 당연하게 여기도록 하면서, 안전할 것이라고 잘못된 의식을 제공할 수 있다. 하나님이 시작한 언약은 선물과 책임을 모두 포함한다. 때로 우리는 하나를 말할 수 있고, 때로 다른 것을 말할 수도 있다.

이집트, 강의 나라

요셉 이야기의 많은 부분은 이집트를 히브리어로 미츠라임misraim 배경으로 한다. 내러티브는 이야기의 장소를 이집트로 확인할지라도, 우리에게는 구체적인 시대를 제공하지 않는다. 동일한 것을 아브라함이 이집트를 방문하는 내러티브에 대해서도 말할 수 있다. 창12장 고고학은 우리에게 팔레스타인에서 온 집단이 이집트에 일시적으로도 장기간으로도 정착한 현상과 이집트와 가나안 사이의 경제적 교류와 외교적 교류의 막대한 증거를 제공했다. 고고학은 요셉 이야기나 아브라함 이야기와 같은 상황이 일어났음이 틀림없는 시기를 확인해주지 않는다. 많은 학자들은 이야기들, 최소한 요셉 이야기를 이집트가 힉소스 왕조의 지배를 받았던 시기에 위치시킨다. "힉소스"라는 이름은 이집트의 북쪽 지역에서 강의 나라로 이주한 혼합된 집단을 가리킨다. 이 "외국 통치자들"은 이집트를 대부분의 주전 18세기와 17세기 동안 통치했다. 이집트의 바로가 가나안에서 온 사람들을 받아들이고 고용했을 수도 있는 역사적 시기를 찾는다면, 힉소스의 시기가 한 가능성이 될 수 있다.

그럼에도 요셉의 연대에 대한 어떤 결정도 대부분 우리가 자료를 연대기적으로 위치시키려는 바람에서 유래한다. 이야기를 우리에게 전달한 자들은 명백히 우리보다 이런 연대에 대해 관심을 가지지 않았다. 실제로 요셉 내러티브에서 발견되는 하나의 시간과 관련된 이름인 "라암세스 지역"은47:11 보통 힉소스 시기로 여겨지는 것보다 훨씬 후대의 시기를 가리킬 것이다. 실제로 이집트에 있는 족장 가족들, 아브라함과 사라창12장, 요셉창 37-50장에 대해 서술한 사건들은 많은 시기에 들어맞을 수 있다.

이집트 역사에서의 정확한 시기보다 이 족장 이야기에서 중요한 것은 정치적으로 강력하고 음식이 풍부한 나라로서의 이집트의 전통이다. 이집트의 정치적 힘과 군사적 힘은 종종 가나안 주민들에게 위험이 됐다. 그러나 때로 가나안 사람들은 예를 들어 북쪽 이웃 나라들과 같은 다른 훨씬 강력한 나라들의 위협에서 도움을 구하러 이집트를 의지하곤 했다. 가끔 가나안의 한 도시 국가는 또 다른 도시 국가의 위협에서 이집트에 도움을 구하곤 했다.

이집트의 주요 자원인 나일 강은 이집트의 장점과 약점 모두의 중심지였다. 사람들 모두 이 한 강을 따라 모였으므로, 나일 강은 사람들을 위한 통일의 원천을 제공했다. 하지만 이집트 사람들이 강에 약 1천km를 뻗어 정착했으므로, 이 강을 따라 있는 사람들은 나뉘고 자신의 방식으로 사는 경향이 있었다. 특히 상 이집트남부 이집트의 데바라는 강력한 도시와 하 이집트삼각주나 북부 이집트의 멤피스 사이의 갈등이 심각했다. 이집트는 내부 문제에도 불구하고, 가나안 사람들에게 강력하며 위엄 있는 나라로 종종 대했다. 젤29:3, 참고 이스라엘이 이집트와의 관계에 대한 전통을 전달할 때, 이것이 중요한 요소였다.

이집트는 창세기의 족장 이야기에서 힘 이외에도 음식을 의미했다. 나일 강은 가나안 의 빈약한 물의 상황과 비교할 때 매우 안정적이며, 음식을 위한 상대적으로 지속적인 물 의 원천을 제공했다. 게다가 이집트 남쪽 산악 지대의 많은 강우량으로 말미암아 강이 주 기적으로 범람하게 됐는데, 이는 농장 지대를 상류지역에서의 풍부한 토양으로 덮었다. 비록 나일 강을 따라 얇은 띠 모양의 땅이 경작될 수 있었지만, 이 지역의 경작 지대는 팔 레스타인의 경작 지역보다 훨씬 더 주기적으로 음식을 제공했는데, 팔레스타인 지역에서 는 겨울마다 강우량이 주로 수확의 양을 결정했다.

가나안 주민들이 이집트를 향해 남쪽을 보았을 때, 그들은 위엄 있는 힘과 주기적인 수 확을 보았다. 이스라엘의 이 나라와의 만남에 대한 보존된 이야기들은 이 두 가지 요인들 을 중심으로 한다. 이스라엘의 관점에서 특정 시기는 이런 요소들에 크게 영향을 미치지 않았다. 그러므로 우리가 이집트 이야기를 들을 때, 이스라엘이 강력하고 풍요로운 이집 트 땅에 대해 끌리고 두려워하는 것을 경험하는 것보다, 이야기를 연대기적으로 위치시 키는 것이 우리에게는 도움이 되지 않을 것이다.

족보 읽기

우리는 보통 성서 본문에 있는 족보를 읽지 않는다. 이름들은 발음하기 어렵고 반복은 지루하다. 우리는 족보를 어떻게 읽어야 할지, 족보를 어떻게 이해해야 할지 알려고 노력 한다. 때로 우리는 다른 족보들의 목록 사이의 긴장을 발견한다. 예를 들어, 창세기 4장 17-26절에 발견되는 이름들도 창세기 5장 1-32절에 나오지만, 이름 일부는 다른 순서로 나오고 약간의 차이는 있다. 보통 우리는 이런 차이를 알아차릴 정도로 면밀하게 족보를 읽지는 않는다.

우리 문화에서 정확하게 누가 혈연과 결혼으로 누구와 연결되는지 알려고 족보를 기록 한다. 우리는 그들의 다양한 구분 사이에 복잡한 관계로 되어 있는 정교하게 나뉘는 족보 를 발전시킨다. 우리는 이런 정교하게 나뉜 족보를 성서에서 좀처럼 발견할 수 없다. 고대 이스라엘에서 족보의 기능은 자료를 기록하는 것이라기보다는 무리를 이루는 것에 대해 말하는 것이다. 족보는 이스라엘의 가정과 정치와 종교 생활의 다른 측면을 묶고 정돈한 목록이다. R. R. Wilson, 1977:38-45 우리가 성서 족보를 우리의 것과 같도록 요구한다면, 모 든 관계가 들어맞도록 하여 "옳게" 나오도록 강요하게 될 것이다. 이렇게 하면 우리는 상당히 좌절하고, 족보에서 찾을 수 있는 것을 놓칠 수도 있다.

아마도 우리는 성서 족보를 읽을 때 다른 질문을 묻는 것을 배울 수 있다. 각 족보가 왜 특정 장소에서 나오는지를 물음으로써 우리는 시작한다고 가정해 보자. 종종 우리는 내러티브 섹션의 끝이나 때로 시작에서 이런 목록을 찾을 수 있다. 족보는 거기에 위치하여, 내러티브를 끝내는 역할을 하거나, 다음 내러티브로의 전환을 가리킬 수도 있다. 예, 창36장 목록은 내러티브에서 중요했거나 중요할 다른 사람들과 구분하면서, 어떤 사람들을 함께 묶을 수도 있다. 예, 창25:12-18 또는 족보는 사람이나 집단을 그 뿌리, 즉 가족이나 종교적 또는 정치적 뿌리에 묶는 역할을 할 수도 있다. 예, 마태복음의 예수 족보

둘째, 우리는 목록에 흐름에서 중요한 것을 두드러지는 것을 보려면 족보 내부를 들여다 볼 필요가 있다. 가장 반복이 잦은 족보에서도, 우리는 차이점을 찾아 주목할 수 있다. 항상은 아니지만 종종 이런 차이점은 우리에게 오는 대로의 족보에서의 중요한 요소들을 알린다.

셋째, 우리는 이 목록이 왜 전달됐는지를 알려면 족보를 면밀하게 볼 필요가 있다. 예를 들어, 창세기 4장 17-22절은 다양한 직업을 함께 묶는 데 기여했으며, 창세기 10장은 다른 민족 집단을 배치했다. 족보는 우리에게 이스라엘이 어떻게 세계와 공동체의 질서를 이해하는지에 대해 많은 것을 말해 줄 수 있다.

족보는 결코 좋아하는 본문이 될 수 없을지도 모른다. 그러나 우리가 족보를 어떻게 읽어야 할지 배울 때, 단순히 누가 누구를 낳았는지에 보다는 다양한 종류의 정보를 발견할 수 있다.

직업: 가축 돌보는 자

창세기 46장 32-34절에서 요셉은 자기 가족이 이집트의 관습을 배우도록 돕고자 한다. 요셉은 그들에게 자신들을 "목자"로 묘사하지 말라고 충고한다. 대신에 그들은 자신들을 "가축을 돌보는 자" 새번역, "짐짐승을 길러온 사람들"-역주라고 소개해야 한다. 우리는 초기 히브리인들의 직업을 묘사하려고 계속 노력한다. 가축을 돌보는 자, 목자는 우리가 할 수 있는 최선의 것이 될 것이다.

과거에 우리는 그들을 묘사하는 데 "유목민"이나 심지어 "반 유목민"을 사용했다. "유목민"이라는 용어는 문제를 야기한다. 우리 히브리 조상들은 주전 2천년기 또는 아마도 심지어 3천년기의 여러 다른 시대로 추정될 수 있다. 우리는 이 어떤 시기에도 삶의 방식으로서의 유목 생활에 대해 거의 알지 못한다. Dever and Clark:70-148 아마도 최소한 유목민

은 자신들의 가축을 위한 물을 찾으러 주기적으로 이동하는 무리를 의미한다. 창세기 내 러티브는 우리에게 그들이 이런 의미에서 유목민들이었다고 결론 내릴, 그런 히브리 가 족들의 모습을 제시하지 않는다.Matthews:215-218 이런 고대 가족들의 삶의 방식을 묘사하 는 용어로서, "유목민"이나 심지어 "반 유목민"이라는 단어를 없애고, 대신에 더 적절한 용어를 찾는 게 신중해 보일 것이다.

"목자"pastoralist는 그들의 주요 삶을 목축에서 얻는 사람들을 묘사한다. 목축pastoralism 은 많은 형태를 띨 수도 있다. 매우 일반적으로 목자는 한 장소에서 정착하지만 다른 장 소에서 가축들을 돌보도록 일부 구성원들을 보내곤 한다. 목초지 장소는 계절과 강우량 에 따라 달라질 것이다. 어떤 학자들은 이 목자들이 자신들의 집에서 매우 멀리 가곤 하 고, 아마도 심지어 새로운 장소에 머물기도 한다고 제안한다. 그러나 보통 그들은 집에서 가까이 머물고, 주기적으로 집에 돌아온다. 요셉 가족과창37장 유다 가족은창38장 이런 유 형의 목축을 반영하는 것 같다. 아마도 이 목자들의 집의 영역은 가까웠거나 작은 마을에 있었을 것이다. 종종 그들은 마을 주변 땅에서 농경에도 종사했을 것이다. 최소한 창세기 내러티브의 일부는 이 마을 목자들과 가까운 도시 지역 사이의 적대감을 나타낸다.창34장

어떤 목자들은 아마도 기후나 정치적 환경 때문에 한 지역에서 다른 지역으로 이동하 면서 이보다 더 이동이 잦았을 수 있다. 아브라함 이야기는 기근 때문에 이동한 것에 대해 말하고창12:10-20 이삭 이야기는 이웃의 적대감 때문이라고 한다.창26장 다른 이동은 가족 의 다툼이나 인구의 증가, 심지어 개인의 선택 때문이었을 수도 있다. 하지만 끊임없이 이 동하는 삶의 방식유목 보다는 목축herding이라는 직업이 창세기 내러티브에 반영된 목축 pastoralism의 주요 특징이었던 것 같다.

아마도 우리는 요셉의 충고를 받아들이고 이 히브리인들을 가축을 돌보는 자라고 불러 야 할 것이다. 우리는 그들에 대해 생각할 때, 주로 한 장소에 사는 확대 가족부족을 떠올 려야 한다. 어떤 가족 구성원들은 한 동안 가축을 돌보러 다른 장소에 갔다. 다른 이들은 아마도 농경에 종사했을 것이다. 전체 부족은 마을을 형성했거나 이미 존재했던 마을에 있었을 것이다. 우리에게 이것은 불안정한 삶의 방식, 곧 항상 가뭄의 위기에 사는 것 같 다. 실제로 이것은 가축을 돌보는 히브리인의 삶이었다.

창세기 1-3장에서의 남자와 여자

존 칼빈1509-1564은 창세기 2-3장의 내러티브가 호의적인 복종이라고 부를 수도 있는, 남자와 여자 사이의 관계를 묘사한다고 이해했다. 칼빈은 이 본문을 신약 본문과예, 고전

11장 관련하여 해석하면서, 하나님을 꼭대기에 두고 그 다음에 남자와 마지막으로 여자를 두는 창세기에서의 계층으로 보았다. 불순종이나 타락이 이 계층에 적대감과 가혹함을 끌어왔다. *Calvin's Commentaries*:129-130 칼빈의 입장은 교회에서의 다수의 이해를 반영한다.

그러나 마틴 루터1483-1546는 이 본문을 다르게 이해했다. 불순종 이전에 남자와 여자는 "모든 면에서 동등했다." *Luther's Commentary*:55, 82 지배와 복종의 관계가 불순종의 결과로 이어졌고, 창조의 비전에 속하지 않았다. 교회는 가끔 루터의 해석을 기억했다. Menno Simons:113, 참고 현재는 루터의 관점이 수정되기는 했지만 재발견됐다.

이 본문에 대한 칼빈의 이해에서 떠나는 이유들은 다음과 같다.

1. **그에게 적합한 돕는 사람**새번역, "그 남자를 돕는 사람"-역주이라는 구절에서 어떤 것도 남자에게 우선권이 주어진다는 것을 암시하지 않는다. 다른 곳에서 "돕는 사람"에제르 *'ezer*이라는 단어는 하나님을 "돕는 이"이라고 묘사한다. 시121:1-2 새번역, "도움"-역주 사실 히브리 시의 같은 뜻의 행에 있는 용어의 용법은 어떤 이에게는 여기서의 단어가 "힘"을 의미한다고 암시했다. 신33:29; 시115:9-11 Friedmann:56-58

2. 여자가 "남자에게서" 취한 재료로 만들었다는 진술은 여자가 남자보다 "열등하다"는 것을 의미하지는 않는다. "남자에게서"라는 구절은 남자와 여자 사이의 친밀한 관계를 묘사한다. 비슷한 관계에서, 아담' *adam*은 **땅에서**2:7 취한 재료로 만들어졌다. 여자와 남자는 서로 상응한다. 동물들은 중요하다고 해도 이런 식으로 상응하는 것들이 될 수 없다. 인간 공동체의 창조 이야기에는 구조와 계층의 진술이 아니라 상호의존과 친밀함에 대한 진술이 이어진다.

3. 창세기 1장 26-27절은 남자와 여자의man and woman 관계를 창세기 2-3장과는 다르게 이해하지 않는다. 창세기 1장은 그들을 남자와 여자로 창조하셨다라고 다른 언어를 말한다. 1:27, male and female 그러나 이것은 하나님이 창조하고 예수 그리스도를 통해 재창조되는 동일한 공동체로, 상응의correspondence 공동체다. 롬5:17

창세기에서의 복

우리는 종종 약속이 창세기에서 지배적인 주제라고 생각한다. 하지만 복의 주제가 사실 중심일 수 있다. 창세기는 하나님이 복을 통해 창조에 활기를 불어넣는 것으로 시작한다. 곧 인류와 동물과 일곱째 날을 축복한다. 1:22, 28; 2:3

하나님이 그들에게 복을 베푸셨다. 하나님이 그들에게 말씀하시기를 "생육하고 번
성하여 땅에 충만하여라. 땅을 정복하여라. 바다의 고기와 공중의 새와 땅 위에서
살아 움직이는 모든 생물을 다스려라" 하셨다. 1:28

이야기는 야곱과 요셉의 유언과 유언 활동으로 마무리한다. 둘은 복의 발언을 포함한
다.

이들은 모두 이스라엘의 열두 지파이다. 이것은 그들의 아버지가 그들을 축복할 때
에 한 말이다. 그는 아들 하나하나에게 알맞게 축복하였다. 49:28

복은 때로 이야기, 예를 들어 야곱과 에서의 이야기에서 중대한 요소로 표면에 드러나
면서, 내러티브를 통해 나타난다. 때로 복이라는 주제는 숨겨지거나 사라진다. 하지만 창
세기의 이야기들은 결코 오랫동안 복이라는 주제를 제쳐 두지는 않는다.

복을 허락한다는 것은 풍요와 번영과 활력을 불어넣으면서, 받는 자에게 힘을 준다. 복
은 개인뿐만 아니라 공동체에게 생명을 가져오면서, 한 무리 안의 사람들의 유대감을 강
화한다. Scharbert: 303 이삭과 야곱이 죽기 직전에 자신들의 자녀를 축복하는 장면은 명백
히 고대 사회에서의 흔한 관습을 반영한다. 그러나 이스라엘과 다른 곳에서 축복하는 것
은 성소에 있는 제사장의 특별한 책임이 된다. 복은 모든 종류의 성장에 대해 힘이 되므
로, 출생, 죽음, 결혼, 대관식, 씨 뿌리는 계절과 수확과 자연스럽게 연결된다. 하지만 복
은 또한 사람들이 모이고 흩어질 때의 인사에 흔한 일이다. 복이 동료나 부모나 제사장에
게서 부여되든지 그것은 하나님에게서 오는 복이다. 복은 자연과 인간 공동체에서 하나
님의 끊임없이 힘을 주는 함께 함을 가리킨다.

복은 창세기에서 이렇게 두드러지는 주제이므로, 다른 다양한 본문과 상황에서 나타나
고, 몇몇은 매우 놀랍다. 한 사람의 마지막 유언의 일부로 축복하는 행위는 흔한 일이지
만, 한 복만을 허락한다는 것은 특이하다. 창27장 더욱 흔하게 우리는 각 아이가 복을 받고
잘못이 수정될 수 있는 야곱의 경우를 발견한다. 창48-49장 창세기 2장 6절의 일곱째 날에
대한 복은 복을 매우 특이하게 사용한 사례다. 곧 안식일은 생명을 새롭게 하고 회복하는
힘이 주어진다. 창세기 32장에서 야곱은 싸움에서 복을 쟁취한다. 전통적으로 복은 쟁취
하거나 얻는 것이 아니라, 주어지거나 허락된다.

정확하게 복을 베푸는 전통은 창세기에서 또 다른 특이한 용법이 있는데, 그것은 복에

대한 약속이다. 우리는 창세기에 익숙하므로, 약속으로서의 복은 놀랍지 않게 보일 수도 있다. 하지만 복의 전통은 복을 미래에 대한 약속이 아니라, 현재에 대한 선물로 기대하게 한다. 하지만 아브라함 이야기는 정확하게 복에 대한 약속으로 시작한다.12:1-3 아브라함은 축복받은 자로 시작하지 않고, 그의 삶에서 그리고 주변 사람들과 그 사람 이후의 사람들의 삶에서 복이 일어날 것이라고 약속받는 자로서 시작한다. 아브라함에게 활력과 풍요, 안전과 안식은 즉각적으로 주어지지 않고 약속받는다.

복의 약속을 통해, 축복은 하나님의 사람들의 역사의 일부가 된다. 복은 인사와 예배와 유언에서뿐만 아니라, 일상 모든 삶을 통해서 받는다. 복의 약속 가운데 산다는 것은 사람이 오늘은 아니더라도 아마도 내일이나 최소한 언젠가 축복을 발견할 것이라는 것을 알면서 매일의 삶을 진행한다는 것을 의미한다. 우리는 축복한 하나님이 거기서 우리를 만날 것이라는 약속으로 미래에 향해 간다.

창세기의 역사적 연구

창세기의 기원과 성장에 대한 제안은 종종 열기를 띠는 상당한 논쟁을 불러일으켰다. 한 가지 유명한 제안이 19세기 후반 율리우스 벨하우젠Julius Wellhausen, 1899의 연구를 통해 일반적으로 인정받았다. 벨하우젠은 우리가 받은 대로의 오경창세기, 출애굽기, 레위기, 민수기, 신명기이 4세기에 걸친 문학적 과정의 최종 산물이라고 제안했다.

벨하우젠에 따르면, 이 오경의 내러티브의 가장 초기의 것은 대략 주전 850년에 유다 왕국와 연관되어 발전했다. 이 자료는 여호와독일어로 Jahve라는 하나님의 이름을 특징적으로 사용한 것에 대해 "J"라고 불렸다. 수도 사마리아가 대략 주전 721년 앗시리아의 침략으로 멸망한 후에 북 이스라엘의 내러티브 요소가 결합됐다. 이 이스라엘 또는 에브라임 자료는 창세기의 하나님의 이름에 대해 엘로힘Elohim을 사용하는 것을 따라, "E"라고 불렸다. 주로 법적인 다른 에브라임 자료는 네 번째 자료인 "D"신명기에 대해의 토대를 형성했다. 이 신명기적 자료는 주전 621년 요시야의 개혁과 연결됐다.왕하22장, 참고 오경에 포함되는 가장 마지막의 내러티브 자료는 바빌로니아 포로기와 그 후에주전 586-539년 제사장 무리에서 유래됐다. 이 6세기 또는 5세기의 "P" 자료는 다른 자료에 보존되지 않은 제의 법과 일부 내러티브 자료로 구성됐다.

이 자료설이나 문서설은 벨하우젠과 다른 이들이 제안한 이후 당시 활발한 논평과 중요한 비판을 겪었다. 어떤 이는 이 제안과 창세기가 성장과 발전의 과정에서 기인한 것이라는 어떤 제안도 비판했으며, 대신에 단일 저자 가설, 예를 들어 모세 저작권을 주장했다. 예, Young; Harrison 다른 이들은 문학적 발전에 대한 일반적인 가설을 받아들였다. 하지만 어떤 이는 거의 오경 자료가 바빌로니아 포로기 이전으로 확고하게 연대를 추정되지 않는다고 주장하거나예, Van Seters, 1975 문학적 자료를 일반적인 문서들이 아니라 마틴 노트Martin Noth 1972; 예, Rendtorff가 사용한 것과 같은 구체적인 주제들을 중심으로 구성한다. 또 다른 이들은 자료의 상당부분이 문학적 형태를 갖추기 오래전과 심지어 그 후에도 성소, 가정, 마을 광장에서 전달됐다고 제안하면서, 전통의 구전 전달이 오경의 발전에 매우 중요한 역할을 했다고 주장했다. 예, Gunkel, 1910, 1964; Knight 1975, 참고

게하르트 폰라트와 마틴 노트는 오경의 구전과 문학적 발전의 종합적인 모습을 제시함으로써, 논의에 집중했다. 이 이슈에 대한 근본적인 논의 이외에도von Rad, 1966; Noth, 1972 노트와 폰라트는 그 사이에 오경의 모든 다섯 권에 대한 주석서를 썼다. 이제는 반세기가 지난 그들의 기본적인 연구는 점차 비판받았지만, 어떤 종합적인 제안도 많은 지지를 얻는 데는 성공하지 못했다. cf. Knight, 1985

어떤 이들은 창세기의 기원과 성장에 대한 논쟁을 따라, 우리가 현재 발견한 대로의 창세기의 문학적 특성을 탐구했다. 예, Alter, 1981; Coats, 1983; Fishbane; 많은 다른 학자들 그들은 책의 최종 형태의 형성을 탐구하고자 최소한 일시적으로 전통의 성장에 대한 문제를 제쳐두었다. 이런 문학적 분석은 결코 새로운 것은 아니지만, 성서 연구에서 이 방법론을 최근 사용한 것은 새로운 가능성을 여는데, 이는 창세기를 해석할 신선한 방법을 제공할 뿐만 아니라, 성서의 이 첫 책인 창세기의 기원과 발전에 대해 오랫동안 논쟁한 무리들에게 공통적인 임무를 제공했다.

창조와 진화

과학 공동체와 종교 공동체 사이의 빈번한 논쟁에서 창세기 1장이 주목을 받는다. 오래전에 코페르니쿠스1473-1543와 갈릴레오1564-1642는 당시에 과학과 종교 사이의 긴장 관계에 사로잡혀 있음을 발견했다. 이탈리아 사람 갈릴레오를 중심으로 한 논쟁은 그의 업적과 이전의 폴란드 천문학자 코페르니쿠스의 업적이 로마 교회에 의해 금지됐다는 사실에서 절정에 다다랐다. 19세기와 20세기에 비슷하게 찰스 다윈1809-1882과 그의 책『종의 기원』Origin of the Species, 1959에 주목했다.

이런 논쟁이 성서의 진리 대 경험 과학의 진리의 주장으로 제시하지만, 이 긴장이 보통 단순한 이런 진리 주장 이외에 이슈와 관련된다고 발견하기까지 깊이 탐구하지는 않는다. 갈릴레오 당시 로마의 성직자 계층 내에서의 논쟁과 개신교와 가톨릭 사이의 논쟁으

로 말미암아 갈릴레오는 문제의 원인이라기보다는 희생양이 됐다. 정치적 원인과 사회적 원인은 우리 시대에 우리가 너무 가까이 있으므로 보기가 더 어려울 수도 있다. 하지만 우리가 창세기 1장을 신앙을 옹호하고자 "무기를 드는" 데 사용한다면 쉽게 그럴 수 있듯이, 창세기 1장이 다시 희생이 되지 않도록 주의할 필요가 있다.

성서와 과학이 둘 가운데 하나를 선택한다고 여긴다면, 대립은 "성서-과학"의 충돌에서 거의 피할 수 없다. 전투의 열기는 다양한 가능성을 받아들일 수 없다. 하지만 엄격한 교조주의는 과학 공동체나 종교 공동체의 사상을 정당하게 다루지 못한다. 다윈 이후의 생물학의 초기 진화 이론은 생명의 발전을 개별 종의 정적인 질서보다는 한 과정으로 보는 유일한 과학 이론은 아니다. 사실, 종교 공동체의 어떤 이들이 맞서 싸우는 엄격한 진화 이론은 과학적 합의의 결과라기보다는 논쟁의 결과일 수 있다. 마찬가지로 성서는 인류와 자연의 역사가 갑작스럽고 자연발생적인 사건으로 이해하는 신앙의 시험으로 요구하지 않는다. 성서는 우상을 신앙의 시험으로 사용하는데, 우상은 삶과 세상의 하나님의 작품에 대한 어떤 이론도 절대화하는 것을 포함한다. 광신자와 과학자 사이의 전쟁은 가능성을 제한하고, 구체적인 이론을 맹목적으로 집착하게 하는 경향이 있다. 이해와 화해를 향한 노력들은 진리에 최선의 기회를 제공하는 것 같다.

지식은 다양한 방식으로 우리에게 온다. 자연과학은 우리에게 일상생활에 필수적인 자료를 제공한다. 하지만 자연과학은 다른 사람을 "아는" 데 매우 제한적인 방식으로 우리를 도울 수 있으며, 하나님을 "아는" 데는 거의 전혀 우리에게 도움이 되지 못한다. 예를 들어 심리학과 사회학과 같은 사회과학은 우리에게 사람들에 대한 추가적인 것들을 말할 수 있으며, 어떤 면에서는 유용한 방식으로 하나님을 논의할 수 있다. 하지만 이조차도 인간의 관계와 하나님과의 관계에 필요하고 그에 수반되는 "지식"을 제공하지 않는다. 우리가 과학에서 많은 것을 배울 수는 있지만, 종교 공동체에서의 지식은 자연과학자나 사회과학자의 지식보다는 예술가의 지식과 더 공통점을 지닌다. 예술적인 지식으로 말미암아 우리는 과학이 하지 못하는 방식으로 다른 사람과 하나님에 참여할 수 있다. 성서가 하나님의 대한 지식을 표현하려고 할 때, 우연이 아니게도 성서는 내러티브와 시와 노래라는 예술을 통해 표현한다. 이런 식으로 본문은 삶에서의 의미와 목적에 대해 가장 명백하게 말할 수 있다. 창세기 1장은 하나님의 세계에서의 의미와 목적에 대해 알고, 우리에게도 그것을 알라고 경고한다. 지식은 과학 자료에 대한 논쟁으로 축소될 수 없다.

하나님의 형상

하나님은 "하나님의 형상"에서 인류를 창조했다. 수세기 동안 신앙 공동체는 이 단순한 구절의 의미를 규정하려고 노력했다. 이 논쟁의 가장 납득이 되는 결과는 "하나님의 형상"이라는 구절이 우리가 본문에서 추출할 수 있는 한 가지 단순한 정의에 축소될 수 없다는 것을 보여준다. 우리는 성서에서 이 구절을 사용한 것에 부합하는 여러 다른 방법으로 이해해야만 한다.

가장 광범위한 관점에서 창세기에 나오는 하나님의 형상은 인류가 동물과 다른 방식을 규정한다. "생물"living creature 1:20-21을 의미하는 네페쉬 하야*nephesh ḥayyah*라는 구절은 동물의 생명과 식물의 생명을 구분한다. 첼렘 엘로힘,*ṣelem ʾelohim* "하나님의 형상"은 인간과 동물을 구분한다. 그래서 부분적으로 이 구절은 하나님의 세계에서의 한 무리 곧 인류를 구분하는 역할을 한다. 이 역할을 인식한다는 것은 하나님의 형상으로 된 인류가 어떤 존재인지 어떻게 행동할지를 정확하게 결정하려는 것에 대해 경고한다. 예를 들어 이성이나 영성과 같이 한 사람의 한 속성이 그 사람을 하나님의 형상으로 되도록 한다는 암시가 거의 없다. 인류는 함께 하나님을 닮는다.Vawter, 1977:56 부유하든 가난하든, 그리스도인이든 비그리스도인이든, 남자이든 여자이든 우리 모두는 함께 하나님의 형상으로 창조됐다. 그렇다고 할 때, 우리는 하나님의 창조 세계의 다른 모든 요소들과는 다르다.

우리는 이스라엘이 하나님의 어떤 형상도 만드는 것이 금지됐다는 것을 상기할 수 있다.출20:4; 신5:8 하나님은 창조할 때, 공동체가 하지 않아야만 하는 것을 했다. 우리가 우리의 인간됨을 실현할 때, 하나님의 형상이 창조세계 가운데 있다.Brueggemann, 1982:32

구약에서 "형상"을 의미하는 첼렘*ṣelem*이라는 단어는 종종 금지된 우상과 관련한 맥락에서 보통 조각상을 가리킨다. 그러나 창세기 5장 1-3절에서 우리는 창세기 1장 27절과 매우 가까운 병행구를 발견한다. 거기서 셋은 아담의 "형상"과 "모양"이라고 말한다. 이 구절은 창세기 9장 6절에서 다시 나오는데, 거기서 모두가 하나님의 형상으로 만들어졌으므로 누구도 다른 이의 생명을 취하는 것이 허용되지 않는다. 그러므로 우리는 하나님의 형상을 영적으로 보려는 경향을 주의해야만 한다. 하나님의 형상은 인간의 육체적 모양과 모습으로 축소될 수 없지만, 또한 우리는 한 사람의 비육체적 속성을 선택할 수도 없고, 그것을 하나님의 형상으로 부를 수도 없다.

창세기 1장 27절, 5장 3절, 9장 6절도 우리에게 하나님의 형상이 깊이 관계적인 용어라는 점을 떠올리게 한다. 이 구절은 수평적 관계와 수직적 관계 모두를 통합시킨다. 셋이 아담과 밀접한 관계에 있을 때, 창조 세계는 하나님과 인류 사이의 독특한 유대 관계를 제

공했다. 특별한 것이 하나님과 사람들 사이에 일어날 수도 있다. Westermann, 1974:60

하나님의 형상은 우리를 하나님과도 서로와도 특별한 방식으로 묶는다. 창세기 1장 27
절의 시적인 행이 "하나님의 형상"을 "남자와 여자"로서의 인류와 함께 엮는다.

> 하나님의 형상대로 사람을 창조하셨다.
> 하나님이 그들을 남자와 여자로 창조하셨다. 1:27b

필리스 버드Phyllis Bird는 이 구절을 남자와 여자의 관계에 대한 성서적 이해를 세우는
토대로 삼지 말라고 우리에게 옳게 상기시킨다. 이 구절은 이런 모든 가치를 전달하지 않
을 것이다. Bird:129-159 그리고 누구도 시적인 병행법에서 성적인 구별이 하나님의 인격에
속한다고 여길 수 없다. 그럼에도 "하나님의 형상"이라는 구절은 여자 이상의 남자가 아
니라, 관계를 맺는 인류 전체를 가리킨다. 하나님의 형상으로 만들어진 자들은 독특하게
서로와 연결되고, 이 형상을 우리에게 준 자와 연결된다.

하나님의 형상은 관계뿐만 아니라 책임에 대해 말한다. 창세기 1장 26-28절은 하나님
의 형상과 관련하여 왕의 용어, 즉 왕의 강력하고 통제하는 용어를 사용한다. 왕은 바다
에서 바다까지 "통치권"을 받는다. 시72:8 다윗은 나라들을 굴복시키고 자신의 통제 아래
둔다. 삼하8:11 시편 8편은 하나님이 인류에게 창조세계에 대한 왕의 통치권을 허락했다고
선언할 때, 창세기 1장에 합류한다. 시편 기자는 우리에게 이런 "왕의 관리자"의 모습을
제시한다.

> 왕이 백성에게 풀밭에 내리는 비처럼,
> 땅에 떨어지는 단비처럼 되게 해주십시오.
> 그가 다스리는 동안, 정의가 꽃을 피우게 해주시고,
> 저 달이 다 닳도록 평화가 넘치게 해주십시오. 시72:6-7

이런 자는 세상을 관리하여 도움이 그것을 필요로 하는 자들에게 가도록 한다.

> 진실로 그는, 가난한 백성이 도와 달라고 부르짖을 때에 건져 주며,
> 도울 사람 없는 불쌍한 백성을 건져 준다.
> 그는 힘없는 사람과 가난한 사람을 불쌍히 여기며,

가난한 사람의 목숨을 건져 준다. 시72:12-13

그럼에도 하나님의 형상으로 된 자들은 인간의 생명을 위해서만이 아니라, 지상의 모든 생명을 위해 세상을 관리한다.

주님은, 골짜기마다 샘물이 솟아나게 하시어,

산과 산 사이로 흐르게 하시니,

들짐승이 모두 마시고,

목마른 들나귀들이 갈증을 풉니다.

하늘의 새들도 샘 곁에 깃들며,

우거진 나뭇잎 사이에서 지저귑니다. 시104:10-12

인류에게는 창조 세계를 통제할 어마어마한 권력이 주어졌다. 하나님의 형상에서의 통치, 지배, 통제는 그것과 더불어 두려운 신뢰가 동반된다.

성서에서 하나님의 형상은 모든 인간을 가리키는 폭넓은 은유의 역할을 한다. 하나님의 형상은 우리가 하나님과 맺은 관계와 서로와의 관계에 대해 말한다. 이 상징은 하나님의 세계에서의 우리의 관리 임무를 규정한다. 종교개혁과 아나뱁티스트 그리스도인들은 타락에서 완전히 상실된 것은 아니지만 때로 하나님의 형상을 심각하게 훼손된 것으로 이해했다. *Martyrs Mirror*: 39; Friedmann:59 칼 바르트가 하나님의 형상이 상실되지 않았다고 옳게 주장한다. Barth:200 창세기 9장 6절은 하나님이 각 사람을 포함해서 하나님의 형상으로 인류를 계속 창조한다는 사실을 우리에게 상기시킨다. 이것은 우리의 선물이자 우리의 책임이다.

히브리 내러티브의 특성

우리 어린 시절 이야기에서 노년의 기억까지 내러티브 산문은 삶 전반에서 우리와 함께한다. 사실 우리 대부분은 우리 삶의 순례를 이야기하라고 요청받을 때, 내러티브 형태를 사용하여 이야기한다. 이런 이야기들로 말미암아 우리는 배울 수 있고, 웃으며 자유롭게 운다. TV는 내러티브에 시각의 차원을 더했지만 말로 전하는 내러티브와 기록된 내러티브의 중요성을 대체하지 않는다. 내러티브는 너무나 많이 우리의 일상적인 삶의 일부가 되므로, 우리 이야기의 특성을 거론하라고 요청받는다면 우리는 멈추고 생각해야만 한다. 기본적으로 내러티브는 특별한 시대와 장소와 상황에 처한 인물을 묘사하고자 묘사 서술와 대화직접 화법를 결합한다. Coats, 1983:4 우리는 우리 내러티브의 구체적인 다른 특성을 열거할 수 있지만 우리 이야기는 최소한 이런 요소들을 포함한다.

창세기에 대한 해석은 부분적으로 내러티브 문학을 이해하는 우리 능력에 달려 있다. 우리가 우리 문화에서 내러티브에 익숙하기 때문에 쉽게 어떤 것은 이해하게 된다. 그럼에도 많은 구체적인 히브리 내러티브의 특성은 우리 문화의 내러티브와 다르다. 이것은 예상할 수 있는 바인데, 우리 언어가 아닌 현대 언어로 된 내러티브 문학을 읽는 자들도 거기서 차이점을 인식할 수 있기 때문이다. 이것이 사실이라면, 창세기의 내러티브를 더 잘 이해하고자 한다면 우리는 우리 내러티브와는 다른 히브리 이야기에 들어가는 어떤 요소들을 인식할 필요가 있다.

히브리 내러티브는 시작과 끝이 있다. 보통 시작은 문제긴장을 제시하고, 이는 이야기의 끝에서 해결된다. 이런 관찰의 단순함은 우리가 종종 깨닫는 것보다는 더 큰 문제를 숨긴다. 우리는 창세기에서처럼 연속된 이야기들을 볼 때, 각 이야기의 시작과 끝을 확인하고 이를 결정하기 위한 토대를 이해해야만 한다. Muilenburg, 1979:362-380 때로 장의 구분은 내러티브의 시작과 끝을 확인하는 데 도움이 되겠지만, 자주 우리는 이야기 자체를 자세하게 읽어 그 결정을 해야만 한다. 이야기를 이해하기 전에 우리는 이 이야기가 시작하고 끝나는 곳에 주목할 필요가 있다.

직접 대화. 히브리 내러티브에서 직접 대화가 주요한 역할을 한다. Alter, 1981:63-87 우리 문학에서 묘사나 서술이 종종 지배적인 자리를 차지한다. 우리에게 큰 단위의 묘사가 있는데, 이는 이야기에서 배경, 상황, 행동, 심지어 등장인물들의 생각과 감정을 묘사한 것이다. 히브리 내러티브에서 묘사나 서술은 상대적으로 덜 중요한 역할을 하는데, 종종 대화를 소개하고 강화하며 함께 묶는 데 기여한다. **그 땅에 기근이 들었다**와 같이12:10; 26:1 자주 상황에 대한 묘사는 짧은 구절이 될 것이다. 행동에 대한 묘사도 짧을 수 있다. **뒤에 홀로 남았는데, 어떤 이가 나타나 야곱을 붙잡고 동이 틀 때까지 씨름을 하였다.**32:24 이야기에 나오는 사람이나 인물에 대한 묘사는 종종 몇 마디로 제한된다. **레아와 야곱 사이에서 태어난 딸 디나.**34:1 에서는 **날쌘 사냥꾼이 되어서 들에서 살고.**25:27 "**뱀은, 주 하나님이 만드신 모든 들짐승 가운데서 가장 간교하였다.**"3:1 이 묘사들은 중요하지만 간략하며 독자의 상상에 상당 부분을 맡겨둔다. 사실, 묘사 자료가 간략하다는 것은 청중이 상상에 의해 내러티브에 들어오고 이야기를 말하는 데 참여하도록 초대하고 아마도 심지어 요구한다.

그러므로 히브리 내러티브는 자주 묘사나 심지어 행동의 묘사를 중심으로 하지 않고, 직접 대화를 중심으로 한다. 히브리 내러티브를 정확하게 읽으려면 주요 인물들이 서로에게 말하는 것을 신중하게 주목해야만 한다. 보통 한 번에 무대에 두 등장인물만 나온다. 여러 시간에 한 집단의 여러 사람들이 말하기보다는 두 주요 인물이 서로 말한다. Olrik:135 때로 요셉 이야기와 같은 더 복잡한 내러티브에서 여러 사람들이 함께 나올 수 있다. 하지만 그때도 요셉의 형들이 한 사람으로 말하거나43:7이하 한 개인이 집단의 대변인으로 행동하고 다른 이들은 배경으로 사라진다.

그러므로 우리가 개별 이야기들을 이해하려 할 때, 내러티브에 들어가는 한 방법은 대화들을 통해서다. 우리는 대화의 상황뿐만 아니라 사람이 말하는 방식에 면밀하게 주목해야만 한다. 내러티브는 짧은 대화 바로 옆에 긴 대화를 두어 무언가를 말하려고 할 수도 있다. 한 화자의 부드러운 언어는 다른 이의 거친 말과 대조를 이룰 수도 있거나, 화려한 대화가 저속한 대화와 대조를 이룰 수도 있다. 우리 모두가 대화의 이런 요소들을 동일한 방식으로 해석하는 것은 아니지만, 우리의 다양한 이해를 논의하는 것이 해석 과정의 일부가 된다. 우리는 이 임무를 위해 히브리어를 아는 가치를 축소해서 말할 수는 없지만, 동일한 내러티브의 다른 번역을 비교하여 여전히 많은 것을 배울 수 있다.

반복. 직접 대화 이외에도 반복이 히브리 내러티브에서 중요한 역할을 한다. 영어 번역본에서 볼 수 있는 가장 일찍 나오는 반복은 한 이야기에서 줄곧 거듭 사용되는 핵심어를 포함한다. 우리는 창세기 2장과 3장과 관련된 히브리어 단어 **땅/사람**아담이 얼마나 많이 사용되고, 창세기 12장 1-3절에서 **축복하다**라는 단어와 창세기 25장 29-34절에서 **맏아들의 권리**를 얼마나 많이 사용됐는지 단지 주목하기만 하면 된다. 영어 내러티브에서 이런 종류의 반복은 어린 자녀들을 위한 문학을 제외하고는 보통 장려되지 않는다.

그러나 핵심어의 반복은 아마도 구전 전통의 깊은 뿌리 때문에 히브리 내러티브에서 중요한 문학 장치다. Olrik:132-133 이야기들이 기록된 후에도 이야기꾼은 계속 성소와 마을 광장에서 전통을 전달했다. 어떤 경우든 우리는 이런 반복된 단어의 기능 몇몇을 제안할 수 있다. 어떤 이야기에서 한 단어의 반복은 청중에게 선택된 길을 계속 따르도록 하려고, 내러티브를 이어가는 실마리로 단순히 기여할 수도 있다. 하지만 때로 반복된 단어는 아마도 이야기의 한 가지 중요한 강조를 나타내면서, 다소 해석의 의미를 지닌다. 가끔 단어는 청중이 전체 내러티브를 이해하도록 돕는 해석의 열쇠를 나타낼 수도 있다. 우리는 명사이든 동사이든 한 내러티브에서 거듭 나타나는 단어를 발견할 때마다, 그 이야기에서 그 단어의 기능을 탐구할 필요가 있다. 다른 종류의 반복이 히브리 내러티브에서 나오는데, 예를 들어 모티프와 주제가 있다. 이런 장치들은 본문을 이해하는 데 유용한지를 확신할 수 있기 전에 많은 연구와 시험이 필요하다.

삼가 말하기. understatement 히브리 내러티브는 많은 면에서 삼가 말하기의 기법이 자주 나온다. 내러티브는 종종 가볍게 다루면서 유머를 표현하고, 좀처럼 과장의 형용사를 사용하여 인물을 묘사하지는 않는다. 인물의 특징은 암시되고 특징들은 추론하도록 남겨 둔다. 해설자는 과묵하여 너무 많은 정보를 주지 않는 것 같다. 예를 들어 창세기 22장의 아브라함 이야기에서, 하나님과 아브라함이라는 두 등장인물이 이야기하기 시작할 뿐이다. 우리는 공간적으로나 시간적으로 그들의 서로의 관계에 대해 듣지 못한다. 어디에서도 해설자는 아브라함이 이삭이나 하나님, 자신의 상황에 대해 무엇을 느끼는지를 우리에게 말해주지 않는다. 실제로 히브리 내러티브는 우리가 이야기에 중요하거나 필요하다고 여기는 정보의 배경을 암시하지만 표현하지 않은 채 둔다. Auerbach:7-9 독자가 사람들에 배우는 대부분은 그들이 말한 것과 그들이 행동한 것에서 얻는다. 때로 해설자는 우리에게 한 사람에 대한 정보를 직접 제공한다. 예를 들어, 에서는 많은 털을 지닌 채 태어났다. 심지어 그때도 우리는 이것이 우스꽝스러운 것인지 경멸하려는 것인지 또는 단순히 야곱과 대조를 표현하려는 것인지 결정해야만 한다.

히브리 이야기는 사람들의 말과 행동으로 그들에 대해 말하므로, 우리 독자는 결정하고 결론을 내리면서 내러티브에 적극적으로 참여해야만 한다. 예를 들어, 우리는 야곱이 현명한 기회주의자였는지, 순수한 청년이었는지 등을 결정해야 하는 자들이어야만 한다. 해설자는 우리에게 말하지 않는다. 삼가 말하기를 통해, 히브리 내러티브는 청중에게 신비와 경이로움이 모든 사람을 감싸고 있다는 것을 상기시키면서, 이야기에 참여하도록 요청한다. Alter, 1981:114-130 누구도 결코 충분히 묘사될 수 없다. 사람들에 대해 우리가 잘 이해하려면, 바깥에 머물면서 그들에 대해 듣는 것이 아니라, 이야기에 참여하고 그들과 함께 살아야 한다.

교차대구법. chiasmus 우리는 히브리 내러티브에 있는 많은 문체의 요소를 추가하여 지적할 수 있다. 그러나 야곱 이야기 창25-35장를 형성하는 교차대구법의 사용으로 말미암아 우리는 최소한 이것을 언급하지 않을 수 없다. 교차대구의 구성으로 되어 있는 문학에서 한 단락의 시작하는 요소와 마무리하는 요소는 예를 들어, 내용이나 단어 선택과 같은 명백히 구분할 수 있는 방식으로 되어 있는 병행구이다. 단락에서의 다음 요소는 마지막 전의 요소와 병행을 이룬다. 이런 병행법은 문학 단락의 중심 부분에 도달할 때까지 계속된다. 교차대구적 병행법을 문자로 나타내면 A, B, C, D, C1, B1, A1과 같이 보일 것이다. 물론 교차대구적 문헌은 많은 병행 섹션을 가질 수도 있다. 예를 들어 야곱 이야기의 개요를 보라, 185쪽

분명히 교차대구법은 히브리 성서에서 시와 내러티브 문학을 형성하면서, 문학 장치로 기능했다. 그러나 교차대구법이 명백하게 구조에 영향을 미치는 때를 정확하게 확인하는 문제가 있다. 독자는 이런 구조를 확인할 때, 특정 이야기나 시를 형성하는 데 더 유용한 다른 문학 장치를 무시할 수도 있다. 그럼에도 반복과 삼가 말하기와 더불어 교차대구법은 몇몇 히브리 문학을 체계화하는 데 주요 역할을 했다.

히브리 문학의 장르

창세기의 자료를 묘사하는 데 사용된 용어는 때로 해석가가 하는 가장 중요한 결정이 된다. 언어가 우리 일상생활에서 기능하는 방식 때문에, 우리가 사용하는 단어들은 집단은 말할 것도 없고 어떤 두 개인에게도 정확하게 동일한 것을 의미하지 않을 것이다. 그럼에도 그리스도인들과 특히 신자들의 교회 전통에 있는 자들이 성서에 깊이 투자하였으므로, 해석가는 성서 문학의 양식의 장르를 묘사할 때 성서 연구에 사용된 언어로 조심해야만 한다.

"시"와 "산문"은 보통 서구 문학의 매우 넓은 범주를 묘사한다. 이 구분은 언뜻 보기에는 명백해 보이지만, 더 깊이 탐구하면 이것은 우리에게 제한된 도움을 줄 뿐이라는 것이 드러날 것이다. 즉각적으로 우리는 히브리 문학에서 많은 히브리 시의 특징들이 우리가 산문이라고 지목한 자료에 나타난다는 것을 알아차릴 것이다. 그러므로 두 범주가 곧 흐려진다. 둘째, 어떤 문학은 어떤 범주에도 잘 들어맞지 않는다. 창세기에서 우리는 여러 목록, 가장 흔하게 족보 목록을 발견한다. 족보 목록은 시인가 아니면 산문인가? 실제로 어느 것도 아니다. 셋째 시와 산문 모두 너무 광범위한 범주를 구성하여 우리가 읽고 있는 문학에 대해 우리에게 약간 이야기할 뿐이다. 그럼에도 우리가 이 범주를 사용한다면, 창세기는 약간의 시와 대부분의 산문을 포함한다.

성서학자들은 "시"라는 용어를 사용하지만, "산문"은 사용하지 않는다. 이 용어는 히브리 문학의 어떤 특정 양식을 확인하는 데도 정확성이 부족하다. 더욱 흔하게 성서학

자들은 히브리 문학을 묘사하는 데 **내러티브**라는 단어를 사용하는데, 이것을 우리는 보통 산문으로 생각한다. 내러티브는 짧은 이야기, 연대기, 이야기와 같은 문학을 포함하는데, 곧 주어진 시간과 장소에서 연속된 사건들을 묘사하는 데 사용된 문학이다. Coats, 1983:4 우리가 내러티브 문학을 가리키는 데 사용한 일반적인 단어는 **이야기**다. 창세기에 대한 논의 전반에서 이 주석은 내러티브에 대한 기능적 동의어로 "이야기"story를 사용한다.

창세기의 대부분의 문학은 내러티브다. 우리는 약간의 시와창49장 시도 내러티브도 아닌 목록이라는 장르문학 양식를 종종 만날 것이다. 언급한 대로, 족보는 우리가 창세기에서 흔히 접하는 목록 장르다. [족보 읽기, 349쪽]

설화tale, 짧은 이야기와 이야기saga는 다른 내러티브 장르보다 창세기에서 더 자주 나온다. 설화는 짧은 단순한 이야기로 반드시 그 의미가 단순한 것은 아니지만 구조가 단순하다. Olrik:129–141; Coats, 1983:7–8 독자는 매우 종종 한 장소와 짧은 기간에 몇 등장인물만을 만난다. 보통 하나의 긴장이 짧은 이야기의 진행을 통제하고, 이것은 끝에서 일종의 해결에 도달한다. Westermann, 1980:29

이야기saga는 더 긴 내러티브로, 보통 가족이나 개인 영웅이나 인류의 시작을 들려준다. Coats, 1983:5–7 이야기는 문학의 많은 장르, 곧 영웅이나 가족의 짧은 이야기, 족보 표나 메모, 시 등을 포함한다. 가족 이야기는 무엇보다 흔히 가족의 내적인 불화, 창28장 비가족 구성원과의 긴장, 창34장 하나님과의 만남을창15장 서술한다. 때로 이야기는 처음부터 끝까지 진행을 통제하는 하나의 긴장을 가지겠지만, 예, 요셉 이야기, 창37–50장 종종 그렇지 않은 경우도 있다. 예, 태곳적 이야기, 창1–11장 이런 경우 이야기는 특정 시간이나 가족이나 개인을 중심으로 모인 연속된 짧은 이야기, 시, 족보로 우리에게 온다. 처음부터 끝까지 명백하게 규정된 긴장을 가진 꽤 긴 내러티브는 중편 이야기novella 또는 "짧은 이야기"short story이다. Coats, 1983:8

우리가 창세기를 대할 때 때로 가정하는 내러티브 장르는 역사다. 역사라는 장르는 사건들이 발생했을 때 독자에게 사람들과 장소와 사건들에 대한 자료를 제공할 목적으로 사건들을 보고하려고 의도됐다. 역사의 가치는 일반적으로 제공된 자료의 정확성에 거의 전적으로 달려 있다. 창세기의 내러티브들은 종종 역사적 조사가 연구할 수 있는 자료를 사용하지만, 명백히 역사적 자료를 제공하는 것이 내러티브의 주요 목표는 아니다. 내러티브들은 이 신앙 가족들과 일반적으로 인류의 이야기를 하나님과 인간의 드라마로 묘사하기를 원한다. 내러티브들의 가치는 현대 역사기록학으로 확인될 수 있는 정도에 있지 않고, 정확하게 인류와의 하나님의 이야기를 묘사하는 방식에 있다.

묘사되는 사건들의 역사성의 문제는 많은 논쟁을 야기한다. 유감스럽게도 이것은 일축할 수도 해결할 수도 없는 문제다. 창세기의 문학은 전통적인 내러티브로 우리에게 온다. 이야기들은 조상들에게서 받았고, 세대를 거쳐 다시 들려졌다. 이런 전달된 내러티브는 말 그대로 기억되거나 전해지지 않았고, "재연됐다." 그럼에도 각각의 다시 들려주기는 의미의 기본적인 내용을 보존할 것이라고 기대됐다.Noss:301-318

실제로 "의미"는 중요한 단어로 남아 있다. 히브리 내러티브의 주요 관심은 자료를 보고하는 것보다는 하나님과 이스라엘을 이해하는 데 있다. 이야기는 이런 이해를 위한 수단의 역할을 한다. 우리가 자료가 정확하게 보고됐는지를 논쟁하는 데 힘을 쏟을 때, 우리는 히브리 내러티브의 중심에서 멀어진다.

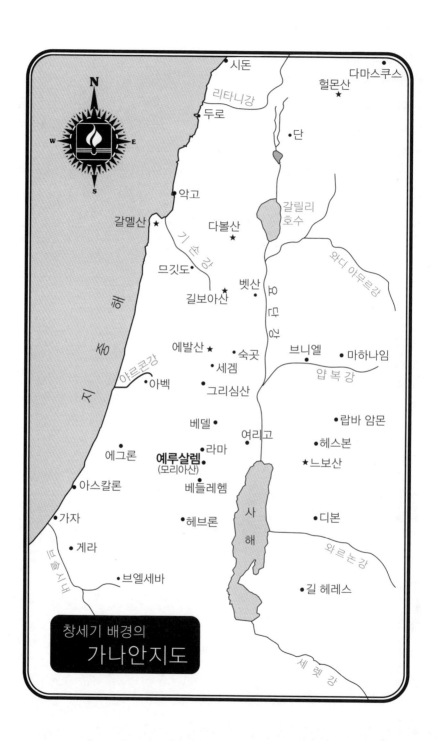

창세기 배경의
가나안지도

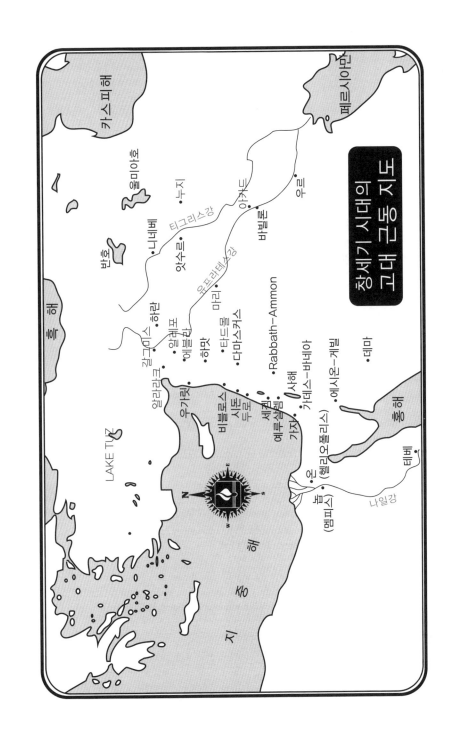

창세기 시대의
고대 근동 지도

페르시아만

카스피해

흑해

반호

우르미아호

니네베

반호

누지

앗수르

티그리스강

유프라테스강

마리

바빌론

아카드

우르

갈그미스 하란

알레포 에블라

타드몰

에마르

하맛

다마스커스

Rabbath-Ammon

사해

가데스-바네아

에시온-게벨

데마

LAKE TUZ

우가릿

비블로스
시돈
두로

세겜
예루살렘
가자

온
(헬리오폴리스)

놉
(멤피스)

나일강

홍해

데베

지
중
해

티그리스강

유프라테스강

Reference Bibliography

Aharoni, Yohanan
1982   *The Archaeology of the Land of Israel*. Translated by A. F. Rainey. Philadelphia: Westminster Press.
Alter, Robert
1981   *The Art of Biblical Narrative*. New York: Basic Books, Inc.
1986   *The Art of Biblical Poetry*. New York: Basic Books, Inc.
Anderson, Bemhard W.
1977   "A Stylistic Study of the Priestly Creation Story." *Canon and Authority*. Edited by G. W. Coats and B. O. Long. Philadelphia: Fortress Press.
1978   "From Analysis to Synthesis: The Interpretation of Genesis 1—11" in *Journal of Biblical Literature* 97:23-29.
1982   "The Problem and Promise of Commentary." *Interpretation* 36: 341-355.
Anderson, Bernhard, Editor
1984   *Creation in the Old Testament*. Philadelphia: Fortress Press.
Augustine
1955   *Confessions and Enchiridion*. Translated by A. C. Outler. [Library of Christian Classics, 8]. Philadelphia: Westminster Press.
1958   *The City of God*. Translated by G. Walsh, et al. Garden City, N.Y.: Image Books.
Auerbach, Eric
1953   *Mimesis*. Translated by R. Trask. Garden City, N.Y. Doubleday.
Barker, Verlyn
1983   "Creationism, the Church, and the Public School." United Ministries in Higher Education Conference.
Barth, Karl
1958-1962   *Church Dogmatics*. Edited by G. Bromiley and T. F. Torrence. Vol. III/1-4: *The Doctrine of Creation*. Edinburgh: T and T Clark.
Bassett, F. W.
1971   "Noah's Nakedness and the Curse of Canaan." *Vetus Testamentum* 21: 232-237.
Beachy, Alvin
1977   *The Concept of Grace in the Radical Reformation*. Nieuwkoop: B. De Graaf.
Betz, H. D.
1979   Galatians (Hermeneial Philadelphia: Fortress Press.
        The Bible in Art: Miniatures, Paintings, Drawings and Sculptures Inspired by the Old Testament.
1956   New York: Phaidon Publishers, Inc.
Bird, Phyllis A.
1981   "Male and Female He Created Them: Genesis 1: 27b in the Context of the Priestly Account of Creation." *Harvard Theological Review* 74: 129-159.

Blass, Thomas

1982　"The tenacity of impressions and Jacob's rebuke of Simeon and Levi." *Journal of Psychology and Judaism* 7: 55-61.

Blenkinsopp, Joseph

1981　"Biographical Patterns in Biblical Narrative." *Journal for the Study of the Old Testament* 20: 27-46.

1983　*A History of Prophecy in Israel*. Philadelphia: Westminster Press.

Blenkinsopp, Joseph, and John Challenor

1971　*Pentateuch* [Scripture Discussion Commentary, 1]. Chicago: ACTA Foundation.

Bloody Theatre or Martyrs Mirror

1950　Scottdale, Pa.: Mennonite Publishing House.

Bonhoeffer, Dietrich

1979　*Creation and Fall. Temptation*. New York: Macmillan.

Booij, T.

1980　"Hagar's words in Genesis XVI,13B." *Vetus Testamentum* 30: 1-7.

Booth, Wayne C.

1979　*Critical Understanding, The Power and Limits of Pluralism*. Chicago: University of Chicago Press.

Botterweck, G. J., and HelmerRinggren, Editors

1977　*Theological Dictionary of the Old Testament*. Translated by J. T. Willis. Grand Rapids, Mich.: Wm. B. Eerdmans.

Brueggemann, Walter

1977　"A Neglected Sapiential Word Pair." *Zeitschrift für die Alttestamentliche Wissenschaft* 89: 234-258.

1978　*Prophetic Imagination*. Philadelphia: Fortress Press.

1982　*Genesis*. Atlanta: John Knox Press.

1982a　"'Impossibility' and epistemology in the faith and tradition of Abraham and Sarah." *Zeitschrift für die Alttestamentliche Wissenschaft* 94:615-634.

Brueggemann, Walter, and H. W. Wolff

1975　*The Vitality of Old Testament Traditions*. Atlanta: John Knox Press.

Calvin, John

1948　*Commentary on the First Book of Moses Called Genesis*. Translated by J. King. Grand Rapids, Mich.: Wm. B. Eerdmans.

Campbell, Edward F.

1974　"The Hebrew Short Story: A Story of Ruth." Pp. 83-102 in *A Light unto My Path*. Edited by H. Bream, et al. Philadelphia: Temple University Press.

1983　"A People in Covenant." Zenos Lectures at McCormick Theological Seminary, Chicago.

Cassuto, U.

1964　*A Commentary on the Book of Genesis*. Translated by I. Abrahams. Jerusalem: The Magnes Press.

Childs, Brevard S.

1962　*Memory and Tradition*. [Studies in Biblical Theology, 37]. London: SCM Press.

1962a　*Myth and Reality in the Old Testament*. [Studies in Biblical Theology, 27]. London: SCM Press.

1974　"The Etiological Tale Re-examined." *Vetus Testamentum* 24: 387-397.

Clark, W. Malcom

1969　"A Legal Background to the Yahwist's use of 'good and evil' in Genesis 2—3." *Journal of Biblical Literature* 88: 266-278.

1971　"The Flood and the Structure of the Pre-patriarchal History." *Zeitschrift für die Alttestamentliche Wissenschaft* 83: 184-211.

1971　"The Righteousness of Noah." *Vetus Testamentum* 21: 261-280.

Clines, David J. A.

1978   *The Theme of the Pentateuch* [Journal for the Study of Old Testament Supplement Series, 10]. Sheffield, England: University of Sheffield.

Coats, George W.

1972   "Widow's rights: a crux in the structure of Genesis 3 8." *Catholic Biblical Quarterly* 34: 461-4 66.

1973   "The Joseph story and ancient wisdom: A reappraisal." *Catholic Biblical Quarterly* 35: 285-297.

1975   *From Canaan to Egypt: Structural and Theological Context for the Joseph Story* [Catholic Biblical Quarterly Monograph Series, 4]. Washington: Catholic BiWical Association.

1975   "The God of Death." *Interpretation* 29: 227-239.

1979   "Strife without reconciliation — a narrative theme in the Jacob traditions." *Werden und Wirken des Altes Testaments*. Festschrift: C. Westermann; edited by R. Albertz, et al. Göttingen: Vanderhoeck und Ruprecht.

1983   *Genesis* [Forms of Old Testament Literature, I]. Grand Rapids, Mich.: Wm. B. Eerdmans.

Cohen, N.J.

1983   "Two that are one — sibling rivalry in Genesis." *Judaism* 32: 331-342.

The Complete Writings of Merino Simons

1956   Translated by J. C. Wenger. Scottdale, Pa.: Herald Press.

Comfeld, Gaalyah, and D. N. Freedman

1976   *Archaeology of the Bible: Book by Book*. New York: Harper and Row.

Crenshaw, James

1969   "Method in determining wisdom influence upon 'historical literature.'" *Journal of Biblical Literature* 88: 129-137.

1975   "Journey into Oblivion." *Soundings* 58: 243-256.

Cross, F. M.

1973   *Canaanite Myth and Hebrew Epic*. Cambridge, Mass.: Harvard University Press.

Da hlberg, Bruce T.

1977   "On recognizing the unity of Genesis." *Theological Digest* 24: 360-367.

Daube, David.

1947   *Studies in Biblical Law*. Cambridge: University Press.

1981   *Ancient Jewish Law*. Leiden: E. J. Brill.

Davies, P. R.

1979   "The Sacrifice of Isaac and Passover." *Studio Biblica* (1978) [Journal for the Study of the Old Testament Supplement Series, 11]: 127-132.

Davies, P. R" and B. D. Chilton

1978   "The Agedah: A Revised Tradition History." *Catholic Biblical* Quarterly 40: 514-546.

sch, F꯺ꯁꯇ Delitz

1899   *A New Commentary on Genesis*. Translated by S. Taylor. Edinburgh: T and T Clark.

Dever, W. G" and W. M. Clark

1977   "The Patriarchal Traditions." *Israelite and Judaean History*. Edited by J. H. Hayes and J. M. Miller. Philadelphia: Westminster Press.

Eichrodt, Walther

1961   *Theology of the Old Testament*. Translated by J. A. Baker. Philadelphia: Westminster Press.

Ellinaton, John

1979   "Man and Adam in Genesis 1—5." *The Bible Translator* 30: 201-205.

Ellis, P. F.

1968   *The Yahwist. The Bible's First Theologian*. Notre Dame, Ind.: Fides.

Exum, J. Cheryl, Editor

1985   *Tragedy and Comedy in the Bible* [Semeia, 32]. Decatur, Ga.: Scholars Press.

Fishbane, Michael

1979   *Text and Texture: Close Readings of Selected Biblical Texts*. New York: Schocken Books.

Fokkelman, J. P.

1975   *Narrative Art in Genesis*. Assen, The Netherlands: Van Gorcum.

Francisco, Clyde T.

1973   *Genesis*. The Broadman Bible Commentary. Revised by C. J. Alen. Nashville: Broadman Press.

Freedman, R. David

1983   "Woman, A Power Equal to Man." *Biblical Archaeology Review* 9: 56-58.

Fretheim, Terence E.

1969   *Creation, Fall and Flood*. Minneapolis:AugsburgPress.

1972   "The Jacob traditions: theology and hermeneutic." *Interpretation* 26: 419-436.

Friedmann, Robert

1973   *The Theology of Anabaptism*. Scottdale, Pa.: Herald Press.

Frye, Northrop

1957   *Anatomy of Criticism: Four Essays*. Princeton, N.J.: Princeton University Press.

Gaston, Lloyd

1980   "Abraham and the Righteousness of God." *Horizons in Biblical Theology* 2: 39-68.

Geisler, Norman L.

1983   "Creationism: A Case for Equal Time." *Christianity Today*; 26(March 19): 26-29.

Gevirtz, Stanley

1981   "Simeon and Levi in the 'blessing of Jacob.'" *Hebrew Union College Annual* 52: 93-128.

Gibble, Kenneth L

1981   "The Preacher as Jacob: Wrestling with the Daimonic." Unpublished D. Min. Project. Bethany Theological Seminary, Oak Brook, ill. Gilkey, Langdon

1982   "Creationism: The Roots of Conflict." *Christianity and Crisis* 42: 108-115.

Gottwald, Norman

1979   *The Tribes of Yahweh: A Sociology of Liberated Israel 1250-1050 B.C.E.* Maryknoll, N.Y.: Orbis Books.

Grant, Robert M., with D. Tracy

1984   *A Short History of the Interpretation of the Bible*. Philadelphia: Fortress Press.

Gunkcl, Hermann

1910   *Genesis*. Göttingen: Vandcnhoeck and Ruprecht.

Halpem, Baruch

1983   *The Emergence of Israel in Canaan*. Chico, Calif.: Scholars Press.

Harrison, R. K.

1969   *Introduction to the Old Testament*. Grand Rapids, Mich.: Wm. B. Eerdmans.

Hartman, Geoffrey H.

1980   *Criticism in the Wilderness*. New Haven: Yale University Press.

Hauge, M. R

1975   "The Struggles of the Blessed in Estrangement." *Studio Theologica* 29: 1-30, 113-146.

Hayes, J. H., and J. M. Miller

1977   *Israelite and Judean History*. Philadelphia: Westminster Press.

Hayward, Robert

1981   "The present state of research into the targumic account of the sacrifice of Isaac." *Journal of Jewish Studies* 32:127-150.

Helyer, L. R.

1983   "The Separation of Abram and Lot." *Journal for the Study of the Old Testament* 26: 77-88.

Hershon, P. I.

1885　*A Rabbinical Commentary on Genesis*. London: Hodder and Stoughton.

Horst, Friedrich

1961　*Gottes Recht. Gesamwelte Studien zum Recht im Alten Testament*. Munchert Chr. Kaiser Verlag.

Houtman, C.

1977　"What did Jacob see in his dream at Bethel? Some remarks on Genesis xxviii 10-22." *Vetus Testamentum* 27: 337-351.

Jacob, B.

1974　*The First Book of the Bible: Genesis*. Translated and abridged by E. Jacob and W. Jacob. New York: KTAV Publishing House.

Jenks, Alan W.

1977　*The Elohist ard North Israelite Traditions* [Society of Biblical Literature Monograph Series, 22]. Missoula, Mont.: Scholars Press.

Johnson, M. D.

1969　*The Purpose oj the Biblical Genealogies with Special Reference to the Setting of the Genealogies of Jesus*. Cambridge: Cambridge University Press.

Kaiser, Otto and E. Lohse

1981　*Death and Life*.Translated by J. Steeley. Nashville: Abingdon.

Kaiser, Walter C., Jr.

1982　"What Commentaries Can (and Can't) Do." *Christianify Today* 25(October 2): 24-27.

Kⵏasemann, Emst

1980　*Commentary; on Homans*. Grand Rapids, Mich.: Wm. B. Eerdmans.

Kidner, Derek

1967　*Genesis*. London: Tyndale Press.

Kierkegaard, Soren

1983　*Fear and Trembling. Repetition*. Translated by H. V. Hong and E. H. Hong. Princeton, N.J.: Princeton University Press.

Kikawada, I. M., and A. Quinn

1985　*Before Abraham Was*. Nashville: Abingdon Press.

Kilian, R.

1966　*Die uorpriesterlichen Abrahams — Überlieferungen literarkritisch und tradtionsgeschichtlich untersucht* [Bonner biblische Beitrage, 24]. Bonn: Hanstein.

Knierim, Rolf

1966　"The Problem of an Old Testament Harmartiology. Considerations to the book of Stefan Porubcan." *Sin in the Old Testament Vetus Testamentum* 16: 366-385.

1981　"Cosmos and History in Israel's Theology." *Horizons in Biblical Theology*; 3 :59-124.

Knight, D. A.

1975　*Rediscovering the Traditions of Israel*. Missoula, Mont.: Scholars Press.

1985　"The Pentateuch." *The Hebrew Bible and Its Modem Interpreters*. Edited by D. Knight and G. Tucker. Chico, Calif.: Scholars Press.

Knight, D. A" Editor

1977　*Traditions and Theology in the Old Testament*. Philadelphia: Fortress Press.

Koch, Klaus

1969　*The Growth of the Biblical Tradition*. Translated by S. M. Cupitt. New York: Charles Scribner's Sons.

Koester, Helmut

1982　*Introduction to the New Testament*, I and II. Philadelphia: Fortress Press.

La Sor, W. S., and D. A. Hubbard, and F. W. Bush
1982   *Old Testament Survey*. Grand Rapids, Mich.: Wm. B. Eerdmans.

Landes, George M.
1974   "Creation Tradition in Proverbs 8:22-31 and Genesis 1." *A Light unto My Path*. Edited by H. Bream, et al. Philadelphia: Temple University Press.

Landy, Francis
1981   "The Name of God and the Image of God and Man: A Response to David Clines." *Theology* 84: 164-170.

Leach, E. R.
1969   *Genesis as Myth and Other Essays*. London: Cape.

Lehmann, Paul
1975   *The Transfiguration of Politics*. New York: Harper and Row.

Levin, Saul
1978   "The More Savory Offering: A Key to the Problem of Genesis 4: 3-5." *Journal of Biblical Literature* 98: 85.

Lind, Millard
1980   *Yahweh Is a Warrior*. Scottdale, Fa.: Herald Press.

Long, Burke O.
1968   *The Problem of Etiological Narrative in the Old Testament* [Beihefte zur Zeischrift fur die alttestamentliche Wissenschaft, 108]. Berlin: A. Topelmann.
1976   "Recent Field Studies in Oral Literature and Their Bearing on Old Testament Criticism." *Vetus Testamentum* 26: 187-198.

Luther, Martin
1958   *Luther's Commentary on Genesis*. Translated by J. T. Mueller. Grand Rapids, Mich.: Zondervan.

Mailloux, Steven
1982   *Interpretive Conventions: The Reader in the Study of American Fiction*. Ithaca: Cornell University Press.

Marsdcn, George M.
1982   "A Law to Limit Options." *Christianify Today* 26 (March 19): 28-30.

Martyrs Mirror
See Bloody Theater.

Matthews, Victor
1981   "Pastoralist and Patriarchs." *Biblical Archaeologist* 44: 215-218.

Mauldin, F. Louis
1983   "Singularity and a Pattern of Sin, Punishment and Forgiveness." *Perspectives in Religious Studies* 10 (Spring).

May, Rolla
1969   *Love and Will*. New York: W. W. Norton.

McEvenue, Sean E.
1971   *The Narrative Style of the Priestly Writer* [Analecta Biblica, 50]. Rome: Biblical Institute Press.
1975   "A Comparison of Narrative Styles in the Hagar Stories." *Semeia* 3: 64-80.

Mendenhall, George E.
1974   "The Shady Side of Wisdom." *A Light unto My Path*. Edited by H. Bream, et al. Philadelphia: Temple University Press.

Meyers, Carol L.
1983   "Gender Roles and Genesis 3:16 Revisited." *The Word of the Lord Shall Go Forth*. Edited by C. Meyers and M. O'Connor. Winona Lake, Ind.: Eisenbrauns.

1983 "Procreation, Production, and Protection: Male-Female Balance in Early Israel." *Journal of the American Academy of Religion* 51: 569-593.

Miller, J. M.
1974 "The Descendents of Cain: Notes on Genesis 4" *Zeitschrift für die Alttestamentliche Wissenschaft* 86: 164-174.

Miller, Patrick D. J.
1978 *Genesis 1—11 Studies in Structure and Theme* [Journal for the Study of the Old Testament, S. S. 8]. Sheffield: The University of Sheffield.

Miscall, Peter D.
1983 *Workings of Old Testament Narrative*. Philadelphia: Fortress Press.

Mowinckel, Sigmund
1964 *Erwargungen zur Pentateuchquellenfrage*. Oslo: Universitetfor-laget.

Muilenburg, James
1979 "From Criticism and Beyond." *The Bible in Its Literary Milieu*. Edited by J. Maier and V. Toller. Grand Rapids, Mich.: Wm. B. Eerdmans.

Naidoff, Bruce D.
1978 "A Man to Work the Soil: A New Interpretation of Genesis 2—3." *Journal for the Study of the Old Testament* 5: 2-1 4 .

Nickelsburg, G. W. E.
1981 *Jewish Literature Between the Bible and the Mishnah*. Philadelphia: Fortress Press.

Niditch, Susan
1985 *Chaos to Cosmos: Studies in Biblical Patterns of Creation*. Chico, Calif.: Scholars Press.

Neff, Robert W.
1970 "The Birth and Election of Isaac in the Priestly Tradition." *Biblical Research* 15: 5-18.
1972 "The Annunciation in the Birth Narrative of Ishmael." *Biblical Research* 17: 51-60.
1976 "Saga" Unpublished paper presented to the Society of Biblical Literature Annual Meeting.

Noss, Philip
1981 "The Oral Story and Bible Translation." *The Bible Translator* 32: 301-318.

Noth, Martin
1972 *A History of the Pentateuchal Traditions*. Translated by B. W. Anderson. Englewood Cliffs, N.J.: Prentice Hall.

Oden, R. A.
1983 "Jacob as father, husband, nephew—kinship studies." *Journal of Biblical Literature* 102: 189-205.

Olrik, Axel
1965 "Epic Laws of Folk Narrative." *The Study of Folklore*. Edited by A. Dundes. Englewood Cliffs, N.J.: Prentice Hall.

Orlinsku, H. M.
1972 *Understanding the Bible through History and Archaeology*. New York: KTAV Publishing House, Inc.

Pedersen, John
1926 *Israel: Its Life and Culture, I-II*. London: Oxford University Press.

Polzin, Robert
1975 " The Ancestress of Israel in Danger' in Danger." *Semeia* 3: 81-98.

Porten, B., and U. Rapport
1971 "Poetic Struaure in Genesis IX 7." *Vetus Testamentum* 21: 363-369.

Pritchard, J. B.
1958 *The Ancient Near East An anthology of texts and pictures*. Princeton, N.J.: Princeton University

Press.

1969   *The Ancient Near East: Supplementary texts and pictures relating to the Old Testament.* Princeton, N.J.: Princeton University Press.

1975   *The Ancient Near East, u. 2: A new anthology of texts and pictures.* Princeton, N.J.: Princeton University Press.

Rad, Gerhard von

1962   *Old Testament Theology*, I. Translated by D. Stalker. New York: Harper and Row.

1966   "The Joseph story and ancient wisdom." *The Problem of the Hexateuch and Other Essays.* Translated by E. W. T. Dicken. New York: McGraw - Hill Book Company.

1973   *Genesis, A Commentary* (Revised Edition) [Old Testament Library]. Philadelphia: The Westminster Press.

1973a   *Wisdom in Israel.* Nashville: Abingdon.

Redford, Donald B.

1970   *A Study of the Biblical Story of Joseph* [Supplements to *Vetus Testamentum*, 20]. E. J. Brill.

Rendtorff, Rolf

1977   *Die überlieferungsgeschichtliche Problem des Pentateuch.* [Beiheft zur Zeitschrift für die alttestamentliche Wissenschaft, 147] Berlin: Walter de Gruyter.

Resseguie, James L.

1984   "Reader - response criticism and the synoptic gospels." *Journal of the American Academy of Religion* 52: 307-324.

Riemann, Paul A.

1970   "Am I My Brother's Keeper?" *Interpretation* 24: 482-491.

Roberts, A., and J. Donaldson, eds.

1956-57 *The Ante-Nicene Fathers.* Revised by A. C. Coxe. Grand Rapids, Mich.: Wm. B. Eerdmans.

Robertson, David

1977   *The Old Testament and the Literary Critic.* Philadelphia: Fortress Press.

Robertson, O. P.

1980   "Genesis 15:6: New Covenant Exposition of an Old Covenant Text." *The Westminster Theological Journal* 42: 259-289.

Roth, Wolfgang

1972   "The Wooing of Rebekah." *Catholic Biblical Quarterly* 34 : 177-187.

Sakenfeld, Katharine D.

1978   *The Meaning of Hesed in the Hebrew Bible: A New Inquiry.* Missoula, Mont.: Scholars Press.

Sarna, Nahum

1966   *Understandng Genesis.* New York: McGraw-Hill Book Company.

Scharbert, Josef

1977-   "brk" in *Theological Dictionary of the Old Testament*, pp. 279-308. Edited by G. J. Botterweck and Helmer Ringgren. Translated by J. T. Willis. Grand Rapids, Mich.: Wm. B. Eerdmans.

Seybold, Donald A.

1974   "Paradox aid nnmetry in the Joseph Narrative." *Literary Interpretation of Biblical blicalNar Narratives.* Edited by K. R. R. Gros Louis, et al. Nashville Abingdon.

Simons, Menno

1956   *Complete Writings of Menno Simons.* Scottdale, Pa.: Herald Press.

Smith, Huston

1982   "Evolution and Evolutionism." *The Christian Century* 99: 755-757.

1982   "Scientism in Sole Command." *Christianify and Crisis* 42: 197-198.

Snyder, G. F.

1976　"Repentance in the N.T." *Interpreter's Dictionary of the Bible* Supplementary Volume. Nashville: Abingdon Press.

Speiser, E. A.
1964　*Genesis* [The Anchor Bible]. Garden City, N.Y.: Doubleday and Company.

Steck, O. H.
1980　World and Environment [Biblical Encounter Series]. Nashville: Abingdon Press.

Terrien, Samuel
1978　*The Elusive Presence*. New York: Harper and Row.

Thompson, Thomas L.
1974　*The Historicity of the Patriarchal Narratives*. Berlin: Walter de Gruyter.

Thompson, Th., and D. Thompson
1968　"Some legal problems in the book of Ruth." *Vetus Testamentum* 18: 79-99.

Trible, Phyllis
1978　*God and the Rhetoric of Sexuality* [Overtures to Biblical Theology]. Philadelphia: Fortress Press.

Van Seters, John
1975　*Abraham in History and Tradition*. New Haven: Yale University Press.
1983　*In search of history: historiography; in the ancient world and the origins of biblical history*. New Haven: Yale University Press.

Vaux, Roland de
1978　*The Early History of Israel*. Philadelphia: Westminster Press.

Vawter, Bruce
1956　*A Path Through Genesis*. New York: Sheed and Ward.
1977　*On Genesis*. Garden City, N.Y.: Doubleday and Company.

Vogels, Walter
1979　"Lot in his honor restored: a structural analysis of Genesis 13:2-18 " *Eglise et Theologie* 10:2-18.

Wallace, Howard N.
1985　*The Eden Narratiue*. Atlanta, Ga.: Scholars Press.

Wallon, William
1979　"Biblical Poetry and Homeric Epic." *The Bible in Its Literary Milieu*. Edited by J. Maier and V. Toller. Grand Rapids, Mich.: Wm. B. Eerdmans.

Wellhausen, Julius
1899　*Die Composition des Hexateuchs und der historischen Bücher des Alten Testaments*. Berlin: Georg Reimer.

Wenham, G. J.
1978　"The Coherence of the Flood Narrative." *Vetus Testamentum* 28: 336-348.

Wesley, John
1975　*Explanatoiy notes upon the Old Testament, I*. Salem, Ohio: Schmul Publishers.

Westermann, Claus
1964　*The Genesis Accounts of Creation*. Translated by N. Wagner. [Facet Books, Biblical Series, 7]. Philadelphia: Fortress Press.
1966　*Genesis* [Biblischer Kommentar, Altes Testament, I]. Neukirchen-Vluyn: Neukirchener Verlag.
1972　*Beginning and End in the Bible*. Translated by K. Crim. [Facet Book, Biblical Series, 31]. Philadelphia: Fortress Press.
1974　*Creation*. Translated by J. Scullion. Philadelphia: Fortress Press.
1978　*Blessing in the Bible and the Life of the Church*. Translated by K. Crim. [Overtures to Biblical Theology]. Philadelphia: Fortress Press.
1979　*God's Angels Need No Wings*. Translated by D. Scheidt. Philadelphia: Fortress Press.

1980   *Promises to the Fathers*. Translated by D. Green. Philadelphia: Fortress Piess.

1984   *Genesis 1-11: A Commentary*. Translated by J. Scullion. Minneapolis: Augsburg Publishing House.

1985   *Genesis 12-36: A Commentary*. Translated by J. Scullion. Minneapolis: Augsburg Publishing House.

1986   *Genesis 37-50: A Commentary*. Translated by J. Scullion. Minneapolis: Augsburg Publishing House.

White, Hugh C.

1978   "Direct and Third Person Discourse in the Narrative of the Fall." *Society of Biblical Literature 1978 Seminar Papers* 1: 121-140. Missoula, Mont.: Scholars Press.

Wiesel, Elie

1976   *Messengeis of God*. New York: Random House.

Williams, James

1980   "Beautiful and barren." *Journal of the Study of the Old Testament* 17: 107-119.

Williams, R. J.

1956   "The Fable in the Ancient Near East" in *A Stubborn Faith*, pp. 3-26. Edited by E. C. Hobbs. Dallas: Southern Methodist University Press.

Wilson, Robert R.

1977   *Genealogy and History in the Biblical World*. New Haven: Yale University Press.

1980   *Prophecy and Society in Ancient Israel*. Philadelphia: Fortress Press.

Wolff, Hans Water

1966   "The Kergyma of the Yahwist." *Interpretation* 20: 131-158.

1974   *Anthropology of the Old Testament*. Translated by M. Kohl. Philadelphia: Fortress Press.

Woudstra, M. H.

1970   "The Toledot of the Book of Genesis and Their Redemptive-Historical Significance." *Caluin Theological Journal* 5: 184-189.

Wright, George R. H.

1982   "The positioning of Genesis 38." *Zeitschrift für die Alttestamentliche Wissenschaft* 94: 523-529.

Wyatt, Nicolas

1981   "Interpreting the Creation and Fall Story in Genesis 2—3." *Zeitschrift für die Alttestamentliche Wissenscnaft* 93: 10-21.

Young, E. J.

1958   An Introduction to the Old Testament. Revised Edition. Grand Rapids, Mich.: Wm. B. Eerdmans.

Zimmerli, Walther

1968   *Man and His Hope in the Old Testament* [Studies in Biblical Theology, 20]. Naperville, Ill.: Allenson.

1976   *The Old Testament and the World*. Translated by J. Scullion. London: SPCK.

1978   *Old Testament Theology in Outline*. Translated by D. E. Green. Atlanta: John Knox Press.

1982   *I Am Yahweh*. Translated by D. Stott. Atlanta: John Knox Press.

추가적인 자료들

Brueggemann, Walter. Genesis. Atlanta: John Knox Press,1982. A commentary oriented toward the preaching and teaching of Genesis in the congregation.

Cassuto, U. *A Commentary on the Book of Genesis*. Translated by I. Abraham. Jerusalem: The Magnes Press, 1964. A classic com mentary with a conservative perspective on Genesis 1—12.

Coats, George W. *Genesis* [Forms of Old Testament Literature]. Grand Rapids, Mich.: Wm. B. Eerdmans, 1983. Coats emphasizes the literary structure and genre of Genesis in the interpretation of the texts.

Delitzsch, Franz. *A New Commentary on Genesis*. Translated by Sophia Taylor. Edinburgh: T & T Clark, 1899. A classic commentary still valuable because of the author's understanding of Hebrew words and phrases.

Francisca, Clyde T. *Genesis* [The Broadman Bible Commentary]. Revised by C. J. Alen Nashville: Broadman Press, 1973. A conserva tive commentary in conversation with a broad range of scholarship.

Gunkel, Hermann. *Genesis*. Goettingen: Vandenhoeck and Ruprecht, 1910. A classic German commentary that calls our attention to the importance of literary form in the interpretation of Genesis.

Luther, Martin. *Luther's Commentarv on Genesis*. Translated by J. T. Mueller. Grand Rapids, Mich. : Zondervan Publishing, 195 8 . Luther was schooled in the Old Testament and with this expansive work launched commentary writing in Protestantism.

Rad, Gerhard von. *Genesis, A Commentary* (Revised Edition) [Old Testament Libraryl. Philadelphia : Westminster Press, 197 3 . Sfi 11 the standard for combining analysis of and reflection on the text of Genesis.

Speiser, E. A. *Genesis* I The Anchor Bible]. Garden City, N.Y. : Doubleday and Co., 196 4 . Gives special attention to linguistic matters. Concentrates on providing a careful translation.

Trible, Phyllis. *God and the Rhetoric of Sexuality* [Overtures to Biblical Theology]. Philadelphia, Fortress Press, 1978. Opened new doors especially to the interpretation of Genesis 2—3.

Vawter, Bruce. *On Genesis*. Garden City, N.Y. : Doubleday, 1977. Uses the context of the literature of the ancient Near East to enrich our understanding of the Genesis narratives.

Westermann, Claus. *Genesis 1-11: A Commentary, Genesis 12-36 : A Commentary*, and *Genesis 37-50 : A Commentaiy*. Translated by J. Scullion. Minneapolis - Augsburg Publishing House, 19 84-8 6. This three - volume set provides an extensive analysis of the history and literature of Genesis.

색인